L'ABUS
dans l'exécution du contrat

Logiques Juridiques

Fondée par Gérard Marcou

Dirigée par Jean-Claude Némery et Thomas Perroud

Le droit n'est pas seulement un savoir, il est d'abord un ensemble de rapports et pratiques que l'on rencontre dans presque toutes les formes de sociétés. C'est pourquoi il a toujours donné lieu à la fois à une littérature de juristes professionnels, produisant le savoir juridique, et à une littérature sur le droit, produite par des philosophes, des sociologues ou des économistes notamment.

Parce que le domaine du droit s'étend sans cesse et rend de plus en plus souvent nécessaire le recours au savoir juridique spécialisé, même dans des matières où il n'avait jadis qu'une importance secondaire, les ouvrages juridiques à caractère professionnel ou pédagogique dominent l'édition, et ils tendent à réduire la recherche en droit à sa seule dimension positive. À l'inverse de cette tendance, la collection « Logiques juridiques » des éditions L'Harmattan est ouverte à toutes les approches du droit. Tout en publiant aussi des ouvrages à vocation professionnelle ou pédagogique, elle se fixe avant tout pour but de contribuer à la publication et à la diffusion des recherches en droit, ainsi qu'au dialogue scientifique sur le droit. Comme son nom l'indique, elle se veut plurielle.

Dernières parutions

Christophe AUGER, *Discours d'un procureur de province illustrés et expliqués*, 2020.
Ariane CONUS, *La conciliation judiciaire*, 2020.
André KAZADI, *L'interprétation du droit pénal au Canada et en France. Entre la lettre et l'objectif de la loi*, 2020.
Xavier CABANNES (dir.), *Livres et manuscrits anciens. Approche juridique*, 2020.
Vincent LAUREAU, *Apprendre de Bamako. Un quartier urbain autoconstruit en terre*, 2020.
Olivier RENAUDIE (dir.), *Les aides économiques locales : de quel droit ?*, 2020.
Yue Zhao, *Coopérer en droit international des cours d'eau transfrontaliers, État du droit et étude du cas chinois*, 2020
Jean-Paul VALETTE, *La dynamique du pouvoir exécutif sous la Ve République (1958-1993)*, 2020.
Rachid NACER, *Les normes internationales du travail entre global et local, Étude internationale et comparée de l'interprétation des instruments de l'OIT*, 2020.

Afef HASNAOUI CHAFIAA

L'ABUS
dans l'exécution du contrat

Préface
de Mohamed Kamel Charfeddine

L'Harmattan

5-7, rue de l'Ecole-Polytechnique, 75005 Paris

www.editions-harmattan.fr

ISBN : 978-2-343-21271-5
EAN : 9782343212715

Remerciements

Je tiens à exprimer mes plus vifs remerciements
à l'ensemble des membres de mon jury qui m'ont fait l'honneur
d'évaluer mon travail de recherche.

Je voudrais exprimer particulièrement toute ma reconnaissance à
Madame **Salma Abid Mnif** pour sa gentillesse et sa générosité.

Je voudrais également exprimer mes remerciements et mon
profond respect à Maitre **Boubaker Bethabet**.

Je dédie cette thèse,

À la mémoire de mon père, c'est à lui que je dois ma réussite. A lui tous mes sentiments affectueux et toute ma reconnaissance. Que Dieu lui accorde sa miséricorde.

À mes petits cœurs, les deux adorables Myriam et Rym

À mon époux Mourad pour sa gentillesse et son grand cœur

À mon professeur, Mohamed Kamel Charfeddine
pour son encadrement, en témoignage de mon respect
et de ma profonde gratitude.

Sommaire

Préface

Mohamed Kamel CHARFEDDINE

Professeur à la Faculté de droit et des sciences politiques de Tunis

S'inspirant à la fois de la jurisprudence française ancienne et du droit musulman classique, le Code des Obligations et des Contrats a consacré une disposition spéciale à l'abus du droit, l'article 103. Les deux sources matérielles étaient en parfaite harmonie. La synthèse fut, ainsi, relativement aisée. C'est en partant de cette donnée législative que l'auteur a entrepris l'examen de l'abus dans un domaine particulier : l'exécution du contrat dans lequel l'essence de l'article 103 se trouve confortée aux principes de loyauté, de bonne foi et d'équité, affirmés par l'article 243 du même code. Cette rencontre entre plusieurs principes fondateurs, amène nécessairement à l'étude de la faute née de l'abus.

Dans la phase de l'exécution du contrat, la faute peut être contractuelle ou délictuelle. La problématique posée tend à déterminer les traits caractéristiques ainsi que le principal effet du comportement contractuel révélant un abus. Un postulat de recherche est avancé : l'abus dans l'exécution du contrat constituant une faute certaine, la thèse entend établir que la sanction de l'abus ne vise pas tant l'exercice du droit par le contractant que son comportement toutes les fois que sa conduite est imprégnée par l'intention de nuire ou le manquement à la bonne foi révélés par les circonstances qui entourent l'exécution du contrat.

Le plan adopté tend à établir la rectitude du postulat posé. Reconnaître que l'abus dans l'exécution du contrat est une faute de comportement invite, à en déterminer les conséquences : la faute, est génératrice de responsabilités. Le plan bipartite a permis à l'auteur de développer son analyse et d'affiner sa démonstration.

L'exercice n'est pas aisé. Toutefois grâce à une maîtrise des concepts fondamentaux et à sa connaissance approfondie des éléments du droit positif tunisien et aidée par un style dénué de toute complexité, Madame Hasnaoui a pu mener à bien son œuvre démonstrative et innovante. Son travail augure d'une carrière universitaire prometteuse.

Septembre 2020

Introduction

*Louanges et Grâce à Dieu qui m'a aidé
à réaliser ce modeste travail.*

1. Depuis longtemps, il était convenu que l'on ne pouvait abuser d'un droit expressément reconnu dans le contrat[1]. L'exercice de ce droit

---

[1] Voir notamment **JOSSERAND (Louis)**, *De l'abus des droits*, Paris, éd. Arthur Rousseau, 1905 ; Relativité et abus des droits, in « Evolutions et actualités, conférences de droit civil », Sirey 1936 ; De l'esprit des droits et de leur relativité, Théorie dite de l'abus des droits, 2è éd., Dalloz 1939 ; **MARKOVITCH (Milovoïlé)**, *La théorie de l'abus des droits en droit comparé*, th. Lyon 1936 ; **PORCHEROT (Ernest)**, *De l'abus des droits*, th. Dijon, 1901 ; **CAPITANT (Henri)**, *Sur l'abus des droits*, RTDCiv. 1928, p. 365 ; **COURTIEU (Guy)**, *Abus de droit*, notion, J. Cl. civ., art. 1382 à 1386, fasc. 131-1, 1997 ; **MORIN (Gaston)**, *L'abus de droit et les relations du réel et des concepts dans le domaine juridique*, Revue de métaphysique et de morale 1929, **PIROVANO (Antoine)**, Rep. civ. Dalloz, voir Abus de droit, 2è éd. ; **POPESCO RAMNICEANO (René)**, *Le silence créateur d'obligations et l'abus du droit*, RTDCiv. 1930, p. 999 ; **ROUAST (André)**, *Les droits discrétionnaires et les droits contrôlés*, RTDCiv. 1944, p. 1 ; **SALEILLES (Raymond)**, *De l'abus de droit*, Bull. Société Etudes Législatives, 1905 ; **BEN AMMOU (Nadhir)**, *Essai sur l'abus des droits à travers l'article 103 du C.O.C*, Mémoire Faculté de droit et des sciences politiques et économiques de Tunis, 1984 ; **FATHI (Mahmoud)**, *La doctrine musulmane de l'abus des droits*, études d'histoire juridique et de droit comparé, fascicule I des Travaux du Séminaire oriental d'études juridiques et sociales, Paris 1912 ; Voir également **AMJED EZZAHAOUI (Said)**, *L'abus de droit de propriété en droit musulman et en droit positif*, Etude comparative, 1ère éd. Caire, Maison de l'union arabe de l'éd. 1975/1976, en arabe ; **EZZARKA (Mustapha Ahmed),** *Conception juridique de la théorie de l'abus de droit en droit musulman*, 1ère éd. Maison Béchir de l'éd., Amman 1983 ; **DRINI (Fathi abdelkader)**, *Théorie de l'abus de droit en droit musulman*, Semaine de droit musulman, Damas 1961, éd. costamas Caire 1963, en arabe ; **CHALTOUT (Abdelmaksoud)**, *Etude comparative de la théorie de l'abus de droit en droit musulman et en droit occidental*, Semaine de droit musulman, Damas 1961, éd. costamas Caire 1963, en arabe ; **ABOU SUNNAH (Ahmed Fahmi)**, *Théorie de l'abus en droit musulman*, Semaine de droit musulman, Damas 1961, éd. Costamas Caire 1963, en arabe ; **ABOU HJIR (Majid Mahmoud Said)**, *Théorie de l'abus de droit et théorie de l'imprévision*, Etude comparative, 1ère éd. Maison scientifique internationale de l'éd., Amman 2002, en arabe ; **LOUSSAYEF (Mohamed)**, *Théorie de l'abus de droit et son évolution*, 15 mars 1963 R.J.L. 1963, en arabe ; **AISSAOUI (Ahmed Aissaoui)**, *Théorie de l'abus de droit en droit musulman*, Revue des sciences juridiques et économiques, n° 1, éd. univ. Ain Chams 1963, en arabe.

était considéré comme discrétionnaire, donc lié à la seule appréciation du créancier de l'obligation. Ensuite, dès le XIXe siècle, l'idée s'est fait jour que le titulaire d'un droit ne pouvait abriter sous ce droit n'importe quel comportement nuisible à autrui. Ainsi est apparue la notion d'abus de droit. Il est aujourd'hui admis qu'il peut y avoir abus de droit en toutes matières et qu'il n'y a pratiquement pas de droits « discrétionnaires », ou « absolus », dont le titulaire pourrait faire n'importe quel usage sans avoir aucun compte à rendre.

À partir de ce moment, l'abus de droit a pris un essor considérable. Le principe a été appliqué dans de nombreux cas, dans presque toutes les branches du droit. La jurisprudence tunisienne a d'abord appliqué la notion au droit de propriété[2]. Puis la règle s'est étendue par la doctrine et la jurisprudence aux droits contractuels[3]. Les droits subjectifs peuvent, en effet, avoir un fondement contractuel. Rien ne justifie leur exclusion du champ d'application de la théorie de l'abus de droit. Selon Ripert, « on ne peut admettre que le droit contractuel soit supérieur par sa nature au droit légal et, à ce titre, non susceptible d'abus »[4], ainsi que pour M. Cornu « tout droit contractuel du bailleur de donner congé au preneur ne fait l'objet d'aucun doute »[5]. Pour M. Simler « Il ne semble pas possible d'exclure de la théorie de l'abus des droits le fait de se prévaloir aveuglément de la force obligatoire du contrat »[6].

Aujourd'hui, la théorie des droits discrétionnaires semble s'éteindre sous le contrôle exercé de plus en plus par la jurisprudence, l'exercice

---

[2] Cass. civ. n° 4229, 27 sept. 1960, Bull. 1960 p. 39 ; Cass. civ. n° 3978, 20 fév. 1984, Bull. 1984, I, p. 377 ; Cass. civ. n°4161, 26 oct. 1981, Bull. 1981, III, p. 344.

[3] **STOFFEL-MUNCK (Philippe)**, *L'abus dans le contrat, essai d'une théorie*, préf. Roger Bout, th. LGDJ 2000, Coll. Bdp., t. 337 ; **KARIMI (Abbas)**, *Les clauses abusives et la théorie de l'abus de droit*, préf. Philippe Simler, th. LGDJ 2001, Coll. Bdp., t. 306 ; **MASRON (J.)**, *L'abus de droit en matière de contrat*, th. Paris, Rousseau 1935 ; **RADULESCO (D.G.)**, *Abus des droits en matière contractuelle*, contribution à l'étude synthétique de l'abus, th. Paris 1935 ; *Abus de droit et bonne foi,* Ouvrage collectif sous la dir. de Widmer et Cottier, éd. univ. de Fribourg 1994 ; **DE BERSAQUES (André)**, *L'abus de droit en matière contractuelle*, RCJB 1969 ; **DE LA MASSUE (Hubert)**, *Responsabilité contractuelle et responsabilité délictuelle sous la notion d'abus de droit*, RTDCiv. 1984, p. 27 ; **GHESTIN (Jacques)**, *L'abus dans les contrats*, Gaz. Pal. 1981, 2, doct., p. 379.

[4] **RIPERT (Georges)**, *La règle morale dans les obligations civiles*, 4è éd., LGDJ 1949, n° 101.

[5] **CORNU (Gérard)**, Note sous Trib. Paris, 25 avril 1978, RTDCiv. 1979, p. 619.

[6] **SIMLER (Philippe)**, *L'article 1134 du Code civil et la résiliation unilatérale anticipée des contrats à durée déterminée. A propos de trois espèces jurisprudentielles récentes*, JCP 1971, éd. G., I, 2413, n° 17 et s.

de tout droit subjectif peut être qualifié d'abusif[7] quelle que soit sa nature et son origine, sans exception pour ceux nés des contrats, aucun droit subjectif n'est laissé à la libre disposition de son titulaire et « les droits dits ''discrétionnaires'' sont en voie de disparition. Il est même possible d'avancer qu'aux yeux des juges, il n'existe pas de droits absolus qui, par nature, échapperaient au contrôle judiciaire. On ne peut plus concevoir que le titulaire d'un droit puisse en faire usage sans discernement, à plus forte raison lorsque ses mobiles sont contestables »[8].

2. En droit positif tunisien, la possibilité de commettre une faute et d'engager sa responsabilité civile en exerçant un droit est incontestablement admise[9]. L'abus de droit, sous l'angle de la responsabilité civile, ne désigne rien d'autre que l'adoption d'un comportement fautif par son titulaire[10].

3. Les adversaires de la théorie de l'abus estiment qu'il est impossible de commettre une faute lorsqu'on exerce un droit. Prétendant que le droit romain refusait la réparation du dommage causé

---

[7] **FRAJ ESSADAH (Abdelmonem)**, *Principes de droit*, Maison arabe de l'édition, Beyrouth 1982, n° 273, p. 310 et 311, en arabe ; **KACEM (Mohamed Hassan)**, *Introduction à l'étude de droit*, t. II, Théorie de doit, éd. Halabi 2006, p. 548, **MANSOUR (Amjed Mohamed)**, *Théorie générale des obligations, Sources des obligations,* éd. I.S. et maison culturelle de l'éd., Amman 2003, p. 277, en arabe.

[8] **COURTIEU (Guy)**, *Abus de droit, notion*, J.Cl. civ. art.1382 à 1386, fasc. 131-1, 1997, n°10, p. 5. L'auteur ajoute qu' « il est en effet, difficile de concevoir qu'un individu soit autorisé à nuire volontairement à autrui et dispense d'en réparer les conséquences au motif qu'il dispose d'un droit particulier », n° 2, p. 12.

[9] Voir article 103 C.O.C. ; notamment **BEN AMMOU (Nadhir)**, *Essai sur l'abus des droits à travers l'article 103 du C.O.C., Op. cit.* ; **JERBI (Sami)**, *Responsabilité civile en droit tunisien et comparé*, éd. Ettasfir 2011, n° 120 et s. p. 164 et s., en arabe, **CHARFEDDINE (Mohamed Kamel)**, *Les biens*, Cours polycopiés, 1996/1997, Faculté de droit et des sciences politiques de Tunis, n° 278 et 279, p. 116 et s., en arabe ; **LOUSSAYEF (Mohamed)**, *La règle de l'abus de droit et son évolution*, 5 mars 1963, R.J.L. 1963, p. 6, en arabe.

[10] Voir **MEZGHANI (Ali)**, Note sous trib. prem. inst. Tunis, 30 avril 1981, RTD 1981, p. 449 ; **MELLOULI (Slaheddine)**, *Les troubles anormaux du voisinage entre la loi et la jurisprudence*, RTD 1984, p. 181 ; **MALAURIE (Philippe)**, **AYNES (Laurent) et STOFFEL-MUNCK (Philippe)**, *Droit civil, Les obligations*, 2[è] éd., Defrénois 2005, n° 120, p. 56 ; **TARCHOUNA (Mongi)**, *Conception judiciaire de licenciement abusif*, R.J.L. déc. 1993, p. 42, en arabe ; **ABID (Mohamed)**, *La responsabilité du fait personnel en droit tunisien et marocain*, R.J.L. fév. 1982, p.14, en arabe.

dans l'exercice d'un droit[11], ils invoquent à cet égard, des textes tel que « *Neminem laedit, nemo damnum facit, qui suo jure utitur* » (celui qui exerce son droit ne nuit à personne) d'Ulpien, « *Nullus videtur dolo facere qui suo jure utitur* » de Gaïus, ou encore « *Nemo damnum fecit, nisi qui id fecit quod facere jus non habet* » de Paul. Toutefois, ces formules ne doivent pas être dégagées du contexte ; le droit romain enseignait que « *Male enim nostro jure uti non debemus* », « *malitiis non est indulgendum* », interdisant l'exercice abusif d'un droit, au moins dans le but de nuire à autrui.

Dans l'ancien droit français, Domat admettait que l'exercice d'un droit engage la responsabilité lorsqu'il est caractérisé par la malice. Au début du XXe siècle, des auteurs français, notamment, Planiol, Josserand, Saleilles construisant la théorie de l'abus. Planiol a remis en question la théorie de l'abus des droits dans son existence même, en constatant la tendance doctrinale à reconnaître la théorie moderne de l'usage abusif des droits. Il estime que « cette nouvelle doctrine repose toute entière sur un langage insuffisamment étudié ; sa formule ''usage abusif des droits'' est une logomachie, car si j'use de mon droit, mon acte est licite ; et quand il est illicite, c'est que je dépasse mon droit et que j'agis sans droit (...) le droit cesse où l'abus commence (...) un seul et même acte ne peut pas être tout à la fois conforme au droit et contraire au droit »[12]. L'abus commence où le droit cesse. Planiol voulait montrer ainsi la contradiction interne dans laquelle s'enfermait cette théorie.

Cette approche a rencontré une objection ; il est incontestable qu'un acte ne peut être à la fois conforme et contraire au droit. Mais Josserand l'a dénoncé au motif qu'elle procède d'une confusion entre les deux acceptions connues du mot « droit » qui désigne soit le droit subjectif, c'est-à-dire les droits octroyés aux individus en tant que membres de la société pour qu'ils en jouissent, soit le droit objectif c'est-à-dire, l'ensemble des règles juridiques qui gouvernent ces mêmes droits individuels. « Il y a droit et droit et l'acte abusif est tout simplement celui qui, accompli en vertu d'un droit subjectif dont les limites ont été respectées, est cependant contraire au droit envisagé dans son ensemble et en tant que juricité, c'est-à-dire en tant que corps de règles sociales obligatoires »[13]. Lorsqu'on parle d'abus, il s'agit d'un usage

---

[11] Voir **FLOUR (Jacques), AUBERT (Jean-Luc) et SAVAUX (Eric)**, *Les obligations, 2. Le fait juridique*, 10è éd., Armand Colin 2003, n° 121, p. 116.

[12] **PLANIOL (Marcel)**, *Traité élémentaire de droit civil*, t. II, 10è éd., LGDJ, n° 871.

[13] **JOSSERAND (Louis)**, *De l'esprit des droits et de leur relativité*, 2è éd., 1939, n° 245.

répréhensible des droits individuels que le Droit attribue aux hommes. Cet usage a pu avoir lieu, bien que le titulaire n'ait fait que se servir des prérogatives qui lui sont expressément reconnues[14]. Un contrat peut être exécuté dans les limites du droit subjectif tout en contrariant les principes plus généraux émanant du droit objectif.

L'argumentation de Josserand, n'a pas résolu la difficulté ni échappé à la critique. Dire qu'un acte est conforme au droit subjectif et contraire au droit objectif, c'est oublier que nos divers droits subjectifs n'existent qu'en vertu de normes qui en prévoient l'existence. Il ne peut y avoir de droit subjectif dès lors que le droit objectif ne lui fournit pas une base, « car les droits subjectifs sont définis par le droit objectif. Il ne peut donc y avoir d'opposition entre ce dernier et les droits subjectifs »[15]. Selon certains auteurs, c'est le « droit objectif » qui fournit la base du « droit subjectif » ce qui empêche la contradiction entre les deux notions[16].

4. En droit musulman, « la théorie s'est trouvée dans sa forme globale, ancrée par des bases solides et authentiques, claires et précises dans sa formulation »[17]. Bien que le terme abus n'apparaisse pas dans le droit musulman dans les propos des hommes de science, la leçon réside dans les faits et non dans la terminologie. Sauf que certains jurisconsultes tels que Shatibi, Abou Yussef, Tassouli, El Ghazali…[18] qui ont utilisé des expressions proches du concept de l'abus[19].

5. La théorie de l'abus est un instrument nécessaire du droit contemporain des contrats pour faire régner la moralité dans les contrats. Elle assure principalement la moralisation des relations contractuelles. La morale n'admet pas qu'on traite son cocontractant avec indifférence sans le moindre souci pour ses besoins et pour sa dignité. Le souci des intérêts d'autrui s'accroît lorsqu'on est lié avec lui

---

[14] **ROUAST (André)**, *Les droits discrétionnaires et les droits contrôlés*, RTDC 1944, n° 5, p. 4.
[15] **GHESTIN (Jacques)**, *L'abus dans les contrats*, Gaz. Pal. 1981, 2, doct., p. 379.
[16] **STARCK (Boris), ROLAND (Henri) et BOYER (Laurent)**, *Les obligations,* vol. 1, Responsabilité délictuelle, 4è éd., Litec, n° 374 ; **DABIN (Jean)**, *Le droit subjectif*, Dalloz 1952, p. 294.
[17] **AMJED EZZAHAOUI (Said)**, *L'abus de droit de propriété en droit musulman et en droit positif, Etude comparative*, 1ère éd. Caire, Maison de l'union arabe de l'éd., Caire 1975/1976, en arabe, p. 11.
[18] Voir infra n° 20.
[19] **AMJED EZZAHAOUI (Said)**, *Op. cit.*, p. 11.

par un contrat. Cette exigence trouve son expression dans l'article 23 de la Constitution de 2014 : « L'État protège la dignité de l'Homme… », mais encore dans l'article 1er de la Déclaration universelle des droits de l'homme : « Tous les êtres humains naissent libres et égaux en dignité et en droits. Ils sont dotés de raison et de conscience et doivent agir les uns envers les autres dans un esprit de fraternité ». À cet égard, la théorie de l'abus reste un instrument adéquat et souple de contrôle des comportements.

Des dispositions essentielles du droit des obligations reproduisent des préceptes moraux tels que le devoir de ne pas nuire à autrui, le devoir d'exécuter le contrat, l'équité, la bonne foi, la loyauté, mais également la théorie de l'abus, qui y jouent un rôle très important. L'exigence d'exécuter le contrat doit servir à sanctionner les comportements contractuels malicieux, ceux qui tendent à détourner le contrat pour en tirer un profit anormal[20].

6. C'est en France, qu'a pu se développer la notion moderne de l'abus. L'interdiction de l'abus est de plus en plus invoquée en matière contractuelle. La théorie trouve un champ d'application large en cette matière. Avec l'extension constante du principe de l'exécution de bonne foi des contrats, la reconnaissance d'un abus vient apporter une limite au principe de la force obligatoire des contrats. La bonne foi est ainsi devenue le critère de l'abus dans l'exécution du contrat. Le caractère abusif résultera tantôt d'une intention de nuire, tantôt d'un manquement à l'exigence de bonne foi dans l'exercice de ses droits contractuels.

7. Le critère de l'intention de nuire est historiquement le premier[21] qui a caractérisé l'abus en matière contractuelle ou extracontractuelle. La théorie de l'abus est au départ fondée sur les articles 82 et 83 du Code des obligations et des contrats ; l'exercice abusif d'un droit, dans l'intention de nuire à autrui constitue une faute délictuelle. Ensuite la

[20] **CHAZAL (Jean-Pascal)**, *Les nouveaux devoirs des contractants. Est-on allé trop loin* ?, in « La nouvelle crise du contrat », Dalloz 2003, p. 124.
[21] **FRAJ ESSADAH (Abdelmonem)**, *Op. cit.*, n° 277, p. 314.

théorie, illustration du manque de loyauté[22], sera sanctionnée comme tout manquement au devoir de bonne foi dans l'exécution du contrat[23].

En effet, l'article 243 du Code des obligations et des contrats, en décidant que les conventions doivent être exécutées de bonne foi ou avec loyauté, apporte un appui considérable à la théorie de l'abus des droits contractuels.

8. La bonne foi implique que chaque partie s'abstienne de tout abus, ait un comportement raisonnable et modéré, sans agir dans son intérêt exclusif ni nuire de manière injustifiée à son partenaire[24] ; il appartient aux tribunaux, par le contrôle de la bonne foi des parties, de sanctionner l'abus[25]. Un auteur a pu observer que « l'essor de la théorie de l'abus de droit, qui s'est manifesté en France au commencement de ce siècle, s'explique (...) en tant que solution alternative à l'usage très limité du principe de la bonne foi. Née dans le domaine de la propriété et des droits de voisinage, l'idée d'abus de droit a été généralisée par Josserand et elle est devenue une pièce de résistance de la théorie générale »[26].

L'amplification de la théorie de l'abus et sa force d'expansion, constituent en droit des obligations l'un des phénomènes marquants de cette décennie. Son critère la bonne foi de l'article 243 Code des obligations et des contrats dispose d'instruments susceptibles d'une construction jurisprudentielle et répondant aux nouveaux besoins juridiques. Cette suite de concepts que sont la loi, l'usage, l'équité et la nature de l'obligation, offre une source réelle à des constructions telles que la théorie de l'abus dans l'exécution du contrat. La bonne foi dans les comportements, la recherche de l'équilibre dans les obligations ou avantages mutuels et l'absence d'abus dans les pouvoirs que le contrat

---

[22] La notion de bonne foi dans l'article 243 Code des obligations et des contrats est une traduction de l'expression « loyauté » dans sa version arabe, voir infra n° 112, notamment la note de bas de p.

[23] Voir **COURTIEU (Guy)**, *Droit à réparation : abus de droit et abus de pouvoir*, J. Cl. civ. art. 1382 à 1386, fasc. 131-2, 1997, n° 30, p. 8.

[24] **RIPERT (Georges)**, *La règle morale dans les obligations civiles*, 4è éd., LGDJ 1949, n° 101.

[25] **JAMIN (Christophe)**, *Quelle nouvelle crise du contrat ? Quelques mots en guise d'introduction*, in « La nouvelle crise du contrat », Dalloz 2003, p. 22.

[26] **BROGGINI (Gerardo)**, *L'abus de droit et le principe de bonne foi-Aspects historiques et comparatifs*, in « Abus de droit et bonne foi », sous la dir. de Widmer et Cottier, éd. univ. de Fribourg 1994, p. 15.

donne à un contractant[27], ces considérations traduisent des engagements moraux, on comprend que l'abus dans l'exécution du contrat n'est pas autre chose que la violation d'un devoir moral.

9. Il est certainement évident pour tout juriste tunisien que le Code des obligations et des contrats a bénéficié de l'expérience juridique française. Il est né un siècle après la parution du Code napoléonien ce qui a permis au législateur d'introduire plusieurs dispositions nouvelles qui ne se trouvaient pas dans le Code de 1804, mais qui ont été déduites par la jurisprudence française telles que les dispositions relatives à l'abus dans l'exercice du droit[28].

En droit français, la théorie de l'abus est essentiellement une création jurisprudentielle. En droit tunisien, se présente une institution dont le législateur a posé une règle générale. En effet, le Code des obligations et des contrats se borne à instaurer la théorie d'abus dans un texte général qui n'est autre que l'article 103, sans toutefois en donner une définition. La notion d'abus ne se laisse pourtant pas aisément définir, car le terme est ambigu. L'absence d'une définition légale de l'abus n'est pas en effet regrettable et l'imprécision de la notion est cause de son succès ; il relève du rôle du juge de déclarer l'existence de l'abus suivant les circonstances, ce qui ne paralyse pas son rôle par une définition stricte[29]. La doctrine a essayé pour autant d'en donner une définition. Pour M. Cornu, il s'agit de « l'usage excessif d'une prérogative juridique »[30]. Le Littré[31] le définit comme « l'usage mauvais que l'on fait de quelque chose ».

10. Toutefois, afin de comprendre le sens exact du terme juridique, il faut recourir à « la règle légale générale qui impose l'abstention de nuire à autrui » précisée dans les articles 82 et 83 du Code des obligations et des contrats. Ces articles traduisent en fait le devoir juridique de ne pas causer un dommage injuste à autrui. La faute constitutive « d'abus peut être intentionnelle (ce qui explique les nombreux cas où l'intention de nuire est relevée par le juge ou la loi)

---

[27] **COLLART DUTILLEUL (François)**, *Quelle place pour le contrat dans l'ordonnancement juridique*, in « La nouvelle crise du contrat », *Op. cit.*, p. 240.

[28] **CHARFEDDINE (Mohamed Kamel***)*, *Introduction à l'étude de droit*, 1ère éd. Imp. officielle 2002, n° 139. p. 145, en arabe.

[29] Voir **STOFFEL-MUNCK (Philippe)**, *L'abus dans le contrat, essai d'une théo*rie, préf. Roger Bout, th. LGDJ 2000, coll. Bdp., t. 337, n° 2 et s., p. 3 et s.

[30] **CORNU (Gérard)**, *Vocabulaire juridique*, 1ère éd., PUF 1987.

[31] Dictionnaire de la langue française.

ou non intentionnelle »[32]. Celui qui exerce un droit avec le désir de causer un dommage commet une faute délictuelle, celui qui sans intention méchante, se comporte en exerçant un droit, avec imprudence ou négligence commet une faute quasi-délictuelle.

11. L'abus désigne un comportement fautif, répréhensible adopté à l'occasion de l'exécution du contrat. Il s'agit d'une norme de comportement[33] dont l'appréciation relève du pouvoir du juge qui est à cet égard important. Il devra en effet céder à la tentation de faire régner entre contractants la justice, car bien que liées par un contrat légalement formé, les parties doivent collaborer pour la bonne exécution du contrat et l'une d'elles, lorsqu'elle est victime de comportements abusifs, déloyaux, pourra intenter à l'encontre de son cocontractant une action en responsabilité.

À l'aide de différentes techniques à leur disposition, les juges ne sauraient laisser réussir des contrats ne répondant pas aux critères de l'article 243 du Code des obligations et des contrats, voire de solidarité contractuelle. M. Denis Mazeaud a observé que « si l'application de la devise ''loyauté, solidarité, fraternité'' se traduit par une extension du rôle du juge, celui-ci exerce, en général, les pouvoirs qui lui sont ainsi octroyés avec modération et pondération (...) aux seuls déséquilibres manifestement significatifs et excessifs. Par ailleurs, c'est avec beaucoup de mesure qu'il régule, grâce à l'arme de l'abus, le pouvoir unilatéral qu'un des contractants détient sur le sort du contrat »[34].

Les cocontractants doivent exécuter le contrat de bonne foi, ils sont amenés ainsi à faire des concessions réciproques pour que le contrat produise tous ses effets et richesses. Si l'un d'eux rencontre des difficultés, l'autre devra pouvoir l'attendre, l'aider, le conseiller, voire lui faciliter l'exécution, ne pas profiter d'un événement extraordinaire

---

[32] **STARCK (Boris), ROLAND (Henri) et BOYER (Laurent)**, *Obligations, 1. Responsabilité délictuelle*, 5è éd., Litec 1996, n° 362, p. 176 ; **MAZEAUD (Henri) et (Léon)**, *Traité théorique et pratique de la responsabilité civile délictuelle et contractuelle*, 2è éd., S. 1934, t. I, n° 547.

[33] **ARTEIL (David)**, *L'exécution du contrat par un non-contractant*, Université de Poitiers, Collection de la faculté de droit, LGDJ 2006, n° 120, p. 85 ; **PLANIOL (Marcel)**, *Traité élémentaire de droit civil*, t. II, 11è éd., LGDJ ; **DARBELLAY (Jean)**, *Théorie générale de l'illicéité*, th. Fribourg 1955 ; **PUECH (Marc)**, *L'illicéité dans la responsabilité civile extracontractuelle*, préf. Alfred Rieg, th. LGDJ 1973, Coll. Bdp., t. 129.

[34] **MAZEAUD (Denis)**, *Loyauté, solidarité, fraternité : la nouvelle devise contractuelle* ? in « L'avenir du droit », Mélanges en hommage à François Terré, Dalloz 1999, n° 26, p. 629.

pour l'amener à la ruine dans l'intention de lui nuire. « L'immixtion du juge dans le contrat ne rime donc pas, contrairement à la rengaine doctrinale, avec imprévisibilité contractuelle et insécurité juridique ! Au contraire, on aimerait avoir être convaincu de ce que la sécurité juridique ait tout à gagner de la consécration de notre devise en droit positif : ''Bonne foi et sécurité juridique, même combat ! '', en somme »[35]. M. Yves Picod indique que « chaque fois que le créancier pourra sans sacrifier ses intérêts, être utile à son débiteur lors de l'exécution de ses obligations, une obligation de coopération lui sera imposée »[36].

Ainsi s'explique le développement de notions-cadres, qui imprègnent le droit contemporain des contrats : abus, bonne foi[37], équité. Ce développement traduit l'émergence d'un solidarisme contractuel. L'avenir du phénomène contractuel n'a rien à craindre, si on s'est douté d'une prétendue crise du contrat, l'on pourrait plutôt parler d'« un nouvel essor du concept contractuel »[38]. L'évolution récente du droit des obligations et des contrats qui semble rattacher l'abus en matière contractuelle au principe de l'exécution de bonne foi en résulte que l'article 243 du Code des obligations et des contrats apporte à cet égard un appui considérable à la théorie de l'abus dans le domaine des droits contractuels.

---

[35] *Ibid.*, n° 27, p. 629.

[36] **PICOD (Yves)**, *L'obligation de coopération dans l'exécution du contrat*, JCP 1998, I, 33318, n° 15.

[37] **BELHAJ JRAD (Ahmed),** *Le juge civil et l'exécution du contrat*, th. Faculté de droit et de sciences politiques de Tunis 2008/2009, en arabe ; **BOULAABI (Karim)**, *La bonne foi en matière contractuelle*, th. Faculté de droit et de sciences politiques de Tunis 2007/2008, en arabe ; **GORJI (Sofien)**, *Devoir de loyauté dans l'exécution de contrat à travers l'article de 43 C.O.C.*, Mémoire DEA, Faculté de droit et des sciences politiques de Tunis 1997/1998, en arabe ; **BEN SLIMA (Houcine)**, *Devoir de loyauté dans l'exécution du contrat à travers l'article 243 C.O.C.*, Cérès 1993, en arabe.

[38] Titre de l'article de M. Vasseur, RTDCiv. 1964, p. 4 et s, in « *L'évolution contemporaine du droit des contrats* », Journées Savatier, PUF 1986 ; **CABRILLAC (Remy)**, *Droit des obligations*, 6è éd., Dalloz 2004, n° 27 et 28, p. 24 ; **MAZEAUD (Denis)**, *Loyauté, solidarité, fraternité, Op. cit.*, n° 24, p. 629 ; **THIBIERGE-GUELFUCCI (Catherine)**, Libres propos sur la transformation du droit des contrats, RTDCiv. 1997, p. 357 et s. ; **MALAURIE (Philippe)**, *Le droit civil français des contrats à la fin du XXè siècle*, Mélanges M. Cabrillac, Litec 1999, p. 187 et s. ; *Le contrat au début du XXIè siècle*, Eudes offertes à Jacques Ghestin, LGDJ 2001 ; *La nouvelle crise du contrat, Op. cit.*

12. L'abus dans les contrats est une application novatrice. La théorie a connu ces dernières années de très nombreuses applications en matière contractuelle et y a trouvé des consécrations considérables[39].

La théorie de l'abus joue un rôle capital dans l'évolution juridique contemporaine. La question dans le cadre d'une relation contractuelle prend un éclairage sensiblement différent.

La question se rencontre sur le critère à retenir pour savoir à partir de quel moment il y a abus. Il est certain depuis longtemps que l'abus est constitué lorsqu'il y a intention de nuire. Mais le droit ne s'arrête pas là ; dans certains domaines, la jurisprudence retient l'abus en cas de manquement à la bonne foi de l'article 243 du Code des obligations et des contrats. Peu à peu, la jurisprudence applique l'abus dans l'exécution du contrat. Il est ainsi devenu impossible de garder toujours comme fondement de l'abus l'article 82 ou l'article 83. C'est pourquoi la bonne foi de l'article 243 est de plus en plus souvent invoquée pour sanctionner une telle faute.

En admettant que l'abus soit appliqué en matière contractuelle, il reste encore à savoir quel genre de faute recouvre l'abus ; une faute est à l'origine d'une responsabilité civile délictuelle ou contractuelle selon les cas.

Il s'agit de déterminer, lorsque la faute d'abus survient à l'occasion d'un contrat, la responsabilité qui en découle, est-elle de nature contractuelle ou délictuelle ? La question est très importante parce que chacune de ces responsabilités est régie par des règles différentes. Les effets des contrats et ceux des délits et quasi-délits font l'objet de deux réglementations parallèles, indépendantes l'une de l'autre.

La doctrine, surtout en France, n'a pas accueilli avec faveur l'intervention de la responsabilité délictuelle entre cocontractants[40]. Toutefois, l'existence d'un contrat, ne suffit pas à empêcher le recours aux articles 82 et 83. La distinction du droit de l'inexécution du contrat

---

[39] **MASRON (J.)**, *L'abus de droit en matière de contrat*, th. Paris, Rousseau 1935 ; **RADULESCO (D. G.)**, *Abus des droits en matière contractuelle*, contribution à l'étude synthétique de l'abus, th. Paris 1935 ; **STOFFEL-MUNCK (Philippe)**, *L'abus dans le contrat, op. cit.* ; **Mohamed El MALKI** est en faveur de l'application de cette théorie en matière contractuelle, Cours de droit civil E.O.R.T., p. 111 et 112.

[40] Voir notamment **MNIF (Salma)**, *L'option entre la responsabilité contractuelle et la responsabilité délictuelle.* Etude comparative des droits français et tunisien, th. Paris, Sfax 2011.

et du droit du délit est nette. « Pourtant, à l'heure actuelle, nombre de situations ne reçoivent pas de réponses claires du droit positif : la responsabilité du débiteur doit-elle être contractuelle ou délictuelle lorsque le dommage ne trouve pas sa source dans une obligation expressément indiquée par le contrat »[41] ? Le de l'inexécution contractuelle poursuit la satisfaction du créancier, le droit de la responsabilité délictuelle ou quasi-délictuelle assure l'indemnisation des dommages injustes. Le choix du régime contractuel pour sanctionner l'inexécution ne dépend que de la qualification contractuelle de l'obligation violée ; or, l'introduction dans le contrat d'obligations implicites, pervertit naturellement ce choix[42].

13. L'abus en matière contractuelle se rencontre tant avant qu'après la formation du contrat. Dans la phase de formation, il s'agit de l'abus du droit de contracter librement consacré par l'article 242 du Code des obligations et des contrats. Les clauses abusives entendues comme clauses imposés par l'un des contractants à l'autre au moment de la conclusion des contrats[43], relèvent en conséquence de la question de l'abus dans la formation du contrat, il s'agit en fait de savoir « comment sanctionner le comportement de celui qui, en abusant de son droit de contracter, impose à son cocontractant une clause au détriment de ce dernier »[44], ils sont alors hors de notre cadre d'étude.

Dans la phase de l'exécution, l'auteur de l'abus nuit à son partenaire, trompe sa confiance de voir le contrat exécuté avec bienveillance et bonne foi[45]. L'abus dans l'exécution du contrat suppose l'existence d'un contrat valablement formé apte à produire des effets de droits. Lorsque le contrat est nul, ou lorsque le dommage a été commis avant la conclusion de celui-ci, la question est en dehors de notre champ de recherche. Le sujet suppose également que le responsable et la victime soient tous deux parties à un même contrat. L'abus dans l'exécution du contrat aura été l'occasion de confronter différentes notions que la doctrine et la jurisprudence tendent à confondre ; « devoir »,

---

[41] **FAURE-ABBAD (Marianne)**, *Le fait générateur de la responsabilité contractuelle*, Contribution à la théorie de l'inexécution du contrat, préf. Philippe Remy, LGDJ 2003, n° 176, p. 149.

[42] *Ibid.*, n° 173, p. 146.

[43] **KARIMI (Abbas)**, *Les clauses abusives et la théorie de l'abus de droit*, préf. Philippe Simler, th. LGDJ 2001, Coll. Bdp., t. 306, n° 745, p. 315.

[44] *Ibid.*, n° 745, p. 315.

[45] Voir **DE BERSAQUES (André)**, *L'abus de droit en matière contractuelle*, RCJB 1969, n° 39, p. 532.

« obligation » et « faute délictuelle », « responsabilité contractuelle et responsabilité délictuelle »...

14. L'abus dans l'exécution du contrat naît à l'occasion de l'exercice d'une prérogative légitime que le contractant tire du contrat. La question fondamentale est de savoir comment le comportement du contractant révèle un abus. C'est dire qu'il convient de dégager les traits caractéristiques ainsi que l'effet principal de l'abus.

15. il s'agit de démontrer tout au long de ce travail que l'abus dans l'exécution du contrat constitue une faute. Ce que sanctionne l'abus dans l'exécution du contrat ce n'est pas l'exercice du droit, mais le comportement adopté par le cocontractant. L'exercice du droit en soi[46] ne doit pas être confondu avec la manière de le faire[47]. C'est cette manière qui peut dans certains cas, révéler l'abus. Il s'agit donc de savoir comment les parties au contrat exécutent ce dont elles sont tenues, et comment elles se comportent dans l'exercice des droits qu'elles tirent du contrat[48]. Ce sont les circonstances entourant l'exécution du contrat qui sont visées. En somme, l'abus est une faute commise à l'occasion de l'exercice du droit[49], mais ce sont les circonstances entourant l'exécution du contrat qui sont visées plus que l'exercice du droit lui-même.

Reconnaître que l'abus dans l'exécution du contrat est une faute de comportement (**I**), invite, ensuite, à en déterminer les conséquences : la faute se révèle génératrice d'une responsabilité (**II**).

Première Partie : L'abus est constitutif d'une faute.

Seconde Partie : La faute est génératrice d'une responsabilité.

---

[46] L'exercice d'un droit contractuel est une prérogative légitime que le cocontractant reçoit des termes du contrat.

[47] **ARTEIL (David)**, *Op. cit.*, n° 123, p. 87.

[48] **STOFFEL-MUNCK (Philippe)**, *L'abus dans le contrat, op. cit.*, n° 86, p. 85.

[49] **MALAURIE (Philippe), AYNES (Laurent) et STOFFEL-MUNCK (Philippe)**, *Op. cit.*, n° 119, p. 55.

PREMIÈRE PARTIE :
L'ABUS EST CONSTITUTIF D'UNE FAUTE

16. Pour définir la faute, la doctrine se réfère à une norme de comportement, à l'attitude d'un type abstrait, celui du « bon père de famille » que les Romains appelaient le *bonus pater familias*[50]. Il s'agit de l'homme prudent, raisonnable et soucieux de ses devoirs. MM. Mazeaud estimaient que la faute civile est une « erreur de conduite telle qu'elle n'aurait pas été commise par la personne la plus avisée...»[51]. Il s'agit de comparer l'attitude de l'agent à celle attendue de l'homme prudent, raisonnable, diligent... Ce dernier est considéré en faute s'il commet un écart de conduite et donc l'appréciation de « l'illicéité » ou de « l'écart de conduite » se fait par la référence à cette norme de comportement[52]. Cette norme de comportement renvoie à « des devoirs qui s'imposent aux hommes et que le type de référence abstrait, le ''bon père de famille'' aurait respecté »[53]. Il en résulte que la faute implique la transgression d'un devoir préexistant, comme le visait Planiol. En effet, l'auteur, en définissant la faute comme « la violation d'une obligation préexistante »[54] mettait le premier, en France, l'accent sur la notion « d'illicite » ou du « devoir violé »[55].

---

[50] La référence au « bon père de famille » est visée par l'article 1181 du Code tunisien des obligations et des contrats, à l'instar du droit français où elle est visée par l'article 1137 du Code civil.

[51] **MAZEAUD (Henri et Léon) et TUNC (André)**, *Traité de la responsabilité civile*, t. I, 6ème éd., n° 439.

[52] L'illicéité ou l'erreur de conduite suppose une différence entre ce qui aurait dû être fait ou ne pas être fait et ce qui a été effectivement fait ; il consiste dans la violation injustifiée du devoir général de ne pas nuire à autrui.

[53] **JOURDAIN (Patrice)**, *Responsabilité fondée sur la faute*, notion de faute : contenu commun à toutes les fautes, J. Cl. civ., art. 1382 à 1386, fasc. 120-1, 1995, n° 18, p. 8.

[54] **PLANIOL (Marcel)**, *Eudes sur la responsabilité civile*, Rev. crit. lég. et jur., 1905, p. 283 et s.

[55] **PLANIOL (Marcel)**, *Traité élémentaire de droit civil*, t. II, 11ème éd. n° 863 ; Obs. Rev. crit. législ. et jurisp., 1905, p. 277 et s., notamment, p. 287.

Les devoirs consistent à prendre les précautions normales pour éviter de nuire à autrui. Car il existe indiscutablement, une obligation générale d'agir de manière à ne pas nuire à autrui, impliquée dans les articles 103, 82 et suivants du Code des obligations et des contrats.

En effet, le droit pose un grand nombre de règles de conduite et toute violation d'une règle constitue une faute. Ainsi en est-il des règles contractuelles auxquelles les parties se sont volontairement soumises : il y a faute à ne pas respecter les engagements souscrits et les obligations qui en découlent[56]. Par ailleurs, de très nombreuses règles légales imposent des devoirs aux particuliers dans les domaines les plus divers[57]. Toute violation d'un texte impératif est une faute susceptible d'engager la responsabilité de son auteur s'il en résulte un dommage[58]. On admet, également qu'il existe dans notre droit un devoir général de ne pas nuire à autrui, prévu par l'article 103 du Code des obligations et

---

[56] **EZZINE (Mohamed),** *Théorie générale des obligations : le contrat,* 2 éd. Elwafa 1997, n° 354, p. 286, en arabe ; **JERBI (Sami)**, *Conditions de la responsabilité civile en droit tunisien et en droit comparé,* 1ère éd. Etassfir 2011, n° 152 et 153, p. 204 et 205, en arabe ; **LOKSAYER (Fredj**), *Le fondement de la responsabilité contractuelle du transporteur dans les transports terrestres internes*, R.J.L., mai 1995, p. 5 ; Cf. contre la faute contractuelle **MNIF (Salma)**, *Op. cit.*, n° 229 et s., p. 273 et s. Selon l'auteur l'inexécution « ne présente aucun point commun avec la faute (…) toute question du fait générateur de la responsabilité contractuelle se ramène en réalité à la question du contenu exact du contrat et non pas à la preuve d'une faute du débiteur ». L'auteur considère que « l'intrusion du vocable faute pour désigner l'inexécution contractuelle est le fruit d'une définition erronée de la faute civile adoptée par Planiol », n° 231, p. 274 et 275, pour en déduire que « Si la notion de faute nous paraissait parfaitement concevable en matière contractuelle lorsque l'obligation transgressée est de moyens, se rapprochant ainsi substantiellement de la faute délictuelle, il n'en est pas de même lorsque la preuve de l'inexécution suffit pour déclencher la responsabilité du débiteur », n° 240, p. 287. L'auteur poursuit, « Si la définition de la faute chère à Planiol a pu unifier la faute délictuelle et le manquement aux obligations de moyens, subjectives toutes les deux par essence, elle nous semble en revanche, incapable d'éclairer la nature des obligations de résultat pour la bonne raison que la transgression de ces obligations est étrangère à toute idée de faute », n° 243, p. 289 et 290 ; **BOULAABI (Karim)**, *La bonne foi en matière contractuelle*, th. Faculté de droit et des sciences politiques de Tunis, 2007/2008, n° 39 et s., p. 38 et s., en arabe ; **ELMILEDI (Chokri)**, *Le rôle de la faute dans la responsabilté contractuelle*, Mémoire DEA Faculté de droit et des sciences politiques de Tunis, 1996/1997, p. 21 et s., en arabe ; **TRABELSI (Arbia),** *Article 277 C.O.C.*, Mémoire DEA Faculté de droit et des sciences politiques de Tunis 1998/1999, p. 32 et s., en arabe ; **ABID BELLAJ (Samara)**, *La responsabilité contractuelle entre le Code des obligations et des contrats et les principes d'UNIDROIT*, Mémoire Faculté de droit de Sfax 2006/2007, p. 16 et s.

[57] La transgression d'une règle légale doit être entendue dans un sens large.

[58] Voir infra n° 63.

des contrats et sanctionné par l'article 82 du Code. La faute dans la responsabilité délictuelle est définie par l'article 83 du Code des obligations et des contrats. Elle « consiste, soit à omettre ce qu'on était tenu de faire, soit à faire ce dont on était tenu de s'abstenir ».

La faute résultera de la transgression de ces devoirs ou obligations, c'est-à-dire de la constatation que l'agent n'a pas eu le comportement que la loi ou le contrat imposait[59]. En effet, il est toujours nécessaire d'établir la méconnaissance d'un devoir ou d'une obligation imposée par l'ordre juridique pour caractériser la faute. Sur ce point, il n'y a pas de différence fondamentale entre ce qu'il est convenu d'appeler la faute contractuelle, et que certains désignent par l'expression d'« inexécution contractuelle », et la faute délictuelle ou quasi délictuelle[60]. La première se définissant comme l'inexécution d'une obligation née d'un contrat ou rattachée à celui-ci et la seconde comme celle qui résulte de la violation d'une norme issue d'une autre source, c'est-à-dire de la loi entendue dans un sens large. Il s'agit en effet d'une conception unitaire de la responsabilité civile car « il est inconcevable de départir la responsabilité contractuelle de la responsabilité délictuelle en son fondement et naissance ; la responsabilité étant une et unitaire à deux faces telle la pièce monétaire et dont la responsabilité délictuelle constitue une face et la responsabilité contractuelle la deuxième »[61].

Les articles 103, 82, 83 et 243 du Code des obligations et des contrats prescrivent un comportement particulier ; nuire à son cocontractant, exercer son droit d'une manière qui porte atteinte à autrui… constitue une faute, plus précisément l'inobservation de ces prescriptions établit l'existence d'une faute. Cette faute est caractérisée soit par une intention de nuire (**Titre premier**), soit par un manquement à l'exigence de bonne foi (**Titre second**).

---

[59] **JOURDAIN (Patrice)**, *Op. cit.*, n° 31, p. 10 ; **AHMED (Ibrahim Said)**, *La responsabilté civile, Réparation*, Maison des livres juridiques 2006, p. 7.

[60] Planiol précise les obligations dont la violation constitue une faute : « l'obligation violée par l'acte appelé ''faute'' peut être indifféremment une obligation légale ou une obligation conventionnelle. Les unes comme les autres donnent à la faute l'occasion de se produire, mais leur différence d'origine reste sans influence sur la nature de la faute », il s'agit en effet d'une même acception des fautes contractuelle et délictuelle, **PLANIOL (Marcel)**, *Traité élémentaire de droit civil*, n° 902, p. 267.

[61] **JERBI (Sami),** *Conditions de la responsabilité civile, Op. cit.*, n° 153, p. 205.

TITRE PREMIER : UNE FAUTE CARACTÉRISÉE PAR L'INTENTION DE NUIRE

17. Les articles 82 et 83 du Code des obligations et des contrats énoncent que la faute est le fait générateur de responsabilités et que seule l'existence d'une faute est susceptible de mettre une obligation de réparation à la charge de celui qui l'a commise[62]. L'article 82 précise que la faute est une condition nécessaire de la responsabilité du fait personnel, quant à l'article 83, il précise qu'une simple faute d'imprudence ou de négligence suffit en principe à engager une responsabilité[63]. « Dans le domaine de la responsabilité du fait personnel, il existe toujours un principe général de responsabilité civile pour faute ; la faute est le fondement de cette responsabilité »[64]. Le Conseil constitutionnel français a déclaré par une décision du 22 octobre 1982[65] que « nul n'ayant le droit de nuire à autrui, en principe tout fait quelconque de l'homme, qui cause à autrui, un dommage, oblige celui par la faute duquel il est arrivé, à le réparer ».

18. La faute est définie de manière générale comme constituant « un manquement contre un principe ou une règle »[66], elle est en effet un comportement socialement blâmable qui est sanctionné par une responsabilité civile personnelle. Celui qui commet un acte dans l'intention de porter préjudice envers son cocontractant commet une faute en parfaite conscience de le faire, car la volonté de commettre une faute implique le plus souvent la volonté de causer le préjudice ou la conscience que l'acte sera préjudiciable. Et la distinction des délits et des quasi-délits civils répond à celle des fautes intentionnelles et des fautes non intentionnelles. Elle présente un intérêt pratique, les juges

---

[62] **ZOHDI (Yakon),** *Droit des obligations et des contrats, Etude comparative*, t. IV, 1ère éd. Librairie moderne, Beyrouth, n° 42, p. 91, en arabe.

[63] Dans la responsabilité du fait personnel, la faute demeure une condition nécessaire de la responsabilité et la faute occupe une place importante dans la responsabilité civile à l'exception des cas de responsabilité objective (Responsabilité du fait des choses, du fait des bâtiments et du fait d'autrui).

[64] **JOURDAIN (Patrice)**, *Responsabilité fondée sur la faute, notion de faute : contenu commun à toutes les fautes*, J. Cl . civ. art. 1382 à 1386, fasc. 120-1, 1995, n° 3, p. 4.

[65] Cons. const., 22 oct. 1982 : D. 1983, p. 189, note F. Luchaire.

[66] Dictionnaire de la langue française; **BACH (Louis)**, *Réflexions sur le problème du fondement de la responsabilité civile en droit français*, RTDCiv. ; 1977, p. 25.

ont tendance à aggraver le chiffre des dommages-intérêts quand la faute est intentionnelle[67].

Dès lors, il faut signaler la place de l'article 103 du Code des obligations et des contrats, il est en effet, prévu dans un chapitre intitulé « les obligations provenant des délits et quasi-délits ». Le choix n'est pas arbitraire, il est législatif. L'article 103 prévoit une disposition générale relative à la théorie de l'abus qui dispose « Il n'y a pas lieu à responsabilité civile lorsqu'une personne, sans intention de nuire, a fait ce quelle avait le droit à faire. Cependant, lorsque l'exercice de ce droit est de nature à causer un dommage notable à autrui et que ce dommage peut être évité ou supprimé, sans inconvénient grave pour l'ayant droit, il y a lieu à responsabilité civile si on n'a pas fait ce qu'il fallait pour le prévenir ou pour le faire cesser ». L'abus selon l'article 103, est une faute. La faute vient du latin *fallere* qui signifie faillir ou manquer, elle évoque ainsi l'idée de défaillance, du manquement à une règle ; « omettre ce qu'on était tenu de faire ou faire ce dont on était tenu de s'abstenir ». Celui qui a commis une faute a fait ce qu'il n'aurait pas du faire, ainsi a-t-il manqué à une règle et sa conduite inspire le reproche[68]. Le titulaire du droit en abuse lorsqu'il l'exerce dans l'intention de nuire à autrui ou l'intention malicieuse.

Toutefois, selon une partie de la doctrine tunisienne, l'interdiction de l'abus constitue un principe général de droit. M. Nadhir Ben Ammou considère que « la doctrine tunisienne est de plus en plus orientée vers la reconnaissance à l'abus de droit la valeur d'un principe général »[69]. M. Mohamed Loussayef relève que le droit tunisien a pris en considération la théorie de l'abus et a fait du « dépassement du droit » une source de responsabilité civile indépendante de la faute[70]. Selon M. Sami Jerbi « Quand bien même le Code ne comportait pas de préambule comme dans bon nombre de Codes, il comporte des

---

[67] Voir infra n° 287 et s.

[68] **JOURDAIN (Patrice)**, *Op. cit.*, n° 1, p. 3.

[69] **BEN AMMOU (Nadhir)**, *Essai sur l'abus des droits à travers l'article 103 du C.O.C.*, Mémoire Faculté de droit et des sciences politiques et économiques de Tunis 1984, p. 30 ; l'auteur se demandait si l'abus serait la faute au sens de l'article 82 C.O.C. en estimant que « ce dernier (article 82 C.O.C.) vise ''tout fait quelconque de l'homme qui, sans l'autorité de la loi (…)'' Or l'exercice d'un droit ne se fait pas sans l'autorité de la loi. C'est la loi qui a permis l'exercice ». Il est vrai que l'exercice d'un droit ne se fait pas sans l'autorité de la loi, mais c'est l'exercice abusif du droit qui se fait sans l'autorité de la loi.

[70] **LOUSSAYEF (Mohamed),** *La règle de l'abus de droit et son èvolution*, 5 mars 1963, R.J.L. 1963, p. 6, en arabe.

principes imprégnés du principe de l'interdiction de l'abus dans l'exercice du droit, qui ne se limite pas à la responsabilité délictuelle, mais la outrepasse pour d'autres aspects du droit telle la responsabilité contractuelle »[71].

Cependant, cette opinion ne fait pas l'unanimité, en effet, des auteurs tels que MM. Mongi Tarchouna, Mohamed Abid, Ali Mezghani et Slaheddine Mellouli, Boulaabi Karim considèrent l'abus comme une faute. M. Tarchouna, partant de la définition du licenciement, considère qu'il s'agit d'un « acte illégal et non justifié au motif duquel l'employeur peut rompre la relation de travail naissant d'un contrat de travail conclu pour une durée indéterminée. L'aspect abusif du licenciement réside dans le fait que l'employeur ait commis une faute en exerçant son droit au licenciement (...) Cette faute se matérialise par la rupture de la relation contractuelle sans motif légitime (...) le licenciement se base sur la théorie de l'abus de droit prévue par le droit civil (article 103 Code des obligations et des contrats) »[72]. Pour M. Abid, la faute est « un manquement à une obligation légale. Les cas de manquement sont au nombre de trois : le manquement à un texte légal explicite, le manquement à une obligation légale implicite et l'abus dans l'exercice du droit »[73]. Selon M. Mezghani « l'article 103 Code des obligations et des contrats est une application en matière délictuelle de la théorie de l'abus du droit. Il sanctionne l'usage du droit lorsque cet usage est mû par une intention de nuire (al. 1er) »[74]. Pour M. Mellouli « Les droits subjectifs étant des prérogatives individuelles reconnues et garanties par le droit objectif, il s'ensuit que leurs titulaires n'encourent pas a priori de responsabilité lorsqu'en les exerçant, ils causent à autrui un dommage. Pour engager leur responsabilité, il faut établir à leur encontre une faute »[75]. L'auteur note en bas de page « c'est ce qu'affirme l'article 103 du Code des obligations et des contrats. En effet, il n'y a pas de faute à user simplement de son droit. » Enfin,

---

[71] **JERBI (Sami),** *Conditions de la responsabilité civile en droit tunisien et comparé*, *Op. cit.*, n° 121, p. 166.

[72] **TARCHOUNA (Mongi)**, *Le concept judiciare de licenciement abusif*, R.J.L. déc. 1993, p. 42, en arabe.

[73] **ABID (Mohamed)**, *La responsabilité du fait personnelle en droit tunisien et marocain*, R.J.L. fév. 1982, p. 14, en arabe.

[74] **MEZGHANI (Ali)**, Note sous trib. prem. inst. Tunis, 30 avril 1981, RTD 1981, p. 449.

[75] **MELLOULI (Slaheddine)**, *Les troubles anormaux du voisinage entre la loi et la jurisprudence*, RTD 1984, p. 181; **CHARFEDDINE (Mohamed Kamel)**, *Les biens*, Cours polycopiés , Faculté de droit et des sciences politiques de Tunis, 1996/1997, n° 279, p. 117.

M. Boulaabi considère que la théorie de l'abus est liée à la faute, ce qui s'avère à travers la place de l'article 103 dans le Code des obligations et des contrats[76].

La faute est une condition nécessaire de la responsabilité du fait personnel, il n'y a pas de responsabilité sans fautes[77] à l'exception des cas de la responsabilité objective. Même dans la responsabilité contractuelle, la faute joue le même rôle essentiel, c'est également la même source de responsabilité[78].

19. les juges tunisiens se sont prononcés maintes fois sur la nature de l'abus décidant que « la demande est juridiquement fondée, qu'il y a en l'espèce abus de droit qui est un délit civil, mettant en œuvre la responsabilité délictuelle »[79]. Jugement confirmé par l'arrêt de la Cour d'appel de Tunis du 25 décembre 1982[80]. Il a également été jugé que « la demanderesse s'est basée sur la plainte contre le défendeur pour confirmer la faute grave qui lui est reprochée sans dévoiler le sort de cette plainte (…) il est évident que le défendeur a commis des fautes à plusieurs reprises sans pour autant qu'il y ait de preuves contre lui. Ce qui fait que les fautes qui lui sont reprochées restent sans preuve. » La Cour rejette l'appel pour absence de fondement légal valable[81].

20. À notre sens, la position de certains auteurs tunisiens qui refuse la nature de faute à la théorie de l'abus s'expliquerait par la place qu'occupe en droit musulman. En effet, l'interdiction de nuire à autrui y occupe une place primordiale notamment en droit de propriété où il trouvait ses premières applications. Le droit musulman impose le respect des obligations de voisinage et interdit de nuire à son voisin. Toutefois, il ne s'est jamais préoccupé de construire une théorie générale sur l'abus et d'en dégager les critères, il s'est seulement préoccupé de donner des solutions à chaque cas d'espèce. Les jurisconsultes musulmans n'ont jamais utilisé le terme abus ni ne se sont prononcés sur le qualificatif de principe général de droit.

---

[76] **BOULAABI (Karim),** *La bonne foi en matière contractuelle*, *Op. cit.*, n° 141, p. 5.

[77] **MOHAMED (Khaled Abdelfatteh)**, *La responsabilité civile,* Maison des livres juridiques, Caire 2009, p. 109, en arabe.

[78] Voir supra n° 16.

[79] Trib. prem. inst. Tunis, 30 avril 1981, RTD 1981, p. 423, note Ali Mezghani.

[80] C.A. Tunis, n° 86249, 25 décembre 1982, RTD 1984, p. 816, note Kalthoum Meziou.

[81] Cass. civ. n° 2372, 13 déc. 2000, R.J.L., mai 2001, p. 113.

De plus, la confusion trouve également son origine dans la différence de la signification de la faute en droit musulman. La faute au sens du droit musulman est l'acte dénué de toute intention contrairement à la mauvaise utilisation du droit qui implique l'intention de commettre l'acte. Ainsi, le sens du fait exprès est l'acte commis exprès contrairement à la faute[82]. C'est pour cela qu'une partie de la doctrine a eu tendance à relever que la doctrine musulmane ne considère pas l'abus comme faute, mais comme un principe général de droit. Sauf que l'abus est une faute qui peut être commise avec intention ou sans intention[83].

On ne peut fonder la théorie de l'abus sans évoquer la faute, je ne vois pas « ce qu'il conviendrait de considérer comme fondement à la théorie de l'abus sans évoquer l'idée de la faute, ce qui est en soi l'idée de dépassement ou de manquement dans la doctrine musulmane »[84].

21. Si le législateur tunisien avait considéré l'abus comme principe général du droit tels certains juristes en Tunisie, il n'aurait pas veillé à intégrer la théorie au milieu des textes relatifs à la responsabilité délictuelle. D'ailleurs, la présence de la théorie au sein des textes en préambule tel est le cas pour le droit égyptien ne signifie pas « son retrait du cercle de la responsabilité délictuelle. Toutefois, le but est de montrer son importance et à la souligner comme principe général qui concerne tous les aspects du droit tel que l'indique la note de l'avant-projet du Code égyptien qui souligne son indépendance au sein de ce cadre »[85].

En effet, le Code civil égyptien a placé, à l'instar du Code civil suisse dont il s'est inspiré, la disposition générale relative à la théorie de l'abus du droit au début de ses dispositions[86]. Certains participants à l'élaboration de ce Code étaient opposés à l'inclusion de cette théorie

---

[82] **AMJED EZZAHAOUI (Said),** *Op. cit.*, n° 150, p. 266, Traduction personnelle ; **MOHAMED (Khaled Abdelfatteh)**, *Op. cit.*, p. 105, 146 et 169.

[83] **AMJED EZZAHAOUI (Said),** *Ibid.*, n° 150, p. 266.

[84] **AMJED EZZAHAOUI (Said),** *Ibid.*, n° 165, p. 296 et 297.

[85] **AMJED EZZAHAOUI (Said)),** *Ibid.*, n° 164, p. 296.

[86] Article 4 du Code civil égyptien : « Celui qui exerce légitimement son droit n'est point responsable du préjudice qui en résulte » et l'article 5 : « L'exercice du droit est considéré comme illégitime dans les cas suivants : a) s'il a lieu dans le seul but de nuire à autrui ; b) s'il tend à la satisfaction d'un intérêt dont l'importance est minime par rapport au préjudice qui en résulte pour autrui ; c) s'il tend à la satisfaction d'un intérêt illicite ».

au début du Code. M. Linant de Bellefonds[87], considère ainsi que la théorie de l'abus du droit est une extension de l'acte illégal et devrait être incluse dans le chapitre sur la responsabilité délictuelle comme l'avait fait le projet du Code des obligations franco-italien, les articles 135 polonais et 124 libanais[88]. Notre Code, ainsi que le Code marocain ont placé la disposition générale relative à l'abus du droit dans le cadre du chapitre traitant des obligations provenant de délits et quasi-délits. Le Code libanais l'a placé dans la section relative à la responsabilité à raison du fait personnel. M. Assanhoury, le principal commentateur du Code civil égyptien, n'a pas respecté l'ordre de son Code concernant la théorie de l'abus. Il en a parlé dans le chapitre sur la responsabilité délictuelle, sous le titre de la responsabilité à raison du fait personnel, en tant qu'application de la faute. Et au lieu de parler, comme le fait le Code, de l'exercice illégitime du droit, il recourt à la notion même de l'abus de droit[89]. Les auteurs français rattachaient l'abus d'une manière traditionnelle à l'article 1382 qui gouverne toute la responsabilité délictuelle, « comme il fallait aux tribunaux un texte pour appuyer la nouvelle théorie, on l'a trouvé dans l'article 1382 C. civ. »[90].

22. L'article 103 vise une faute dont les fondements sont déterminés par l'article 82 du Code des obligations et des contrats. Cette position de la jurisprudence tunisienne, à côté d'un grand nombre de décisions françaises, définit l'abus comme une faute. Dans un arrêt en date du 12 octobre 1971[91], la Cour de cassation française a cassé une décision, au motif que ni l'intention de nuire ni la légèreté blâmable n'étaient démontrées. En l'espèce, un boulanger devait solliciter du bailleur son autorisation pour toute transformation relative à l'immeuble loué dans lequel il exploitait son fonds. Suite du refus du bailleur d'autoriser l'installation d'un nouveau four, le boulanger le condamna pour

---

[87] Participant à l'élaboration du Code égyptien.

[88] Traveaux préeliminaires de droit civil ègyptien, ministère de la justice, maison du livre arabe, I, p. 202, en arabe ; Le projet du Code franco-italien des obligations et des contrats dirigé en France par Larnaude, aidé de commissaires en renom tels que notamment Ripert, Capitant et Colin. Toutefois les circonstances politiques ont fait obstacle à la transformation législative du projet.

[89] **ESSANHOURI (Abderrazek Ahmed),** *Traité de droit civil*, t. 2, Maison de l'édition arabe 1981, p. 1169 et s., en arabe.

[90] **DAVID (R.),** *Les grands principes du droit français*, 1960, p. 178, 179.

[91] Civ. 3è, 12 Octobre 1971, Dalloz 1972, p. 210 ; JCP 1972, II, 16966 ; RTDCiv. 1972, p. 395, obs. Durry.

réparation du préjudice. Les juges du fond ont relevé que la transformation étant avantageuse pour tous et que l'opposition du bailleur était inspirée par l'égoïsme et maintenue par entêtement. Cependant, la décision fut cassée au motif que l'intention de nuire n'a pas été démontrée. Cet arrêt à côté d'un bon nombre de décisions définit l'abus comme une faute[92]. Ayant pour véritable critère l'intention de nuire, cette faute de comportement (**Chapitre second**) est d'inspiration morale (**Chapitre premier**).

[92] Voir en ce sens **COLIN (Ambroise) et CAPITANT (Henri)**, *Cours élémentaire de droit civil français,* t. 2, 4ème éd. Dalloz 1924, n° 195 ; **MARTY (Gabriel) et RAYNAUD (Pierre)**, *Les obligations,* t. 1, Les sources, 2ème éd., Sirey 1988, n° 417 bis ; **MAZEAUD (Henri et Léon) et TUNC (André)**, *Traité théorique et pratique de la responsabilité civile délictuelle et contractuelle,* t. 1, 6ème éd., Montchrestien 1965, n° 564 et s. ; **CARBONNIER (Jean)**, *Droit civil,* t. 4, Les obligations, 21ème éd., PUF 1998, Coll. Thémis, n° 178 ; **FLOUR (Jacques) et AUBERT (Jean - Luc)**, *Les obligations,* Vol. 2, le fait juridique, 7ème éd., Armand Colin 1997, Coll. U., n° 625.

CHAPITRE PREMIER : L'INTENTION DE NUIRE, FAUTE D'INSPIRATION MORALE

23. Les principes de la morale et de l'équité s'opposent à ce que l'exercice d'un droit contractuel se fait sans se soucier des intérêts des autres et dans l'intention de nuire. Cela est certes constitutif d'une faute, il s'agit d'un agissement illicite, « une violation d'une règle de juste conduite »[93]. En effet, « la doctrine qui intègre la technique de l'abus dans le cadre général de la responsabilité civile voit dans cette notion une éminente manifestation de la morale dans le droit »[94]. Sans se préoccuper même, de la légitimité de l'exercice du droit, la malice nécessite une sanction toutes les fois que les comportements des cocontractants ne sont pas conformes aux prescriptions élémentaires de la morale sociale ; il faut faire aux autres ce que nous désirerions qu'ils fassent pour nous dans les mêmes circonstances[95]. La morale sociale impose une attitude générale de respect d'autrui, c'est cet impératif qui justifie que les cocontractants s'entraident pour l'exécution utile du contrat. L'intention de nuire suffit à entacher de faute un comportement objectivement correct par exemple l'exercice d'un droit (**Section II**). Ce sont les impératifs sociaux qui se dégagent à travers les sources islamiques qui prescrivent de se conduire, autant que possible de façon à ne pas nuire à autrui[96] (**Section I**).

---

[93] **STOFFEL-MUNCK (Philippe)**, *L'abus dans le contrat, essai d'une théorie*, th. LGDJ, n° 11, p. 22.

[94] Ibid, n° 12, p. 23 ; Voir également **RIPERT (Georges)**, *La règle morale dans les obligations civiles*, 4ème éd., LGDJ 1949.

[95] Discussion du Code civil français, Treilhard, Exposé des motifs du titre III du livre III du Code civil, Locré, t. 13, p. 29 ; Voir **DIEUX (X.)**, *Le respect dû aux anticipations légitimes d'autrui, Essai sur la genèse d'un principe général de droit*, Bruylant-LGDJ, Bruxelles et Paris 1995, n°494, p. 174.

[96] **ESMEIN (Paul)**, *La faute et sa place dans la responsabilité civile*, RTDCiv., 1949, n° 5, p. 485 ; **SAVATIER (René)**, *Traité de la responsabilité civile en droit français*, t. 1, Les sources de la responsabilité civile, 2ème éd. LGDJ 1951, n° 35 à 107 : il existe une « obligation générale de ne pas nuire à autrui » ; **LOUSSAYEF (Mohamed)**, *Théorie de l'abus de droit et son évolution*, Op. cit., p. 4 ; **DOMAT (Jean)**, *Les loix civiles dans leur ordre naturel, le droit public et legum delectus*, 1ère éd. 1689, Paris, nouvelle édition chez Nicolas Grosselin, 1723, Livre II, Titre VIII, Section II, préambule : « On appelle des faits illicites non seulement tous ceux qui sont défendus par les lois expresses mais tous ceux qui blessent l'équité, l'honnêteté ou les bonnes mœurs, quoiqu'il ne se trouvât point de loi écrite car tout ce qui est contraire à l'équité, à l'honnêteté ou aux bonnes mœurs est contraire aux principes des lois civiles et humaines ».

SECTION I : LE CARACTÈRE MORAL DE LA FAUTE À PARTIR DES SOURCES ISLAMIQUES

24. La majorité des ouvrages qui ont traité le sujet d'abus ont affirmé que « le domaine d'action de la théorie de l'abus des droits est infiniment plus large dans la jurisprudence musulmane que dans la doctrine occidentale, même envisagée sous ses formes les plus hardies »[97]. L'avant-projet du Code civil égyptien indique que le droit musulman a bénéficié d'une place prépondérante dans la doctrine du droit comparé. Les méthodes modernes les plus développées ont déjà présenté la théorie de l'abus dans l'exercice du droit ainsi que d'autres théories à caractère moral[98]. Josserand estime que « le droit musulman mérite une mention toute spéciale en raison de l'imprégnation particulièrement profonde que lui a fait subir la notion de l'abus »[99].

25. Mais malgré la richesse des écrits en droit musulman, une première remarque s'impose ; ils concernent en majorité, les rapports entre voisins. Les rapports de voisinage sont d'une importance considérable en droit musulman, ce dernier vise assurer la paix entre voisins et donc restreindre le droit de propriété. Et s'il est impossible de dégager la notion moderne de l'abus de droit, on ne pourrait même affirmer que ces limitations au droit de propriété excluent, par leur nature même, l'idée d'exercice abusif du droit, puisque celui qui ne respecterait pas ces limitations agirait sans droit, ayant dépassé les bornes fixées par la loi à ses prérogatives[100]. La deuxième remarque, la doctrine musulmane a consacré implicitement la théorie de l'abus[101], les jurisconsultes musulmans fondent leurs solutions tantôt sur l'intention de nuire, tantôt l'imprudence, tantôt l'absence de motif sérieux. Et la troisième remarque qu'il faut signaler, c'est que le droit

---

[97] **FATHI (Mahmoud)**, *La doctrine musulmane de l'abus des droits, étude d'histoire juridique et de droit comparé*, fascicule I des Travaux du Séminaire oriental d'études juridiques et sociales, Paris 1912, p. 37.

[98] Traveaux préeliminaires de droit civil ègyptien, ministère de la justice, maison de livre arabe, I, p .189.

[99] **JOSSERAND (Louis)**, *Essais de téléologie juridique, 1- De l'esprit des droits et de leur relativité*, Théorie dite de l'abus des droits, 2ème éd., Dalloz 1939, n° 221 ; Voir aussi **ABOU SAOUD (Ramadhan)**, *Théorie générale de l'obligation*, Maison des éditions universitaires 2002, p. 344.

[100] **M. LINANT De BELLEFONDS**, voir **A. ALDEEB ABU-SAHLIEH (Sami A.)**, *L'abus du droit en droit musulman*, in « Abus de droit et bonne foi », sous la dir. de Widmer et Cottier, éd. Univ. de Fribourg, 1994, p. 98.

[101] **AMJED EZZAHAOUI (Said),** *Op. cit.*, p. 875, n° 516.

musulman est un droit casuiste, concret qui n'a pas envisagé l'idée d'une théorie générale d'abus fondée sur des critères déterminés[102]. Marcel Morand relève que « la vérité, c'est que les docteurs musulmans ne se sont nullement préoccupés de construire une théorie et de dégager le critérium de l'abus du droit (...) Ils se sont placés en présence d'espèces et se sont uniquement employés à leur donner la solution que leur semblait commander l'équité, et que la seule idée générale à laquelle ils obéissent (...) comment chacun doit chercher à faire le bien en vue de la récompense future et que la bienveillance du musulman à musulman est l'obligation étroite, il convient que nul ne s'oppose à un acte dont l'exécution ne peut lui nuire et la non-exécution lui profite »[103].

26. Ainsi, le droit musulman recommande de secourir son cocontractant, il interdit d'appeler en justice un débiteur dont l'état de faillite est notoire, de maltraiter son cocontractant...[104] La prohibition de l'abus est proclamée en droit musulman et développée dans des détails qui ne laissent pas le doute que l'abus est manifestement prohibé en droit musulman. Toutefois, les jurisconsultes musulmans n'ont jamais procédé à la construction d'une théorie correspondante à celle dégagée vers le tournant du XIXe et du XXe siècle dans la civilisation française. On ne trouve pas la notion d'abus en droit musulman classique. Les jurisconsultes musulmans, justifient les solutions formulées par eux en alléguant tantôt le fait qu'il y a eu exercice du droit contrairement à sa destination, tantôt l'intention de nuire, tantôt l'imprudence, tantôt l'absence d'un motif sérieux, tantôt enfin le préjudice causé[105]. La notion moderne de l'abus, nous fait révéler une autre façade de la théorie, qui appliquée en matière contractuelle[106] ne

---

[102] **BEN SLIMA (Houcine)**, *La bonne foi dans l'exécution de contrat, Op. cit.*, p. 14.

[103] **MORAND (Marcel)**, Doyen de la Faculté de droit d'Alger écrit un article paru dans la Revue algérienne et tunisienne et réimprimé en 1910 dans son ouvrage *Etude de droit musulman algérien*, Alger 1910, pp. 297-310.

[104] Sourate AL-BAQARA, verset 280 : « *A celui qui est dans la gêne, accordez un sursus jusqu'à ce qu'il soit dans l'aisance. Mais il est mieux pour vous de faire remise de la dette par charité* ».

[105] **A. ALDEEB ABU SALIEH (Sami A.)**, *L'abus du droit en droit musulman*, in « Abus de droit et bonne foi », sous la dir. de Widmer et Cottier, éd. Univ. de Fribourg, 1994, p. 95.

[106] **STOFFEL-MUNCK (Philippe)**, *L'abus dans le contrat, essai d'une théorie*, préf. Roger Bout, th. LGDJ 2000, coll. Bdp, t. 337 ; **MASRON (J.)**, *L'abus de droit en matière de contrat*, th. Paris, Rousseau 1935 ; **RADULESCO (D.G.)**, *Abus des droits en matière contractuelle, contribution à l'étude synthétique de l'abus*, Th. Paris 1935 ; « Abus de droit et bonne foi », sous la dir. de Widmer et Cottier, éd. Univ. de Fribourg, 1994.

manque pas de richesse et d'importance juridique. Mais d'abord qu'entend-on par droit musulman ? Il s'agit en fait d'un ensemble d'institutions et de concepts juridiques accumulés depuis le VIIe siècle, basés sur deux sources principales : Le Coran et les récits du Prophète : la Sunna (**Paragraphe I**), et des sources secondaires : Les récits des compagnons du Prophète et les avis des jurisconsultes (**Paragraphe II**).

Paragraphe I : Les sources principales

27. Les sources principales sont essentiellement le Coran (**A.**) et les récits du Prophète (**B.**).

A. Le Coran

28. Plusieurs versets coraniques condamnent l'abus. Le sujet revient à traiter la notion d'abus dans l'exécution du contrat. Ce qui convient de citer uniquement les passages condamnant l'abus en matière contractuelle.

Parmi les versets, les auteurs modernes[107] font allusion à celui qui prohibe tout acte de spoliation des biens des autres[108]. Les jurisconsultes ont affirmé que la prohibition s'étend à tout acte qui nuit à autrui. Il existe également un verset qui indique que la dette doit être constatée par des témoins et par un notaire et interdit de faire intervenir un témoin

[107] **EZZARKA (Mustapha Ahmed),** *Op. cit.* ; **AMJED EZZAHAOUI (Said)**, *Op. cit.* ; **FATHY (Mahmoud),** *La doctrine musulmane de l'abus des droits, étude d'histoire juridique et de droit comparé,* fascicule I des Travaux du Séminaire oriental d'études juridiques et sociales, Paris 1912.

[108] Sourate AN-NISA, verset 29 : « *Ô les croyants ! Que les uns d'entre vous ne mangent pas les biens des autres illégalement. Mais qu'il y ait du négoce (légal), entre vous, par consentement mutuel* ».

ou un écrivain dans un contretemps[109]. Le Coran prohibe tout préjudice dans l'établissement du testament[110].

B. Récits du Prophète

29. Les récits du Prophète contiennent une condamnation de l'abus. On cite à cet égard « la dharar wala dhirar »[111]. Une des traductions possibles de ce récit serait « Pas de dommage ni de dommage réciproque »[112]. Ce récit est considéré comme l'adage de base pour l'interdiction de causer un dommage à autrui[113], il révèle également l'importance de l'intention en droit musulman. Sur la base de ce récit, est née la règle doctrinale selon laquelle les cas dépendent des intentions, mais également le Code ottoman[114].

Le Code ottoman Almajallah, élaboré entre 1869 et 1876, indique dans son article 2 que pour apprécier une action on doit rechercher l'intention, et dans son article 19, pas de dommage ni de dommage réciproque.

---

[109] Sourate AL-BAQARA, verset 282 : « *Ô les croyants ! Quand vous contractez une dette à échéance déterminée, mettez-là en écrit ; et qu'un scribe l'écrive, entre vous, en toute justice ; un scribe n'a pas à refuser d'écrire selon ce qu'Allah lui a enseigné ; qu'il écrive donc, et que dicte le débiteur : qu'il craigne Allah son seigneur, et se garde d'en rien diminuer. Si le débiteur est gaspilleur ou faible, ou incapable de dicter lui-même, que son représentant dicte alors en toute justice. Faites-en témoigner par deux témoins d'entre vos hommes ; et à défaut de deux hommes, un homme et deux femmes d'entre ceux que vous agréez comme témoins, en sorte que si l'une d'elles s'égare, l'autre puisse lui rappeler. Et que les témoins ne refusent pas quand ils sont appelés. Ne vous lassez pas d'écrire la dette, ainsi que son terme, qu'elle soit petite ou grande : c'est plus équitable auprès d'Allah, et plus droit pour le témoignage, et plus susceptible d'écarter les doutes. Mais s'il s'agit d'une marchandise présente que vous négociez entre vous : dans ce cas, il n'y a pas de péché à ne pas l'écrire. Mais prenez des témoins lorsque vous faites une transaction entre vous ; et qu'on ne fasse aucun tort à aucun scribe ni à aucun témoin. Si vous le faisiez, cela serait une perversité en vous. Et craignez Allah. Alors Allah vous enseigne et Allah est omniscient* ».

[110] Sourate AN-NISA', verset 12 : « *Après exécution du testament ou paiement d'une dette, sans préjudice à quiconque* ».

[111] Le prophète aurait dit : « *pas de dommage ni de dommage réciproque* ».

[112] Voir **AMJED EZZAHAOUI (Said)**, *Précité*.

[113] **A. ALDEEB ABU-SALIEH (Sami)**, *L'abus du droit en droit musulman et arabe*, in « Abus de droit et bonne foi » coll., éd. Univ. de Fribourg, 1994, p. 9.

[114] ELMAJALLAH comportait 1851 arcticles, élaboréé par une commision présidée par Nadher Elaadliya ; **NASSIF (Elyes)**, *Encyclopédie des contrats civils et commerciaux, Etude comparative*, 1998, p. 326.

Le second récit concernant un homme qui possédait quelques palmiers à l'intérieur d'un jardin d'un tiers. Gêné par le passage dans son terrain, ce dernier a demandé au propriétaire d'échanger les palmiers, mais il refusa. Consulté, le Prophète demanda au propriétaire de vendre les palmiers ou de les échanger ; mais en vain, il indiqua alors à l'autre d'aller couper les palmiers[115]. Il est illicite que le propriétaire agisse ainsi à l'égard d'autrui, car son refus ainsi intentionnel suffit pour relever son intention malicieuse, l'abus manifesté par le propriétaire et son refus maintenu par entêtement caractérise la malice. Dans ce récit l'intérêt procuré au propriétaire est minime par rapport à la nuisance dégagée, ce qui constitue un abus[116].

---

[115] **A. ALDEEB ABU-SALIEH (Sami)**, *Op. cit.*, p. 92 ; **DRINI (Fathi Abdelkader)**, *Théorie de l'abus de droit en droit musulmun*, 2ème éd., Errisala, Beyrouth 1988, p. 149.
[116] **EZZARKA (Mustapha Ahmed)**, *Op. cit.*, p. 53.

Paragraphe II : Les sources complémentaires

30. Les sources complémentaires sont d'une part les récits des compagnons du Prophète (**A.**) et d'autre part la doctrine des jurisconsultes[117] (**B.**).

A. Récits des compagnons du Prophète

31. Ils sont réputés les mieux placés à se conformer aux normes du Coran, car ils étaient les plus proches du Prophète. Addahhaq voulait faire passer l'eau d'un ruisseau à son terrain à travers le terrain d'Ibn Muslimah, mais ce dernier refusa. Addahaq protesta que le passage de l'eau ne lui créait aucune nuisance, et même lui profitait puisqu'il arrosait son terrain. Consulté, le Calife Omar a forcé Ibn Muslimah à accepter ce passage[118].

B. Doctrine des jurisconsultes

32. Les jurisconsultes musulmans classiques condamnent celui qui usant de son droit cause un dommage à autrui. « Dans de nombreuses hypothèses, ils accordent une réparation, à l'occasion d'actes ou d'abstentions qui semblent bien n'être que la manifestation d'un droit, alors qu'il y a simplement ce que nous appelons abus du droit »[119].

- On peut empêcher un individu de bâtir sur son fonds, s'il a pour but de nuire aux autres sans chercher un avantage pour lui-même[120].

---

[117] Voir Projet préliminaire de Code civil et commercial tunisien, soumis à la commission de codification des lois tunisiennes, par **SANTILLANA (M.D.)**, *italien, membre de la commission chargée d'élaborer le Code des obligations et des contrats*, Tunis, Imp. Générale 1897 : La commission « a suivi en général les doctrines de l'Ecole malékite, qui est celle de la majorité des tunisiens, mais elle n'a pas hésité à se faire hanéfite partout où les règles de cette Ecole convenaient mieux au système général du Code, et aux principes du droit européen ». Le rapporteur italien avait toutefois privilégié sur plusieurs points la position du législateur et des tribunaux français à l'époque où la Tunisie était sous Protectorat français. Santillana a dépassé largement sa fonction de rapporteur ; Voir **SAKRANI (Raja)**, *Sources doctrinales du Code des obligations et des contrats tunisien*, Etude sur la théorie générale des obligations, Faculté de droit et des sciences politiques de Tunis 2003, l'auteur met en doute la véritable mission de Santillana, rapporteur ou législateur ; **ZARROUK (Ali)**, *L'implicite et le contenu contractuel, Etude de droit comparé : droit français et droit tunisien*, préf. Philippe Delebecque, avant-pr. Mohamed kamel Charfeddine, L'Harmattan 2014, n° 67, p. 76, l'auteur doute également que le rapporteur était le président effectif.

[118] **A. ALDEEB ABU-SALIEH (Sami)**, *Op. cit.*, p. 93.

[119] **MORAND (Marcel)**, *Op. cit.* pp. 301 - 308.

[120] **A. ALDEEB ABU-SALIEH (Sami)**, *Op. cit.*, p. 93.

- Il est interdit au propriétaire d'un terrain d'y créer un établissement tel que tannerie, ou d'y édifier un four, si, par suite d'émanations de la fumée ou de la chaleur qui s'en dégagent, il devait en résulter un dommage pour les voisins[121].

- L'apparition d'un vice caché dans le bien vendu permettra à l'acquéreur de résoudre le contrat, la connaissance du vice présume la volonté de créer le préjudice au cocontractant. Le rite hanafite considère que la disparition du vice avant la résolution (animal guéri par exemple) empêchera la résolution et le contrat redeviendra obligatoire entre les parties[122]. En effet, si l'acquéreur exige la résolution, même en l'absence de vice, son intention malicieuse fait apparaître un abus, car s'il regrette la conclusion du contrat suite à une baisse du prix de vente, la nuisance est relevée[123].

- Nul n'est tenu de rester dans l'indivision. Si toutefois, le partage en nature ou la licitation devait porter préjudice à la majorité des communistes, et si celui qui réclame ce partage en nature ou cette licitation, n'avait pas un intérêt sérieux à les provoquer, la demande à fin de partage ou de licitation devrait être écartée[124].

L'ouvrage El Moughani d'Ibn Qodama indique que si un spoliateur d'un terrain y construit un puits et que le propriétaire lui demande de l'enfouir, il doit s'exécuter. Si le spoliateur voulait l'enfouir, le propriétaire le lui interdirait, s'il avait un intérêt quelconque à l'enfouir, il peut agir ainsi. Mais s'il n'a aucun intérêt à le faire, il ne peut obtenir l'enfouissement dans les deux cas[125]. C'est le rite malékite qui considère comme abusif l'exercice d'un droit quand il nuit à autrui tout en étant inutile pour le titulaire, même lorsque la nuisance est la privation d'un profit. Pour Mustapha Ahmed Ezzarka, dans le présent récit, l'inutilité du droit est une présomption de l'intention de nuire[126].

33. Dans cet exposé de la position du droit musulman à l'égard « d'actes ou d'abstentions » que nous appelons abus (le droit musulman n'emploie pas l'expression abus et ne s'est pas préoccupé d'en construire une théorie générale), une importance théorique s'impose ;

---

[121] *Ibid.*
[122] **EZZARKA (Mustapha Ahmed),** *Op. cit.,* p. 48.
[123] **EZZARKA (Mustapha Ahmed),** *Op. cit.,* p. 48.
[124] **A. ALDEEB ABU-SALIEH (Sami),** *Op. cit.,* p. 94.
[125] Voir **EZZARKA (Mustapha Ahmed),** *Op. cit.,* p. 53.
[126] **EZZARKA (Mustapha Ahmed),** p. 53.

c'est combien le législateur tunisien s'est inspiré du droit musulman dans la formulation de l'article 103 du Code des obligations et des contrats[127].

34. Bien que la plupart des exemples cités ci-dessus ne concernent pas l'exécution du contrat, ils suffisent à dégager la prohibition de l'exercice d'un droit dans le seul but de nuire à autrui et combien l'intention de nuire a été prohibée en droit musulman.

Les questions de voisinage constituaient le terrain traditionnel de la théorie de l'abus. À cet égard, Abu Yussuf[128] indique qu'« il est illicite que le musulman agisse intentionnellement à l'égard d'un fonds appartenant à un autre musulman, ou à un tributaire de manière à en inonder les cultures dans le but de lui nuire ». Tassouli[129] écrit « celui qui démolit sciemment le mur mitoyen, sans utilité pour lui, mais dans le but de nuire à son voisin, doit être condamné à le refaire »[130]. C'est ainsi que selon Ibn Al Qaiim Al Djaouziah[131], « l'intention est l'âme de l'acte, son cœur et son soutien, le caractère licite ou illicite d'un acte juridique est subordonné au caractère correct ou incorrect du mobile qui a inspiré son auteur ».

Le droit musulman fonde l'équilibre entre l'intérêt individuel et l'intérêt commun, et en cas de conflit c'est l'intérêt commun qui prime[132], il fonde également l'équilibre entre les intérêts individuels contradictoires mêmes s'ils étaient tous légitimes, donnant la préférence aux intérêts les plus importants sur les intérêts les moins importants[133]. La morale musulmane interdit la malice, l'usage d'un droit qui cause un dommage à autrui, tout acte dommageable qui va à l'encontre des buts fixés par le droit musulman. Que l'on agisse au stade ou en dehors de l'exécution du contrat, la malice paraît d'une essence

---

[127] Pour les sources d'inspiration du législateur de 1906, Voir **SAKRANI (Raja)**, *Sources doctrinales du Code des obligations et des contrats tunisien, Etude sur la théorie générale des obligations*, Faculté de droit et des sciences politiques de Tunis 2003.

[128] **ABU YUSSEF (Y.)**, *Le livre de l'impôt foncier*, traduction et notes de FAGNAN (E.), Paris 1921, p. 143.

[129] **TASSOULI (Abu Hassen Ali)**, *Elbahja fi charah elttohfa*, 2 ème èd., Mustapha Halabi 1951, en arabe.

[130] **TASSOULI (Abu Hassen Ali)**, *Elbahja fi charah elttohfa*, p. 339.

[131] **IBN KAYEM ELJAOUZIYA**, *Aalem mouaaquiin*, éd. Elkordori Egypte.

[132] **ELMAJALLAH**, article 26.

[133] **CHAMEM (Mahmoud)**, *L'abus de droit entre le droit musulman et le droit positif*, R.J.L., mai 1978, p. 16, en arabe ; **BERNAZ (Mohsen)**, *Les droits et leurs limites*, R.J.L., nov. 1970, p. 12, mars 1976, n° spécial, p. 254, en arabe.

unique « pas de dommage ni de dommage réciproque », la condamnation de l'abus revêt un caractère général.

Shatibi[134] considère que la faute et l'exposition à la sanction se réalisent dès la présence de l'intention de nuire, quels que soient les motifs qui les accompagnent. Il indique que la possibilité d'atteindre ses intérêts par un procédé différent qui ne porte pas préjudice à autrui constitue une preuve de la présence d'intention de nuire. L'auteur ajoute « la connaissance de l'obligation de porter préjudice à autrui constitue intention de nuire »[135]. Il rajoute « la fréquence de l'acte donne lieu à l'intention de nuire »[136]. Ibn Radjab Al Hanbali fait allusion à l'illicéité de l'usage du droit dans un but prohibé en considérant que « si le but d'un tel acte étant uniquement celui de nuire à autrui, il ne fait aucun doute qu'il s'agit d'un acte malveillant et illicite »[137].

Les jurisconsultes musulmans ont bâti sur le récit du Prophète « pas de dommage ni de dommage réciproque », la règle de « l'appel du profit sans causer de mal » ce qui signifie empêcher le préjudice qui peut être porté à autrui suite à l'exercice de droit. Selon cette théorie, les normes visent à réaliser des intérêts et à éviter des préjudices. Le Coran vise la miséricorde, le bien des croyants et l'équité. On ne saurait séparer les normes de ces intérêts, tous deux étant fixés par le législateur divin. On ne saurait détourner les normes pour réaliser d'autres intérêts que ceux pour lesquels elles ont été instituées ou pour réaliser des intérêts causants des préjudices qui leur sont supérieurs. Sans cela, l'acte devient illicite[138]. C'est pour cela que les jurisconsultes ont considéré que « la préservation d'un mal est préférable à la réalisation d'un profit »[139] et on doit « mettre fin à tout dommage »[140] et que « le dommage ne supprime pas le dommage »[141].

SECTION II : L'INTENTION DE NUIRE, VÉRITABLE CRITÈRE D'ABUS DANS L'EXÉCUTION DU CONTRAT

35. La première question qui se pose est celle de savoir en vertu de quel critère, l'exécution du contrat s'avère abusive ? En effet, la

---

134 **CHATIBI (Abu Eshak),** *Elmouwafakat*, t. II, Ed. Librairie commerciale Egypte.

135 **CHATIBI (Abu Eshak),** *Elmouwafakat*, t. II, p. 348 et 357.

136 **CHATIBI (Abu Eshak),** *Elmouwafakat*, t. II, p. 361 et 362.

137 **IBN RAJAB ALHANBALI**, *Jamaa Elouloum*, 1ère èd. Jordanie 1990, p. 455.

138 **A. ALDEEB ABU SALIEH (Sami)**, *Op. cit.*, p. 95.

139 ELMAJALLAH, arcticle 30.

140 ELMAJALLAH, arcticle 20.

141 ELMAJALLAH, arcticle 25.

doctrine a proposé de multiples critères pour déterminer là où l'abus commence. Cette gamme de critères prend pour point d'appui soit le détournement du droit de la finalité sociale, soit le défaut d'intérêt légitime, soit l'intention de nuire. Toutefois, si plusieurs critères ont été avancés pour fonder la faute d'abus[142], certains s'avèrent insuffisants (**Paragraphe I**), ce qui convient en conséquence de déterminer le véritable critère qui permet de dénoncer l'abus (**Paragraphe II**).

Paragraphe I : Critères insuffisants

36. Les auteurs ne s'accordent pas sur le critère de l'abus, en effet, il y a abus dès l'instant où l'intention recherchée est de porter préjudice à autrui. Mais « la formulation de certaines décisions est ambiguë en ce qu'elle vise l'intention de nuire et l'absence d'intérêt légitime, ce que laisserait à penser que l'abus (...) n'est constitué que par la réunion de ces deux conditions. Cette interprétation n'est pas exacte. En effet, l'intention de nuire, pourvu qu'elle soit prouvée, suffit à elle seule à caractériser l'abus de droit. Quant à l'absence d'un intérêt légitime (…) ce n'est pas une (voire la) condition de réalisation d'un abus »[143].

37. De plus, l'intention est souvent la cause de l'illicéité de l'intérêt. M. Assanhoury relève à propos du détournement du droit de sa fonction sociale que le Code égyptien avait écarté la référence au but social parce qu'il est difficile de désigner avec précision le but de chaque droit, et qu'il est de même dangereux de déterminer ce but du fait que cela ouvre la porte toute large devant des considérations politiques et des tendances sociales de toutes sortes[144] (A.).

Ces deux critères : détournement du droit de sa fonction sociale et défaut d'intérêt légitime ont été repris par le Code des Emirates qui dispose que « L'exercice du droit est considéré comme illégitime s'il tend à la satisfaction d'un intérêt contraire aux normes du droit musulman, de la loi, de l'ordre public ou des mœurs ». Selon le projet de la ligue arabe, « L'exercice du droit est considéré comme illégitime s'il est dans un autre but en vue duquel il a été institué ou dans un but illicite ». Le projet islamique égyptien considère l'exercice du droit

---

[142] **GHESTIN (Jacques)**, *Traité de droit civil, introduction générale*, 4è éd. LGDJ, n° 777 et s., p. 763.

[143] **COURTIEU (Guy)**, *Abus de droits et abus de pouvoirs*, J. CI, civ., art. 1382 à 1386, fasc. 131-2, 1997, n° 7, p. 3.

[144] **ESSANHOURI (Abderrazek)**, *Traité de droit civil*, t. II, 3ème éd., Maison de l'éd. arabe 1981, p. 1185 et 1186.

comme illégitime « si son titulaire s'écarte de son objectif voulu par le Législateur [Allah] ». Selon le Code koweïtien « L'exercice du droit est illégitime si son titulaire s'écarte de son objectif ou de sa fonction sociale ».

Toutefois, il faut se garder de faire de l'absence d'intérêt légitime un critère de la théorie de l'abus. Le motif illégitime apparaît comme une présomption rendant probable l'intention de nuire, il ne peut pas servir de véritable critère de l'abus, il ne permet pas à lui seul de fournir une explication du fondement de l'abus dans la mesure où il n'en constitue qu'une présomption[145] (B).

A. Détournement du droit de sa fonction sociale

38. Les bouleversements économiques et scientifiques en Europe, en fin du XIXe siècle, la condamnation de l'individualisme libéral qui conduisait à l'écrasement des plus faibles par les plus forts. L'intervention de l'État apparaissait nécessaire pour régir contre les excès du libéralisme. Les intérêts du groupe, le bien commun, ne doivent pas être sacrifiés aux intérêts égoïstes de l'individu. Ainsi apparaissait-elle la nécessité de céder l'intérêt individuel devant l'intérêt social. On a bien des droits, mais il ne faut pas en abuser. En conséquence, si la théorie a eu un succès considérable c'est parce qu'elle cadrait avec les conceptions du temps.

Ernest Porcherot écrivait en 1901 à propos du critère social « l'application d'une idée générale qui a fait tant de progrès au cours de ce siècle : l'idée de solidarité »[146]. L'auteur ajoutait « j'abuse de mon droit lorsque, restant dans les limites objectives de mon droit et dans les conditions établies par la loi, je l'exerce dans un but étranger à celui que prévoyait le législateur »[147].

En 1905, Josserand consacre tout un ouvrage spécialement à ce thème[148], mais sa thèse « De l'esprit des droits et de leur relativité » est celle la plus séduisante, sa conception « finaliste » continue à se

[145] **COURTIEU (Guy)**, *Abus de droit, notion*, J. CI. civ., art. 1382 à 1386, fasc. 131-1, 1997, n°28, p. 10.
[146] **PORCHEROT (Ernest)**, *De l'abus des droits*, th. Dijon, 1901, p. 158.
[147] *Ibid*, p. 149, 150.
[148] **JOSSERAND (Louis)**, *De l'abus des droits*, Paris, éd. Arthur Rousseau, 1905.

présenter comme une référence[149]. Pour lui, l'action dégénèrerait en abus aussitôt qu'elle dévierait de la finalité sociale que le législateur imprime à presque tous les droits. La découverte de l'abus se ferait par la mise à nu du motif à agir que poursuivait l'agent. Si ce motif n'est pas légitime, l'action est abusive, et la légitimité du motif s'apprécie au regard de sa conformité au but social assigné au droit. Selon Josserand, « Les prétendus droits subjectifs sont des droits-fonction ; ils doivent demeurer dans le plan de la fonction à laquelle ils correspondent, sinon leur titulaire commet un détournement, un abus de droit ; l'acte abusif est l'acte contraire au but de l'institution, à son esprit et à sa finalité »[150]. L'auteur relève que la société « met les égoïsmes individuels au service de la communauté » et « puisque chaque égoïsme concourt au but final, il est de toute évidence que chacun de nos droits subjectifs doit être orienté et tendre vers ce but »[151]. En conséquence, « soit que le titulaire ait fait usage d'une prérogative altruiste dans son intérêt personnel ou (...) en perdant de vue les intérêts d'autrui, soit qu'il ait exercé une faculté égoïste sans profit pour lui-même et de façon préjudiciable à autrui, ou qu'il ait choisi, entre différents modes d'utilisation, celui qui était de nature à léser des intérêts légitimes, soit enfin qu'il ait commis une faute technique dans la réalisation, dans la mise en œuvre de l'institution »[152].

Un droit n'est légitiment exercé qu'à condition de respecter la finalité pour laquelle il a été octroyé. La société est l'origine réelle des droits de l'homme, en effet, ceux-ci supposent comme donnée première la vie en société et n'ont de raison d'être que d'assurer le bon fonctionnement de la vie collective. C'est en vue de cette fin qu'ils sont sanctionnés par le droit positif, et les détourner de cette direction, les faire servir à un but contraire à leur destination sociale, c'est en abuser[153], « les droits, produits sociaux, comme le droit objectif lui-même, puisent leur origine dans la communauté à laquelle ils

---

[149] Voir **GHESTIN (Jacques)**, *L'abus dans les contrats*, Gaz. Pal. 1981, 2, doct, 379 ; **PIROVANO (Antoine)**, *La fonction sociale des droits : Réflexion sur le destin des théories de Josserand*, D. 1972, Chr., 67.

[150] **JOSSERAND (Louis)**, *De l'esprit des droits et de leur relativité. Théorie dite de l'abus des droits*, 2ème éd., Dalloz 1939, n° 292.

[151] *Ibid.* ; Cette même idée a été également exprimée par Ihering, Der Zweck im Recht (4eAufl. 1904), t. I, p. 417 et s., 436, 441 et s.

[152] *Ibid.*, n° 300.

[153] **CAPITANT (Henri)**, *Sur l'abus des droits*, RTDCiv. 1928, p. 366 ; **MICHAELIDES-NOUAROS (G.)**, *L'évolution récente de la notion de droit subjectif*, RTDCiv. 1966, p. 233.

empruntent leur esprit et leur finalité ; c'est par elle et pour elle qu'ils existent (…) chacun d'eux est dirigé vers un but dont il n'appartient pas à son titulaire de la faire dévier, ils sont faits pour la société et non la société pour eux ; leur finalité est en dehors, au-dessus d'eux-mêmes »[154].

39. Ce critère selon Mahmoud Fathy[155], est reconnu par des auteurs musulmans classiques tel que El Ghazaly[156]. En effet, Abu Hamid Al Ghazali considère qu' « il ne faut pas imposer à l'autre partie [Dans le contrat], des obligations qu'elle accepte à contrecœur »,[157] car selon lui, les droits ont été institués « en vue d'une destination sociale bien déterminée, pour permettre d'atteindre un résultat économique, moral ou social strictement précisé »[158].

Shatibi a indiqué que le droit musulman réglemente les intérêts des individus dans le présent et dans le futur[159] et les actes de l'agent doivent être conformes à l'intention du législateur[160] et tout acte qui va à l'encontre des buts fixés par la chariaa est nul[161].

Il en résulte que la fonction sociale des droits, en droit musulman, est la réalisation de l'intérêt commun qui doit primer et chaque fois que l'agent agit à l'encontre de cet intérêt commun, il y a détournement de l'acte de sa fonction sociale, et nous pouvons dégager que chaque fois que le critère est constaté, l'abus doit être sanctionné ou du moins interdire l'agent d'exercer son droit[162].

Said Amdjed Ezzahaoui considère que « le dépassement est un acte illégitime. Cependant, son illégitimité réside dans la transgression de toute limite que la loi oblige à respecter »[163]. Les droits ne sont reconnus

---

154 **JOSSERAND (Louis)**, *Relativité et abus des droits*, in « Evolutions et actualités, conférences du droit civil », Sirey 1936, p. 71 s.

155 **FATHY (Mahmoud)**, *La doctrine musulmane de l'abus des droits, étude d'histoire juridique et de droit comparé*, fascicule I des Travaux du Séminaire oriental d'études juridiques et sociales, Paris 1912.

156 **ELGHAZALI (Abu Hamed),** *Ihyaa Ouloum Eddine.*

157 Rapporté par **FATHY (Mahmoud)**, *Op. cit.*, p. 201.

158 *Ibid.*, p. 198.

159 **CHATIBI (Abu Eshak),** *Elmouwafakat*, t. II, p. 6 et s.

160 **CHATIBI (Abu Eshak),** *Elmouwafakat*, t. I, p. 193, 194, 196 et 199.

161 Ibid., t. II, p. 333 et 335.

162 Voir **BEN AMMOU (Nadhir)**, *Essai sur l'abus des droits à travers l'article 103 du C.O.C.*, Mémoire Faculté de droit et des sciences politiques et économiques de Tunis, 1984, p.103, en arabe.

163 **AMJED EZZAHAOUI (Said),** *Op. cit.*, n° 151, p. 269.

aux individus que comme des fonctions sociales qui doivent être exercées en vue d'un certain but ; si le titulaire détourne le droit de son but social, il commet un abus et ne peut plus être protégé.

40. En matière contractuelle, ce critère conduit à admettre que, lors de l'exécution du contrat, l'exercice de son droit par le créancier ne doit pas lui permettre d'obtenir un résultat contraire à la finalité sociale de ce droit.

41. Le critère du détournement du droit de sa fonction sociale a été consacré par l'article 124 du Code des obligations et des contrats libanais 1932, mais également par l'article 1er du Code soviétique de 1923[164], l'article 13 du Code civil polonais, l'article 226 du Code civil allemand, l'article 2 du Code civil suisse, l'article 74 du projet de Code franco-italien des obligations et des contrats, l'article 281 du Code civil grec de 1940.

42. La théorie finaliste a été fortement critiquée, ainsi a-t-on reproché à ce critère son abstraction et sa généralité, car tous les actes humains doivent être conformes au droit musulman et donc tout ce qui n'est pas conforme au droit musulman se trouve abusif.

On ne peut dissocier ce critère de celui de l'intention de nuire du fait que ce dernier contredit l'intention du législateur. L'interdiction de l'intention de nuire signifie la concordance avec celle du législateur, car l'acte accompagné de l'intention de nuire est forcément contraire à l'objectif du législateur.

En doctrine occidentale, cette thèse a été manifestement combattue et rejetée. Pour Planiol, la formule « usage abusif des droits » n'est qu'une logomachie, en effet, s'il y a abus, c'est qu'il n'y a pas de droit, car « le droit cesse où l'abus commence »[165]. Un même « acte ne peut être tout à la fois conforme au droit et contraire au droit »[166]. Ainsi Pirovano a-t-il soutenu que « le caractère ''social'' des droits ne s'est

---

[164] Cet article dispose que « Les droits civils sont protégés par la loi, sauf dans les cas où ils sont exercés dans un sens contraire à leur destination sociale et économique ». Ce texte traduit exactement l'esprit de la législation soviétique, où l'intérêt individuel est entièrement subordonné à l'intérêt social.

[165] **PLANIOL (Marcel)**, *Traité élémentaire de droit civil*, t. II, 3ème éd. LGDJ 1905, n° 871 ; Etudes sur la responsabilité civile : Rev. crit. Législ. et jurispr. 1905, p. 277 et 1906, p. 80.

[166] A cet argument, Josserand a répondu qu'un acte peut être conforme à un droit subjectif, c'est-à-dire accompli en exerçant ce droit, et contraire au droit objectif, c'est-à-dire engager une responsabilité, voir supra n° 3.

guère vérifié avec le temps, malgré les nombreuses affirmations de ce principe tendant à prouver le contraire »[167]. M. Ghestin a dénoncé cette conception communautaire des droits en soutenant qu'une telle théorie se rattache davantage à la doctrine de l'ordre naturel selon Aristote ou à la philosophie de Saint Thomas d'Aquin qu'aux thèses collectivistes[168]. Pour M. Philippe Stoffel Munck, « il existe une ambiguïté inaperçue dans la manière dont Josserand expose son critère téléologique et social de l'abus de droit. Il se concentre sur l'idée de détournement (...) tout ce qui n'est pas précisément dans la direction fixée se trouve abusif. Mais (...) il vise aussi l'exercice antisocial des droits, ce qui rajoute une condition, car il ne faut plus seulement que la finalité donnée au droit ne soit pas respectée, mais encore que l'intérêt social en soit directement heurté »[169], or « un particulier pourrait très bien user le droit subjectif qui lui a été concédé pour une fin autre que celle prévue ; à ce stade le détournement de finalité est consommé et l'abus constitué. Mais ce n'est pas en s'en tenant là qu'on pourra dire si l'acte est antisocial, car il faudrait encore scruter son résultat ; or, celui-ci peut, par exemple, être neutre. Il est donc faux de croire (...) que le détournement de finalité du droit et son exercice antisocial sont des catégories équivalentes : ils ne saisissent pas le fait litigieux au même niveau ; l'un se caractérise par rapport à l'acte et l'autre par rapport au résultat de l'acte. Pour cette raison, il n'y a pas équivalence logique entre les deux questions : tout détournement n'est pas antisocial »[170].

Le critère du but social des droits est dangereux, car le juge, contraint de déterminer le but social de chacun de nos droits, n'évitera pas de glisser du domaine juridique dans le domaine politique, par exemple quand il devra découvrir la finalité du droit de propriété et délimiter ce droit en considération de sa finalité.

Dès lors se pose la question de savoir quelle différence existe entre ce critère et l'intention de nuire, puisque ce sont les intentions de

[167] **PIROVANO (Antoine)**, *La fonction sociale des droits : Réflexions sur le destin des théories de Josserand*, D. 1972, chr. 67 et s.
[168] **GHESTIN et GOUBEAUX**, *Traité de droit civil*, t. I, Introduction générale, 2ème éd. LGDJ 1983, n° 721, p. 641 ; Voir également du même auteur : *L'abus dans les contrats*, Gaz. Pal. 1981. II, p. 379 et s.
[169] **STOFFEL MUNCK (Philippe)**, *L'abus dans le contrat, essai d'une théorie*, préf. R. Bout, th. LGDJ 2000, coll. Bdp., t. 337, n° 539, p. 408 et 409.
[170] *Ibid.*, n° 541, p. 409.

l'individu qui le poussent à agir à l'encontre des buts fixés par le droit[171].

43. Vu l'incertitude de ses contours et les risques d'immixtion considérable des juges, la théorie finaliste n'a eu guère de succès en jurisprudence. Elle a intéressé considérablement la doctrine, mais beaucoup moins la jurisprudence. En Tunisie, elle n'a été consacrée par aucune juridiction, en droit français, la Cour de cassation l'avait ainsi condamnée dans un arrêt en date du 12 octobre 1971[172].

B. Défaut d'intérêt légitime

44. Le défaut d'intérêt légitime a été considéré comme étant un critère personnel et spécialisé du critère universel de la destination des droits[173]. En effet, le détournement du droit de sa fonction sociale peut être réduit au critère du motif illégitime, car l'utilisation du droit dans l'intention de contrarier sa finalité constitue un motif illégitime et c'est la mauvaise intention qui dénie la légitimité de l'intérêt.

Il revient au juge d'apprécier les intérêts en présence, de comparer si l'intérêt à l'exercice du droit est proportionné au dommage que subit l'autre personne. En l'absence d'un intérêt sérieux et légitime, il y a abus, « le motif légitime ce sera l'existence chez l'auteur de l'acte d'un intérêt sérieux et légitime »[174]. Le défaut d'intérêt légitime a été consacré par l'article 5 du Code civil égyptien, l'article 66 du Code civil jordanien, l'article 7 paragraphe 2 du Code civil irakien, l'article 6 du Code civil syrien, l'article 5 du Code civil libyen.

45. Toutefois, ce critère ne peut être considéré comme un critère indépendant pour fonder la faute, mais une présomption, un indice d'appréciation de l'intention de nuire.

Dans sa proposition à la commission de Code civil uniforme pour les pays arabes, Mustapha Ahmed Azzarka indique dans l'article 3 qu'« est considérée comme une présomption de l'intention de nuire, à condition que le titulaire connaisse le dommage, 1- L'absence d'intérêt légitime dans l'exercice du droit (…) »[175].

---

[171] **AMJED EZZAHAOUI (Said),** *Op. cit.*, n° 102, p. 184.

[172] Civ. 3è, 12 Octobre 1971, Dalloz 1972, p. 210 ; JCP 1972, II, 16966 ; RTDCiv. 1972, p. 395, obs. Durry.

[173] **JOSSERAND (Louis),** *De l'esprit des droits et de leur relativité. Théorie dite de l'abus des droits, Op. cit.*, n° 296.

[174] **CAPITANT (Henri),** *Sur l'abus des droits*, RTDCiv. 1928, p. 370.

[175] **EZZARKA (Mustapha Ahmed),** *Op. cit.,* p. 59 et 60.

En effet, l'intention malicieuse révèle un motif illégitime, elle apparaît ainsi comme le critère unique, le défaut d'intérêt légitime, le détournement du droit de sa fonction sociale n'en constituent que des présomptions. Ce ne sont que des illustrations ; des indices de preuve de l'intention de nuire, dont le juge dispose pour se forger une opinion[176]. « Un acte dont l'effet ne peut être que de nuire à autrui sans intérêt appréciable et légitime pour celui qui l'accomplit, ne peut jamais constituer l'exercice du droit »[177]. Ainsi M. Yves Picod estime-t-il que « si un acte préjudiciable à l'une des parties, mais dépourvu de toute utilité pour l'autre est exigé conformément au contrat, on peut dire que la finalité de la convention n'est pas respectée (...) que le créancier agit avec légèreté et qu'il commet alors une faute dans l'exécution (...) que l'absence de motivation de cet acte fait présumer une intention malveillante de la part de ce contractant »[178].

La Cour de cassation française dans un arrêt du 22 février 1968[179] a voulu montrer qu'en l'absence de motif légitime, il y a nécessairement intention de nuire. La Cour d'appel de Pau, dans un arrêt du 15 février 1973[180] adoptant le même raisonnement, a considéré que le caractère inutile de l'acte incriminé fait présumer l'intention de nuire.

46. En se référant à l'article 103, on se rend compte à quel point le législateur tunisien a réussi lorsqu'il s'est limité au critère de l'intention de nuire. En effet, l'intention de nuire est une formule générale, mais précise, elle pourrait prêter à bien des interprétations diverses et qui s'applique à de multiples situations de fait. « Le défaut d'intérêt ou de motif légitime apparaît non pas comme un critère d'abus de droit, mais comme un élément de preuve rendant vraisemblable la malignité des mobiles de l'auteur. L'acte (...) dénué de ''causes réelles

---

176 **AMJED EZZAHAOUI (Said),** *Op. cit.*, n° 132, p. 232 ; **ESSANHOURI (Abdelrazzek)**, *Précité*, p. 958 ; **KIRA (Hassan)**, *Introduction au droit*, Elmaaref Egypte 1969, p. 732.

177 **SALEILLES (Raymond)**, *De l'abus de droit,* Bull. Société Etudes Législatives, 1905, p. 339.

178 **PICOD (Yves)**, *Le devoir de loyauté dans l'exécution du contrat*, préf. G. Couturier, th. LGDJ 1989, Coll. Bdp. t. 208, n° 23, p. 37.

179 Civ. 3è, 22 février 1968, Dalloz 1968, p. 607, note ph. M. ; JCP 1969, II, 15735, note R.D., RTDCiv. ; 1968, 735 obs. Cornu ; Voir également **SIMLER (Philippe)**, *L'article 1134 du code civil et la résiliation unilatérale anticipée des contrats à durée déterminée*, JCP 1971. I. 2413.

180 Pau, 15 fév. 1973, JCP 1973, II, 17584, note J.B. ; RTDCiv. 1974, 152, obs. Georges Durry.

et sérieuses'' selon l'expression utilisée par le législateur au sujet de licenciement, et qui créé un dommage à autrui laisse à penser que son auteur est suspect, qu'il a agi avec une arrière-pensée douteuse, surtout s'il appert que le préjudice en est la seule et unique conséquence (….) l'absence de motif légitime est un indice révélateur »[181].

Sans doute l'on pourrait relever d'assez nombreuses décisions qui mentionnent l'absence de motif sérieux et légitime pour caractériser la faute d'abus. Mais, ce « n'est qu'un moyen de démontrer par présomption l'intention de nuire ou tout au moins de faire apparaître le caractère anormal de l'acte et une faute non intentionnelle »[182].

La Cour d'appel de Tunis a considéré que « la société Ford a mis fin au contrat sans raison légitime alors que les relations entre les parties étaient très bonnes et sans prendre en considération les intérêts de son cocontractant. Attendu qu'en agissant ainsi c'est-à-dire en s'abstenant de faire ce qui lui était possible de faire pour éviter le préjudice subi par Agrimotor, Ford a abusé de son droit de rupture que de ce fait elle doit le réparer conformément à l'article 103 du Code des obligations et des contrats »[183].

La Cour de cassation tunisienne a également jugé dans un arrêt en date du 11 mars 1980[184], « qu'il est évident que le demandeur n'est pas dans son droit pour ce qui concerne sa requête puisqu'il s'est avéré que le contrat sur la base duquel il a fondé sa requête est une promesse de vente qui ne requiert pas l'autorisation administrative et que les articles auxquels il s'attache ne sont pas logiques dans cet état de figure. Il a tenté d'utiliser ces deux articles pour dénoncer ce qu'il a convenu sans motif valable. Attendu que le rejet de la décision de par la forme a pour conséquence la perte des droits acquis pour le défendeur pour ce qui est des fonds en raison de l'analyse des faits qui a montré que les voies de recours ne lui sont plus ouvertes. Ce qui lui vaudra d'être débouté pour son manque de sérieux d'une part, et pour avoir fondé sa requête sur un motif non valable d'autre part ». Ce qui illustre dans les deux arrêts que le défaut d'intérêt légitime constitue un élément de preuve rendant

---

[181] **COURTIEU (Guy)**, *Abus de droit*, notion, J. CI. Civ., art. 1382 à 1386, fasc. 131-1, 1997, n° 28, p. 11.

[182] **MARTY (Gabriel) et RAYNAUD (Pierre)**, *Droit civil*, t. 2, 1er volume, Les obligations, Sirey 1962, n° 417 bis, p. 415.

[183] C.A. Tunis, n° 86249 du 25 décembre 1982, RTD 1984, p. 821, note Kalthoum Meziou.

[184] Cass. civ. n° 3784, 11 mars 1980, R.T.D. 1980, p. 247 ; Voir également Ch. civ. 28 janvier 1963, RTD 1966-1967, p. 219, 220.

vraisemblable l'intention de nuire, le motif illégitime est une présomption de l'intention de nuire, cette dernière paraît le véritable critère de la faute d'abus dans l'exécution du contrat.

Paragraphe II : L'intention de nuire, critère incontesté

47. L'intention de nuire, critère très développé en droit musulman, *animus nocendi* en droit romain. En effet, pour M. Durry « dès lors que l'intention de nuire est relevée, toutes les théories concordent (…) pour estimer nécessaire une sanction »[185]. On admet traditionnellement que c'est ce critère qui paraît définir l'abus[186]. Le créancier ne doit pas exercer son droit dans le seul but de nuire à son débiteur. De même, ce dernier ne doit pas s'abstenir d'exécuter le contrat dans l'intention de nuire au créancier. En effet, l'intention de nuire peut être caractérisée par exemple, lorsque le cocontractant, sans y trouver avantage, rompt la convention dans le seul but de porter atteinte aux droits de l'autre partie. L'abus se manifeste encore lorsque le cocontractant cherche à réaliser un profit personnel du contrat, et qui devrait profiter à toutes les parties. L'intention de nuire se révèle comme étant un véritable critère d'abus dans l'exécution du contrat, ceci pouvant être déduit soit à travers la doctrine (A.), soit à travers la jurisprudence (B.).

A. Critère incontesté en doctrine

48. La théorie de l'absolutisme des droits subjectifs, considérée comme un pouvoir individuel garanti est battue en brèche, le pouvoir individuel doit s'inscrire dans un cadre prédéterminé à l'avance par le droit objectif. L'individu n'a pas le droit de vouloir dans n'importe quel dessein, mais celui seulement de vouloir la satisfaction d'intérêts légitimes. En revanche, les partenaires se trouvent assez souvent dans des situations d'inégalité, l'exécution est parfois trop onéreuse pour l'une des parties, lorsque cette justice cesse, l'on peut dire que le contrat ne remplit pas son rôle et tout acte méchamment accompli en vue de nuire à autrui nécessite une sanction.

49. Le doyen Ripert voyait dans l'intention de nuire le seul et unique critère. L'auteur souligne les liens étroits que peut entretenir le concept d'abus avec l'intention de nuire. Ainsi, se rend coupable d'abus, celui

[185] Obs. sous C.A. Pau, 15 février 1973, RTDCiv. ; 1974, p. 153.

[186] **ABU SAOUD (Ramadhan), MANSOUR (Mohamed Hassin)**, *Introduction au droit*, éd. Halabi, 2003, p. 421, en arabe ; **MANSOUR (Amjed Mohamed),** Théorie générale de l'obligation, *Op. cit.,* p. 279.

qui utilise son droit dans le seul souci de nuire à autrui[187]. Pour Baudry-Lacantinerie, « l'abus des droits vise le fait par une personne de mettre en œuvre, dans le seul but de nuire à autrui, donc sans intérêt pour elle-même, un droit dont elle est titulaire »[188].

Planiol a rejeté le critère au motif que « les hommes passent leur vie à se nuire »[189]. M. Philippe Stoffel-Munck objecte « c'était confondre, d'une part, les nuisances que chacun crée à autrui sans haine et d'autre part, l'état psychologique de malignité »[190].

50. La Cour d'appel de Pau a rendu un arrêt[191] relatif au problème de restitution en nature des cuves prêtées au pompiste par une compagnie pétrolière. En l'occurrence, la société a exigé de son ancien distributeur l'exécution ponctuelle des stipulations contractuelles. Pour éviter les frais d'extraction des cuves anciennes, lesquelles ne pouvaient être réutilisées, le contractant offrait la remise des cuves neuves de même type, alors que la societé exige la remise des anciennes cuves conformément à l'article 1875 du Code civil français. Les juges ont révélé que l'intention de nuire qui anime la société doit être sanctionnée, considérant que l'exécution littérale du contrat n'est admissible que si elle « n'est pas contraire à l'esprit du droit positif et à la finalité supérieure de l'équité que traduit le rejet de tout abus de droit ».

M. Stoffel-Munck se demandait sur cette base s'il y avait acte de haine dans cette espèce[192] ? En effet, les stipulations claires insérées dans le contrat visaient à dissuader le pompiste de changer d'enseigne en lui rendant manifestement excessive l'opération du fait des coûts de déterrement des cuves anciennes et de réinstallation des nouvelles[193]. La compagnie en exigeant l'exécution ponctuelle du contrat, semblait surtout montrer sa détermination à l'égard des autres membres de son

---

[187] **RIPERT (Georges)**, *La règle morale dans les obligations civiles*, 4ème éd., LGDJ 1949, réimp. 1994, n° 90 et s., p. 159 ; Abus ou relativité des droits, Rev. crit., 1929, p. 33.
[188] **BAUDRY-LACANTINERIE (Gabriel)**, *Traité théorique et pratique de droit civil*, supplément par Julien Bonnecase, t. 3, Recueil Sirey 1926, n° 189, p. 377.
[189] **PLANIOL (Marcel)**, *Traité élémentaire de droit civil*, t. 2, 3ème éd., LGDJ 1905, n° 871 bis.
[190] **STOFFEL-MUNCK (Philippe)**, *L'abus dans le contrat, essai d'une théorie*, *Op. cit.*, n° 36, p. 46.
[191] C.A. Pau, 15 février 1973, JCP 1973, II, 17584, n. J. B. ; RTDCiv. 1974, 152, obs. Georges Durry.
[192] **STOFFEL-MUNCK (Philippe)**, *Op. cit.*, n° 35, p. 45.
[193] *Ibid.*, n° 35, p. 46.

réseau, sans éprouver à l'encontre du pompiste qui servirait d'exemple, un sentiment d'animosité[194]. L'auteur se demande sur cette base comment expliquer ces confusions ? Il considère que la question trouve son origine dans les troubles de voisinage. Celle-ci a longtemps été présentée comme l'illustration majeure de ''l'abus de droit''. « La nécessité dans laquelle se trouvaient les tribunaux de réprimer de nombreuses nuisances simplement anormales et l'absence pour ce faire de fondement technique autre que celui de l'intention de nuire, ont conduit à étendre à l'excès le champ de ce critère (...) Au lieu de rechercher une intention pour savoir s'il fallait sanctionner, on a reconnu une intention toutes les fois où une sanction semblait justifiée. Et quoiqu'aujourd'hui les troubles de voisinage soient réprimés sur un fondement objectif, le concept d'intention de nuire a conservé l'hypertrophie dont il avait alors été affecté »[195].

51. Il résulte de ce qui précède que c'est la malignité, l'état psychologique de méchanceté qui caractérise l'intention de nuire, en l'absence de ce mobile, le critère ferait défaut. Ainsi l'auteur de l'acte éprouve-t-il une intention de nuire lorsqu'il agit par le mobile de haine, de vengeance, de méchanceté à l'égard de son cocontractant.

La volonté du dommage c'est une définition large de l'intention de nuire qui est identique à la faute intentionnelle en général[196]. On ne saurait assimiler l'acte volontairement dommageable à l'intention de nuire imputable à la faute dans l'exercice d'un droit contractuel, car tout créancier qui exige son dû a la certitude même la volonté de nuire à son débiteur. Toutefois, il est difficile de le considérer en faute de ce seul fait. En conséquence, *l'intention de nuire qui fonde la faute du créancier dans l'exercice de son droit*[197] ne peut donc être ni la certitude, ni le désir, ni la volonté du dommage[198]. Il faut que la volonté soit tendue vers un résultat psychologique et non pas seulement vers un résultat matériel. Il faut que l'agent cherche à inquiéter la victime. L'intention de nuire qui caractérise la faute du créancier dans l'exercice

---

[194] *Ibid.*, n° 35, p. 46.
[195] *Ibid.*, n° 36, p. 46 et 47.
[196] Voir infra n° 71.
[197] Nous soulignons.
[198] **STOFFEL-MUNCK (Philippe)**, *L'abus dans le contrat*, n° 40, p. 49 ; Cass. 1ère civ., 19 juin 1967, Bull. civ. I, n° 224, p. 165 : « Le fait intentionnel suppose que son auteur a voulu réaliser l'acte dommageable, ne peut se confondre avec le fait simplement volontaire d'un auteur qui n'en attendait pas les conséquences ».

de son droit, c'est l'esprit de haine, de méchanceté[199]. C'est la malignité, l'intention méchante qui caractérise le dol en sens large[200]. C'est une analyse qui inclut le mobile ; il est nécessaire que le dommage ait été voulu pour nuire à l'agent, que le mal ait été voulu en tant que tel, pour que l'intention de nuire soit caractérisée.

Que l'on agisse dans un contexte contractuel ou hors contrat, qu'elle soit le fait du créancier dans l'exercice de ses prérogatives contractuelles ou le fait du débiteur dans l'inexécution de ses obligations, chaque fois qu'elle est relevée, la malice nécessite une sanction.

52. Dire qu'il est interdit de nuire à autrui, c'est s'abstenir de toute forme de violence voire de malignité envers lui, de tout acte destiné à tromper autrui. La personne à l'origine du dommage est en faute dès lors qu'elle est à l'origine d'un fait illicite[201], soit qu'elle ait fait un acte qu'elle n'aurait pas dû accomplir (article 103 al. 1 Code des obligations et des contrats), soit qu'elle se soit abstenue de faire un acte qu'elle aurait dû accomplir (article 103 al. 2 Code des obligations et des contrats)[202]. L'abstention n'est pas en principe une faute, parce qu'elle ne viole aucun devoir. Mais elle le devient quand on avait le devoir de faire un acte positif dont on s'est abstenu[203]. Il y a faute d'abstention même lorsque l'omission critiquée procède d'une simple négligence. En effet, l'abstention consiste dans le fait de rester passif devant une situation que l'on aurait pu modifier par une intervention active

---

[199] *Ibid.*, n° 42, p. 49.

[200] **BEN SLIMA (Houcine), ELAHMER (Issam)**, *Théorie générale de l'obligation*, Tunis 2009, p. 42, en arabe.

[201] **VOIRIN (Pierre) et GOUBEAUX (Gilles)**, *Droit civil*, t. 1, 30è éd. LGDJ, n° 995, p. 464.

[202] **MEZGHANI (Ali)**, Note sous trib. prem. inst. de Tunis, 30 avril 1981, RTD 1981, p. 449 : « l'article 103 du C.O.C. est une application en matière délictuelle de la théorie de l'abus du droit. Il sanctionne l'usage du droit lorsque cet usage est mû par une intention de nuire (…) Mais voilà que l'alinéa 2 du même article (…) indépendamment de l'intention de nuire, il y a responsabilité s'il était possible pour le titulaire du droit de faire quelconque chose pour éviter le dommage ». Il faudrait noter toutefois que lorsqu'on pourrait éviter ou supprimer sans inconvénient grave le dommage alors qu'on s'est abstenu de le faire, cela constitue un indice de preuve de l'intention de nuire. Voir infra n° 57 et 58.

[203] L'abus pouvant résulter non seulement d'une action mais aussi d'une abstention ; Civ., 3ème, 17 janvier 1978, Bull. civ. III, n° 41, D. 1978, Inf. rap. 322, RTDCiv. 1978, 655, obs. Durry ; **BEN SLIMA (Houcine), ELAHMER (Issam),** *Théorie générale de l'obligation, Op. cit.*, p. 20, **JERBI (Sami),** *Conditions de la responsabilité civile, Op. cit.*, n° 110, p. 154 et s.

conformément à l'article 103 al. 2. Loysel l'avait indiqué : « qui peut et n'empêche, pêche » ; mais également Domat, « ceux qui pouvant empêcher un dommage, que quelque devoir les engageait de prévenir, y aurait manqué, pourront en être tenus selon les circonstances »[204].

La Cour de cassation française a déclaré « qu'une abstention peut être fautive lorsqu'elle constitue l'inexécution d'une obligation d'agir »[205]. Pour savoir s'il y avait obligation d'agir, le juge devrait chercher quelle aurait été la conduite, dans les mêmes circonstances, d'un individu avisé. La faute d'abstention obéit donc aux règles générales[206].

53. Pour résumer, l'on peut dire qu'agir dans le seul dessein de nuire à son cocontractant, avec malveillance et mépris délibéré, dans des circonstances vexatoires, mû par un sentiment de haine constitue une faute.

Même s'il s'agit d'un acte qui est objectivement juste, indépendamment de la théorie du droit subjectif, la prohibition est générale et l'hypothèse de l'exercice d'un droit subjectif ne constitue pas une dérogation à la règle, car « si la malice mérite répression en elle-même, aucune raison ne justifie qu'il faille mettre à part le cas où elle s'est servie de l'exercice d'un droit contractuel pour venir au monde »[207]. Même si le créancier dispose d'une prérogative contractuelle « on ne peut pas admettre qu'il puisse toujours épuiser son droit dans toute sa rigueur »[208]. La morale, l'équité, la justice imposent le souci des intérêts du faible, et prohibent la malice.

Gaston Morin précise que « la protection des faibles ne se présente plus seulement comme le devoir des forts : elle est devenue le droit des faibles, sanctionné comme tel par la justice »[209]. En revanche, nous signalons que le contractant qui refuse de renouveler un contrat, de poursuivre des négociations, ou de rompre un contrat n'est pas fautif s'il est en face d'un cocontractant malveillant, cependant, si ce dernier est en faute, il devra s'attendre à ce que son attitude le prive d'une

---

[204] **DOMAT (Jean)**, *Loix civiles*, livre II, titre VIII, section IV, VIII.

[205] Civ. 2ème civ. 18 mai 1955, D. 1955-520 ; Gaz. Pal. 1955. 2. 32.

[206] Voir infra n° 64.

[207] **STOFFEL-MUNCK (Philippe)**, *Op. cit.*, n° 51, p. 56.

[208] **STOFFEL-MUNCK (Philippe)**, *Op. cit.*, n° 14, p. 26.

[209] **MORIN (Gaston)**, *L'abus de droit et les relations du réel et des concepts dans le domaine juridique*, Revue de métaphysique et de morale 1929, p. 276.

attention particulière et à ce que son contractant exerce son droit dans toute sa rigueur.

Partant de l'hypothèse « faire le mal n'est pas seulement omettre de faire le bien »[210]. M. Philippe Stoffel-Munck indique qu'il existe une différence de nature et non pas seulement une différence de degré entre « agir en étant mû par un principe mauvais » et « omettre d'agir là où l'amitié le commande »[211], et arrive à distinguer nettement entre la bonne foi et l'intention de nuire en indiquant que « la bonne foi est un devoir qui a ses limites et qui ne joue pas pareillement dans toutes les situations contractuelles »[212], alors que l'intention de nuire n'est jamais permise. « Ainsi il n'a jamais été soutenu qu'un créancier doive montrer une bonne volonté particulière envers un débiteur de mauvaise foi, il lui est en revanche, interdit d'agir malicieusement à son égard »[213].

Ce qui traduit bien que l'intention malicieuse est toujours prohibée, elle comporte un esprit de haine, une malignité à l'égard d'autrui, alors que la bonne foi, dans maintes circonstances, ne nous impose guère des obligations. « Il existe donc toute une catégorie d'hypothèses où la bonne foi, conçue comme un principe positif d'action, n'oblige à rien, alors que la malice, la haine reste proscrite », que « l'intention de nuire n'est pas dans cette perspective comme l'ombre de la bonne foi. Il ne suffit donc pas d'étudier celle-ci pour rendre compte, à contrario, de celle-là »[214].

B. Critère incontesté en jurisprudence

54. User de son droit dans le seul dessein de nuire à autrui, sans utilité pour soi nécessite une sanction, c'est ce qu'a dégagé la jurisprudence française depuis 1577. C'est la plus ancienne décision rendue sous l'égide de l'ancien droit par le parlement d'Aix le 1er février 1577 sanctionnant un cardeur de laine qui chantait toute la journée dans le but de gêner son voisin qui était avocat[215].

---

210 **STOFFEL-MUNCK (Philippe)**, *Op. cit.*, n° 15, p. 27 ; Voir également en ce sens **PICOD (Yves)**, *Le devoir de loyauté dans l'exécution du contrat*, préf. G. Couturier, th. LGDJ 1989, coll. Bdp. t. 208, n° 13.

211 **STOFFEL-MUNCK (Philippe)**, n° 15, p. 27.

212 *Ibid.*, n°15, p. 27 et 28.

213 *Ibid.*, n°15, p. 28.

214 *Ibid.*, n°15, p. 28.

215 Relevé par Boniface, Recueil des arrêts de Provence, t. III, livre II, titre I, chapitre II.

Après l'entrée en vigueur du Code civil, la première décision a été rendue au milieu du XIXe siècle. C'est l'arrêt Doerr rendu par la Cour d'appel de Colmar le 2 mai 1855[216]. En l'occurrence, le condamné avait posé une fausse cheminée en bois dans le but de priver son voisin de la lumière, « c'est méchamment que l'appelant, sans utilité pour lui, et dans l'unique but de nuire à son voisin, a élevé, en face, et presque contre la fenêtre de l'intimé, dont une partie se trouve déjà masquée par sa construction nouvelle, une fausse cheminée (...) et qui enlève la presque totalité du jour qui reste à sa fenêtre ».

Plusieurs décisions ont été rendues au début du XXe siècle pour condamner des attitudes révélant une intention de nuire. La plus pittoresque est l'affaire de Clément-Bayard[217], où le sieur Coquerel a installé sur son terrain, attenant à celui de Clément-Bayard, des carcasses de bois de 16 mètres de hauteur, surmontées de pointes de fer acérées dans le but de déchirer les enveloppes des ballons dirigeables décollant du fonds voisin afin de pousser la compagnie exploitant les aérostats menacés de crever, à lui racheter le terrain. Les juges ont relevé le caractère malicieux de son intention, « ce dispositif ne présentait pour l'exploitation du terrain de Coquerel aucune utilité et n'avait été édifié que dans l'unique but de nuire à Clément-Bayard ».

55. Historiquement, c'est le droit de propriété qui est à l'origine de la théorie, c'est l'un des domaines où la jurisprudence a pu se développer avec le plus d'ampleur. Ensuite, la notion d'abus de droit de propriété avait laissé la place aux troubles anormaux de voisinage, beaucoup plus simple parce que débarrassée de la charge de la preuve d'une faute[218]. En droit français, la théorie de troubles de voisinage s'est détachée de la théorie de l'abus de droit, pour former une théorie indépendante. En droit tunisien, la règle est prévue par les articles 99 et 100 du Code des obligations et des contrats dotés d'un régime autonome de responsabilité civile, dans la mesure où les voisins bénéficient d'une action en responsabilité contre les propriétaires d'établissements

[216] C.A. Colmar, 2 mai 1855, D. 1856, 2, 9.

[217] Req. 3 août 1915, DP. 1917, 1, 79 ; S. 1920, I, 300.

[218] **COURTIEU (Guy)**, *Abus de droit, notion*, J. Cl. civ., art. 1382 à 1386, fasc. 131-1, 1997, p. 9, n° 24 ; En effet l'abus suppose démontrée l'existence d'une faute et d'un préjudice contrairement à la théorie du trouble de voisinage où l'existence de dommage suffit à engager la responsabilité de l'auteur du trouble de voisinage.

insalubres ou incommodes alors même qu'ils n'ont pas commis de faute[219].

56. La Cour de cassation française a depuis longtemps affirmé que l'exercice d'un droit peut constituer une faute lorsque le titulaire en fait, à dessein de nuire, un usage préjudiciable à autrui[220]. Dans un arrêt en date du 22 février 1968[221], la troisième chambre civile de la Cour de cassation a cassé un arrêt de la Cour de Dijon qui avait écarté le moyen de défense qu'un locataire tirait de ce qu'il estimait être un abus de droit de propriété. En effet le propriétaire avait refusé le congé donné avant le terme par le locataire suite à sa mutation dans une autre ville et exigeait le paiement du loyer jusqu'au terme du bail. La Cour d'appel lui a donné gain de cause, la Cour de cassation à censuré la décision en lui reprochant de ne pas avoir recherché si l'exercice de son droit par le bailleur « reposait sur des motifs légitimes ou si son refus de mettre fin au bail lui avait été, au contraire, dicté par le désir de nuire à son cocontractant ». Selon la Cour, l'absence d'un motif légitime constitue une présomption de l'intention de nuire. En effet, le bailleur qui exige l'exécution d'un bail jusqu'à son terme alors que les locataires proposent la résiliation amiable, car elles devaient quitter les lieux, offrant la recherche de nouveaux locataires, agit avec intention de nuire.

Le 12 octobre 1971, la Cour de cassation[222] a cassé un arrêt de la Cour de Colmar. En l'espèce, un boulanger exploitant son fonds dans un immeuble loué devait obtenir l'autorisation du bailleur pour toute transformation. Le boulanger avait assigné son bailleur en paiement d'indemnités au motif qu'il s'opposait injustement à une demande d'installation d'un nouveau four. La Cour d'appel avait fait droit à cette demande au motif que « l'opposition fondée sur la seule raison qu'on a le droit de s'opposer, si elle est inspirée par l'égoïsme et maintenue par entêtement, constitue un abus de droit », par ailleurs, la Cour a considéré que le bailleur n'avait pas agi avec l'intention de nuire. La Cour de cassation a censuré cet arrêt au motif que l'intention de nuire n'a pas été démontrée, ni la mauvaise foi ou la légèreté blâmable.

---

[219] Voir **MELLOULI (Slaheddine)**, *Les troubles anormaux du voisinage entre la loi et la jurisprudence*, RTD 1984, p.178, 180 et 181.
[220] Cass. 2ème civ. 26 novembre 1956, D. 1956, note G. Friedel.
[221] Cass. 3ème civ., 22 février 1968, D. 1968, p. 607, note Ph. M., RTDCiv. 1968, p. 735 obs. G. Cornu ; JCP 1969, II, 15735, note R. D.
[222] Cass. 3ème civ., 12 octobre 1971, D. 1972, 210 ; RTDCiv. 1972, p. 395, obs. G. Durry ; JCP 1972, éd. G, II, 16966.

La Cour de Pau a considéré en date du 15 février 1973[223] qu'« il y a abus de droit lorsque le droit légal ou contractuel à l'application ou à l'exécution duquel le demandeur vient à prétendre apparaît tout à la fois inutile pour lui-même et préjudiciable au défendeur, cette conjonction révélant l'intention de nuire du demandeur ».

57. En droit tunisien la tâche est toutefois assez malaisée, étant donné le nombre restreint des décisions qui sanctionnent l'intention de nuire en matière contractuelle. Une décision a été rendue par le tribunal de première instance de Tunis, le 30 avril 1981[224]. En l'occurrence la société tunisienne Agrimotor a conclu il y a plus de vingt ans, avec la société Ford un contrat ayant pour objet la revente en Tunisie du matériel agricole et industriel. La société américaine rompt le contrat après avoir informé son contractant d'un préavis de trois mois. Agrimotor intenta une action soutenant que la rupture est abusive et est de nature à engager la responsabilité de la société Ford pour le paiement d'indemnités, et en s'en tenant à l'application de l'article 103 du Code des obligations et des contrats. Les juges ont estimé que la demande est juridiquement fondée et le préjudice subi par Agrimotor est très important. Ils ont cependant relevé l'absence de l'intention de nuire en estimant « que l'alinéa 2 de l'article 103 Code des obligations et des contrats n'exige pas l'intention de nuire, mais considère qu'il y a droit à la réparation dès lors que l'on n'a pas fait ce qu'il fallait pour prévenir ou faire cesser le dommage notable causé dans l'exercice d'un droit. Attendu qu'il ressort du rapport établi par les experts désignés par le tribunal que le préjudice subi par la demanderesse est très important, puisqu'elle est menacée, si cela n'a été déjà fait, de cesser ses activités,

---

223 C.A. Pau, 15 février 1973, précité.

224 Trib. prem. inst. de Tunis, 30 avril 1981, RTD 1981, p. 423, note Ali MEZGHANI ; En matière d'abus des voies légales, Voir Ch. civ. Arrêt n° 5876 du 4 mars 1969, RJL, p. 665 et RTD 1969-1970, p. 293, 294 : « Manque de base légale l'arrêt d'une Cour d'appel prononçant condamnation à des dommages-intérêts pour appel abusif, sans relever que cet acte d'appel a été accompli avec l'intention très nette de nuire, ou dans un but purement vexatoire, ou fondé sur une erreur grossière équipollente au dol » ; Ch. civ. 28 janvier 1963, RTD 1966-1967, p. 219, 220 : « L'exercice de ce droit ne peut engager la responsabilité de son auteur que s'il est fondé sur des manœuvres frauduleuses, ou s'il procède exclusivement d'un esprit de chicane ou de malice, ou s'il est fondé sur une erreur grossière équipollente au dol (...) que le droit d'user de toutes les voies légales de recours appartient à tous les plaideurs, dans les limites fixées par la loi, et qu'il ne peut engager la responsabilité de son auteur que s'il est exercé de mauvaise foi, ou avec intention malveillante, ou dans un but vexatoire, ou pour des raisons non sérieuses » ; Voir article 151 C.P.C.C. ; Voir Cass. civ. n° 541, 11 juin 1976, Bull. 1976, III, p. 9.

que la défenderesse qui a confié la vente de ses produits a lésé un intérêt légitime ». Bien que l'intention de nuire fût évidente à travers les différents attendus, la Cour a relevé qu'il n'y a pas intention de nuire et que « la demanderesse a exécuté en toute bonne foi toutes les obligations que lui a fait prendre la défenderesse (...) que les relations entre les deux parties étaient bonnes et en parfaite harmonie, et que cette entente était due au comportement exemplaire de la demanderesse (...) que le contrat exprime des intérêts communs (...) de sorte que si l'une des parties prend initiative d'y mettre fin *sans tenir compte des intérêts de son contractant*[225], elle commet une faute, et ce même, si la rupture se fonde sur une disposition contractuelle ». Bien que tous ces indices prouvent l'intention de nuire, la Cour conclut son absence, tout en décidant que l'alinéa 2 de l'article 103 Code des obligations et des contrats n'exige pas l'intention de nuire.

58. En effet, celui qui ne tient pas compte des intérêts de son contractant, reste passif devant une situation qu'il aurait pu modifier par une intervention active, « Agrimotor est menacée, si cela n'a été déjà fait, de cesser ses activités », se rend coupable d'abus. L'abstention injuste de la société Ford et l'absence d'utilité de la rupture soudaine et brutale caractérisent la méchanceté et constituent une présomption de l'intention de nuire. Le plus souvent, l'abus dans la rupture découle soit de la brutalité de la rupture, soit également des circonstances choquantes qui l'ont accompagnée. « En agissant ainsi c'est-à-dire en s'abstenant de faire ce qui lui était possible de faire pour éviter le préjudice subi par Agrimotor, Ford a abusé de son droit de rupture que de ce fait elle doit réparer conformément à l'article 103 Code des obligations et des contrats »[226].

59. C'est en droit du travail que la notion d'abus trouve un domaine d'application large lui permettant de s'épanouir, innombrables sont les décisions qui ont trait à la rupture abusive du contrat de travail. Pour contraindre l'employeur à ne pas nuire au salarié en mettant fin à la relation de travail, a été mise au point la notion de cause réelle et sérieuse. L'auteur de la rupture aura à justifier de l'opportunité de sa démarche lorsque la loi l'exige tel est le cas de la cause réelle et sérieuse

---

[225] Nous soulignons.

[226] C.A. Tunis, n° 86249, du 25 décembre 1982, RTD 1984, p. 816, note Kalthoum Meziou ; **MALAURIE (M.)**, *La cessation des contrats de distribution automobile*, Dr. prat. com. int. 1992, p. 568 : la rupture « est abusive lorsqu'elle est empreinte de désinvolture et de malveillance... ».

de licenciement du salarié[227]. Dans ce contexte, ce sont les juges qui apprécient le licenciement. Un licenciement qui ne correspondrait pas à cette exigence s'analyserait comme un abus[228].

Ainsi la jurisprudence française tend à considérer que la rupture est abusive lorsque celui qui rompt a laissé espérer au cocontractant une certaine stabilité du rapport contractuel. Il a été jugé depuis 1900 que le patron qui a promis à un ouvrier en louant ses services sans détermination de durée, de le conserver longtemps, s'il était satisfait de son travail, commet une faute en le congédiant au bout de quatre semaines alors que le travail effectué par l'ouvrier avait été reconnu bien fait[229]. Il a été également jugé qu'un patron est à bon droit condamné à des dommages-intérêts comme ayant commis une faute lorsqu'ayant assuré à l'ouvrier dont il louait les services sans détermination de durée une place stable et lui avoir affirmé qu'il pouvait venir travailler en toute sécurité, ce qui a déterminé l'ouvrier à changer de résidence avec sa famille, il l'a congédié sans motifs au bout de six mois[230].

Le comportement déloyal de l'employeur s'avère à travers un arrêt rendu par la Cour de cassation tunisienne en date du 22 novembre 2004[231]. La demanderesse était employée par la société défenderesse depuis juillet 1993, elle a été licenciée en avril 1999 au motif qu'elle a refusé de signer un nouveau contrat sur la base de sa demande de

---

[227] Voir Les articles 14 et 21 bis du Code du travail ; Cf. Cass. civ. n° 64543, 20 avril 1998, Bull. 1998, II, p. 462, Cass. civ. n° 68175, 15 nov. 1999, Bull. 1999, II, p. 305 ; Cass. civ. n° 2372, 13 déc. 2000, Bull. 2000, I, p. 308 ; Cass. civ. n° 4436, 23 fév. 2001, Bull. 2001, II, p. 205 ; Cass. civ. n° 5871, 26 janv. 2001, Bull. 2001, II, p. 227 ; Cass. civ. n° 5936, 16 mars 2001, Bull. 2001, II, p. 248 ; Cass. civ. n° 7310, 06 avril 2001, Bull. 2001, II, p. 308 ; Voir **BEN SALEM (Fakher),** *La rupture du contrat de travail à durée indéterminée*, Info. juridiques, La revue du droit, n° 6/7 juillet 2006, p. 24 : « Bien que l'article 14 stipule que le contrat à durée indéterminée prend fin par l'expiration du délai de préavis, la volonté unilatérale est impuissante à rompre seule le contrat de travail, il faut qu'il y ait une cause réelle et sérieuse (…) L'article 14 quinter ajoute qu'il appartient au juge d'apprécier l'existence du caractère réel et sérieux des causes de licenciement. L'employeur est dépouillé du pouvoir souverain d'appréciation de l'intérêt de l'entreprise et des causes de licenciement ».

[228] **COURTIEU (Guy),** *Abus de droit, notion*, J. Cl. civ., art. 1382 à 1386, fasc. 131-1, 1997, n° 9, p. 5 : « La légèreté blâmable, à laquelle le législateur a substitué l'absence de cause réelle et sérieuse, suffisait à caractériser l'abus du droit de licenciement ».

[229] Cass. civ., 1er août 1900, S. 1901, 1, p. 219.

[230] Cass. civ., 18 mai 1909 et 7 juillet 1909, S. 1909, 1, p. 428.

[231] Cass. civ. n° 3936, 22 nov. 2004, R.J.L. avril 2005, p. 151.

confirmation dans son poste de travail, ce qui signifie son refus de la continuation de sa relation de travail et la rupture de cette relation de façon unilatérale de sa part. Le pourvoi en cassation a insisté sur le fait qu'elle n'a pas refusé le travail, mais qu'elle a refusé de signer le nouveau contrat à durée déterminée en réclamant sa confirmation dans son poste de travail ou le travail sans contrat, car après avoir passé cette période, elle est considérée comme confirmée. Ce que refuse d'admettre la défenderesse. La Cour de cassation a considéré « que les documents de l'affaire révèlent que la demanderesse a prouvé son obtention de la qualification de travailleur confirmé et que son refus de signer un nouveau contrat à durée déterminée avec la défenderesse constitue une rupture illégale de la relation de travail, ce qui est en soi une faute grave de la part de la défenderesse et confère à l'employée la latitude de rompre la relation de travail et demander réparation ».

Il a été également jugé que le changement d'emploi du demandeur, du gardiennage au travail agricole est considéré comme licenciement abusif. Le plaignant ayant travaillé comme gardien dans la région du défendeur pendant 18 années sans n'avoir jamais commis d'impair ou de manquement à ses obligations. Qu'ayant atteint l'âge de 59 ans, le travail de gardiennage ne demande pas d'efforts physiques contrairement à d'autres emplois. Ainsi, « sa mutation du gardiennage à un emploi nécessitant des efforts physiques vise à l'épuiser et peut être considéré comme licenciement abusif », prononcé en faveur du plaignant[232].

Il a été jugé à propos de la mutation du travailleur que « l'article 22 de la Convention collective cadre dispose que le salarié ne peut être muté qu'en cas de nécessité de service. En cas de refus exprimé par les employés ne répondant pas aux conditions de compétence, il convient de tenir compte de l'ancienneté, de la situation familiale, du lieu de résidence et des engagements syndicaux du travailleur. Attendu qu'à la lumière des documents de l'affaire, il s'avère que la société a procédé à la mutation du travailleur de Tunis à Jendouba sans justifier la légitimité de cette mutation conformément à la Convention collective ce qui constitue une faute grave de sa part et justifie que le défendeur mette fin à la relation de travail de façon unilatérale et demande réparation »[233].

---

[232] Cass. civ. n° 3356, 20 nov. 1980, Bull. 1980, II, p. 148.
[233] Cass. civ. n° 5871, 26 janv. 2001, Bull. 2001, II, p. 227.

L'intention de nuire peut se révéler lorsque le patron ne tient pas compte du principe de la cohérence de la sanction avec la faute commise ; il a été jugé qu'« il ne peut être infligé au travailleur la sanction extrême pour une faute simple »[234].

60. En dehors du contrat de travail, les tribunaux sanctionnent de manière générale la rupture fautive de tout contrat à durée indéterminée[235]. En offrant aux parties la possibilité de sortir de la relation contractuelle, le risque d'abus existe. On imagine facilement les préjudices que peuvent causer les résiliations brutales. L'indifférence, le mépris conscient des intérêts d'autrui suffit à caractériser aux yeux des juges l'intention de nuire. Afin de restreindre les ruptures contractuelles aux seules situations dans lesquelles la poursuite des relations contractuelles n'est plus possible, à cet effet la jurisprudence exige par exemple, le respect d'un préavis.

Le tribunal de commerce de Bordeaux a sanctionné un délai de préavis trop court par ces termes : « Attendu qu'étant un contrat à durée indéterminée, il pouvait être rompu à tout moment par chaque partie, mais les contrats devant être exécutés loyalement et de bonne foi jusqu'à leur achèvement, avec un délai de préavis raisonnable ne présentant aucun caractère anormal, brutal ou abusif »[236].

M. Mezghani, commentant l'affaire du tribunal de première instance de Tunis, du 30 avril 1981 a pu relever justement que « le délai de préavis contractuel est trop court, qu'il est trop favorable au concédant et peu protecteur des intérêts de la partie la plus faible (...) Un contrat exécuté pendant plus de vingt ans, qui a donc nécessité de lourds investissements, de la part du concessionnaire, qui a créé une clientèle

---

[234] Cass. civ. n° 282, 05 fév. 1977, Bull. 1997, p. 91.

[235] L'article 24 du C.O.C. dispose que « les conventions ne peuvent être révoquées que du consentement mutuel des contractants ou pour les causes que la loi autorise ». Il faut toutefois distinguer entre les contrats à durée déterminée et ceux à durée indéterminée. La rupture anticipée d'un contrat à durée déterminée ne peut intervenir que d'un commun accord, elle est fautive si elle est unilatérale. Cependant, lorsque les contractants ne prévoient aucun terme à leur engagement, notamment dans les contrats à exécution successive, chacun pourra mettre un terme au contrat quand il le désire à condition que sa résiliation ne soit pas abusive. Bien que le principe d'une possibilité de rupture discrétionnaire soit posé par le législateur dans les articles 861 du C.O.C., 14 et 23 du Code de travail, pour éviter que les parties restent enfermées indéfiniment dans les liens contractuels, cette faculté ne doit pas s'exercer de manière abusive ; **REKIK (Nooman)**, *Réparation pour expiration du contrat*, éd. Alatrach Tunis 2014, n° 23, p. 538 et n° 28, p. 540, en arabe.

[236] T. com. Bordeaux, 27 janvier 1995, JCP éd. E. 1997, I, n° 617, n° 9.

stable et une activité économique rentable, ne peut être rompu aussi rapidement, le délai de trois mois (…) paraît insuffisant dans le cas de l'espèce pour permettre au concessionnaire de recycler ses investissements et réorienter son activité »[237]. Le délai de préavis trop court caractérise parfaitement l'intention de nuire de la société Ford.

[237] **MEZGHANI (Ali)**, Note sous trib. prem. inst. de Tunis, 30 avril 1981, RTD 1981, p. 451.

CHAPITRE SECOND : L'INTENTION DE NUIRE, FAUTE DE COMPORTEMENT

61. Lorsque la loi interdit un comportement[238] précis ou impose un acte défini, la faute est démontrée par le simple manquement à cette règle[239]. La notion de « norme fondamentale de comportement »[240] ou encore de « norme générale de civilité »[241], exprime un devoir général de conduite qui correspond au devoir général de prudence et de diligence tel que visé par les articles 82 et 83 du Code des obligations et des contrats qui visent que toute faute engage la responsabilité de son auteur.

62. Le contrat, complété par la loi, les usages, l'équité, prévoit des obligations. Lorsque le créancier attend un résultat, non seulement la mise en œuvre de moyens, la diligence doit être particulièrement élevée et l'obligation ne sera pas exécutée tant que le créancier n'aura pas obtenu le résultat espéré. Le législateur impose aux individus des *comportements particuliers*[242], le seul fait que l'agent n'ait pas eu ce comportement représente la transgression d'un devoir déterminé, sans qu'il soit nécessaire de rechercher si l'agent a été suffisamment diligent[243]. De plus, il existe des cas où le législateur impose seulement

---

[238] **ZARROUK (Ali)**, *L'implicite et le contenu contractuel, Op. cit.*, n° 341, p. 265 : « Le mot comportement signifie une certaine façon d'agir ou une attitude adoptée. Il est largement débattu en philosophie, en religion, il en constitue même l'objectif final ».

[239] Toute faute et pas seulement celle qui résulte d'une disposition particulière.

[240] Une norme de comportement s'oppose à la norme de jugement pour le magistrat. Les deux qualifications sont nées de la sociologie du droit. Une norme de comportement vise les règles de vie en société ; elles sont parfois appelées règles sociales. Ce sont celles qu'on applique tous les jours, elles dirigent la conduite des contractants et même non codifiées existent par elles - mêmes. La norme de jugement concerne les règles sur lesquelles le juge s'appuie pour porter une appréciation sur un acte ; Voir **PUECH (Marc)**, *L'illicéité dans la responsabilité civile extra contractuelle*, préf. Alfred Rieg, th. LGDJ 1973, Coll. Bdp., t. 129, n° 31 et s., p. 50 et s.

[241] **DARBELLAY (Jean)**, *Théorie générale de l'illicéité*, th. Fribourg 1955, n° 69 et s.

[242] Nous soulignons.

[243] Ce qui transpose la distinction des obligations de résultat et de moyens à la responsabilité délictuelle ; Voir **JOURDAIN (Patrice)**, *Responsabilité fondée sur la faute, notion de faute : contenu commun à toutes les fautes*, J. CI. civ., art. 1382 à 1386, fasc. 120-1, 1995, n° 41 et s.

une diligence particulière ou la prise de précautions nécessaires sans imposer un résultat déterminé[244].

En conséquence, il existe à côté des devoirs déterminés par la loi, un devoir général imposant à toute personne de se conduire de façon prudente et diligente. Dans les relations contractuelles, ce devoir consiste à prendre toutes les précautions, « dans les relations extra-contractuelles, ce devoir général consiste à user des moyens propres à ne pas causer de dommage à autrui. Il se rencontre à l'identique dans l'exécution du contrat : dès lors que l'obligation n'est pas de ''résultat'', elle est de ''moyens'' et impose au débiteur une certaine diligence »[245].

63. Quand notre Code des obligations et des contrats dispose dans l'article 82 que la faute entraîne la responsabilité personnelle de son auteur, et dans l'article 83 qu'une simple faute d'imprudence et de négligence suffit à faire naître la responsabilité de son auteur, il fonde le principe selon lequel toute violation du devoir général de prudence et de diligence constitue une faute génératrice de responsabilités. Mais surtout, lorsque l'article 82 Code des obligations et des contrats dispose que « Tout fait quelconque de l'homme qui, sans l'autorité de la loi, cause sciemment et volontairement à autrui un dommage matériel ou moral, oblige son auteur à réparer le dommage résultant de son fait, lorsqu'il est établi que ce fait en est la cause directe ». Il nous revoit sans aucun doute à l'article 103 du même Code qui dispose qu'« Il n'y a pas lieu à responsabilité civile lorsqu'une personne, sans intention de nuire, a fait ce qu'elle avait le droit de faire. Cependant, lorsque l'exercice de ce droit est de nature à causer un dommage notable à autrui et que ce dommage peut être évité ou supprimé, sans inconvénient grave pour l'ayant droit, il y a lieu à responsabilité civile si on n'a pas fait ce qu'il fallait pour le prévenir ou pour le faire cesser ». Les deux articles prohibent tout fait quelconque de l'homme susceptible de nuire à autrui.

La faute serait ainsi, la transgression de ces devoirs prévus dans ce cadre, par les articles 82 et 103, elle est la constatation que l'agent n'a pas pris les précautions nécessaires pour éviter de nuire à autrui, qu'il n'a pas cherché à éviter de lui causer un dommage. On rencontre la même chose en matière contractuelle, le débiteur est tenu d'une obligation de moyens, en effet il est tenu d'apporter tous les « soins

---

[244] Les prescriptions légales et règlementaires sont les seules sources de devoirs de résultat en matière délictuelle et la jurisprudence ne peut pas créer des obligations de résultat.
[245] **JOURDAIN (Patrice)**, *Op. cit*, n° 52, p. 15.

d'un bon père de famille » pour l'exécution de l'obligation à laquelle il est tenu.

Le juge dispose de très larges pouvoirs dans l'appréciation de la norme de conduite méconnue. Il peut ainsi déduire la faute de tout comportement apparaissant contraire à l'attitude qu'un homme normalement prudent et diligent aurait pu adopter.

64. Par ailleurs, lorsque l'article 103 alinéa 2 Code des obligations et des contrats dispose que nous n'avons pas le droit d'abuser de l'exercice d'un droit, lorsqu'en s'abstenant d'éviter ou de supprimer le dommage, nous avons pu aggraver la situation d'un tiers, alors qu'on aurait pu éviter des dommages inutiles sans inconvénient grave, il s'agit ainsi de la faute d'abstention. En effet, l'abstention est fautive s'il existait une obligation d'agir pour conjurer le dommage. En conséquence, il ne pourrait avoir faute d'abstention que si la loi ou le contrat posait une obligation légale d'agir[246]. En dehors d'une obligation légale ou contractuelle d'agir, seule l'abstention malicieuse, celle qui n'est due qu'à l'intention de nuire serait punissable[247].

En conséquence « aucune différence de nature ou de degré n'existe entre la faute contractuelle et la faute délictuelle »[248]. L'analyse de la nature de la faute caractérisée par l'intention de nuire montre que le devoir général « de prudence et de diligence » ou « de moyens » est bien donc une « norme générale de comportement »[249] (**Section I**). L'appréciation de cette faute de comportement permet de révéler ainsi l'erreur de conduite (**Section II**).

---

[246] **TISSIER (A.)**, Note S. 1893. I. 273 ; Voir C.A. Tunis, arrêt du 25 décembre 1982, précité : « Attendu qu'en agissant ainsi c'est-à-dire en s'abstenant de faire ce qui lui était possible de faire pour éviter le préjudice subi par Agrimotor, Ford a abusé de son droit de rupture que de ce fait elle doit réparer conformément à l'article 103 C.O.C. » ; **BEN SLIMA (Houcine), ALAHMER (Issam),** *Théorie générale de l'obligation, Op. cit.*, p. 20.
[247] **RIPERT (Georges) et BOULANGER (Jean)**, *Traité de droit civil d'après le traité de Planiol*, t. 2, Obligations, LGDJ 1957, n° 952 ; Poitiers, 2 févr. 1943, D.C. 1944, note H. Desbois, infirmant Trib. Civ. Poitiers, 5 févr. 1941, Gaz. Pal. 1941. 1. 394.
[248] **JOURDAIN (Patrice)**, *Responsabilité fondée sur la faute, notion de faute : contenu commun à toutes les fautes*, J. Cl. civ. art. 1382 à 1386, fasc. 120-1, 1995, n° 53, p.15.
[249] *Ibid.*, n° 53, p.15.

SECTION I : NATURE DE LA FAUTE CARACTÉRISÉE PAR L'INTENTION DE NUIRE

65. L'article 103 interdit de nuire à ses semblables, il impose ainsi une obligation générale qui nous interdit à l'instar de l'article 82 Code des obligations et des contrats de nuire aux autres, d'agir avec mépris, méchanceté, malveillance à leur égard. C'est une faute de comportement caractérisée par l'intention de nuire qui consiste en l'exercice malicieux d'un droit, d'une prérogative contractuelle. Il s'agit d'actes inspirés par la malice sanctionnés dans l'ordre délictuel ; *c'est la faute du créancier dans l'exercice de son droit*[250]**.** Selon la Cour de cassation tunisienne, « Attendu qu'il s'avère (…) que la requête en réparation était fondée sur la base du délit civil révélé par les résultats de l'enquête sur les faits matériels permettant de savoir si le défendeur a causé, par ses actes et son comportement, un préjudice à la demanderesse ou non. Et attendu que la Cour a refusé de suivre les moyens de preuve présentés par la demanderesse se basant sur le fait que le défendeur n'était tenu par aucune obligation, car il n'avait fait qu'une promesse ; promesse qui n'engage aucune obligation »[251]. La Cour de cassation a considéré que le renoncement est un droit du fait que la promesse de mariage est dénuée de toute obligation, et après avoir indiqué que le renoncement est un droit et qu'il ne faut pas qu'il y ait abus dans son exercice, la Cour ajoute que « cette tendance n'est pas conforme aux règles du délit civil…. » et a fondé la réparation due sur l'article 82 Code des obligations et des contrats en faisant référence au contenu de l'article 103 du même Code.

66. En principe un homme normalement prudent et raisonnable n'occasionne pas de dommage à autrui de manière intentionnelle.

---

[250] Nous soulignons.

[251] Cass. civ. n° 1556, 03 mars 1959, R.J.L. 1959, n° 06, p. 30 ; Mais ce qu'on reproche à la Cour de cassation est que dans certaines de ses décisions, elle ne distingue pas entre les deux fautes : la faute au sens de l'article 82 C.O.C. et la faute au sens de l'article 83 C.O.C. Elle se base sur l'article 103 C.O.C. et les conditions de son application pour conclure à la faute au sens de l'article 83 C.O.C. Cette solution a été adoptée lors du rendu d'un des arrêts de la Cour de cassation. Dans ses attendus, il a été indiqué que « l'article 103 C.O.C. a constaté que la personne qui use de son droit ne peut être exemptée de la responsabilité civile naissant à son encontre en vertu de la nuisance à autrui du fait de sa réclamation de ses droits cités sauf si elle obtient protection ou annule le préjudice sans atteinte grave (….) La faute émanant de la victime du préjudice ne l'exempte pas de la faute qu'elle a commise aux termes de l'article 83 C.O.C. Les résultats des dépassements dus à son usage de ses droits conformément aux dispositions de l'article 103 C.O.C. sont que le moindre qui puisse être constaté est la faute commise par les deux parties ; soit, celle qui a commis le préjudice et sa victime ce qui appelle à réparation » ; Cass. civ., 20 mai 1930, R.J.L. 1960, n° 09, p. 61.

Lorsqu'un dommage a été causé intentionnellement, il est logique d'en déduire qu'une norme générale de prudence a été méconnue. Le mensonge, l'acte accompli par méchanceté apparaissent comme des faits en contradiction avec les normes morales[252]. « Le but exprimant une malignité voulue se rencontre lorsque le débiteur refuse d'exécuter le contrat dans l'intention de nuire à son cocontractant, ou parce que c'est pour lui le moyen, non seulement d'échapper à une charge, mais en outre de procurer un avantage aux dépens du créancier »[253]. Toutefois, l'inexécution dolosive, même si elle est animée par l'intention de nuire[254] ne concerne pas l'exercice d'un droit, au contraire le débiteur, on lui doit une obligation, il n'a pas un droit à se prévaloir.

La malignité se rencontre lorsque le créancier abuse d'une prérogative que lui confère le contrat, lorsque par exemple le créancier saisit tous les biens de son débiteur pour le paiement d'une dette modique. De même, mettre fin de façon intempestive, brutale et sans préavis à la relation contractuelle caractérise l'intention de nuire. Celle-ci peut être révélée également lorsqu'un salarié par exemple remet en cause, de façon blessante, la décision de son employeur et critique violemment son comportement ce qui constitue une cause réelle et sérieuse de licenciement. Indépendamment de la question de l'exercice de droit (**Paragraphe II**), la faute d'abus est bien une faute de comportement qui peut être traitée aussi bien selon la responsabilité délictuelle, que selon la responsabilité contractuelle (**Paragraphe I**).

Paragraphe I : La faute d'abus, une nature mixte

67. L'abus dans l'exécution du contrat, c'est l'exercice d'un droit, d'une prérogative contractuelle dans l'intention de nuire à son cocontractant ; c'est l'exercice malicieux d'un droit. Encore, il y a abus et responsabilité lorsqu'il y a faute qu'elle soit délictuelle (**A.** L'intention de nuire, un délit civil), ou dolosive (**B.** Une faute traitée selon la responsabilité contractuelle). Il est incontestable que dans ce cas, l'auteur du dommage est tenu à réparation. Mais ne peut-il pas être responsable même lorsqu'il exerce son droit sans intention de nuire[255] ?

A. L'intention de nuire, un délit civil

---

[252] **DHAIFALLAH (Anis),** *Code des obligations et des contrats : les constantes et les variables*, R.J.L., octobre 2006, p. 171, en arabe.
[253] **VAN RYN (J.)**, *Responsabilité aquilienne et contrats*, Sirey Paris 1933, n° 132, p. 184.
[254] Voir infra n° 71.
[255] Voir infra n° 68, 93 et s.

68. L'intention malicieuse de nuire à autrui constitue un délit ; on estime que la faute intentionnelle rend abusif l'exercice d'un droit. Du moment que « la faute est une erreur de conduite telle qu'elle n'aurait pas été commise par une personne avisée placée dans les mêmes circonstances externes que l'auteur du dommage »[256], on admet également qu'il puisse y avoir abus du seul fait que le comportement d'une partie se caractérise par une imprudence ou une négligence. La faute d'abus engage la responsabilité de son auteur. Il n'est nullement nécessaire que cette faute soit intentionnelle. Une faute non intentionnelle engage la responsabilité de son auteur. Ce qu'il faut rechercher, c'est la conduite d'un individu avisé placé dans les mêmes circonstances. Aurait-il exercé son droit, voire exécuté le contrat de la même manière ? Du moment que l'on constate ainsi une imprudence ou une négligence commise, la responsabilité sera engagée, simple application des règles générales qui gouvernent la faute.

Il en résulte que la malice, le dol au sens large, constitue un délit civil. Cela se révèle lorsque par exemple, la résiliation se caractérise par la brutalité et la brusquerie, ou par exemple lorsqu'un conseil d'administration d'une société qui, agissant dans l'intérêt social, prend une mesure causant un préjudice grave aux actionnaires alors qu'il aurait pu atteindre le même résultat sans causer pareils préjudices. Encore lorsqu'un contractant possédant plusieurs manières d'exercer son droit, il opte sans en retirer un avantage pour le mode d'exécution le plus défavorable à son cocontractant lui causant un préjudice qui aurait pu être évité.

Le comportement habituel d'une personne normale c'est de procéder à prévenir ou à faire cesser le dommage, lorsque ce dernier peut être évité ou supprimé sans inconvénient grave. Si la personne n'agit pas de la sorte, si elle choisit la voie qui sera dommageable pour autrui alors qu'il existe différentes façons d'exercer son droit avec la même utilité, l'acte de malice, faute délictuelle qu'est l'abus caractérisé par l'intention de nuire sera révélé.

69. Dans un arrêt rendu par la Cour de cassation, un travailleur a été recruté en 1972 par une unité de production en qualité de technicien. Ensuite, il a changé pour aller travailler dans une autre unité. En 1993, il a été employé par la demanderesse en vertu d'une décision du Bureau

---

256 **MAZEAUD (Henri et Léon) et TUNC (André)**, *Traité théorique et pratique de la responsabilité civile délictuelle et contractuelle*, t. I, 6è éd., n° 439, p. 504.

de contrôle des unités de production. En novembre 1998, il a été licencié sans motif valable. L'employeur, pour le licencier, soutient que le changement d'unité signifie un nouveau recrutement. La Cour de cassation tunisienne a considéré que « rien dans le dossier du travailleur n'indique que son arrivée à l'unité de production Charef Eddine est intervenue suite à un nouveau détachement, qu'au contraire, ce travailleur maintient que son arrivée dans ce centre est intervenue en vertu d'une décision administrative interne, émanant du bureau de contrôle des unités de production qui stipule sa mutation de l'unité de production El Moez à celle de Charef Eddine et que son employeur ne s'était pas opposé à cette décision. Le travailleur conserve donc son ancienneté, et ce, à compter de 1972, date de son affectation au 16 novembre 1998, date de son licenciement »[257].

La malice peut être déduite lorsque pour licencier son employée, un employeur a maintenu qu'elle a participé à une grève illégale. En fait, les motifs avancés pour confirmer cela concernent des dates ultérieures à celles des dates en cause. Ainsi les griefs n'ont pas cité la demanderesse ni parmi les travailleurs grévistes ni parmi ceux qui ont poursuivi leur travail[258].

70. M. Philippe Stoffel-Munck a rapproché dans sa thèse[259] sur l'abus dans le contrat la malice de la faute pénale. Selon l'auteur, la brutalité de la rupture des relations contractuelles, les injures, le caractère vexatoire de l'attitude de l'agent visant à attenter à la dignité de la personne, ce qui constitue une préoccupation pénale. « Ainsi, lorsqu'elle s'exprime en paroles, la haine d'autrui peut réellement constituer l'infraction d'injures ou de diffamation non-publiques. Il peut donc arriver que le droit pénal saisisse la malice, et peu importe alors que celle - ci se soit couverte de l'exercice d'un droit (...) C'est cette malignité psychologique que la loi entend poursuivre pénalement. Et ceci explique que ces incriminations dérogent au droit commun des contraventions en exigeant la preuve de l'élément moral »[260]. Le droit pénal se préoccupe d'abord des intentions, le besoin de réaction naît de l'intention de l'agent avant que du résultat par lui obtenu, cependant la responsabilité civile se préoccupe essentiellement de l'équilibre entre

---

[257] Cass. civ. n° 2372, 13 déc. 2000, R.J.L. mai 2001, p. 113.
[258] Cass. civ. n° 4436, 23 fév. 2001, R.J.L. fév. 2005, p. 199.
[259] **STOFFEL-MUNCK (Philippe)**, *Thèse précitée.*
[260] *Ibid.*, n° 47, p. 52 et 53.

deux patrimoines[261], « il s'agit, pour le juge, de rétablir un équilibre économique rompu par l'activité nuisible »[262]. L'auteur en déduit que « les similitudes concrètes entre droit pénal et responsabilité pour intention de nuire ne sont que l'expression de convergences plus fondamentales »[263].

La malice heurte plusieurs valeurs sociales et morales fondamentales que le droit pénal protège. « Acte de violence privée, il rompt le lien social entre deux membres de la cité (…) Elle blesse l'orgueil ou, plus simplement, la dignité de la victime, et utilise d'ailleurs, fréquemment le ridicule, la vexation ou le dénigrement comme moyen d'expression. Ce n'est pas l'avoir de la victime qui a été visé mais bien son être même, dans ses affections, son amour - propre, la considération dont elle jouit, son honneur, etc. (…) La société ne saurait tolérer de tels ferments de désordre civil (…) On adhère alors sans difficulté à l'idée d'un principe certain de responsabilité, si ce n'est de répression »[264].

L'auteur cite à cet égard Larombière qui comparant délit civil et délit pénal regrette que le pur dol ne soit pas incriminé[265]. L'auteur avance plusieurs arguments, « tout d'abord, l'appareil pénal est trop massif pour saisir une infraction si banale (…) Ensuite, la méchanceté est un conflit privé, et si le corps social la réprouve, il ne s'en trouve généralement pas ému au point d'exiger une sanction symboliquement collective (…) Si, dans l'ordre civil, l'intention a causé un préjudice ouvrant l'action en dommages-intérêts, la réparation se doublera opportunément d'une peine privée. *Délit civil* non tolérable, la malice appelle donc systématiquement le jeu d'une *responsabilité délictuelle*[266], qui n'a jamais si bien porté son nom »[267].

Toutefois, l'affirmation paraît encourir le reproche de confondre responsabilité morale et responsabilité juridique, le droit civil ne doit pas s'intéresser à la moralité subjective de l'acte, et qu'il lui est

---

[261] *Ibid.*, n° 47, p. 53.
[262] **PIROVANO (Antoine)**, *Faute civile et faute pénale*, préf. P. Bonassies, th. LGDJ 1966, coll. Bdp., t. 70, n° 138, rapporté par Philippe Stoffel-Munck, Ibid.
[263] **STOFFEL-MUNCK (Philippe)**, *Ibid.*, n° 47, p. 54.
[264] *Ibid.*, n° 48, p. 54.
[265] **LAROMBIERE (Léon)**, *Théorie et pratique des obligations ou commentaire des titres III et IV*, livre III, du code Napoléon, t. 5, Paris 1857, p. 685.
[266] Souligné par l'auteur.
[267] **STOFFEL-MUNCK (Philippe)**, *Ibid.*, n° 49, p. 54 et 55.

indifférent que le débiteur paye en haine du créancier[268]. Pour cette critique, l'auteur indique que « contenue dans le for intérieur, la malignité est un pêché, mais non une faute civile. En sortirait-elle, qu'il faudrait un préjudice pour que la sanction soit envisageable. En effet, la répression de la malice est cantonnée dans le domaine civil. Son caractère quasi pénal a beau ajouter au procès civil des considérations de justice rétributive (...) Voilà pourquoi l'acte méchant qui manque son but n'entraîne pas de responsabilité ».[269] En conséquence, l'auteur relève que « celui qui paye en haine d'autrui n'est donc responsable de rien, car, d'une part, on ne voit pas que son intention est passée au for externe, et, d'autre part, il n'a rien enlevé à autrui dont il doive répondre. Il en va autrement quand ces deux conditions sont remplies, et on a ainsi pu sanctionner un locataire qui, tout en versant son loyer, avait injurié son cocontractant ».[270]

B. Une faute traitée selon la responsabilité contractuelle

71. L'intention dans le langage courant suppose une volonté dirigée vers un but, le désir de voir se réaliser une conséquence déterminée. La faute intentionnelle se caractérise par le désir de nuire à autrui. C'est la position qui caractérisait la doctrine et la jurisprudence française dans la période antérieure à 1969. En effet, jusqu'aux années 1950 environ, les auteurs étaient presque unanimes aussi bien en matière de responsabilité contractuelle que dans celle de responsabilité délictuelle, pour adopter une définition stricte de la faute intentionnelle. L'acte intentionnel se distingue de l'acte simplement volontaire en ce que la volonté ne porte pas seulement sur l'acte accompli, mais sur ses conséquences dommageables. La faute intentionnelle se caractérise par la « volonté de causer le dommage » et même pour certains par l'intention de nuire à autrui[271]. On la nomme en matière extracontractuelle, faute délictuelle, et en matière contractuelle, faute dolosive. En matière contractuelle, la faute est dolosive non seulement lorsqu'il y a intention de nuire, mais aussi lorsqu'elle a été commise de propos délibéré. Le dol contractuel ne devait pas être dissocié de la notion de faute intentionnelle et il se caractérisait par l'intention de nuire. Cette position a été remise en cause par un arrêt rendu en date du

---

[268] *Ibid.*, n° 50, p. 55.
[269] *Ibid.*, n° 50, p. 55.
[270] *Ibid.*, n° 50, p. 55.
[271] Voir **LOKSAYER (Fredj)**, *Le fondement de la responsabilité contractuelle du transporteur dans les transports terrestres internes*, RJL, mai 1995, p. 31 et s.

4 février 1969[272] par la première chambre civile de la Cour de cassation française. En l'occurrence, un comédien avait expressément renoncé à paraître dans un film quelconque sans l'autorisation de la société des comédiens français. Au mépris de cet engagement, l'acteur acceptait de tourner un film sans avoir obtenu l'autorisation préalable. Cette dernière l'a condamné pour la réparation du dommage subi du fait de l'inexécution. Le défendeur opposait une clause pénale qui figurait au contrat et qui limitait les dommages-intérêts dus en cas d'inexécution à un chiffre dérisoire. Cette dernière a invoqué le caractère dolosif de l'inexécution ce qui tenait en échec la limitation conventionnelle de l'indemnité. La Cour de Paris a répondu que le forfait résultant de la clause pénale n'aurait pu être écarté que si le comédien, en refusant d'exécuter son obligation, « avait agi avec malignité, dans l'intention de nuire à son contractant ». Cette décision fut cassée en retenant une définition inédite de la faute dolosive : « Attendu que le débiteur commet une faute dolosive lorsque, de propos délibéré, il se refuse à exécuter ses obligations contractuelles, même si ce refus n'est pas dicté par l'intention de nuire à son contractant ».

Le débiteur commet ainsi une faute intentionnelle lorsqu'il refuse délibérément d'exécuter ses obligations contractuelles, même sans l'intention de nuire à son créancier[273].

En refusant délibérément d'exécuter ses obligations, le débiteur sait bien qu'il risque de causer un dommage, même s'il ne veut ni ne songe au dommage qu'il risque de causer ainsi. Le dol est ainsi conçu comme une manifestation du manquement à la bonne foi dans l'exécution du contrat ; c'est le refus volontaire d'exécuter le contrat alors qu'on est en mesure de le faire, même sans intention de nuire au créancier. La Cour de cassation française a retenu la faute dolosive du débiteur qui « avait eu la volonté arrêtée de ne pas exécuter l'obligation qu'il avait contractée »[274].

72. Planiol, en définissant la faute comme le manquement à une obligation préexistante, a institué l'unité des fautes contractuelle et délictuelle. « L'erreur de conduite » que ne commettrait pas un individu avisé placé dans les mêmes circonstances convient aussi bien à la faute

---

[272] Civ. 1re civ., 4 février 1960, JCP 1969, II, 16030 note Prieur ; D., 1969, p. 601, note J. MAZEAUD, Bull. civ. I, n° 60.

[273] Voir infra n° 110.

[274] Cass. 1ère civ., 21 oct. 1975, D. 1976, p. 151, note Mazeaud.

délictuelle qu'à peu près à la faute contractuelle. La distinction des obligations de moyens et de résultat[275] a remis en cause la distinction entre une responsabilité contractuelle et la responsabilité délictuelle. Aussi bien les obligations de moyens que la responsabilité délictuelle fondée sur la faute commandent la preuve d'une faute. Par ailleurs, aussi bien les obligations de résultat que les cas de responsabilité délictuelle objective dispensent le demandeur de la preuve d'une faute. Aussi, faut-il signaler que si la faute délictuelle au sens des articles 82 et 83 Code des obligations et des contrats constitue l'erreur de conduite voire une faute de comportement, la diversité des fautes contractuelles explique que l'inexécution n'est pas toujours une faute de comportement. L'inexécution dolosive peut expliquer une faute de comportement, en revanche tout manquement à une obligation promise n'est pas toujours une erreur de conduite[276].

Paragraphe II : La faute d'abus, une faute « complexe »

73. La loi prohibe tout fait quelconque de l'homme susceptible de nuire à autrui, l'intention de nuire est caractérisée par la méchanceté, la malignité, et « tout acte méchamment accompli en vue de nuire à autrui constitue un délit civil »[277] indifféremment de la théorie du droit subjectif et indépendamment du fait que la malice soit mêlée de l'exercice d'un droit. Cette faute étant un manquement à une norme de conduite[278], l'intention doit ainsi être sanctionnée. Contrairement à ce que pourraient penser certains auteurs « l'abus d'un droit n'existe

---

[275] Conçue par Demogue dans un intérêt probatoire, **DEMOGUE (René)**, *Traité des obligations en général*, I, Sources des obligations, Paris, Rousseau 1923/1925, t. V, 1925, n° 1237, p. 536 et s. et II, Effets des obligations, Paris, Rousseau 1931/1933, t. VI, 1927, n° 599, p. 644 ; MM. Mazeaud ont substitué à l'expression « obligation de moyens » celle d' « obligation de prudence et de diligence », **MAZEAUD (Henri)**, *Essai de classification des obligations : obligations contractuelles et extracontractuelles ; obligations déterminées et obligations générales de prudence et diligence*, RTDCiv. 1936, p. 1 et s. : « désormais toutes les obligations contractuelles ou extracontractuelles sont réparties en deux groupes, obligations déterminées et obligations générales de prudence et diligence. » ; Add. les différentes éditions du traité théorique et pratique des obligations ; Voir **BEN HASSANA (Ahmed)**, *La distinction entre l'obligation de moyen et l'obligation de résultat en droit civil tunisien*, Mémoire DEA, Faculté de droit et des sciences politiques 1999/2000, en arabe ; **MNIF (Salma)**, *Op. cit.*, n° 154, p. 190.

[276] Le manquement à une obligation de résultat n'est pas une faute de comportement, ainsi l'inexécution suffit pour engager la responsabilité contractuelle du débiteur.

[277] **CAPITANT (Henri)**, *Sur l'abus des droits*, RTDCiv. 1928, p. 374.

[278] **JOURDAIN (Patrice)**, *Responsabilité fondée sur la faute, notion de faute : contenu commun à toutes les fautes*, J. Cl. civ. art. 1382 à 1386, fasc. 120-1, 1995, n° 14, p. 4.

qu'autant qu'il y a un droit »[279], la faute d'abus est une faute de comportement indépendante de l'exercice de droit « mais [qui] résidait dans des agissements préalables ou concomitants à cet exercice »[280]. Le dommage peut être causé directement par le comportement fautif indépendamment de l'exercice même d'une prérogative contractuelle.

A. La licéité de l'exercice d'un droit

74. Chacun peut disposer de ses droits comme il lui plaît, cependant, il ne lui est jamais permis de nuire aux autres. Pour qu'il y ait lieu à des dommages et intérêts, il faut qu'il y ait faute, est en faute celui qui fait ce qu'il a droit de faire, dans un but vexatoire, dans l'intention de nuire à autrui. Le de droit subjectif n'est pas d'essence égoïste et devrait comprendre la prise en compte de l'intérêt d'autrui.

Toutefois, bien que l'article 103, alinéa 1 parle de « droit », le plus souvent, c'est le comportement du contractant qui constitue un abus indépendamment du droit qu'il exerce. Si le juge cherche à punir la faute commise par le contractant qu'elle soit de nature délictuelle ou contractuelle, ce n'est pas le droit contractuel ou légal qu'il doit envisager, mais le comportement fautif, voire dolosif et malicieux du contractant. Si la malice mérite sanction en elle-même, « aucune raison ne justifie qu'il faille mettre à part le cas où elle s'est servie de l'exercice d'un droit contractuel pour venir au monde (…) la faute étant dans l'intention, il faut s'astreindre à ne pas confondre le moyen de la faute et la faute elle-même (...) il convient de dépasser l'apparence d'homogénéité du fait (l'exercice du droit) qu'identifie la victime comme source de son préjudice. Ce dernier est alors une faute complexe où deux éléments se juxtaposent dans le même acte, l'un licite : l'exercice du droit ; l'autre non : la manière dont le créancier se comporte à cette occasion »[281].

75. La rupture des relations contractuelles à durée indéterminée où la qualification d'abus y a toujours trouvé un champ manifeste de réflexion, ne se préoccupe pas de la légitimité de l'exercice du droit, elle se préoccupe seulement de la conformité des comportements aux prescriptions de la morale sociale. M. Stoffel-Munck estime que « s'il échet qu'un licenciement, même parfaitement justifié et régulier, se

---

[279] **FATNASSI (Ali),** *Les dispositions des fiançailles*, R.J.L., 01 mai 1982, p. 13, en arabe.
[280] **STOFFEL-MUNCK (Philippe),** *L'abus dans le contrat, essai d'une théorie*, *Op. cit.*, n° 336, p. 282.
[281] *Ibid.*, n° 51, p. 56 et 57.

déroule dans des circonstances qui révèlent une intention injurieuse, le vieux droit civil trouve à intervenir et à saisir cette faute (…) Une chose est que l'exercice du droit puisse, en cas d'abus, donner lieu à responsabilité, autre chose que cet exercice soit soumis à l'exigence d'un juste motif (…) licenciement abusif et licenciement injustifié ne doivent donc pas être confondus[282] (...) L'appréhension de la malice est disjointe de l'analyse de la légitimité du droit et c'est seulement la manière dont celui-ci est exercé, ''les circonstances'' qui l'ont entouré qui doivent être analysées pour voir si une faute de comportement, autrement dénommée abus, en découle »[283].

L'abus concerne en effet seulement la manière dont le licenciement a été mis en œuvre. « Seul l'abus de ce droit est sanctionné. Pour déceler cet abus, on n'examine pas l'acte en lui - même qui est un droit, mais les circonstances qui ont entouré son exercice »[284]. Selon la jurisprudence française, « la révocation du directeur général d'une société anonyme qui peut être décidée à tout moment, sans préavis ni précision de motifs, par le conseil d'administration sur proposition de son président, engage la responsabilité de la société si elle revêt un caractère abusif eu égard aux circonstances dans lesquelles elle intervient »[285]. Elle a également jugé « c'est sans contradiction que la Cour d'appel, après avoir estimé que le comportement de Mme Daumin justifiait son licenciement pour faute grave, a constaté que le licenciement était cependant intervenu dans des conditions vexatoires et pénibles pour la salariée »[286].

B. La preuve de l'intention de nuire

76. La malice constitue une faute qu'elle s'extériorise dans l'exercice du droit ou si elle est disjointe de la question de l'exercice du droit. L'abus donne lieu à une action en dommage-intérêts au profit de celui qui en a été victime et peu importe que cet abus soit mêlé à l'exercice d'un droit. La qualification d'abus dans l'exécution du contrat découle d'une analyse du comportement du contractant

---

[282] **COUTURIER (G.)**, *Droit du travail, les relations individuelles de travail*, 3ème éd. PUF 1996, coll. Droit fondamental, n° 133, rapporté par Philippe Stoffel-Munck, L'abus dans le contrat, *Op. cit.*.

[283] **STOFFEL-MUNCK (Philippe)**, *L'abus dans le contrat*, n° 33, p. 42 et 43.

[284] **BEN SALEM (Fakher)**, *La rupture du contrat de travail à durée indéterminée*, *Op. cit.*, p. 23.

[285] Cass. com., 26 avr. 1994, Bull. civ. IV, n° 158.

[286] Cass. soc., 24 oct. 1991, n° 90-42668.

indépendamment du droit, c'est-à-dire indépendamment du fait qu'il soit titulaire d'un droit ou qu'il soit un simple cocontractant. Prenons l'exemple d'un dirigeant social révoqué dans des circonstances injurieuses. Il y a révocation « abusive », car ce n'est pas dans le droit que la révocation du directeur général revêt un caractère abusif, mais au regard des circonstances dans lesquelles elle intervient : entourée de circonstances injurieuses ou vexatoires.

77. La jurisprudence condamne de manière constante la malice, elle semble en effet retenir le critère de l'intention de nuire pour relever à coup sûr l'existence d'une faute. Ainsi la victime va-t-elle prouver que l'agent n'a pas eu le comportement de l'homme prudent diligent et avisé. La preuve du fait dommageable est la preuve d'un écart de conduite entre l'attitude de l'agent et celle du modèle de référence abstrait c'est-à-dire le « bon père de famille ». Il faudrait démontrer à la fois que le cocontractant avait tel devoir défini et qu'il ne l'a pas rempli.

L'absence de motif légitime par exemple établit l'existence d'une présomption simple, il appartient ainsi au demandeur d'avancer avec suffisamment de pertinence que le titulaire du droit n'avait aucun intérêt ou motif sérieux à l'utiliser comme il l'a fait.

Quant au défendeur, il lui incombe de rapporter la preuve de l'absence d'intention de nuire, ne serait-ce qu'en démontrant que son acte est justifié par un intérêt personnel, même moral, ou par un motif sérieux et légitime[287].

78. La preuve de l'intention de nuire est une tâche assez délicate puisqu'il s'agit de sonder le mobile, la réalité psychologique, de déceler le for intérieur, de déterminer que le créancier ait agi par méchanceté en désirant nuire à son débiteur ; ce qui relève d'une appréciation souveraine du juge de fond. Toutefois, la faute est une notion de droit donc la Cour de cassation se réserve le contrôle.

Il s'agit donc de convaincre le juge de l'existence d'une intention réelle, du mobile de l'auteur du dommage, sans qu'il importe qu'il soit le mobile exclusif de l'action. En effet, on ne voit pas que l'agent pourra sur le fondement de l'article 103 Code des obligations et des contrats se soustraire de sa responsabilité en prouvant qu'en étant malveillant,

---

[287] **COURTIEU (Guy),** *Abus de droit*, notion, J. Cl. civ., art. 1382 à 1386, fasc. 131-1, 1997, n° 28, p. 11.

malicieux à l'égard de son cocontractant, il a également recherché son propre avantage[288].

Devant les éléments de preuve fournis par les parties, le juge procède à une appréciation de la faute. Cela consiste à apprécier le comportement de l'agent pour pouvoir déterminer la réalité de la transgression.

[288] A comp. avec Saïd Amajed Ezzahaoui qui considère que le défaut d'équilibre entre plusieurs intérêts contradictoires constitue un critère qui n'a pas été traité par la doctrine occidentale contrairement à la doctrine musulmane, **AMAJED EZZAHAOUI (Saïd),** *Op. cit.*, n° 119, p. 208 et n° 134, p. 237. Cela est certes critiquable, le droit évoque la notion du « mobile exclusif », ce qui dès lors relève que nuire à autrui constitue un abus, même si l'agent a recherché un intérêt sérieux et légitime.

SECTION II : APPRÉCIATION DE L'INTENTION DE NUIRE

79. L'intention de nuire se caractérise par le caractère anormal de l'attitude du cocontractant, qui exécutant le contrat n'a recherché que son propre intérêt. Demogue estimait que « dès qu'un acte objectivement apparaît comme présentant pour son auteur un intérêt sérieux et licite, cet acte n'est pas un abus de droit, jusqu'à preuve d'une action accomplie uniquement pour nuire »[289]. L'article 103 l'affirme déjà, disposant dans son alinéa premier que lorsque l'agent agit sans intention de nuire pour faire ce qu'il avait le droit de faire, il n'est guère responsable à l'égard d'autrui.

L'exercice d'un droit sans intention de nuire est un acte licite en tant que tel, ce n'est pas un abus. Cependant cette licéité cesse lorsqu'il est de nature à causer un dommage à autrui, ce qui présume la malice et nécessite une sanction. Si par exemple l'application littérale d'une convention est inutile pour le créancier et préjudiciable pour le débiteur, les conditions de l'alinéa 2 sont relevées. C'est donc « le résultat qui permet de prendre la mesure de l'intention du créancier. Lorsque l'acte n'a aucune utilité pour le créancier, c'est le signe que celui-ci ne poursuit pas d'autre but que de causer un dommage au débiteur et que son comportement est constitutif d'un abus de droit »[290]. L'agent qui a eu connaissance du dommage, est réputé avoir voulu réellement faire produire une perte à l'encontre de son cocontractant, car la connaissance du préjudice présume l'intention de nuire. Lorsque « l'exécution d'une obligation d'une part aura pour effet de causer un préjudice à son débiteur et d'autre part ne procurera aucun résultat utile à son créancier, la jurisprudence en déduit que ce dernier est animé d'une intention de nuire à son débiteur (...) Si l'abus de droit reste un moyen de sanctionner les mauvais comportements contractuels impliquant un jugement de valeur sur les intentions du créancier, celles-ci peuvent être déduites par le juge de la considération objective du résultat de l'obligation pour les parties »[291].

80. Les jurisconsultes musulmans ont examiné l'acte commis par l'ayant droit qui a donné lieu au préjudice tout en ayant la possibilité de

---

[289] **DEMOGUE (René)**, *Traité des obligations en général*, t. 4, Rousseau 1924, n° 682.
[290] **RONTCHEVSKY (Nicolas)**, *L'effet de l'obligation*, préf. Alain Ghozi, coll. Droit civil, Economica 1998, n° 142, p. 81.
[291] *Ibid*, n° 143, p. 81.

l'éviter par l'utilisation d'une autre voie qui lui aurait garanti le même avantage sans causer de préjudice. Ils ont abordé la conclusion de l'intention de nuire par la connaissance du préjudice et son rôle dans la mise à nue de l'intention de nuire. Comme dans le cas où il est connu que l'acte engendrera certainement préjudice.

Shatibi a étudié le motif mixte en s'interrogeant sur l'acte qui réunit l'intention de la réalisation du profit personnel et celle de nuire à autrui. Il conclut à la décision de l'interdire si l'auteur avait la possibilité d'éviter ce qui peut nuire à autrui en arrivant à obtenir son objectif. Il a tenu compte de la connaissance du préjudice pour dévoiler l'intention de nuire, ainsi que le choix entre plusieurs voies dans l'exercice de ses droits celle qui porte préjudice à autrui[292]. Les jurisconsultes musulmans ont interprété le terme « dharar » dans le récit « la dharar wala dharar » par le fait que la personne nuit à autrui sans que cela lui apporte quelconque profit[293].

81. Domat a affirmé que « nuire aux autres sans usage pour soi (...) serait une malice que l'équité ne souffrirait pas »[294]. En 1905, Saleilles a indiqué « qu'un acte dont l'effet ne peut être que nuire à autrui, sans intérêt appréciable et légitime pour celui qui l'accomplit »[295] est un abus. Ripert indiquait également que « le but malfaisant sera révélé par l'inutilité de l'acte »[296]. L'ont également affirmé Ripert et Boulanger[297] et Bonnecase[298].

La Cour de cassation française a reproché explicitement à la Cour d'Appel de Dijon de n'avoir pas recherché si l'exercice du droit du créancier « reposait sur des motifs légitimes ou si son refus de mettre fin au bail avait été, au contraire, dicté par le désir de nuire à son cocontractant »[299].

---

[292] **CHATIBI (Abu Eshak),** *Op. cit.*, II, p. 348 et 357.
[293] **AMJED EZZAHAOUI (Saïd),** *Op. cit.*
[294] **DOMAT (Jean),** *Les loix civiles*, livres II, titre VIII, Section III, n° 9.
[295] **SALEILLES (Raymond),** *De l'abus de droit*, Bull. Société Etudes Législatives, 1905, 325 s., p. 348.
[296] La règle morale, n° 97.
[297] **RIPERT (Georges) et BOULANGER (Jean),** *Traité de droit civil d'après le traité de Planiol*, t. 2, LGDJ 1957, n° 966.
[298] **BONNECASE (Julien),** *Supplément au traité théorique et pratique de droit civil de Baudry-Lacantinerie*, t. 3, Sirey 1926, n° 228.
[299] Civ. 3ème, 22 février 1968, précité.

La Cour d'appel de Pau a jugé « qu'il y a abus de droit lorsque le droit légal ou contractuel, à l'application ou à l'exécution duquel le demandeur vient prétendre, apparaît tout à la fois inutile pour lui-même et préjudiciable au défendeur révélant l'intention de nuire du demandeur »[300].

La même Cour a indiqué dans un litige à propos d'une servitude conventionnelle de passage, que « lorsqu'une servitude, par suite d'une modification de l'état des lieux, ne présente plus aucune utilité - même la plus minime - pour le propriétaire du fonds dominant, celui-ci ne saurait continuer à en user sans un abus de droit manifeste puisque cet usage ne peut s'inspirer que du dessein de nuire, ou qu'il traduit, à tout le moins, un choix irrationnel et fautif d'un mode d'activité causant à autrui un préjudice gratuit »[301].

82. On a reproché à ce critère qu'il est incertain, il est soumis au pouvoir discrétionnaire du juge de « peser au cas par cas l'utilité dérisoire, faible, appréciable, sérieuse, considérable ou négligeable, en l'absence d'un étalonnage objectif permettant de mesurer avec précision ces différents niveaux d'utilité »[302]. Mais quoique « l'appréciation de l'utilité d'un acte (...) est essentiellement subjective et nécessite, comme la recherche directe de l'intention, des investigations extrêmement délicates »[303], l'inutilité de l'acte est un indice de preuve de l'intention de nuire, parmi d'autres, qui pourra servir pour prouver la faute. Aussi l'absence du motif sérieux et légitime caractérise-t-il l'abus[304].

MM. Starck, Roland et Boyer se demandaient à cet égard « comment connaître l'intention de nuire, alors qu'il s'agit d'un phénomène interne ? (...) En fait, cet obstacle n'est pas réel. Le plus souvent, le juge se borne à constater que le titulaire du droit l'exerce sans aucun avantage pour lui-même ou, du moins, sans avantage appréciable ou

---

[300] C.A. Pau, 15 février 1973, précité.

[301] C.A. Pau, 17 décembre 1968, JCP 1969, II, 15878, note M.B. ; RTDCiv. ; 1968, 592, obs. Jean-Denis Bredin et p. 783, obs. Yvon Loussouarn.

[302] **STOFFEL-MUNCK (Philippe),** *Op. cit.*, n° 203, p. 186.

[303] **BAUDRY-LACANTINERIE (Gabriel) et BARDE (L.),** *Traité théorique et pratique de droit civil*, tome 15 (Des obligations, t. 3, 3ème éd. Bordeaux 1908, n°2855, p. 541.

[304] Voir supra n° 38 et s. et 44 et s. ; **NASSIF (Elyess),** *Encyclopédie des contrats civils et commerciaux*, *Op. cit.*, p. 323.

sérieux et légitime. Il en déduit que le titulaire du droit était mû par l'intention de nuire »[305].

L'intention de nuire peut se découvrir lorsqu'entre plusieurs manières d'exercer son droit, on choisit celle la plus dommageable, tel est par exemple le recours à une procédure trop lourde pour recouvrer une créance minime ; toutes les fois où une procédure hors de proportion avait causé un préjudice au débiteur, le créancier est condamné à des dommages-intérêts[306]. Il a ainsi été jugé que « considérant que M. Diandoki (le créancier) a utilisé une procédure irrégulière et trop lourde pour recouvrer une créance minime, qu'il a ainsi abusé de son droit d'agir en justice et causé un préjudice à M. Prat (débiteur saisi) dont l'ensemble du mobilier d'une valeur très supérieure à la somme due a été rendu indisponible »[307].

Dans un arrêt rendu par la Cour de cassation française, un créancier avait pratiqué des saisies-arrêts sur plusieurs des comptes de son débiteur immobilisant des montants disproportionnés à sa créance. La Cour a relevé qu'ils « étaient de nature à mettre le saisi dans un réel embarras et susceptibles de porter lourdement atteinte à son crédit », cependant elle n'a pas fondé sa sanction sur la faute de malice, mais sur « l'imprudence grave » du créancier[308].

Le montre un arrêt rendu par la Cour de Montpellier ou des banques créancières d'importantes sommes contre un viticulteur l'ont mené à la faillite. La Cour a considéré que les « banques ont eu surtout le désir de découvrir des armes de guerre contre leur débiteur, en s'inspirant plutôt de la considération d'autorité et d'amour propre que de l'exécution d'un contrat en employant les voies légales dans l'intérêt commun »[309].

83. L'article 5-b du Code civil égyptien dispose à cet égard, que « l'exercice du droit est considéré comme illégitime (...) s'il tend à la

[305] **STARCK (Boris), ROLAND (Henri) et BOYER (Laurent)**, *Obligations, 1. Responsabilité délictuelle*, 5ème éd., Litec 1996, n° 368, p. 178.
[306] Civ. 26 décembre 1893, DP 1895, I, Jur., p. 529 ; Civ. 2ème 13 mai 1991, D. 1991, IR, p. 159.
[307] Paris 7 décembre 1995, D. 1996, p. 203, note J. Prévault.
[308] Cass. 2ème civ., 02 février 1956, Bull. civ. II, n° 107, p. 65.
[309] C.A. Montpellier, 18 mars 1930, DP, 1930, 2, 145, note. J. Percerou ; Voir **MESTRE (Jacques)**, *Réflexions sur l'abus du droit de recouvrer sa créance*, Mél. Pierre Raynaud, Dalloz 1985, n° 38 s.

satisfaction d'un intérêt dont l'importance est minime par rapport au préjudice qui en résulte pour autrui »[310].

La jurisprudence tunisienne a décidé à plusieurs reprises que lorsque la satisfaction d'un intérêt est insignifiante par rapport à l'ampleur du préjudice causé, il y a faute d'abus[311].

84. Dans l'affaire Agrimotor, la Cour d'appel de Tunis a considéré que « la société Ford a mis fin au contrat sans raison légitime alors que les relations entre les parties étaient très bonnes et sans prendre en considération les intérêts de son cocontractant (...) Ford a abusé de son droit de rupture que de ce fait elle doit le réparer conformément à l'article 103 Code des obligations et des contrats »[312]. L'article 103 Code des obligations et des contrats est éligible pour sanctionner une initiative de mettre fin à un contrat conclu il y a plus de vingt ans, exécuté de bonne foi, « sauvegardant les biens de la société et sa bonne réputation mondiale », rompu de manière aussi abusive « sans tenir compte des intérêts de son contractant »[313].

La Cour de cassation tunisienne a indiqué à propos de la sanction disciplinaire utilisée par l'employeur que « bien que la défenderesse puisse utiliser le licenciement comme sanction disciplinaire dans certains cas précis, elle devait tenir compte du principe de la cohérence de la sanction avec la faute ; il ne peut pas être infligé au travailleur la sanction extrême pour une faute simple »[314].

La même Cour a considéré comme abusive la mutation d'un travailleur - ayant atteint l'âge de 59 ans et ayant travaillé pendant 18 années dans le gardiennage, sans n'avoir jamais commis d'impair ou de manquement à ses obligations - à un emploi nécessitant des efforts physiques, ce qui « vise à l'épuiser et peut être considéré comme licenciement abusif »[315].

---

[310] Voir en ce sens : « Existe-t-il un principe de proportionnalité en droit privé ? », colloque de Paris, Petites affiches, 30 septembre 1998, p. 12 et s.

[311] Cass. civ. n° 5876, 18 avr. 1963, R.J.L., 1964, n° 3, p. 41 ; Cass. civ. n° 541, 11 juin 1976, R.J.L., 1976, III, p. 9.

[312] C.A. Tunis, n° 86249, 25 décembre 1982, RTD 1984, p. 816, note Kalthoum MEZIOU.

[313] **JERBI (Sami),** *L'interprétation du contrat*, 2 ème éd., C.P.U. 2006, n° 338, p. 421 et 422.

[314] Cass. civ. n° 282, 05 fév. 1977, Bull. 1997, p. 91.

[315] Cass. civ. n° 3356, 20 nov. 1980, Bull. 1980, II, p. 148.

Dans une affaire rendue par la Cour de cassation tunisienne[316], un promettant a conclu une promesse de vente constatée par acte sous seing privé. Voulant renoncer à cette promesse, il a agi en justice pour la prononciation de sa nullité au motif du défaut d'autorisation du gouverneur. Le juge cantonal, considérant cette promesse une vente, en prononce la nullité pour défaut d'autorisation du gouverneur. Le Tribunal de première instance de Béjà, statuant en tant que juridiction d'appel confirme la décision. La juridiction de renvoi a suivi la position de la Cour de cassation, mais elle a considéré que le montant de la demande est indéterminable, car il a pour objet la nullité. Elle a ainsi retenu l'affaire pour l'examiner déclarant l'incompétence du juge cantonal et ordonnant la conclusion de la vente. Le promettant intente un second pourvoi en cassation invoquant la violation des règles de compétence d'attribution ; le juge cantonal est seul compétent dans cette affaire. La Cour de cassation a décidé que la juridiction de renvoi, tout ayant qualifié justement le contrat d'une promesse de vente ne nécessitant pas l'autorisation du gouverneur, elle a fauté dans le sens où elle s'est prononcée sur l'objet de la demande estimant sa compétence alors que la compétence d'attribution dans les actions en nullité est déterminée selon leur valeur pécuniaire. La valeur de la promesse étant fixée à 45 d ; seul le juge cantonal qui est compétent. Mais la Cour de cassation au lieu de prononcer la cassation sans renvoi, car le Tribunal de première instance était incompétent, elle a rejeté le pourvoi décidant que « le demandeur n'est pas dans son droit pour ce qui concerne sa requête puisqu'il s'est avéré que le contrat sur la base duquel il a fondé sa requête est une promesse de vente qui ne requiert pas l'autorisation administrative ». Le promettant voulait « dénoncer ce qu'il a convenu sans motif valable », a jugé la Cour, ce qui porte un préjudice certain à son cocontractant qui perdra de ce fait ses droits justement acquis et constitue une présomption de l'intention de nuire. Le rejet de la décision de par la forme a pour conséquence la perte des droits acquis par le défendeur, car les voies de recours ne lui sont plus ouvertes.

Selon M. Slaheddine Mellouli, « la Cour de cassation a ostensiblement statué en équité. Écartant une règle de forme parce qu'elle risque de faire perdre son droit à l'un des plaideurs, elle a rejeté le pourvoi alors que la cassation s'imposait (...) une position hardie qui

[316] Cass. civ. n° 3784, 11 mars 1980, R.T.D. 1990, p. 247.

se défend sur le plan humain. En fait, dans cette affaire un justiciable aurait perdu son droit si la loi avait été appliquée »[317].

85. Si l'examen du droit positif semblerait conduire à poser un principe d'appréciation *in abstracto* de la faute civile, par la référence à un type abstrait afin de comparer le comportement de l'agent (**Paragraphe II**), l'intention de nuire, toutefois, devrait s'apprécier *in concreto* (**ParagrapheI**).

Paragraphe I : L'appréciation in concreto de l'intention de nuire

86. On s'accorde généralement pour reconnaître qu'en l'absence d'indication fournie par les textes, le juge doit se référer, pour déterminer l'attitude qui devait être observée par ceux qui ont participé à la réalisation du dommage, à un type abstrait, l'homme raisonnable et avisé ou, selon la formule romaine le « bon père de famille ».

Pour révéler l'erreur de conduite, il faut chercher quelle aurait été la juste conduite et la comparer avec celle de l'agent[318]. Toutefois cette solution connaît des nuances. Par ailleurs, en matière contractuelle, comme en matière extracontractuelle, la faute est appréciée *in abstracto,* par référence à un type abstrait d'individu normalement diligent, raisonnable ou avisé ; le juge apprécie dans l'abstrait, sans s'intéresser à aucune des circonstances concrètes qui ont entouré la faute. C'est le cas pour les fautes non intentionnelles, où l'erreur de conduite est moins grave qu'en cas de faute intentionnelle : l'auteur du dommage n'a pas agi pour causer ce dommage, mais s'il s'était conduit prudemment et diligemment, le préjudice ne se serait pas réalisé. Quant à la faute intentionnelle, elle suppose une appréciation de l'état d'esprit de celui qui s'en rend coupable, c'est-à-dire qu'elle est appréciée *in concreto* (**A.**). Étant une notion légale, la faute est soumise au contrôle de la Cour de cassation (**B.**).

---

[317] **MELLOULI (Slaheddine)**, *Le juge et l'équité, Réflexions sur le recours à l'équité par le juge en droit privé interne*, RTD 1983, p. 529 ; Voir **RAJHI (Mounir)**, *De certaines manifestations de l'équité en droit privé tunisien*, Mémoire Faculté de droit et des sciences politiques de Tunis 1989/1990, p. 122 et s.

[318] **BEN SLIMA (Houcine), ELAHMER (Issam),** *Op. cit.*, p. 21 et 22 ; **FRAJ ESSADAH (Abdemonem),** *Les principes de droit*, Maison arabe de l'édition, Beirouth 1982, n° 277, p. 314 et s. ; **SANHOURI (Abderrazek Ahmed)**, Traité de droit civil, t. I, Sources de l'obligation, p. 645 ; **ABOU SAOUD (Ramadan)**, *Théorie générale de l'obligation*, Sources de l'obligation, Presses universitaires 2002 ; **JERBI (Sami)**, *Les conditions de la responsabilité civile, Op. cit.*, n° 112, p. 157.

A. La recherche du mobile de l'agent dans l'action

87. Le juge procèdera à une appréciation de l'attitude de l'agent. Lorsque le devoir impose un comportement prudent et avisé, son appréciation serait circonstanciée par référence aux qualités personnelles de l'agent. En conséquence, toutes les circonstances du fait dommageable sont prises en considération. En effet, il s'agit d'affaire de mobile, de motif, l'intention de nuire étant un fait psychologique, elle ne peut s'apprécier qu'*in concreto*, c'est ce qu'indique une grande partie de la doctrine[319].

Le juge devrait scruter les consciences afin de constater le mobile de l'agent, apprécier le comportement de l'agent en prenant en considération tout ce qui est purement personnel, par exemple l'âge de l'auteur, son bon sens ou son état d'aliénation mentale. En effet, dès lors qu'une norme de comportement a été trouvée et que l'acte qui provoque la nuisance est reconnu en opposition à cette norme, caractérisé par l'intention de nuire à son cocontractant, l'appréciation de la conduite de l'agent devra se faire *in concreto*.

88. La première approche de l'appréciation *in concreto* consiste à apprécier le comportement de l'agent en prenant en considération les circonstances de fait externes à sa personne telles que les circonstances de temps et de lieu dans lesquelles le juge devra placer le type de comparaison pour apprécier la conduite de l'auteur du dommage, pour pouvoir définir le degré de prudence ou de diligence dû.

Ainsi les connaissances, le degré d'instruction, les expériences, peuvent accabler l'agent en facilitant l'administration de la faute, car le degré de diligence dû se trouve augmenté en proportion. « Cette méthode (...) est souvent retenue pour apprécier l'intention de nuire. Elle paraît d'ailleurs relativement convenir à cet objet. Elle préserve, par exemple, la condition d'imputabilité sans laquelle il ne pourrait y avoir malice, tant il parait évident qu'on ne peut reprocher à quelqu'un

---

[319] **JAMBU-MERLIN (R.)**, *Dol et faute lourde*, D. 1955, chr., p. 90 ; **BRIERE de L'ISLE (Georges)**, *La faute dolosive : Tentative de clarification*, D. 1980, chr., p. 134 ; **CONTE (Philippe)**, Rep. civ. Dalloz, voir *Responsabilité du fait personnel*, 1992, n° 19 ; **FLOUR (Jacques) et AUBERT (Jean Luc)**, *Les obligations*, 2, Le fait juridique, 7ème éd., Armand Colin 1997, coll. U, n° 110 ; **SERIAUX (Alain)**, *Droit des obligations*, 2ème éd., PUF 1998, coll. droit fondamental, n° 67, p. 277 ; **LE TOURNEAU (Philippe) et CADIET (Loïc)**, *Droit de la responsabilité*, 2ème éd., Dalloz 1998, coll. Dalloz Action, n° 1608.

d'avoir voulu haineusement le mal d'autrui, s'il ne discerne pas le bien du mal »[320].

89. La seconde approche de l'appréciation *in concreto* consiste en la recherche d'un état d'âme, recherche purement subjective, voire psychologique ; il s'agit de sonder la conscience du cocontractant. « Il faut scruter la mentalité du débiteur et ne faire aucune comparaison avec un individu abstrait »[321].

Pour certains, Dieu seul peut sonder les consciences et la recherche de l'état d'âme de l'agent est une affaire très difficile, voire impossible.

La seconde approche peut toutefois l'emporter sur la première si le juge fonde son investigation sur une intention réelle et non une intention probable, en décelant ainsi que l'agent a réellement voulu nuire à son cocontractant, que la malice est effectivement sortie du for interne et concrètement existée comme mobile dans l'action sans se contenter des apparences et peu importe qu'elle soit le mobile exclusif.

B. Le contrôle de la Cour de cassation

90. La malice étant en principe un fait, sa constatation relève de la compétence des juges de fond et devrait en principe échapper à la compétence de la Cour de Cassation[322]. Les juges « apprécient souverainement l'intention frauduleuse »,[323] relèvent l'intention cachée derrière l'acte. Toutefois l'abus caractérisé par l'intention de nuire, étant une faute, la malice revêt le caractère d'une notion aux limites du fait et de droit. S'il appartient aux juges du fond de constater souverainement les faits d'où ils déduisent l'existence ou l'absence d'une faute, la qualification juridique de la faute relève du contrôle de la Cour de cassation. Ce principe est admis en matière contractuelle comme en matière délictuelle. En effet, la notion de faute est une notion légale, soumise au contrôle de la Cour de cassation. L'intérêt de savoir

---

[320] **STOFFEL-MUNCK (Philippe),** *L'abus dans le contrat*, n° 184, p. 172 et 173.

[321] *Ibid.*, n° 186, p. 174.

[322] **FLOUR (Jacques), et AUBERT (Jean-Luc),** *Les obligations*, 2, Le fait juridique, 7ème éd., Armand Colin 1997, coll. U., n° 115.

[323] Cass. com., 11octobre 1967, D. 1968, jur., 136 ; Cass., 3ème civ., 05 juillet 1995, JCP 1995, II, 22528, conc. Weber, note Alioune Djigo ; D. 1995, inf. rap., p. 201; **MEZGHANI (Ali),** Note sous trib. prem. ins. de Tunis, 30 avril 1981, RTD 1981, p. 451 : « L'appréciation du caractère abusif de la rupture étant une question de fait, c'est ce que décide la Cour de cassation qui à plusieurs reprises a admis que les juges du fond avaient pu déduire des particularités de l'affaire que la rupture était abusive ».

si l'auteur d'un dommage a ou non commis une faute est tel que la Cour de cassation n'a pas voulu laisser les juges du fond libres de leur décision. Ils sont souverains quant à l'existence des faits, mais non quant à leur qualification : la qualification des faits retenus comme fautes est contrôlée par la Cour de cassation. Celle-ci vérifie que la malice est bien constatée[324], et déclare les motivations insuffisantes. « L'abus de droit constitue une faute que nous contrôlons, comme l'illégitimité »[325].

En conséquence, le juge de fond devra motiver sa décision, énoncer les indices qui l'ont fondée, ce qui atténue son pouvoir discrétionnaire, car il ne lui suffit pas de constater l'abus, encore faut-il qu'il précise sa démarche intellectuelle, motive sa décision. La Cour de cassation se réserve le pouvoir de contrôler et censure la décision pour défaut de base légale.

Paragraphe II : L'appréciation in abstracto, une démarche inadéquate

91. L'appréciation *in abstracto* implique la référence à un modèle. La conduite de l'agent est jugée de l'extérieur, en fonction de ce que la société attend de lui. En conséquence est en faute, le contractant dont son attitude est contraire à celle que pouvait normalement attendre son cocontractant.

Le juge procèdera à une comparaison du comportement des parties au modèle abstrait, le standard de l'honnête homme, le bon père de famille… Toutefois, le type abstrait de référence que présente la personne raisonnable est très largement individualisé[326]. En effet, les tribunaux tiennent compte également d'éléments concrets : l'expérience, la compétence de la personne, d'où une plus grande sévérité par exemple à l'égard d'un professionnel que d'un profane, d'un homme mûr que d'une femme âgée… mais c'est toujours en se référant à un modèle abstrait.

---

[324] Elle vérifie, d'une part, si les faits relevés constituent des fautes ; d'autre part, si ces fautes présentent les caractères particuliers (faute intentionnelle, imprudente) que leur ont reconnus les juges du fond.

[325] **JONQUERES (Jean)**, *Le contrôle des constatations de fait par le juge de cassation*, Journées Soc. Législ. Comparée 1980, RIDC, n° Spéc., 1981, p. 139.

[326] Même les plus chauds adhérents à l'appréciation *in abstracto* de la faute civile ont admis que le juge doit tenir compte, pour déterminer la conduite qui devait être observée, des circonstances de fait extérieures à la personne de l'agent.

Comme on l'a précisé, l'appréciation de l'intention de nuire se fait *in concreto*, l'appréciation *in abstracto* constitue en effet une démarche inadéquate pour la faute intentionnelle (**A.**), convient-elle alors à la faute d'imprudence ou de négligence ? (**B.**).

A. Une appréciation exclue pour l'intention de nuire

92. Un auteur a relevé que « la jurisprudence a assoupli la théorie de la responsabilité grâce à cette appréciation abstraite de la faute. Si la notion de faute est d'ordre moral, le juge, qui est souvent impuissant à sonder les consciences, se contente généralement, à défaut d'une preuve établie de la psychologie coupable de l'agent, de comparer sa conduite à celle d'un homme moyen, et les auteurs modernes insistent (…) qu'il y a faute lorsque l'activité de l'agent n'a pas été celle d'un bon père de famille, c'est-à-dire d'un individu normalement raisonnable et diligent »[327]. Dans le même sens, M. Jourdain a indiqué que « contrairement à ce qui est souvent prétendu, la jurisprudence ne déroge pas au principe de l'appréciation *in abstracto* de la faute intentionnelle. Bien que l'intention soit une donnée éminemment subjective, c'est toujours de l'extérieur qu'elle est appréhendée au moyen d'un examen objectif du comportement de l'agent »[328].

Il faut noter toutefois qu'il s'agit d'une opinion minoritaire, la malice ne pourra s'apprécier qu'*in concreto* contrairement à l'imprudence, le manquement à la bonne foi « faute aux enjeux moins graves, et redevable d'une appréciation *in abstracto* »[329].

B. Une appréciation retenue en cas d'imprudence

93. L'abus pourrait résulter d'une imprudence, de l'indifférence au sort de son cocontractant. À cet effet, il n'est pas besoin de scruter les motifs du cocontractant, l'appréciation de la faute se fait de l'extérieur. La faute d'imprudence (qu'elle soit quasi - délictuelle ou contractuelle) s'apprécie *in abstracto*, contrairement à la faute intentionnelle.

Être négligent, indifférent au sort de son cocontractant, peut devenir abusif, il s'agit d'une attitude reprochable, auquel cas manque cet élément de malice qui caractérise l'intention de nuire. M. Philippe Stoffel-Munck a indiqué que « si le créancier a laissé espérer qu'il était

[327] **ROBLOT (René)**, *De la faute lourde en droit privé français*, RTDCiv. 1943, n° 20, p.17.
[328] **JOURDAIN (Patrice)**, *Les principes de la responsabilité civile*, 3ème éd., coll. connaissances du droit, Dalloz 1996, p. 57.
[329] **STOFFEL-MUNCK (Philippe)**, *L'abus dans le contrat*, n° 218, p. 196.

particulièrement digne de confiance, bienveillant, tempérant et compréhensif, s'il a, en synthèse, adopté une attitude amicale envers son cocontractant, la confiance de ce dernier s'est également portée sur ces qualités-là (…) Si (…) un tour particulièrement amical avait coloré la relation, l'indifférence déceptive dont fera finalement preuve le créancier à l'égard du débiteur pourra être sanctionnée, car c'est au standard d'un honnête partenaire qu'il faudra alors se référer »[330].

94. Sur le fondement de l'article 103 Code des obligations et des contrats, le juge apprécierait si l'acte prohibé peut ou non s'expliquer par l'intention de nuire. De même lorsque la partie qui agit de manière préjudiciable envers son cocontractant s'est abstenue d'éviter le dommage et n'avait pas de raison valable pour se comporter de la sorte.

Par ailleurs, l'imprudence, la maladresse, l'indélicatesse et plus généralement le manquement à la bonne foi sont des fautes d'abus prohibées et sanctionnées en tant que telles, le fondement de la responsabilité ne serait ainsi autre que l'article 243 Code des obligations et des contrats.

En conclusion

95. la faute est une erreur de conduite, pour la dévoiler, il faut comparer l'attitude d'un contractant à celle de l'homme prudent et raisonnable, le bon père de famille. L'écart de conduite ou l'illicéité est apprécié par référence à cette norme de comportement. La faute c'est la violation d'un devoir, d'une obligation préexistante, c'est la violation du devoir général de ne pas nuire à autrui tel que prévu dans les articles 82 et 103 Code des obligations et des contrats. Il ya faute ainsi à ne pas respecter les engagements contractuels prévus et les obligations qui en découlent. Il y a faute encore lorsqu'il y a violation d'une règle légale. C'est « omettre ce qu'on était tenu de faire, ou faire ce dont on était tenu de s'abstenir », ou encore c'est la constatation que le contractant n'a pas eu le comportement que la loi ou le contrat imposait c'est-à-dire l'inexécution d'une obligation contractuelle ou la violation d'une norme issue de la loi au sens large. C'est la conception unitaire de la responsabilité civile, l'obligation violée peut être indifféremment une obligation contractuelle ou légale. Les articles 82, 83, 103 et 243 Code des obligations et des contrats prescrivent un comportement, un devoir général qui consiste à ne pas nuire de manière injustifiée à autrui,

---

330 Ibid., n° 238 et 239, p. 208 et 209.

l'inobservation de ce devoir constitue une faute qui peut être caractérisée soit par une intention de nuire, soit par un manquement à la bonne foi.

96. L'intention de porter préjudice envers son cocontractant et la volonté de commettre le dommage impliquent la faute intentionnelle de l'auteur de l'acte. À ce stade, il faut insister sur la place de l'article 103 dans le Code des obligations et des contrats, sa place au sein du chapitre intitulé « les obligations provenant des délits et quasi-délits » n'est pas arbitraire, le législateur voulait signaler que l'abus est une faute et que l'auteur de l'abus a fait ce qu'il n'aurait pas du faire. Il abuse de son droit lorsqu'il l'utilise dans l'intention de nuire.

97. L'interdiction de nuire à autrui occupe une place importante en droit musulman qui n'a jamais consacré le terme abus ni en construit une théorie générale, mais qui s'est largement préoccupé de l'interdiction de nuire à autrui en usant de son droit dans des détails donnant des solutions à chaque cas d'espèce, ce qui a amené une partie de la doctrine à considérer que la théorie de l'interdiction de l'abus constitue un principe général de droit.

En effet, le droit musulman distingue nettement entre l'acte dénué de toute intention et qui désigne la faute contrairement à l'intention de commettre l'acte exprès qui ne désigne pas une faute. C'est la raison pour laquelle une partie de la doctrine retient que la théorie de l'abus ne constitue guère une faute, mais un principe général de droit, cependant l'abus est bien une faute, visée par l'article 103 Code des obligations et des contrats et dont les fondements sont déterminés par l'article 82 Code des obligations et des contrats. C'est une faute de comportement d'inspiration morale, car les principes de la morale n'admettent pas que l'exercice d'un droit se fait dans l'intention de nuire à autrui.

98. l'intention de nuire caractérise l'abus dans l'exécution du contrat ; le détournement du droit de sa fonction sociale, le défaut d'intérêt légitime n'apparaissent pas comme de véritables critères d'abus dans l'exécution du contrat, ce sont des éléments de preuves, des illustrations dévoilant l'intention de nuire. C'est la malignité, l'état psychologique de méchanceté qui caractérise cette intention, c'est-à-dire agir par mobile de haine, de méchanceté à l'égard de son cocontractant.

La volonté du dommage ou la faute intentionnelle en général, se diffère de l'intention de nuire, car le créancier qui exerce son droit contractuel sait évidemment qu'il nuit à son débiteur, mais il ne peut pas être considéré en faute. Il en résulte que l'intention de nuire du créancier dans l'exercice de son droit n'est pas la volonté du dommage, mais plutôt l'effet psychologique, c'est-à-dire la malignité et l'intention méchante. C'est le mobile qui est pris là en considération, lorsque le dommage a été voulu afin de nuire au débiteur, pour lui faire le mal ; à ce stade se révèle l'intention de nuire qui fonde la faute du créancier dans l'exercice de sa prérogative contractuelle.

99. la faute est un fait illicite, l'auteur du fait illicite soit il a fait un acte qu'il n'aurait pas dû accomplir, domaine de l'article 103 alinéa 1 Code des obligations et des contrats, soit il s'est abstenu de faire un acte qu'il aurait dû accomplir. En effet, lorsqu'on a le devoir de faire un acte positif dont on s'abstient, il y a faute d'abstention. C'est rester passif devant une situation qui nécessite une intervention active, une obligation d'agir. C'est exercer un droit qui est de nature à causer un dommage au débiteur - que ce dommage peut être évité ou supprimé sans inconvénient grave pour l'ayant droit - alors qu'on s'abstient de le prévenir ou le faire cesser, tel que le prévoit l'alinéa 2 de l'article 103 Code des obligations et des contrats. Les articles 82 et 83 Code des obligations et des contrats prévoient que toute faute engage la responsabilité de son auteur, ils prévoient un devoir général de prudence et de diligence exprimant une norme de comportement.

100. Le contrat prévoit des obligations, lorsque l'obligation est de résultat non de moyens, elle ne sera pas exécutée tant que le créancier n'aura pas obtenu le résultat escompté. Comme il peut prévoir une obligation de moyens et le débiteur est ainsi soumis à une certaine diligence.

Le législateur aussi pèse aux individus un comportement, lorsque ce comportement n'est pas observé, cela représente la transgression d'un devoir déterminé et peu importe qu'il ait été suffisamment diligent. Comme il peut imposer une diligence particulière sans imposer un résultat. Ce qui transpose la distinction des obligations de résultat et de moyens à la responsabilité délictuelle. Il en résulte que la loi peut prévoir des devoirs déterminés ou encore un devoir de prudence et de diligence. Le devoir de prudence et de diligence est prévu par les articles 82 et 83 Code des obligations et des contrats. Selon l'article 82, la faute entraîne la responsabilité personnelle de son auteur et conformément à l'article 83 une simple faute d'imprudence et de négligence suffit à faire naître une responsabilité. L'article 82 en prévoyant que tout fait quelconque qui sans l'autorité de la loi cause sciemment et volontairement un dommage à autrui oblige son auteur à réparer le dommage résultant de son fait nous renvoie à l'article 103 qui prévoit que lorsque l'exercice d'un droit est de nature à causer un dommage à autrui, qui peut être évité ou supprimé sans inconvénient grave pour l'ayant droit, il ya lieu à responsabilité si on n'a pas fait ce qu'il fallait pour le prévenir ou le faire cesser. Aussi bien l'article 82 que l'article 103 Code des obligations et des contrats prévoient un devoir de prudence et de diligence qui interdit de nuire à autrui, leur violation constitue une faute génératrice de responsabilités. Le devoir de prudence et de diligence se rencontre aussi en matière contractuelle lorsque le débiteur est tenu d'une obligation de moyens et doit apporter tous les soins d'un bon père de famille pour l'exécution de son obligation.

Quant à l'alinéa 2 de l'article 103 Code des obligations et des contrats, il fonde la faute d'abstention. En effet s'abstenir d'éviter ou de supprimer le dommage, aggravant ainsi la situation d'un tiers, alors qu'on aurait pu éviter le dommage sans inconvénient grave, constitue une contravention à une obligation d'agir. Lorsque la loi ou le contrat pose une obligation légale d'agir, l'abstention paraît ainsi fautive.

101. le devoir « de prudence et de diligence » ou encore « de moyens » constitue une norme de comportement. L'intention de nuire paraît une faute de comportement qui consiste en l'exercice malicieux d'un droit contractuel, c'est la faute du créancier dans l'exercice de son droit. De plus de l'exercice malicieux d'une prérogative contractuelle, l'inexécution dolosive, sont des fautes de comportement, et la faute d'abus peut être traitée aussi bien selon la responsabilité délictuelle que selon la responsabilité contractuelle.

La faute d'abus est une erreur de conduite qui engage la responsabilité de son auteur, elle est caractérisée par l'intention de nuire. Il est admis encore que l'imprudence et la négligence engagent aussi la responsabilité de l'auteur de l'acte et révèlent une faute d'abus et il n'est nullement nécessaire que cette faute soit intentionnelle. La faute intentionnelle se caractérisait par le désir de causer le dommage, et même par l'intention de nuire. En matière extracontractuelle, elle est nommée faute délictuelle, en matière contractuelle faute est dolosive. En matière contractuelle, la faute est dolosive lorsqu'elle est commise de propos délibéré même si le refus d'exécuter le contrat n'est pas dicté par l'intention de nuire. Le débiteur commet une faute intentionnelle lorsqu'il refuse délibérément l'exécution du contrat même sans intention de nuire à son cocontractant, c'est le refus volontaire d'exécuter le contrat. La faute c'est le manquement à une obligation préexistante telle qu'elle a été définie par Planiol. L'obligation violée convient aussi bien à la matière contractuelle qu'à la matière délictuelle. Cette définition institue l'unité de faute contractuelle et délictuelle. Pour qu'il y ait droit à des dommages et intérêts, il faut qu'il y ait faute soit contractuelle, soit délictuelle. En est en faute celui qui fait ce qu'il a le droit de faire dans l'intention de nuire à son cocontractant, mais encore celui qui inexécute dolosivement le contrat même si cette inexécution ne se caractérise pas par l'intention de nuire, mais elle est commise de propos délibéré.

Enfin, bien que l'article 103 alinéa 1 Code des obligations et des contrats parle de « droit », c'est le comportement du contractant qui est envisagé indépendamment du droit qu'il exerce, c'est-à-dire l'écart de conduite entre le contractant et le modèle de référence abstrait ; le bon père de famille. Nous retenons que l'abus pourrait résulter d'une imprudence, d'une négligence. À cet effet, il n'est nullement besoin de scruter les motifs du cocontractant. En plus de l'intention de nuire, objet de l'article 103 Code des obligations et des contrats, l'imprudence, l'indifférence, la maladresse caractérisent le manquement à la bonne foi objet de l'article 243 Code des obligations et des contrats, second critère de la faute d'abus dans l'exécution du contrat.

TITRE SECOND : UNE FAUTE CARACTÉRISÉE PAR LE MANQUEMENT A LA BONNE FOI

102. Le passage de l'intention de nuire au manquement à la bonne foi[331], c'est le passage d'une faute intentionnelle vers n'importe quelle

---

[331] **HAMOUDA (Mohamed)**, *L'exécution loyale du contrat, Mouvements du droit contemporain*, Mélanges offerts au Professeur Sassi Ben Halima, CPU 2005, en arabe ; **BOULAABI (Karim),** *La bonne foi en matière contractuelle*, th. Faculté de droit et des sciences politiques de Tunis 2007/2008, en arabe ; **BELHAJ (Jrad),** *Le juge civil et l'exécution du contrat*, th. Faculté de droit et des sciences politiques de Tunis 2008/2009, en arabe ; **GARJI (Sofien),** *Devoir de loyauté dans l'exécution du contrat*, Mémoire DEA, Faculté de droit et des sciences politiques de Tunis 1997/1998, en arabe ; **BEN SLIMA (Houcine),** *La bonne foi dans l'exécution du contrat à travers l'article 243 C.O.C.*, éd. Cérès 1993, en arabe ; **IBRAHIM (Abdelmonem Moussa),** *La bonne foi dans les contrats, Etude comparative*, éd. Zine 2006, en arabe ; **ZGHAB (Moncef)**, *Devoir de loyauté dans l'exécution du contrat*, R.J.L., déc. 2006, en arabe.
Voir également **BENABENT (Alain)**, *La bonne foi dans les relations entre particuliers - dans l'exécution du contrat - Rapport français*, Trx Asso. Henri Capitant, « La Bonne foi », Litec 1994 ; **BROGGINI (Gerardo)**, *L'abus de droit et le principe de bonne foi - Aspects historiques et comparatifs*, in « Abus de droit et bonne foi », sous la dir. de Widmer et Cottier, éd. univ. de Fribourg 1994 ; **DESGORGES (Richard)**, *La bonne foi dans le droit des contrats : rôle actuel et perspectives*, th. Paris II, 1992 ; **GOOD (Roy)**, *Abus de droit et bonne foi*, sous la dir. de Widmer et Cottier, éd. univ. de Fribourg 1994 ; **JALUZOT (Béatrice)**, *La bonne foi dans les contrats, Etude comparative de droit français, allemand et japonais*, Nouvelle bibliothèque de thèses, Dalloz 2001 ; **PICOD (Yves)**, *Le devoir de loyauté dans l'exécution du contrat*, préf. G. Couturier, th. LGDJ 1989, Coll. Bdp. t. 208 ; *L'exigence de bonne foi dans l'exécution du contrat*, in le juge et l'exécution du contrat, Colloque I.D.A., Aix-en-Provence, 28 mai 1993, Presses universitaires d'Aix-Marseille, Faculté de droit et de science politique 1993 ; *Effet obligatoire des conventions / Exécution de bonne foi des conventions*, J. Cl. civil, art. 1134 et 1135, fasc. 11, 1989 ; **ROMAIN (Jean-François)**, *Théorie critique du principe général de bonne foi en droit privé*, Bruylant Bruxelles 2000 ; **STROME (M.)**, *La bonne foi dans la formation du contrat, rapport néerlandais*, in La bonne foi (Journées Louisianaises), Trx Ass. Henri Capitant, t. XLIII, Litec 1992 ; **VOLANSKY (A.)**, *Essai d'une définition expressive du droit basée sur l'idée de bonne foi*, th. Paris 1929 ; **VOUIN (Robert)**, *La bonne foi : notion et rôle en droit privé français*, th. Bordeaux 1939 ; **WALD (Arnoldo)**, *La bonne foi dans l'exécution du contrat : Rapport brésilien*, Trx Asso. Henri Capitant, « La Bonne foi », Litec 1994 ; **WIDMER (Pierre)**, *Bonne foi et abus de droit, Principe ? - Portée ? - Panacée ? Une tentative de synthèse impossible*, in « Abus de droit et bonne foi », sous la dir. de Widmer et Cottier, éd. univ. de Fribourg 1994 ; **Le TOURNEAU (Phillipe)**, Voir *Bonne foi*, Rep. civ. Dalloz, 1995 ; **LEVY-OULMANN (André)**, *La bonne foi*, Gaz. Pal. 1937, 2, doctr., p. 38 ; **LYON-CAEN (Gérard)**, *De l'évolution de la notion de bonne foi*, RTDCiv. 1946, p. 75 ; **MESTRE (Jacques)**, *D'une exigence de bonne foi à un esprit de collaboration*, RTDCiv. 1986, p. 100.

faute, qui peut être un simple manquement de discernement ou de prudence.

L'article 103 n'est pas l'unique fondement de la responsabilité en cas de faute d'abus, il y a également l'article 243 Code des obligations et des contrats. Si l'intention de nuire constitue un véritable critère de la faute d'abus commise dans l'exécution du contrat, celle-ci demeure insuffisante pour maîtriser les cas d'abus fondés sur une simple incohérence. Il est donc nécessaire de ne pas limiter le champ de la notion d'abus à la seule intention de nuire. M. Ghestin estime que la notion « n'est admissible qu'à la condition de ne pas subordonner l'abus de droit à la preuve de l'intention de nuire »[332]. La seule mauvaise foi (qui ne repose pas toujours sur l'intention de nuire) peut s'avérer suffisante pour caractériser une attitude abusive[333] ; l'intention de nuire ou la malice ne sont pas des conditions indispensables pour qu'il y ait abus. On peut dire « d'une manière générale que la faute constitutive d'abus en matière contractuelle consiste souvent à tromper, sciemment ou par imprudence, la confiance légitime d'autrui »[334]. Ripert se demandait ainsi s'il ne viendrait pas un jour « où le droit considérera pour quelles fins nous usons des droits qui nous sont confiés ? Il ne suffira pas alors de dire pour sa défense que l'on a agi sans dol, il faudra prouver de plus en plus que l'on a agi pour des fins légitimes. Celui qui détournera le droit du but pour lequel le législateur le lui a donné engage sa responsabilité »[335].

103. La bonne foi ou le devoir de loyauté est le critère de la faute d'abus par négligence, c'est en considération du principe de la bonne foi que le juge est appelé à apprécier le caractère abusif ou non d'un

---

[332] **GHESTIN (Jacques)**, *Traité de droit civil, La formation du contrat*, LGDJ 1993, n° 310.
[333] **MARKOVITCH (Milivoïlé)**, *La théorie de l'abus des droits en droit comparé*, th. Lyon, 1936, n° 104, p. 126, l'auteur refuse de subordonner l'abus à la seule intention de nuire. Pour lui, « les critères jurisprudentiels de l'abus des droits, se résument (...) dans un ensemble de directives et de principes que l'on peut ramener (...) à un certain nombre de catégories : 1° Intention de nuire ; 2° Faute dans l'exécution ; 3° Défaut d'intérêt ; 4° Anormalité de l'exercice ; 5° Rupture d'équilibre ; 6° Détournement du droit de sa fonction sociale ». Ceci est critiquable dans la mesure où les différents critères avancés par l'auteur, chacun d'eux est susceptible de caractériser une faute ; **BOULAABI (Karim)**, *La bonne foi en matière contractuelle*, *Op. cit.*, n° 147, p. 60, en arabe.
[334] **DE BERSAQUES (André)**, *L'abus de droit en matière contractuelle*, RCJB 1969, n° 12, p. 510.
[335] **RIPERT (Georges)**, *La règle morale dans les obligations civiles*, précité, n° 103, p. 180.

comportement[336], et « le rôle de la théorie de l'abus de droit n'est pas ici limité à la seule sanction d'agissements dictés par une intention nocive. Son intervention sanctionne les manquements au devoir de loyauté dans les relations contractuelles commis lors de l'exercice du droit de rupture. En cela elle apparaît comme une application du principe d'exécution de bonne foi des contrats »[337].

104. Le respect de la bonne foi, la confiance sont de véritables critères d'appréciation de l'abus dans l'exécution du contrat. La seule prise en compte de l'intention de nuire ne suffit pas à maîtriser toutes les hypothèses visées par l'abus. Ainsi le licenciement considéré comme abusif ne repose pas toujours sur une volonté de nuire de l'employeur. Le refus de participer à des renégociations peut également être considéré comme abusif alors que le refus n'est peut être basé que sur le seul intérêt de celui qui se soustraire, sans qu'il ait nécessairement eu d'intention de nuire[338]. Ces références, « soit directement à la bonne foi, soit à un texte qui dispose que les conventions ''doivent être exécutées de bonne foi '', soit à une obligation de loyauté, laissent penser que l'abus pourrait désormais ne plus être caractérisé par la seule intention de nuire, mais aussi, ce qui est une exigence moindre, par la démonstration de la mauvaise foi de celui (...) Un tel mouvement jurisprudentiel s'inscrit parfaitement dans une évolution générale qui tend aujourd'hui à renforcer le devoir de loyauté et de coopération qui doit animer les parties contractantes au cours de l'exécution du contrat »[339].

Un arrêt de la chambre commerciale française du 3 juin 1997 a ainsi affirmé que « l'abus dans la résiliation d'une convention ne résulte pas

---

[336] **ZARROUK (Ali)**, *L'implicite et le contenu contractuel*, n° 346, p. 268 : « La bonne foi, le devoir de loyauté et les autres valeurs morales sont en effet des normes qui s'adressent en premier lieu aux comportements des contractants ».

[337] **COURTIEU (Guy)**, *Jurisclasseur*, fasc. 131-2, n° 34, p. 9.

[338] Voir pour une rupture de négociation en cas de légèreté blâmable de l'auteur de la rupture : Cass. com., 22 févr. 1994, Bull. civ. IV, n° 79 ; La Cour de cassation de France a jugé qu' « en déduisant l'absence de faute de la seule absence de preuve par la femme de l'intention de nuire, sans rechercher si, abstraction faite de cette intention, le refus du mari de délivrer la lettre de répudiation ou « gueth » n'était pas abusif, les juges du fond n'ont pas donné de base légale à leur décision », Cass. 2ème civ., 5 juin 1985, Gaz. Pal. 1986, 1, 9, note F. CHABAS ; JCP 1987, éd. G. II. 20728, note F. AGOSTINI.

[339] **GHESTIN (Jacques)**, avec le concours de JAMIN (Christophe) et BALLIAU (Marc), *Les effets du contrat*, 2ème éd., LGDJ 1994, n° 247, p. 289.

exclusivement dans la volonté de nuire de celui qui résilie »[340], cédant la place au manquement à la bonne foi.

105. En doctrine musulmane, ce critère est considéré comme imprudence, ou inobservation de ce qui doit être examiné ou comme comportement inhabituel.

Shatibi a défini la possibilité de l'application de ce critère en cas du choix par l'ayant droit de la voie qui peut immanquablement porter préjudice à autrui avec l'éventualité de l'occurrence du fait sans qu'il y ait pour autant préjudice. Il indique que cela exige la probabilité suivante : soit une négligence dans l'examen de ce qui doit l'être, soit l'intention de nuire. Ce qui est interdit dans les deux cas de figure[341]. En référence à la doctrine musulmane, on peut considérer la personne fautive, en ayant le choix entre différentes voies pour l'exercice de ses droits, a pris celui qui porte préjudice à autrui : que ce soit avec intention manifeste de nuire (article 103 Code des obligations et des contrats) ou la conséquence du manquement à la bonne foi (article 243 Code des obligations et des contrats).

106. Le critère de contrôle de l'abus en matière contractuelle est donc celui de la bonne foi. Il en résulte que les notions d'abus et de bonne foi sont interchangeables[342]. En effet, aussi bien l'interdiction de l'abus que le concept de bonne foi évoquent l'honnêteté, la correction, la loyauté, et réprouvent tout ce qui est frauduleux, mensonger, déloyal ou retors, « le corollaire naturel du principe de bonne foi, c'est l'interdiction de l'abus de droit »[343].

En droit français, « en matière contractuelle, la bonne foi est (...) à côté de l'intention de nuire, l'un des critères essentiels de l'abus dont elle est l'un des éléments constitutifs »[344]. Planiol, Ripert et Esmein affirmaient déjà « ce qu'on appelle parfois un abus en matière

---

[340] Cass. comm. 3 juin 1997, Bull. civ. IV, n° 171, JCP 97, I, 4056, n° 8 et s., obs. JAMIN, RTDCiv. 1997, obs. J. MESTRE, p. 935.

[341] **SHATIBI (Abu Eshak),** *Op. cit.*, II, p. 348 et 357.

[342] **JALUZOT (Béatrice)**, *La bonne foi dans les contrats, Etude comparative de droit français, allemand et japonais*, Nouvelle bibliothèque de thèses, Dalloz 2001, n° 1436, p. 411.

[343] **HUWILER (Bruno)**, *La genèse de l'interdiction de l'abus de droit* (art. 2 al. 2 C.C.), in « Abus de droit et bonne foi», sous la dir. de Widmer et Cottier, éd. univ. de Fribourg, 1994, p. 54.

[344] **GHESTIN (Jacques)**, Note sous AP 1er déc. 1995, JCP 96, II, 22565, n° 31.

contractuelle constitue tout simplement un acte contraire à la bonne foi »[345].

L'abus dans l'exécution du contrat se relie fondamentalement à l'article 243 Code des obligations et des contrats « les conventions doivent être exécutées de bonne foi », en convoquant à leur exécution l'influence de la loi, de l'usage ou de l'équité, ce qui enracine la théorie de l'abus sur le terrain conventionnel[346]. M. Stoffel-Munck relève que « l'article 1134, alinéa 3 c. civ. était le texte qui permettait de sanctionner ces fautes dans le contrat. La jurisprudence le visait en abondance pour caractériser un abus toutes les fois où un contractant manquait à la loyauté »[347].

La jurisprudence allemande considère la bonne foi comme critère de l'abus, ainsi a-t-elle déclaré que « l'idée de l'illicéité d'un exercice de droit abusif a trouvé son expression juridique dans le § 226 BGB avec l'interdiction de la chicane. Elle doit cependant au-delà du cadre de cette disposition, trouver son application partout là où l'exercice d'un droit s'avère être une violation grossière du principe de bonne foi qui domine l'ensemble du droit civil »[348].

107. L'interdiction de l'abus dans l'exécution du contrat comprend le devoir de tenir compte, voire de protéger les intérêts de l'autre partie. En effet, interdire des abus commis dans l'exécution des obligations contractuelles c'est interdire au débiteur de faire sa prestation en temps inopportun ou de manquer à l'obligation générale de renseigner l'autre

---

[345] Traité pratique de droit civil français, t. VI, Les obligations, Première partie, Paris 1930, n° 379.

[346] **DE LA MASSUE (Hubert)**, *Responsabilité contractuelle et responsabilité délictuelle sous la notion d'abus de droit*, RTDCiv. 1948, p. 31 ; « On rappellera que la fortune connue par la théorie de l'abus de droit en matière contractuelle ne doit pas faire oublier les termes de l'article 1134 du Code civil selon lequel les conventions ''doivent être exécutées de bonne foi'' », **PIROVANO (Antoine)**, Rep. civ. Dalloz, Voir Abus de droit, 2ème éd., n° 167, p. 13.

[347] **STOFFEL-MUNCK (Philippe)**, *Op. cit.*, n° 804, p. 556.

[348] « Der Gedanke der Unzulassigkeit einer mißbränchlichen Rechtsansübung hat seinem gesetzlichen nideschlag in dem Schikaneverbot des §226 BGB gefunden. Er muß über den Rahmen dieser Vorschrift binaus überall dort Anwendung finden wo sich die Ausubung eines Rechts als eine grobe Verletzung gegen den das gesamte bürgerlichen Recht beherrschenden Grundsatz von Treu und Glauben darstellt », RG 22 janv. 1935, RGZ 146, p. 385, spéc. p. 396.

partie de façon adéquate sur certains risques de contrat[349]. La bonne foi et l'abus « forment un tout ; qu'elles prennent la forme d'une injonction ou d'une interdiction, les deux normes procèdent en fait d'une seule et même idée fondamentale, celle que tout comportement doit se conformer au précepte de loyauté (*bona fides*) »[350].

La mauvaise foi du créancier peut être déduite de la manière dont il effectue l'usage de ses droits ou encore du résultat auquel cet usage conduit. Il y a mauvaise foi non seulement de celui qui agit avec malice, mais encore lorsqu'il fait preuve de mauvaise volonté ou simplement d'absence de bonne foi. En effet, l'agent a l'obligation de s'intéresser à la situation de son cocontractant, de manière à collaborer pour gérer au mieux ses intérêts. L'autre partie doit se comporter exactement de même. Dans les contrats « synallagmatiques, l'obligation de bonne foi est imposée à chacune des parties ; elle revêt ainsi un caractère de réciprocité. En pratique, cela signifie qu'un cocontractant ne saurait invoquer la mauvaise foi de son cocontractant s'il est lui-même de mauvaise foi. La bonne foi d'une partie est donc une condition à la reconnaissance et à l'application de l'obligation de bonne foi imputable à l'autre partie »[351].

108. La bonne foi en tant que critère de l'abus dans l'exécution du contrat revient à adopter le sens de la bonne foi qui se traduit par la simple imprudence, l'indifférence à l'égard d'autrui sans se soucier des intentions malicieuses[352].

Le choix de l'expression « manquement à la bonne foi » s'explique par une analyse du contrat et des comportements, abstraction faite de l'intention malicieuse des parties.

109. Pour résumer, l'on peut dire que certains veulent restreindre l'abus au cas de faute intentionnelle, uniquement dans l'intention malicieuse de nuire à autrui. D'autres admettent l'application de la

---

[349] Selon l'expression de Lyon-Caen : « il est rare qu'un jugement invoque l'art. 1134-3° ; la théorie de l'abus du droit l'a vidé de toute substance », **LYON-CAEN (Gérard)**, *De l'évolution de la notion de bonne foi*, RTDCiv. 1946, n° 9, p. 83.

[350] **HUWILER (Bruno)**, *La genèse de l'interdiction de l'abus de droit* (art. 2 al. 2 C.C.) in « Abus de droit et bonne foi », sous la dir. de Widmer et Cottier, éd. univ. de Fribourg 1994, p. 41.

[351] **LECLERC (Ginette)**, *Rapports canadiens, Le contrat en général*, Trx Ass. Henri Capitant, « La Bonne foi », Litec 1994, p. 271.

[352] La bonne foi ne peut pas vraiment être encadrée dans une définition stricte, voir infra n°104.

faute quasi-délictuelle ; il peut y avoir abus lorsque celui-ci est exercé sans les précautions nécessaires, avec imprudence ou négligence[353]. Touefois, l'abus n'existe pas seulement lorsqu'il y a faute délictuelle, mais aussi lorsqu'il y a faute quasi délictuelle basée sur la légèreté[354]. En cas de manquement à la bonne foi, il n'y a pas d'intention malveillante ; il y a plutôt un mauvais choix : l'agent pouvait éviter le dommage, il est donc normal qu'il en soit responsable. La faute intentionnelle s'analyse en principe en une conscience chez l'agent de la certitude du dommage. La faute non intentionnelle se distingue de la faute intentionnelle par l'absence d'intention chez l'agent. Celui-ci n'a pas la volonté de causer le dommage et n'est jamais certain, lorsqu'il agit, que le dommage sera la conséquence de son acte.

Toutefois, il faut noter que l'acte intentionnel se distingue de la volonté de causer le dommage. L'intention de nuire n'est pas l'acte simplement volontaire en ce sens que la volonté ne porte plus seulement sur l'acte accompli, mais également sur les conséquences de l'acte, c'est-à-dire sur le résultat dommageable[355].

Pour certains auteurs, la faute intentionnelle encore appelée « faute dolosive » requiert l'intention de nuire c'est-à-dire l'intention méchante caractérisant une malignité de l'auteur comme l'exprimait Pothier.[356] Toutefois, l'intention de nuire inclut le mobile ou le but poursuivi par l'agent.[357] Or pour qu'il y ait faute d'abus, il n'est pas nécessaire que le dommage ait été voulu pour nuire à autrui. L'intention de nuire est un critère de la faute d'abus dans l'exécution du contrat,

---

[353] **WEILL (Alex) et TERRE (François)**, *Droit civil, Les obligations*, 4ème éd., Dalloz 1986, n°606, p. 332 ; **POPESCO-RAMNICEANO (René)**, *Le silence créateur d'obligations et l'abus du droit*, RTDCiv., p. 1006 : « Si je garde le silence non seulement dans l'intention de nuire à autrui, ou en sachant qu'en ce faisant je nuis à autrui, mais même si mon silence n'est dû qu'à une maladresse de ma part, à une manière incorrecte d'user de mon droit, j'abuse de mon droit et je dois réparer le tort causé ».

[354] **DE BERSAQUES (André)**, *Op. cit.*, n° 37, p. 531.

[355] **CARBONNIER (Jean)**, *Droit civil, Les obligations*, t. IV, 18ème éd., § 233 ; **MARTY (Gabriel) et RAYNAUD (Pierre)**, *Traité de droit civil*, t. II, Les obligations, 2ème éd. 1987, n° 470 ; **FLOUR (Jacques) et AUBERT (Jean Luc)**, *Droit civil, Les obligations*, vol. II, sources : Le fait juridique, A. Colin, 6ème éd. 1994, n° 106 et 611.

[356] **MAZEAUD (Henri), (Léon) et TUNC (André)**, *Traité de la responsabilité civile*, t. I, 6ème éd., n° 409 et 413 ; **MALAURIE (Philippe) et AYNES (Laurent)**, *Les obligations*, 5ème éd., Cujas 1995, n° 826.

[357] Voir supra n° 71.

mais en cas de manquement à la bonne foi, il suffit que le dommage ait été la conséquence de son acte[358].

Dès lors, il faut retenir que l'abus devrait être retenu dès qu'il y a violation délibérée d'une obligation contractuelle. Ainsi, l'abus dans l'exécution du contrat se rapproche-t-il du dol qui est défini comme étant « la malhonnêteté du débiteur essayant de propos délibéré, de se soustraire à ses engagements »[359]. Il sera également caractérisé par tout manquement à la bonne foi contractuelle et se réduira ainsi à l'imprudence, la maladresse, la négligence…

110. La Première Chambre civile de la Cour de cassation française dans un arrêt du 4 février 1969[360], censura un arrêt de la Cour de Paris qui avait refusé d'écarter l'application d'une clause pénale limitative de responsabilité au motif que le débiteur n'avait pas agi avec malignité dans l'intention de nuire à son cocontractant. La Haute juridiction a répondu en proclamant que « le débiteur commet une faute dolosive lorsque, de propos délibéré, il se refuse à exécuter ses obligations contractuelles, même si ce refus n'est pas dicté par l'intention de nuire à son cocontractant (…) Qu'il résulte des énonciations de l'arrêt attaqué (Cour d'appel de Paris, 25 mai 1966) que Giraud, pensionnaire de la Comédie française accepta de jouer un rôle dans un film tourné par la Société Les Films Jean Giono, malgré la défense qui lui en avait été faite par l'administrateur de la Société des Comédiens français, et dont la société productrice avait été avisée ; que la Société des Comédiens français réclama à Giraud le montant de l'indemnité prévue par la clause pénale du contrat par lequel il avait été engagé, ainsi que des dommages-intérêts supplémentaires en raison de la faute dolosive commise par lui ; qu'elle demanda la condamnation *in solidum* de la Société Les Films Jean Giono au paiement des dommages-intérêts supplémentaires réclamés à Giraud (…) Qu'après avoir rappelé que l'effet de la clause pénale ne peut être écarté que par le dol ou la faute

[358] **MAZEAUD (Henri), (Léon) et (Jean) et CHABAS (François)**, *Leçons de droit civil*, t. II, Les obligations, 8ème éd., n° 446 ; **STARCK (Boris), ROLAND (Henri) et BOYER (Laurent)**, *Droit civil, Les obligations*, t. I, Responsabilité délictuelle, Litec, 4ème éd. 1991, n° 311.

[359] Voir supra n° 71.

[360] Cass., 1ère civ., 4 févr. 1969, Bull. civ. I, n° 60 ; D. 1969, p. 601, note J. MAZEAUD, JCP 1969, II, 16030, note Prieur, précité.

lourde d'un des cocontractants ;[361] l'arrêt énonce que pour obtenir des dommages-intérêts supérieurs au montant de la clause pénale, la Société des Comédiens français devait démontrer '' non seulement que'' Giraud ''a eu la volonté de ne pas exécuter ses obligations, mais encore qu'il a agi avec malignité dans l'intention de nuire à son cocontractant '' ; qu'ainsi la Cour d'appel a violé le texte susvisé ; Par ces motifs et sans qu'il soit besoin de statuer sur le second moyen casse (...) renvoie devant la Cour d'appel de Rouen ».

111. Il s'agit ainsi, conformément à l'article 243 Code des obligations et des contrats d'examiner le comportement des contractants s'il est conforme à l'attitude d'intégrité et d'honnêteté. La bonne foi et la loyauté « s'avèrent ainsi comme des outils permettant l'évaluation de la conduite des contractants ou encore de prononcer un jugement de valeur sur le comportement des parties contractantes »[362]. Cela revêt d'une part une dimension subjective au sens où le comportement contractuel est examiné indépendamment des conséquences objectives de la bonne foi et indépendamment de la finalité des obligations contractuelles : le débiteur est-il tenu exactement de ce qu'il a promis ? Le créancier est-il tenu de respecter loyalement ce qui a été prévu ? La réponse est certes par l'affirmative (**Chapitre premier** : La bonne foi subjective). Mais les cocontractants ne sont-ils pas tenus entre outre de faire en sorte que le but inhérent à leur obligation soit atteint ? (**Chapitre second** : La bonne foi objective)[363].

---

[361] En droit français, l'art. 1150 du Code civ. français dispose : « Le débiteur n'est tenu que des dommages et intérêts qui ont été prévus ou qu'on a pu prévoir lors du contrat, lorsque ce n'est point par son dol que l'obligation n'est point exécutée ».

[362] **ZARROUK (Ali)**, *L'implicite et le contenu contractuel*, *Op. cit.*, n° 346, p. 269.

[363] **HAMOUDA (Mohamed),** *L'exécution loyale de l'obligation*, Mélanges Sassi BEN HALIMA, *Op. cit.*, p. 1050.

CHAPITRE PREMIER : LA BONNE FOI CONÇUE DE MANIÈRE SUBJECTIVE

112. En matière d'obligations, nulle part le législateur n'a donné une définition de la bonne foi dans l'exécution du contrat[364]. C'est à la jurisprudence et à la doctrine qu'il faut s'en référer pour dégager une définition de la notion de bonne foi.

Donner une définition de la bonne foi est périlleux en raison de sa polysémie. Certains auteurs s'y sont pourtant essayés, en retenant qu'«être de bonne foi, c'est se conduire en homme honnête et consciencieux»[365], ou que la bonne foi est « la fidélité aux engagements ou la sincérité dans les paroles »[366]. La bonne foi est une notion insaisissable, « we in England find it difficult to adopt a general conception of good faith. It may sound astonishing to you, but we do not know quite what it means »[367]. Selon le doyen Ripert, la bonne foi est l'un des moyens utilisés par le législateur et les tribunaux pour faire pénétrer la règle morale dans le droit positif[368].

Il n'existe donc pas de définition précise de la bonne foi, M. Picod estime qu'il est préférable de parler d'exigence de loyauté vu l'utilisation du terme polysémique de bonne foi, ceci même si l'article 1134 Code civil français emploie le terme bonne foi[369]. Il est ainsi conduit à parler de « loyauté contractuelle » et de « loyauté du contractant», comme l'auteur s'en explique, la bonne foi est un concept à plusieurs sens et certains d'entre eux ne concernent même pas le

---

[364] L'article 243 Code des obligations et des contrats dans son texte arabe parle de loyauté, la version originale a été rédigée en français, de plus la loyauté est le synonyme de la bonne foi, voir infra n° 249 ; **HAMOUDA (Mohamed),** *Op. cit.*, p. 1047 ; **GARJI (Sofien),** *Op. cit.*, p. IV ; **LEVY OULMANN (André),** *La bonne foi*, Gaz. Pal. 1937, 2, doctr., p. 38.

[365] **PLANIOL (Marcel) et RIPERT (Georges),** *Traité pratique de droit civil français*, t. IV, par P. Esmein, 2ème éd., LGDJ 1952, n° 379.

[366] **VOLANSKY (A.),** *Essai d'une définition expressive du droit basée sur l'idée de bonne foi*, th. Paris 1929, n° 76. L'auteur définit la bonne foi comme la concordance entre les actes, les paroles, d'une part, et la pensée, l'intention, d'autre part.

[367] **GOOD (Roy),** *Abus de droit et bonne foi*, sous la dir. de Widmer et Cottier, éd. univ. de Fribourg 1994, p. 354.

[368] **RIPERT (Georges),** *La règle morale dans les obligations civiles*, t. 16, Paris 1875, n° 181.

[369] **PICOD (Yves),** *Le devoir de loyauté dans l'exécution du contrat*, préf. F. Couturier, th. LGDJ 1989, coll. Bdp., t. 208 ; Effet obligatoire des conventions / Exécution de bonne foi des conventions, J. Cl. civil, art. 1134 et 1135, fasc. 11, 1999, n° 5, p. 4.

domaine contractuel. Pour limiter le champ de son étude, il opte pour la notion de loyauté à laquelle il rattache toutes les obligations découlant de l'article 243[370]. L'auteur relève que « le passage de la ''loyauté du contractant'', critère d'évaluation de la conduite des parties, à la ''loyauté contractuelle'', critère de détermination du contenu contractuel, est particulièrement illustré par la consécration prétorienne de nouvelles obligations qui traduisent une éthique de solidarité et de communauté d'intérêts»[371].

113. Le principe de bonne foi dans les contrats connaît en droit français deux grandes formulations ; la règle de l'exécution de bonne foi du contrat, ensuite la bonne foi sert l'interprétation du contrat. Aubry et Rau ont noté à propos de l'article 1134 alinéa 3 du Code civil français que « les conventions doivent être exécutées de bonne foi, c'est-à-dire conformément à l'intention des parties et au but en vue duquel elles ont été formées »[372]. Ils ne consacrent que quelques lignes à l'article 1134 alinéa 3. Pour Demolombe, l'équité prévue par l'article 1135[373] n'est qu'un guide pour l'interprétation des contrats[374]. Donc la disposition de l'article 1134 al. 3 était à l'origine de moindre portée pratique. Il s'agissait, d'une disposition purement technique, annonçant l'article 1135, lequel énonce une simple règle d'interprétation.

---

[370] **PICOD (Yves)**, *Le devoir de loyauté dans l'exécution du contrat*, *Op. cit.*, n° 6, p. 13.

[371] **PICOD (Yves)**, *L'exigence de bonne foi dans l'exécution du contrat*, in le juge et l'exécution du contrat, Colloque I.D.A., Aix-en-Provence, 28 mai 1993, Presses universitaires d'Aix-Marseille, Faculté de droit et de science politique 1993, n° 8, p. 63.

[372] **AUBRY et RAU**, *Droit civil, Les obligations*, t. IV, 6ème éd., par E. Bartin, Editions techniques 1942, n° 346.

[373] L'article 1134, Code civ. français dispose : « Les conventions légalement formées tiennent lieu de loi à ceux qui les ont faites. Elles ne peuvent être révoquées que de leur consentement mutuel, ou pour les causes que la loi autorise. Elles doivent être exécutées de bonne foi ». L'article 1135 dispose : «Les conventions obligent non seulement à ce qui y est exprimé, mais encore à toutes les suites que l'équité, l'usage ou la loi donnent à l'obligation d'après sa nature ».

[374] **DEMOLOMBE (C.)**, *Cours de Code Napoléon, Traité des contrats*, éd. A. Durand et L. Hachette, t. II, 4è éd., 1869, n° 33, p. 38 ; Conception parfois adoptée de nos jours, **Jacques FLOUR et Jean-Luc AUBERT**, *Les obligations*, Volume 1 - L'acte juridique, Droit civil, Paris, A. Colin, coll. « U », 8è éd., 1998, n° 405, p. 291 ; **M.-H. MALEVILLE**, *Pratique de l'interprétation des contrats*, Etude jurisprudentielle, th. Rouen 1991, n° 516, p. 253.

Cette fonction interprétative, se basant sur les articles 1156 et 1135[375] du Code civil français, s'adresse principalement au juge et signifie que la bonne foi impose que le contrat soit interprété et exécuté conformément à l'esprit de la convention, c'est-à-dire à l'intention réelle des parties (article 1156), et à défaut, conformément aux suites que l'équité, l'usage et la loi ont données au contrat d'après sa nature (article 1135)[376].

114. Nous remarquons que le XIXe siècle et le début du XXe n'ont pas été opportuns au développement de la notion de bonne foi. À l'heure actuelle, le texte a acquis un sens et une portée beaucoup plus importante ; l'article 1134, alinéa 3 est aujourd'hui mis en œuvre comme règle substantielle d'exécution de bonne foi des obligations, d'observer vis-à-vis de l'autre un comportement loyal et honnête, de ne pas surprendre la confiance qu'une partie a suscitée en contractant.

Ainsi M. Picod a-t-il souligné que l'article 1135 ne concerne pas le domaine de l'interprétation des conventions, car ce texte « ne figurant pas parmi les règles d'interprétation proprement dites, il doit, à notre sens, être considéré comme une règle d'exécution»[377].

Cette conception est exacte au regard de l'emplacement de l'article 1135 au sein du Code civil français. La bonne foi dans cet article s'inscrit bien dans l'exécution du contrat. La règle ne figure pas parmi celles d'interprétation, elle se situe au niveau de l'article 1134 alinéa 3 Code civ. français [article 243 Code des obligations et des contrats] et se réfère dès lors à la bonne foi en son sens d'une norme de

---

[375] L'article 1156 Code civ. français dispose : « On doit dans les conventions rechercher quelle a été la commune intention des parties contractantes, plutôt que de s'arrêter au sens littéral des termes ».

[376] Voir en ce sens **BEUDANT(Ch.) et (R.) et LEREBOURS-PIGEONNIERE (P.)**, *Cours de droit civil français, Contrats et obligations*, t. VIII, 2ème éd., par G. Lagarde, 1936, Paris, A. Rousseau, n° 307.

[377] **PICOD (Yves)**, *Le devoir de loyauté dans l'exécution du contrat*, *Op. cit.*, n° 79, p. 93 ; *Effet obligatoire des conventions / exécution de bonne foi des conventions*, *Op. cit.* n° 37, p. 11 ; Voir aussi **OUELHAZI (Rafik)**, *Le juge judiciaire et la force obligatoire du contrat*, th. Strasbourg, 1997, p. 317 : « c'est au comportement des contractants que s'intéresse le dernier alinéa de l'article 1134 du Code civil. En effet, ce texte ne concerne pas l'interprétation, mais se préoccupe plutôt de l'attitude que doivent adopter les parties dans l'exécution du contrat. En d'autres termes, il énonce une règle de comportement ou encore une règle de conduite que doivent observer les contractants. Sur la base de ce texte, le juge va apprécier le comportement du contractant pour en vérifier la conformité aux exigences de la bonne foi qui préside à l'exécution du contrat ».

comportement, d'une règle de conduite, d'une attitude d'intégrité et d'honnêteté que requiert l'exécution du contrat, et non de « croyance erronée », « je suis de bonne foi et j'ignore cette situation », acception réservée à d'autres branches de droit[378].

115. La « *bona fides* » en droit romain, comportait également un troisième sens ; elle permettait de mettre en parallèle les contrats de droit strict, soumis au formalisme et devant être interprétés selon leur sens littéral, et les contrats de bonne foi dont le contenu devait être déterminé par la bonne foi : les contrats *bonae fidei* et *stricti juris*. C'est d'une part les conventions qui nécessitaient une forme particulière, et d'autre part ceux formés uniquement par le consentement des parties.

Pour la plupart des auteurs, l'article 1134 alinéa 3 traduit l'abandon de la distinction romaine entre les contrats de droit strict et les contrats de bonne foi ; en principe, tous les contrats sont de bonne foi, c'est-à-dire que leur contenu est déterminé non par leur sens littéral, mais par la bonne foi.

116. Certes comme l'a résumé M. Picod, « Il résulte du premier alinéa de cet article (article 1134) que les parties doivent exécuter conformément à ce qu'elles ont elles-mêmes prévu. Seule la mauvaise foi manifeste du contractant permettra d'écarter cette règle. Cette hypothèse mise à part, lorsque les parties ne seront pas exprimées sur un tel point précis, le juge ne pourra se livrer à une interprétation divinatoire de leur volonté (…) il devra préciser les modalités d'exécution du contrat en se référant à l'alinéa 3 de l'article 1134 »[379].

---

[378] Cette dualité de signification a été largement soulignée. Cela « signifie l'absence de connaissance ou l'ignorance d'un fait ou d'une situation (…) C'est le concept négatif de la bonne foi qui consiste à ne pas savoir, à ne pas connaître. Dans d'autres situations, la bonne foi ne se caractérise pas par l'ignorance, mais par une conduite qui, objectivement, est correcte et impeccable du point de vue moral. C'est le sens de la bonne foi en droit français (article 1134 du Code Napoléon) », **WALD (Arnoldo)**, *La bonne foi dans l'exécution du contrat : Rapport brésilien*, Trx Asso. Henri Capitant, « La Bonne foi », Litec 1994, n° 21, p. 255 et 256 ; **LYON-CAEN (Gérard)**, *De l'évolution de la notion de bonne foi*, RTDCiv. 1946, n° 2, p. 76 et 77 : La bonne foi « n'est pas une notion univoque, elle peut correspondre à deux séries d'attitudes mentales, La bonne foi traduit d'abord le point de vue de la connaissance, le point de vue de la vérité et de l'erreur : elle est alors une opinion erronée. En second lieu, la bonne foi illustre non plus une attitude intellectuelle, mais une attitude active, une disposition de la vérité ; elle se nuance alors de teintes morales ; on ne peut la définir que négativement par l'absence d'intention malveillante ».

[379] **PICOD (Yves)**, *Le devoir de loyauté dans l'exécution du contrat*, *Op. cit.*, n° 9, p. 17.

C'est bien donc à partir du moment où l'on a dissocié l'exécution de l'interprétation que la jurisprudence française a pu découvrir que l'article 1134, alinéa 3 du Code civil français constitue un véritable principe d'exécution.

Mais ce principe d'exécution de bonne foi a-t-il connu ces mêmes formulations en droit tunisien ? Notre article 243 Code des obligations et des contrats ne figure pas également parmi les règles d'interprétation, il est prévu dans un titre intitulé : « Des effets des obligations », il concerne donc l'exécution du contrat[380]. Seulement, une partie de la doctrine tunisienne[381], a pu relever qu'il faut associer les articles 513 et suivants du Code des obligations et des contrats avec l'article 243 pour interpréter et exécuter le contrat. Cependant, la règle substantielle de l'exécution de bonne foi du contrat qui n'est autre que celle prévue dans l'article 243, signifie la nécessité d'observer à l'égard de son cocontractant un comportement loyal, honnête et intègre. Pour M. Hammouda «l'interprétation du contrat est une étape qui précède l'exécution et importante pour la détermination de son contenu. Le respect du devoir de loyauté lors de l'exécution du contrat exige la détermination du contenu de l'obligation et la volonté commune des parties, ce qui prouve le lien entre l'interprétation et la bonne exécution »[382]. Selon l'auteur, il existe un lien étroit et une relation réciproque entre l'interprétation et l'exécution, ce qui libère le juge dans son interprétation de la volonté commune des parties et il lui permet d'enrichir le contenu contractuel grâce à la loi, l'usage et l'équité, il dépasse ainsi la volonté des parties pour donner au contrat une dimension objective grâce à l'expression « oblige non seulement à ce qui y est exprimé, mais encore à toutes les suites que la loi, l'usage ou l'équité donnent à l'obligation d'après sa nature ». Ceci constitue selon

---

[380] Voir infra n° 117 et s.

[381] **BEN SLIMA (Houcine)**, *La bonne foi dans l'exécution du contrat a travers l'article 234 C.O.C.*, Cérès 1993, p. 17 et 18. L'auteur a pris conscience par la suite dans sa thèse De l'équilibre du contrat de « l'autonomie de l'article 243 C.O.C » relevant que « L'article 243 C.O.C. est un texte autonome, pourvu d'une signification propre. Il ne concerne pas l'interprétation des conventions mais uniquement leur exécution », **BEN SLIMA (Houcine)**, *De l'équilibre du contrat*, th. Faculté de droit et des sciences politiques de Tunis 2007, p. 21 et s. ; **JERBI (Sami)**, l'interprétation de contrat, Avant propos Mohamed Arbi Hachem, 2 ème éd. CPU 2006, p. 400 ; **HACHEM (Mohamed Arbi)**, *Commentaire de l'arrêt C.A.* Tunis n° 4911, 12 juillet 1978, R.T.D. 1978, II, p. 25.

[382] **HAMOUDA (Mohamed)**, *L'exécution loyale de l'obligation, Op. cit.*, p. 1087 et 1088.

l'auteur une règle d'interprétation[383], qui lui sert de données objectives pour exécuter selon l'esprit du contrat. Toutefois pour M. Zarrouk, l'objectif de l'interprétation c'est « de rechercher la volonté des parties. Cet objectif est valable aussi bien en droit français qu'en droit tunisien ; c'est la raison d'être de cette technique»[384]. L'auteur considère qu'« en matière contractuelle, le juge doit décrypter le message contenu dans le contrat et choisir parmi les différentes possibilités, la solution qui s'accommode le plus avec la volonté des parties ou celle qui l'ont voulue. Dire que le juge procède au décryptage du contenu contractuel, signifie que ce dernier est entouré d'une ambiguïté est d'une équivoque empêchant de connaître la signification exacte des termes du contrat et de l'intention des parties. L'interprétation n'est pas ainsi envisageable en dehors de ces hypothèses »[385]. Selon l'auteur l'ambiguïté et l'équivoque sont des conditions indispensables à l'interprétation, lorsque le juge procède à l'ajout au contrat, il ne fait que déformer la technique d'interprétation. « Dans ces cas, on n'est plus dans le cadre de l'interprétation. Celles dites objectives, créatrices ne sont qu'une excroissance de l'interprétation au sens strict ou une déformation de cette technique. Ces interprétations représentent un cas de dysfonctionnement de cette institution »[386]. L'article 243 Code des obligations et des contrats prévoit une véritable règle d'exécution qui postule de se conduire de manière à ne pas trahir la confiance de son cocontractant, d'exercer ses droits et exécuter ses obligations avec confiance, fidélité et fiabilité. Ce qui reflète le caractère moral de l'exigence de bonne foi (**Section I**), et révèle que la notion de la bonne foi peut servir d'un véritable support à la théorie de l'abus (**Section II**).

---

[383] **HAMOUDA (Mohamed)**, *Ibid.*, p. 1093 ; **BELHADJ JRAD (Ahmed)**, *Le juge civil et l'exécution du contrat*, *Op. cit.*, p. 448.
[384] **ZARROUK (Ali)**, *L'implicite et le contenu contractuel*, *Op. cit.*, n°460, p. 349.
[385] *Ibid.*
[386] *Ibid.*, n° 463, p. 351.

SECTION I : LA NOTION DU MANQUEMENT À LA BONNE FOI, REFLET D'UNE EXIGENCE D'ORDRE MORAL

117. L'article 243 du Code des obligations et des contrats présente un mélange des deux articles 1134 alinéa 3 et 1135 du Code civil français[387]. En effet, les notions de bonne foi et d'équité sont étroitement liées sans être pour autant identiques. La bonne foi de l'article 1134 alinéa 3 serait une conséquence de l'article 1135 ou inversement l'équité serait une manifestation de la bonne foi[388].

Bonne foi et équité, les deux notions tendent à une certaine moralisation du contrat, donc leur rôle peut être complémentaire[389], ce qui traduit le lien entre l'alinéa 3 de l'article 1134 et l'article 1135, « l'article 1135 précise d'ailleurs le sens de cette formule [l'article 1134 alinéa 3] »[390].

L'article 243 se présente comme une référence morale, une directive pour le juge lui permettant de juger le comportement des contractants. Cela s'explique certes par la richesse de ses sources d'inspiration ; le droit musulman, de l'aveu même de David Santillana, rapporteur de la commission, mais encore les articles 1134 et 1135 Code civil français, l'article 1124 Code civil italien et l'article 242 BGB allemand, qui ont

---

[387] **ZARROUK (Ali)**, *L'implicite et le contenu contractuel*, *Op. cit.*, n° 662, p. 480 : « L'article 243 Code des obligations et des contrats, du fait qu'il a été promulgué postérieurement à l'article 1135 Code civil, n'en est qu'une exacte réplique ». Selon le même auteur le Code des obligations et des contrats ne peut être réduit à une seule et unique inspiration, le droit musulman, le Code civil italien et le BGB avaient également leurs influences avérées, n° 705, p. 506 ; Voir aussi **HAMOUDA (Mohamed)**, *L'exécution loyale de lobligation*, *Op. cit.*, p. 1031 et 1046. Selon l'auteur l'article 243 Code des obligations et des contrats est une influence de l'article 242 BGB allemand plus que les articles 1134 et 1135 Code civil français ; Il semble que l'article 1135 ne corresponde qu'au «prolongement modeste et répondant de l'article 1134 » ; **GRIDEL (J.-P.)**, *Introduction au droit et au droit français*, Paris, 2ème éd., Dalloz 1994, p. 698 ; **JACQUES (Philippe)**, *Regards sur l'article 1135 du Code civil*, Nouvelle bibliothèque de thèses, Dalloz 2005.

[388] **PICOD (Yves)**, *Le devoir de loyauté dans l'exécution du contrat*, *Op. cit.*, n° 80, p. 92 ; Voir également **JEANNEAU (B.)**, *Le traitement de l'équité en droit français : Etudes de droit comparé*, Paris 1970, p. 22.

[389] **PICOD (Yves)**, *Op. cit.*, *loc. cit.*

[390] **MARTY (Gabriel) et RAYNAUD (Pierre)**, *Les obligations*, t. 1, Les sources, 2ème éd., Sirey 1988, n° 246.

manifestement influencé l'article 266 qui constituait le projet de l'article 243 Code des obligations et des contrats[391].

118. Le droit français qui a occupé une place considérable dans l'élaboration du Code des obligations et des contrats[392], faisait de la bonne foi le fondement de tous les engagements. Visé par les termes de l'alinéa 3 de l'article 1134, il exprime selon Larombière « non seulement une fidélité scrupuleuse dans les engagements, selon la confiance établie entre gens d'honneur et de probité, mais encore l'observation exacte de tous les devoirs de justice et d'équité naturelle »[393]. Laurent indique que cette disposition est « la part de l'équité dans la matière des obligations »[394]. Ripert relève que « la bonne foi est l'un des moyens utilisés par le législateur et les tribunaux pour faire pénétrer la règle morale dans le droit positif »[395]. Selon M. Sériaux, la bonne foi dans l'exécution du contrat c'est « la bonne volonté, la loyauté, le souci de se dépenser au profit de son cocontractant, de collaborer avec lui, de lui faciliter la tâche, en un mot, de l'aimer comme un frère (...) la nécessité de s'attacher à l'esprit plutôt qu'à la lettre de la convention ou celle d'exécuter le contrat de la manière la plus diligente lorsqu'on le peut »[396].

En droit français, la règle d'exécution de bonne foi est due à Domat, depuis le XVIIe siècle, il écrivait « l'un doit à l'autre la bonne foi, avec tous les effets que l'équité peut y demander (...) Chacun est obligé à tout ce qu'elle demande, selon la nature de la convention et les suites

---

[391] « La sous-Commission a estimé qu'elle ne devait pas se renfermer *exclusivement* dans le cadre du droit français. Partout où elle l'a jugé utile, elle a complété ou modifié le droit français par ce qu'on peut désormais appeler le droit européen », Projet préliminaire du Code civil et commercial tunisien, soumis à la commission de codification des lois tunisiennes par **M.D. SANTILLANA**, Tunis, Imprimerie générale J. Picard et Cie 1897, p. 1, nous soulignons, « le droit européen » était notamment le droit allemand, suisse et italien conformément aux renvois faits par les articles du projet.

[392] **ZARROUK (Ali)**, *L'implicite et le contenu contractuel*, *Op. cit.*, n° 67, p. 76 : « Le Code des obligations et des contrats a été promulgué en 1906 alors que la Tunisie était sous Protectorat français. La commission chargée à l'époque d'élaborer le Code des obligations et des contrats avait comme rapporteur un italien qui avait privilégié sur plusieurs points la position adoptée par le législateur français ou prônée par la doctrine française, voire appliquée par les tribunaux français ».

[393] **LAROMBIERE (Léon)**, *Théorie et pratique des obligations*, t. 1, Paris 1857, p. 364.

[394] **LAURENT (François)**, *Principes de droit civil français*, t. 16, Paris 1875, n° 181.

[395] **RIPERT (Georges)**, *La règle morale dans les obligations*, *Op. cit.*, n° 181.

[396] **SERIAUX (Alain)**, *Droit des obligations*, 2ème éd., PUF 1998, Coll. droit fondamental, n° 55.

qu'elle peut avoir »[397]. L'auteur notait que « dans les engagements volontaires et mutuels, ceux qui traitent ensemble se doivent la sincérité, pour se faire entendre réciproquement à quoi ils s'engagent, la fidélité pour l'exécuter, et tout ce que peuvent demander les suites des engagements où ils sont entrés ».[398]

119. En droit musulman, la bonne foi occupe une place considérable. Santillana relève que la bonne foi est un principe fondamental de droit civil musulman, citant Tassouli, Ibn Nadjim et Zarkani qui indiquaient que « Nul ne peut profiter de ce qui est à un autre musulman si le maître n'y consent »[399], il citait également Khalil qui disait « Soyez probes envers qui a confiance en votre probité, ne trahissez pas qui vous a trahi ». Le rapporteur a noté que « ces traditions et bien d'autres analogues attribuées au Prophète, sont aussi des règles générales du droit musulman » (...) « Dieu dit ''Aidez-vous les uns les autres, dans les œuvres de la pitié et du bien'', et le Prophète aurait dit aussi ''Dieu aide l'homme aussi longtemps que l'homme aide son frère'' »[400]. La religion musulmane incite les musulmans à être solidaires dans l'application des préceptes de la religion et interdit ce qui est recommandé d'éviter comme acte de malveillance.

Dieu dit « Que soit issue de vous une communauté qui appelle au bien, ordonne le convenable, et interdit le blâmable. Car ce seront eux qui réussiront »[401]. Dieu dit aussi « Vous êtes la meilleure communauté, qu'on ait fait surgir pour les hommes. Vous ordonnez le convenable, interdisez le blâmable et croyez à Allah. Si les gens du livre croyaient, ce serait meilleur pour eux, il y en a qui ont la foi, mais la plupart d'entre eux sont des pervers »[402].

Les relations dans l'Islam sont liées à la foi de manière organique. Ainsi, l'individu est tenu d'exercer ses droits en toute justice sans porter

---

[397] **DOMAT (Jean),** *Les loix civiles dans leur ordre naturel, Op. cit.*, Des conventions en général, Titre I, Sect. III, Des engagements qui suivent naturellement des conventions quoiqu'ils n'y soient pas exprimés, n° 12.

[398] **DOMAT (Jean),** *Traité des loix*, chap. V, De quelques règles qui suivent des engagements, n° 5.

[399] **TASSOULI (Abou Hassen)**, Tome 2, 2 ème éd. Egypte 1951, p. 18 et 219.

[400] Code civil et commercial tunisien, Avant-projet discuté et adopté au rapport de **M.D. SANTILLANA**, Fascicule I, Tunis, Imprimerie générale, J. Picard et Cie 1899, p. IV ; **BOULAABI (Karim)**, *La bonne foi en matière contractuelle*, Op. cit., n° 14, p. 15.

[401] Sourate AL-IMRAN, verset 104.

[402] Sourate AL-IMRAN, verset 110.

préjudice à autrui. Dieu dit « Dis : ''En vérité, ma Salat, mes actes de dévotion, ma vie et ma mort appartiennent à Allah, Seigneur de l'univers'' »[403].

La religion musulmane ordonne l'exécution des contrats, elle interdit le mensonge et le manquement à la parole donnée. Dieu dit « Ô les croyants ! Remplissez fidèlement vos engagements »[404]. C'est-à-dire la sincérité de la foi transparaît dans la fidélité aux contrats sauf si elles comportent des contradictions avec les préceptes de l'Islam auquel cas, la fidélité n'a plus lieu d'être.

Le Prophète a défini comme « clauses » ou « contrats » qui doivent être observés ceux qui sont en accord avec le Coran. S'il s'avère que le contrat ou la clause sont en contradiction avec le Coran, ils seront rejetés. Dieu dit « Et remplissez l'engagement, car on sera interrogé au sujet des engagements »[405].

120. L'obligation d'exécuter de bonne foi qui découle directement du respect d'autrui, est bien donc une norme morale. Le législateur ou le juge se trouvent dans l'impossibilité de donner des règles ou de trancher des difficultés indépendamment de l'idéal moral auquel le juge doit encourir[406]. L'exécution fidèle du contrat doit assurer l'accomplissement parfait de son but. Les deux parties doivent faire tout ce qui est possible pour obtenir une meilleure satisfaction de l'exécution. Le débiteur doit s'abstenir de tout dol dans l'exécution du contrat. De son côté, le créancier doit s'abstenir de tout acte qui paralyserait l'exécution utile du contrat ou la rendrait plus difficile. « Distingué des fonctions interprétatives et complétives du contrat propres aux articles 1156 et 1135 Code civil, l'article 1134, alinéa 3 Code civil parait avoir pour contenu particulier de marquer au sein du contrat la réception de la règle de civilité à laquelle renvoie, en dehors de lui, l'article 1382 Code civil (…) et s'ordonne plus largement à tous [les] devoirs sociaux et moraux qui pèsent d'un poids variable entre les hommes »[407]. Le principe de la bonne foi « interdit, de par son aspect moral, que le contractant bénéficie de profits qui ne lui reviennent pas,

---

[403] Sourate AL-ANAM, verset 162.
[404] Sourate AL-MAIDAH, verset 1.
[405] Sourate AL-ISRA, verset 34.
[406] **RIPERT (Georges)**, *La règle morale dans les obligations civiles*, 1 vol., LGDJ, Paris 1925, p. 382.
[407] **STOFFEL-MUNCK (Philippe)**, *Op. cit.*, n° 804, p. 556.

ou d'intérêts auxquels il n'a pas droit »[408]. La bonne foi est en fait l'une des notions qui illustrent l'introduction de la morale dans le droit positif [409] (**Paragraphe I**). Le manquement à cette exigence ne permettra pas au cocontractant d'exercer ses droits contractuels (**Paragraphe II**), et certains parlent même d'un « contrat moral »[410].

Paragraphe I : L'affirmation du caractère moral de l'exigence de bonne foi

121. Dans l'article 243 Code des obligations et des contrats, l'ordre des trois concepts « loi », « usage » et « équité » est l'inverse de celui de l'article 1135 Code civil français. En droit français, des auteurs considèrent que l'ordre de ces trois concepts est maladroit[411] et devrait être inversé, car l'usage ne doit pas être consulté qu'en l'absence d'une loi supplétive et l'équité qu'en l'absence d'usage, « à lire l'article 1135, les sources auxquelles il faut se référer (...) sont ''l'équité'', ''l'usage'' et ''la loi''. Or, bien qu'elle soit citée en dernier, c'est certainement ''la loi'' (entendue au sens large comme englobant les textes législatifs et réglementaires) qui joue aujourd'hui - et qui a toujours joué - le rôle le plus important dans la détermination des obligations rattachées au contrat. Quant à ''l'équité'' et à ''l'usage'', c'est le juge qui s'en fait l'interprète »[412]. L'article 243 Code des obligations et des contrats en renversant l'ordre maladroit de ces trois concepts, n'a fait que le rectifier et donner à ces sources « l'ordre que préconisent la logique et le bon sens »[413]. Certes, « loi », « usage » et « équité » est l'ordre le plus cohérent[414], et c'est selon les prescriptions de la bonne foi que le contrat

---

[408] **JERBI (Sami)**, *L'interprétation du contrat*, n° 332, p. 407.

[409] **MZID (Nouri)**, *Essai sur la négociation du contrat en droit civil*, RTD 2000, p. 323 ; Voir aussi **ZGHAB (Moncef)**, *Le principe de bonne foi dans l'exécution des contrats*, R.T.D. décembre 2006, p. 92.

[410] **DARMAISIN (Stéphane)**, *Le contrat moral*, préf. Bernard Teyssié, th. LGDJ 2000, coll. Bdp. t. 343.

[411] **PICOD (Yves)**, *Effet obligatoire des conventions / exécution de bonne foi des conventions*, J. Cl. civil, art. 1134 et 1135, fasc. 11, 1999, n° 50 et 53, p. 15 et 16 ; Voir l'opinion contraire de **BEN SLIMA (Houcine)**, *La bonne foi dans l'exécution du contrat à travers l'article 243 C.O.C.*, p.16.

[412] **GHESTIN (Jacques)**, Avec le concours de JAMIN (Christophe) et BALLIAU (Marc), *Les effets du contrat*, 2ème éd., LGDJ 1994, n° 384, p. 380.

[413] **ZARROUK (Ali)**, *L'implicite et le contenu contractuel*, *Op. cit.*, n° 705, p. 506.

[414] **CHARFEDDINE (Mohamed Kamel)**, *Droit civil, Théorie générale, Les personnes*, Imprimerie officielle 2002, en arabe, n° 49 et s., p. 59 et s.

doit être exécuté[415]. Le contenu de cette exigence de bonne foi (A.) et les particularités de la référence à l'équité (B.) affirment le caractère moral de l'exigence de bonne foi.

A. Contenu de l'exigence de bonne foi

122. La bonne foi, principe garanti par l'article 243 de notre Code des obligations et des contrats qui dispose que « Tout engagement doit être exécuté de bonne, et oblige, non seulement à ce qui y est exprimé, mais encore à toutes les suites que la loi, l'usage ou l'équité donnent à l'obligation d'après sa nature ». C'est une règle qui s'adresse aussi bien au créancier qu'au débiteur d'une obligation, elle est tournée vers la satisfaction mutuelle des parties et établit une conception égalitaire de la relation contractuelle[416]. Si le créancier abuse de ses prérogatives contractuelles, il est en faute ; si le débiteur n'exécute pas selon l'esprit de l'obligation, à moins qu'il ne soit de mauvaise foi, il est également en faute. Les contractants doivent montrer une certaine franchise lors de l'exécution du contrat, doivent dépasser la sphère des intérêts personnels et prendre en compte les intérêts de son cocontractant. Ce qui révèle que la bonne foi est une notion chargée de valeurs morales[417].

Le débiteur doit en effet s'abstenir de tout dol : il ne doit se livrer à aucune manœuvre qui puisse empêcher l'autre partie de retirer le bénéfice du contrat.[418] C'est parce que le contractant exécute de bonne foi la relation contractuelle, qu'il est en droit d'attendre une attitude similaire de son cocontractant. Le créancier doit s'abstenir de manœuvres qui tendent à rendre l'exécution du contrat impossible ou plus difficile[419], celui-ci manque à la loyauté contractuelle, si sous prétexte de fidélité dans l'exécution du contrat, il impose au débiteur

---

[415] Cass. civ. n° 9221, 19 mai 1984, Bull. 1985, I, p. 355 ; Cass. civ. n° 31607, 20 juin 1994, Bull. 1994, I, p. 456 ; **HAMOUDA (Mohamed)**, *L'exécution loyale de l'obligation, Op. cit.*, p. 1059.

[416] **HAMOUDA (Mohamed)**, *Ibid.*, p. 1067.

[417] le droit musulman accorde une importance considérable aux intentions comme nous l'avons vu, voir supra n° 29 et 34 ; Voir également **BOULAABI (Karim)**, *La bonne foi en matière contractuelle, Op. cit.*, n° 246, p. 127.

[418] « L'obligation de loyauté impose au débiteur, en premier lieu, une exécution fidèle de son engagement, quelles que soient les difficultés auxquelles il pourrait se heurter au cours de l'exécution du contrat », **WEILL (Alex) et TERRE (François)**, *Droit civil, Les obligations*, 4ème éd., Dalloz 1986, n° 356, p. 359.

[419] **NASSIF (Ilyes)**, *Encyclopédie des contrats civils et commerciaux*, Etude comparative, t. II, p. 19 et 20 ; t. VII, 1993, p. 312 et 313 ; **SOLTAN (Anwar)**, *Les sources de l'obligation*, Maison arabe de l'édition Beyrouth 1983, p. 233.

des sacrifices pécuniaires d'importance disproportionnée avec l'objectif à atteindre. Un arrêt de la Cour de cassation française a constaté que des travaux ayant été mal exécuté dans un immeuble, les juges du fond ont, à juste titre, refusé la réfection, au motif qu'elle « nécessiterait la démolition à peu près complète de l'immeuble et occasionnerait une dépense de beaucoup supérieure au préjudice résultant de la défectuosité desdits travaux »[420].

Le devoir de loyauté impose également au créancier d'éviter au débiteur des dépenses inutiles. La jurisprudence française a décidé qu'un installateur d'électricité a l'obligation de rechercher le branchement le plus court[421] ou qu'un transporteur doit adresser une marchandise par l'itinéraire le plus avantageux pour l'expéditeur[422]. Elle considère aussi que le maître de l'ouvrage doit faciliter le travail de l'entrepreneur, notamment en n'apportant pas au projet des modifications inconsidérées ou en ne provoquant pas des arrêts de travail[423]. Un arrêt de la 3e Chambre civile de la Cour de cassation française du 15 décembre 1976[424], refuse la résiliation de plein droit que le bailleur entendait faire découler d'une sommation de payer les loyers ou de faire des réparations obligatoires. Contrairement à la bonne foi, cette sommation avait été volontairement faite dans la deuxième quinzaine de juillet, alors que les locataires en vacances n'avaient aucune chance d'y donner suite. La jurisprudence française refuse fréquemment de donner effet à une clause résolutoire de plein droit mise en œuvre de mauvaise foi par le créancier.

123. Les tribunaux français ont sans cesse recours à la théorie de l'abus qui est un facteur très important de la moralisation de la relation contractuelle. Non seulement elle permet de réprimer les actes méchants, mais même de lutter contre les comportements malicieux lors de l'exécution du contrat. Les obligations doivent non seulement être exécutées, mais elles doivent l'être de bonne foi. Le créancier ne doit pas exploiter abusivement la situation en profitant d'une défaillance légère et passagère du débiteur pour mettre fin au contrat. De son côté le débiteur doit montrer une fidélité dans l'exécution de ses obligations pour ne pas paralyser l'opération contractuelle. Dans un arrêt de la

---

420 Req. 23 mars 1909, S. 1909.1.552 ; D. 1910.1.343.
421 Req. 19 janv. 1925, DH. 1925 .1.77 ; RTDCiv. 1925, obs. René Demogue.
422 Cass. civ. 28 nov. 1905, DP 1909.1.193. S. 1909.1.269.
423 Cass. 3ème civ., 5 juin 1968, D. 1970, 453. note Ph. Jestaz.
424 Cass. 3ème civ., 15 décembre 1976, RTDCiv. 1977, obs. Gérard Cornu, p. 340.

chambre sociale de la Cour de cassation française du 1er avril 1997[425], un accord collectif d'entreprise avait été conclu entre l'employeur et différentes organisations syndicales présentes dans l'entreprise. L'employeur s'engageait à ne pas licencier de salariés pour motif économique pendant une période d'un an. En contrepartie, les salariés s'engageaient à accepter certaines contraintes, notamment la réduction du temps de travail avec réduction du salaire. Le lendemain de la période de douze mois ; terme de l'obligation de ne pas licencier, l'employeur mettait fin au contrat de travail d'un salarié qui acceptait une convention de conversion[426] dans le cadre d'une procédure de licenciement pour motif économique. L'employeur avait respecté les obligations inhérentes à l'accord puisqu'il n'avait pas licencié pendant les douze mois en question, cependant la chambre sociale de la Cour de Cassation française estime que son attitude ne procédait pas d'un comportement loyal. Elle affirme que « les conventions doivent être exécutées de bonne foi » et qu'en l'occurrence, il ya manquement à la bonne foi puisque la procédure avait été engagée pendant la période de douze mois. D'autant plus que la proximité de la date de la rupture du contrat de travail caractérisait un abus.

124. Nous remarquons l'écho que l'article 1134 du Code civil français a soulevé en jurisprudence bien qu'il était quasi abandonné en matière d'exécution du contrat et que la doctrine ne s'y intéressait qu'en matière d'interprétation. Contrairement au droit tunisien, où l'alinéa 3 de l'article 1134 et l'article 1135 du droit français forment un seul article qui n'est autre que celui 243 du Code des obligations et des contrats et qu'il vise explicitement l'exécution. Toutefois nos juges continuent à être réservés et conservatifs à l'égard de l'application de l'article dans l'exécution du contrat, à l'exception de quelques arrêts.

Dans un arrêt de la Cour d'appel de Tunis[427], un garant a signé un prêt consenti par une société en pensant que la banque créancière obtiendrait deux autres signatures pour la caution du même crédit. Le débiteur n'ayant pas réussi à couvrir ses dettes, la banque a poursuivi le garant en lui réclamant le remboursement de la totalité de la créance. Il

---

[425] Cass. Soc., 1er avril 1997, Dr. soc. 1977, 646, obs. J. E. Ray.

[426] La convention de conversion ne s'analyse pas juridiquement en un licenciement mais en une rupture d'un commun accord.

[427] C.A. Tunis, n° 4911, 12 juillet 1978, R.T.D. 1978, II, p. 15, Commentaires Mohamed Arbi Hachem ; **HAMOUDA (Mohamed)**, *L'exécution loyale de l'obligation, Op. cit.*, p. 1057.

a évoqué sa faute au regard de la caution et des dispositions légales en matière de cautionnement. Le tribunal de première instance l'a condamné à s'exécuter rejetant sa demande. Mais la Cour d'appel de Tunis a répondu favorablement à une partie de sa demande et l'a condamné à s'acquitter du tiers de la dette en décidant que « ni l'équité ni la loyauté ne permettent à l'appelant, sous le prétexte de la demande de remboursement de la totalité de la dette, de se dégager de sa responsabilité envers la partie qui lui incombe et que rien ni dans le contrat ni dans les lois ne l'exempte de s'en acquitter, même si les deux autres garants ont signé avec lui la caution. Et ni la justice ni la bonne foi contractuelle ne soumettent le débiteur à l'obligation de rembourser la totalité de la dette en le privant de la possibilité d'agir contre les deux autres garants à cause de l'échec de la banque créancière à obtenir leurs signatures ».

La Cour de cassation tunisienne[428] a estimé que « les obligations contractuelles valablement formées tiennent lieu de loi à ceux qui les ont faites, et ne peuvent être révoquées que de leur consentement mutuel ou dans les cas prévus par la loi ; et tout engagement doit être exécuté de bonne foi, et oblige, non seulement à ce qui y est exprimé, mais encore à toutes les suites que la loi, l'usage ou l'équité donnent à l'obligation d'après sa nature. Ne doit pas être considéré comme étant temporaire l'ouvrier dont l'ancienneté a dépassé trois ans en vertu de contrats à durée déterminée, en dépit de quelques interruptions, tant que rien dans le dossier ne prouve qu'il a été engagé pour effectuer des travaux occasionnels ou saisonniers conformément aux dispositions de l'article premier de la convention collective relative à l'industrie des matériaux de construction ». La Cour a considéré que le contrat a été conclu par l'employeur de mauvaise foi, non pas dans l'intérêt réel de l'entreprise, mais pour se dégager des obligations qui découlent de sa qualification d'un contrat à durée indéterminée.

La même Cour a rendu un arrêt en date du 8 octobre 1999[429], où elle a condamné le transporteur maritime pour ne pas avoir pris tous les soins nécessaires afin de protéger une marchandise, ce qui révèle son imprudence et son manque d'égard dans l'exécution du contrat. Conformément aux faits, la demanderesse a agi en justice révélant qu'elle a importé une quantité de marchandises servant à son activité,

[428] Cass. civ. n° 67916, 09 juillet 1999, R.T.D. mars 2001, p. 111.
[429] Cass. civ. n° 69086, 08 octobre 1999, Bull. 1999, II, p. 189.

elle a confié à la défenderesse le transport de cette marchandise au port de Radès. À l'arrivée de la marchandise importée au port et après son déchargement, ont été constatées des avaries, détérioration et manquement important dus à une mauvaise manipulation de la part des manutentionnaires du transitaire, comme l'atteste le rapport de l'expert. La demanderesse a entrepris, en sa qualité d'assureur de la marchandise transportée conformément à l'attestation d'assurance, le paiement de la valeur des pertes au propriétaire de la marchandise. Suite à quoi, elle a agi en lieu et place de ce dernier pour ce qui la concerne dans l'affaire pour ce qui relève de la responsabilité du transporteur. Le tribunal de première instance a jugé en faveur de la demande. La défenderesse a interjeté un appel sur la base que l'avarie et la détérioration sont dues à un défaut contenu dans la marchandise même, de son emballage ou à l'étiquetage ; la marchandise dans la présente affaire a été emballée dans des sacs de papier Kraft au lieu de sacs en plastique. La Cour d'appel a rendu sa décision en indiquant que les dommages subis par la marchandise sont dus à la mouille des sacs en papier kraft par l'eau de mer qui a infiltré les conteneurs ce qui signifie que ces dommages auraient pu être évités si l'emballage avait été réalisé dans de bonnes conditions. La demanderesse s'est pourvue en cassation et la Cour de cassation décide que « la Cour d'appel a fondé sa décision sur le fait que les dommages subis par la marchandise sont dus à la mouille des sacs en papier kraft par l'eau de mer. Alors que la question relative à l'état de l'emballage est une question technique qui relève de la compétence des experts en la matière, d'autant qu'il a été confirmé dans le dossier de l'affaire que les sacs étaient déposés dans trois conteneurs en métal et que l'eau de mer s'y est infiltrée (…) que le transporteur maritime aurait dû prendre tous les soins nécessaires afin de protéger la marchandise déposée dans le conteneur ».

Dans un arrêt rendu par la Cour de cassation tunisienne[430], il a été jugé que la vente d'un appartement objet du contrat liant une personne avec une société immobilière est « parmi les contrats spéciaux qui nécessitent un niveau élevé de confiance et de bonne foi obligeant l'entrepreneur à s'interdire tout acte susceptible de réduire les acquis en bienfaits de l'autre partie ; ce qui serait reprendre de la main gauche ce qu'il aurait accordé de la main droite. Chose interdite par la loi outre le fait que ce principe est renforcé par l'exigence pour les cocontractants à accomplir, dans l'intérêt commun, leurs obligations contractuelles et

[430] Cass. civ. n° 31607, 20 juin 1994, Bull. 1994, p. 456.

la protection de la partie qui se lie par un contrat avec l'agent immobilier, étant la partie faible, car elle ne participe pas à l'élaboration des clauses du contrat de vente ».

B. Particularités de la référence à l'équité

125. Pour certains auteurs français, la bonne foi de l'article 1134 du Code civil serait une conséquence de l'article 1135, « c'est au travers de l'équité que la bonne foi se manifeste le plus nettement »[431]. Toutefois, selon certains autres, c'est l'équité qui complète l'exigence de bonne foi, et c'est lorsque le rôle supplétif de la bonne foi paraîtra insuffisant que l'équité permettra au juge d'élargir le contenu contractuel[432].

Alors que la bonne foi agit de l'intérieur en veillant à une exécution loyale de la part de chaque contractant, l'équité agit de l'extérieur en un point de vue plus élevé, celui de la justice. La référence à la « notion de bonne foi peut être illustrée notamment par le respect de deux obligations lors de l'exécution du contrat. D'une part, l'obligation de loyauté se traduit par l'obligation pour les cocontractants, d'assurer une exécution loyale du contrat, sans effectuer de manœuvre qui troublerait la mise en œuvre des engagements prévus (…) D'autre part, la bonne foi prend la forme d'un devoir de coopération qui suppose une solidarité des deux parties pour parvenir au bon accomplissement des engagements et qui consacre une conception morale de l'exécution de l'engagement (...) En ce qui concerne la référence à la notion d'équité, son objet est différent, car il permet de conférer au juge la faculté d'apprécier la bonne exécution du contrat en se plaçant en dehors de ces obligations expressément formulées, de l'extérieur, avec un but déterminé : compléter le contenu du contrat (…) »[433]. La distinction entre les notions de bonne foi et d'équité réside selon l'auteur dans la faculté d'intervention du juge. En effet, « l'équité lui permet de déterminer l'étendue des obligations des contractants alors que la bonne foi est déjà dans le contenu du contrat et s'impose aux contractants ».[434]

---

[431] **JEANNEAU (B.)**, *Le traitement de l'équité en droit comparé : Etudes de droit comparé*, Paris 1970, p. 22.
[432] **MESTRE (Jacques)**, Obs. s. Cass. com., 19 déc. 1989, RTD 1990, p. 651 ; **PICOD (Yves)**, *Jurisclasseur, Exécution de bonne foi des conventions*, fasc. 11, 1999, n° 9, p. 6.
[433] **ALBIGES (Christophe)**, *De l'équité en droit privé*, préf. Rémy Cabrillac, th. LGDJ 2000, coll. Bdp., t. 329, n° 460 et s., p. 304.
[434] *Ibid.*

En conséquence, bonne foi et équité sont deux notions distinctes qui ne doivent pas être confondues.

126. Les parties sont soumises non seulement à ce qui est exprimé, mais encore à toutes les suites que l'équité notamment donne à l'obligation principale. Les parties devront exécuter tout ce qui est commandé par la lettre ou l'esprit du contrat, mais aussi tout ce qui, le cas échéant, découle de l'équité. Selon « la conception du rôle du juge adoptée par les hommes de la Révolution [française] et celle du droit retenue par les auteurs au XIXe siècle, l'équité a pu et peut constituer une crainte, un risque d'instabilité juridique. Or ces approches n'ont pas pour autant réussi à condamner de manière définitive le recours à la notion »[435]. Bien qu'elle ait suscité inquiétude et attention[436], elle a toujours conservé sa fonction complétive qui était présente dans les écrits de Domat qui ont manifestementtement influencé la rédaction de l'article 1135 du Code civil français. Dans une section relative aux « engagements qui suivent naturellement des conventions, quoiqu'ils n'y soient pas exprimés », Domat affirmait que « les conventions obligent non seulement à ce qui y est exprimé, mais encore à tout ce que demande la nature de la convention et à toutes les suites de l'équité, les lois et l'usage donnent à l'obligation où l'on est entré »[437]. Les termes retenus en 1804 pour l'article 1135 du Code civil français qui constituait le modèle du législateur tunisien sont donc bien imprégnés de la pensée de Domat.

Les professeurs Mazeaud ont relevé ce rôle de suppléer les imperfections du contrat joué par la notion en soutenant qu'« une étude plus attentive permet d'apercevoir que, sous des précautions de style, l'équité guide souvent le juge dès qu'il n'est plus tenu par une volonté clairement exprimée (…)[le juge] prête aux contractants des intentions équitables »[438].

La référence à la notion d'équité, aussi bien dans l'article 243 Code des obligations et des contrats, que dans l'article 1135 du Code civil

---

435 **ALBIGES (Christophe)**, *De l'équité en droit privé*, préf. Rémy Cabrillac, th. LGDJ 2000, coll. Bdp., t. 329, n° 505, p. 332 ; Voir **JERBI (Sami)**, *L'interprétation du contrat, Op. cit.*, p. 339 et s.

436 **ZARROUK (Ali)**, *L'implicite et le contenu contractuel*, *Op. cit.*, n°694, p. 500.

437 **DOMAT (Jean)**, *Les loix civiles dans leur ordre naturel*, t. 1, Paris, éd. Pepié, 1701, p. 19.

438 **MAZEAUD (Henri), (Léon) et (Jean)**, par **François Chabas**, *Leçons de droit civil*, t. 2, vol. 1, Obligations, Théorie générale, 9ème éd., Monchrestien 1998, n° 351, p. 339.

français, permet de conférer au juge la faculté d'apprécier la bonne exécution du contrat et créer ainsi des obligations dans l'intention de garantir plus de justice entre les cocontractants lors de l'exécution du contrat en s'appuyant sur l'équité et non pas en faisant appel a une intention probable.

M. Mellouli relève que « là où on ne peut pas admettre de pouvoir créateur à la Cour de cassation, c'est lorsque cette dernière écarte la règle de droit normalement applicable en raison d'une prétendue injustice, et la remplace par une position d'équité personnelle. En revanche, le pouvoir créateur de la jurisprudence trouve un vaste champ d'application dans deux hypothèses (…) lorsqu'il y a une lacune de la loi, ceci laisse le champ libre au juge pour faire œuvre de législateur, ensuite, lorsqu'il y a un texte, la Cour de cassation peut l'utiliser »[439]. M. Mohamed Ezzine se demandait dans ce cadre si « les tribunaux prennent-ils en considération l'équité, pour déterminer le contenu de certains contrats conformément à l'article 243 du Code des obligations et des contrats. Les jugements statuant en ce sens sont presque inexistants » [440] !

127. Néanmoins cette distinction entre les notions de bonne foi et d'équité n'empêche pas une réalité évidente ; ils contribuent tous les deux à une immixtion du juge aboutissant à faire pénétrer la règle morale dans le contrat[441]. Dans une décision rendue par le tribunal de première instance de Tunis en date du 18 novembre 2004[442], il a statué en équité ce qui a conféré au juge la faculté d'apprécier la bonne exécution du contrat. En l'espèce, la défenderesse a obtenu un jugement en référé contre le demandeur requérant de le mettre hors du lieu objet du conflit pour non-qualification. Le demandeur était gardien et préposé au nettoyage de l'immeuble, et c'est en cette qualité qu'il occupait le lieu objet du conflit en contrepartie de la somme de 130 d. prélevée

---

[439] **MELLOULI (Slaheddine)**, *Le juge et l'équité, Réflexions sur le recours à l'équité par le juge en droit privé interne*, RTD 1984, p. 532.

[440] **EZZINE (Mohamed)**, *Théorie générale des obligations*, Le contrat, 2ème éd. Wafa, Tunis 1997, n° 348, p. 280, Traduction personnelle ; **Voir RAJHI (Mounir)**, *De certaines manifestations de l'équité en droit privé tunisien, illustration en droit civil et en droit pénal*, Mémoire Faculté de droit et des sciences politiques de Tunis 1989/1990 ; **BEN SLIMA (Houcine)**, *De l'équilibre du contrat*, th. Faculté de droit et des sciences politiques de Tunis 2007, p. 20 et s.

[441] **PICOD (Yves)**, *Effet obligatoire des conventions / Exécution de bonne foi des conventions*, J. Cl. civil, précité, n° 9, p. 6.

[442] Jugement 1ère inst. Tunis, n° 28339, 18 novembre 2004, inédit.

mensuellement sur son salaire sans justificatif écrit. Il a été licencié de son travail de manière abusive par la défenderesse. Assignée en justice pour licenciement par le demandeur qui a obtenu gain de cause, la défenderesse a introduit une action en justice afin de l'expulser du local objet du conflit en guise de représailles. Le demandeur sollicite qu'un délai lui soit accordé pour quitter ledit local. Ayant deux enfants, élèves en fondamental et inscrits à l'école primaire sise au Manar 1, il lui est impossible matériellement de leur fournir un logement près de leur école en raison de sa situation financière et le niveau très élevé des loyers en cours dans cette région. Le tribunal a considéré que « trouver un logement dans la région avec les mêmes caractéristiques demande un temps considérable de même que le déménagement vers un autre logement éloigné de l'école fréquentée par les deux enfants ou le transfert de ces derniers alors que l'année scolaire a débuté depuis deux mois, ce qui correspond à la période des examens du premier trimestre. Ce fait ne manquera pas de perturber ces deux enfants et influer par là même sur leurs résultats scolaires. Ce qui va à l'encontre de leurs intérêts. Attendu qu'à la lumière de ce qui précède, le tribunal prononce le report de la demande d'évacuation des lieux objet du conflit, d'un mois à compter de ce jour jusqu'à la fin du premier trimestre de l'année scolaire, à condition que le demandeur assure le versement de la somme de 130 d. en contrepartie de son occupation des lieux et ce, au titre d'une amende qui sera versée pour le compte du mois cité… » Le tribunal a ordonné une durée [de 24 heures] pour la garantie de l'amende « afin que nulle partie ne soit lésée ».

Paragraphe II : Se prévaloir d'un droit contractuel et acte déloyal

128. Le principe selon lequel il n'est pas permis aux juges de modifier sous prétexte d'équité une convention librement conclue par les parties et que les juges ne sauraient dénaturer les contrats comporte bien des accommodements qui se ramènent à une réaction de l'équité contre la lettre du contrat.[443]

Un créancier ne saurait se prévaloir d'un droit contractuel et contraindre le débiteur à exécuter littéralement une convention dans des conditions inutilement onéreuses sans commettre un acte déloyal et sans agir à l'encontre de la bonne foi prévue dans l'article 243 Code des obligations et des contrats (A.) Il est ainsi opportun de combiner le

---

[443] **JOSSERAND (Louis)**, *Aperçu général des tendances actuelles de la théorie des contrats*, RTDCiv. 1937, p. 24.

principe de la force obligatoire du contrat avec celui de l'exécution de bonne foi, « cette lecture conduit à considérer que si les conventions ne sont pas exécutées de bonne foi, elles ne peuvent, bien que légalement formées, tenir lieu de loi aux parties (...) les conventions légalement formées doivent être exécutées de bonne foi pour avoir force de loi. De la formule ainsi obtenue va découler une nouvelle analyse des notions de bonne foi et de celle de force obligatoire » [444]. En effet, l'auteur souhaitant aller plus loin, considère que l'exigence de bonne foi concerne les phases de formation, d'exécution et d'extinction des contrats[445], en effet exécuter une convention légalement formée de bonne foi a pour avantage de subordonner la force obligatoire du contrat à l'exécution de bonne foi (B.).

A. Le cas de l'exécution littérale

129. La partie qui refuse abusivement de revoir certaines stipulations contractuelles commet une faute qui devra être sanctionnée. Le créancier n'exécute pas le contrat de bonne foi s'il poursuit l'exécution de la clause à la rigueur, « il ne saurait s'en tenir obstinément à l'application littérale de la convention si l'exécution de son cocontractant lui donne satisfaction en substance »[446]. Tel par exemple le cas d'un locataire qui propose d'honorer sa dette, cependant le propriétaire refuse d'accepter le paiement au motif qu'un montant très dérisoire manquait au montant du.

Dans un arrêt rendu par la Cour de cassation française, une banque a été condamnée pour avoir mis en œuvre une clause résolutoire dans un prêt accordé à un couple en vue de l'achat de leur maison d'habitation, celle-ci infligeait une sanction manifestement disproportionnée aux retards de paiement de certaines échéances. La Cour de cassation condamne la Cour d'appel qui avait déclaré valable la procédure de saisie immobilière. Faisant référence à l'article 1134 alinéa 3, la Cour a considéré « qu'aux termes de ce texte, les conventions doivent être exécutées de bonne foi, qu'une clause résolutoire n'est pas acquise, si elle a été mise en œuvre de mauvaise foi par le créancier (...) Attendu qu'en statuant ainsi, sans rechercher, comme elle y était invitée, si la

---

[444] **DARMAISIN (Stéphane)**, *Le contrat moral*, préf. Bernard Theyssié, th. LGDJ 2000, coll. Bdp., t. 343, n° 213 et 214, p. 142 et 143.
[445] *Ibid.*
[446] **PICOD (Yves)**, *Effet obligatoire des conventions / Exécution de bonne foi des conventions*, J. Cl. civil, art. 1134 et 1135, fasc. 11, 1999, n° 90, p. 25.

banque était créancier de bonne foi, alors d'une part, que les époux Bourdon avaient remboursé le montant principal de leur prêt, et alors d'autre part, que l'établissement financier avait attendu le 2 juillet 1990 pour délivrer son commandement aux fins de saisie immobilière, bien que la créance fut exigible selon lui depuis le 1er février 1984, la Cour d'appel a privé sa décision de base légale »[447].

Un arrêt de la Cour d'appel de Pau a considéré comme abusive l'exigence d'une compagnie pétrolière concernant la restitution en nature de cuves ayant fait l'objet d'un prêt à usage, alors que pour éviter les frais de défonçage et de remise en état du sol nécessaires pour extraire ces cuves, le débiteur offrait en nature ou en argent des cuves neuves de même type[448].

130. M. Picod estime à cet égard qu'« un créancier ne saurait tirer prétexte de la moindre défaillance de son débiteur pour s'affranchir de ses propres obligations ou pour demander au juge de le faire. Ainsi en matière d'exception d'inexécution, l'inexécution doit être suffisamment importante pour justifier la riposte (...) Sinon, le risque serait grand de voir de nombreux locataires refuser de payer leurs loyers sous prétexte que la peinture de leur appartement est quelque peu défraîchie (...) De la même façon, un créancier ne saurait invoquer une clause résolutoire de plein droit lorsque l'inexécution constatée est dérisoire »[449].

La Cour de cassation française a condamné une Cour d'appel pour avoir respecté littéralement les clauses des conditions générales de la société American Express. Il s'agissait d'une société qui avait acquis une carte accréditive pour l'un de ses préposés. Elle se portait ainsi codébitrice solidaire des dépenses effectuées par le bénéficiaire. Par la suite, la société demande l'annulation de la carte, la sociéte American Express prend acte, tout en demandant la restitution de la carte et en précisant que la société resterait responsable des paiements effectués, en vertu des articles 1er et 11 des conditions générales accompagnant l'acquisition de la carte ; le titulaire de la carte et la personne morale ayant sollicité son établissement demeurent solidairement responsables

[447] Cass. 1ère civ., 31 janv. 1995, Epoux Bourdon, Bull. civ. I, n° 57 ; D 1995, jurisp. p. 389, notre C. Jamin ; RTDCiv. 1995, obs. J. Mestre, p. 623.
[448] C.A. Pau, 15 févr. 1973, JCP 1973, II, 17584, note J. B. précité.
[449] **PICOD (Yves)**, *Effet obligatoire des conventions / Exécution de bonne foi des conventions*, J. Cl. civil, précité, n° 90, p. 26.

du règlement de toute dépense sauf en cas de vol ou de perte. La Cour d'appel de Versailles impose le paiement des sommes dues à la société. Cette décision est cassée au visa des articles 1134 alinéa 3 et 1147, « en se déterminant par de tels motifs, sans rechercher si l'établissement émetteur de la carte avait, après avoir reçu opposition à son utilisation, mis en œuvre tous les moyens en sa disposition pour éviter que des retraits ou ordres de paiement soient effectués, la Cour d'appel n'a pas donné de base légale à sa décision »[450].

L'exécution littérale est écartée par la jurisprudence française lorsqu'elle s'avère abusive. La Cour d'appel de Rouen a condamné un avocat pour avoir profité d'une situation pour servir ses intérêts. En l'occurrence, un jeune homme avait été pris par la police en possession de haschich, il avait besoin d'urgence d'un avocat. Ce dernier lui a fait signer une convention d'honoraires et fait verser 5000 F de provision. À la fin, le client refuse de payer les honoraires excessifs, la Cour d'appel condamne sévèrement l'avocat au visa de l'article 1134 alinéa 3, « il apparaît que Me X, compte tenu de sa qualité d'auxiliaire de justice, a été de mauvaise foi dans cette exécution vis-à-vis de son client (…) Me X fait état de diligence et d'un temps de travail (sept heures) qui ne correspondent en rien à un dossier d'une telle simplicité, mais relèvent du souci d'abuser et d'exploiter un client peu fait de telles procédures ; que ces deux circonstances caractérisent la mauvaise foi de Me X dans l'exécution de la convention d'honoraires tandis que M. Y compte tenu de sa situation et des circonstances, a été de bonne foi vis-à-vis de Me X ». Le montant des honoraires fut réduit[451].

Dans une décision rendue par la première chambre civile de la Cour de cassation française le 6 décembre 1989[452], un contrat d'enseignement est passé entre un établissement privé et une mère au profit de sa fille. Le prix d'inscription est payable en plusieurs mensualités et il est stipulé dans le contrat qu'il constitue « un forfait acquis intégralement à l'école ». L'élève n'assistant aux cours que pendant quelques jours, la mère demande la résiliation de l'inscription. L'école agit en justice pour le paiement des mensualités non réglées. Les juges du fond considèrent que « l'usage est de faire payer les

---

[450] Cass. com. 20 oct. 1998, D. aff. 1998, p. 1859 ; RTDCiv. 1999, p. 390, obs. J. Mestre.
[451] Ord. Prem. prés., Rouen, 15 sept. 1992, JCP 1993, II, 21981, note R. Martin, RTDCiv. 1993, p. 355, obs. J. Mestre.
[452] Cass. 1ère civ., 10 déc. 1989, JCP éd., G, 1990, II, 21534, note Ph. Delebecque ; D. 1990, 289, note J. Ghestin ; RTDCiv. 1990, obs. J. Mestre.

scolarités par trimestres et qu'est abusive une clause qui oblige à faire payer dans son entier une année scolaire qui a été à peine commencée », en limitant le paiement aux seules mensualités où la jeune fille avait assisté effectivement aux cours. Cependant la Cour de cassation casse, faisant droit à la demande, décidant « qu'en refusant de faire application d'une clause claire et précise, qui dérogeait à l'usage invoqué, sans caractériser en quoi elle serait constitutive d'un abus de nature à la priver d'effet, le tribunal a violé l'article 1134 du Code civil ». M. A Sériaux[453] a observé à cet égard qu'« à première vue, la décision paraît sévère (…) Mais en réalité, elle entrouvre une porte considérable à la notion de bonne foi. Si les juges du fond avaient mieux précisé en quoi la clause ''forfait intégralement acquis à l'école'' était excessive, abusive, ils auraient pu ''la priver d'effet'' : non pas l'annuler, mais simplement l'écarter, ne pas en permettre l'exécution (…) même une clause claire et précise insérée dans un contrat ne résisterait pas au principe de bonne foi qui doit dominer l'exécution des conventions ».

131. La jurisprudence allemande a de son côté consacré l'exigence de bonne foi, la Cour Fédérale de Justice a déclaré en 1989[454] que « tout exercice de droit doit se tenir dans les limites de la bonne foi. L'exigence d'une prestation est illicite, en application du §242 BGB, lorsqu'elle doit être restituée à son débiteur sur un autre fondement juridique ». La Cour a rejeté ainsi la demande en paiement d'une facture exorbitante de téléphone, car le créancier - les Postes Fédérales - aurait dû verser des dommages - intérêts d'un montant égal à la somme due. En l'occurrence, le bénéficiaire de la ligne téléphonique en avait fait limiter l'accès par la *Bundespost*, mais le système employé à cet effet avait été trafiqué par des locataires indélicats. Or les Postes avaient été averties plusieurs années auparavant de la facilité avec laquelle leurs appareils pouvaient être manipulés. Elles avaient donc commis une faute à l'égard de leur client en violant de manière fautive leur obligation d'information et en étant ainsi la cause du montant élevé de la facture. Une telle faute autorisait l'abonné à percevoir des dommages à hauteur de la somme due, conséquence directe de la négligence du créancier.

---

[453] **SERIAUX (Alain)**, *Droit des obligations*, 2ème éd., PUF 1998, n° 55, p. 231.

[454] BGH 21 déc. 1989, BGHZ 110, p. 30, spé. p. 33 : « Die Forderung einer Leistung est gemäβ § 242 BGB unzulassig, wenn sie aus einem anderen Rechtsgrund an den Schuldner zurückerstattet werden muβ (delo facit, qui petit, quod redditurus est) ».

132. Le tribunal de première instance de Tunis a rendu une décision en date du 15 février 2003[455], l'affaire a pour objet de condamner la défenderesse à signer les contrats de vente de biens objet du contrat de leasing dans un délai d'un mois à compter de la date de notification du jugement, sinon le jugement tiendra lieu de contrat de vente final. La Cour que a considéré que « la défenderesse ait invoqué que la demanderesse n'a pas respecté les conditions contenues dans l'article 4 du contrat de leasing ce qui a pour conséquence la prescription de ses droits à l'acquisition conférés, car la durée du bail a pris fin avant qu'elle n'exprime sa volonté d'acheter les biens. Attendu que l'article 243 du Code des obligations et des contrats dispose que ''tout engagement doit être exécuté de bonne foi, et oblige, non seulement à ce qui y est exprimé, mais encore à toutes les suites que la loi, l'usage ou l'équité donnent à l'obligation d'après sa nature''. Attendu que de la généralité de ce texte, qui concerne toutes les obligations dans l'absolu, on retient que l'exécution des obligations ne suffit pas au regard de ce qui a été convenu et exprimé dans le contrat, mais comprend les suites que la loi, l'usage et les principes de la justice et de l'équité donnent à l'obligation. Attendu que bien que les deux parties aient convenu expressément à l'obligation de l'acquéreur de notifier par écrit avec accusé de réception avant la fin de la période du bail, cela n'empêche pas d'examiner la concordance de ce qui précède avec les règles de justice. Ce qui nécessite de ne pas se limiter au sens littéral de ce qui a été déclaré et tenir compte de la volonté des parties, et non de la construction des phrases et ce conformément à l'article 515 du Code des obligations et des contrats. Attendu que l'expert a révélé que la demanderesse s'est acquittée de la totalité des mensualités liées au contrat de leasing, ce qui peut être considéré comme expression tacite de sa volonté de conclure le contrat de vente, du fait qu'il ne manque que la rédaction du contrat final à cette opération. Attendu que le maintien par la défenderesse de l'application de l'article 4 du contrat constitue un abus sans motif logique d'autant plus que la demanderesse s'est acquittée de toutes ses obligations sans manquement et que la rédaction du contrat final ne porte aucun préjudice à la défenderesse. Attendu que sur la base de ce qui précède, il convient que la décision soit rendue en faveur de la demande et condamne la défenderesse à signer les contrats de vente des biens objet du contrat de leasing et ce dans un délai d'un mois à compter de la date de notification de la

---

[455] Jugement 1ère inst. Tunis, n° 10274, 15 février 2003, inédit.

décision à cette dernière. En cas de refus, la décision tiendra lieu de contrat de vente final ».

Le même tribunal a rendu une décision en date du 17 mai 2003[456], l'affaire a pour objet de condamner le défendeur à restituer à la demanderesse le bien objet du contrat de leasing. La cour se prononce « attendu qu'à la lumière des documents du dossier, il est évident que le défendeur a obtenu de la demanderesse, en vertu d'un contrat de leasing un véhicule de transport pour une durée de 48 mois en contrepartie d'un loyer mensuel. Attendu que la demanderesse a insisté sur le non-respect du défendeur des conditions contenues dans l'article 4 du contrat de leasing ce qui a pour conséquence la déchéance du droit de l'achat, et ce en raison de la fin de la période du bail intervenue le 19 septembre 2001, sans qu'il ait exprimé sa volonté d'acquérir le véhicule de transport objet du contrat. Et attendu que le défendeur ait répondu qu'il s'est acquitté de tous les dus du bail pour toute la durée convenue et qu'il avait exprimé sa volonté d'acquérir l'objet du bail à plusieurs reprises. Attendu que la demanderesse n'a pas contesté que le défendeur s'est acquitté de la totalité des mensualités dues, dans les échéances convenues dans le contrat. Et attendu que l'article 243 Code des obligations et des contrats dispose : ''tout engagement doit être exécuté de bonne foi, et oblige, non seulement à ce qui y est exprimé, mais encore à toutes les suites que la loi, l'usage ou l'équité donnent à l'obligation d'après sa nature ''. Attendu que de la généralité de ce texte, qui concerne toutes les obligations dans l'absolu, on retient que l'exécution des obligations ne suffit pas au regard de ce qui a été convenu et exprimé dans le contrat, mais comprend les suites que la loi, l'usage et les principes de la justice et de l'équité donnent à l'obligation. Attendu que bien que les deux parties aient convenu expressément à l'obligation de l'acquéreur de notifier par écrit avec accusé de réception avant la fin de la période du bail. Sauf que cela n'exclut pas l'examen de la conformité de ces faits avec les règles de justice qui exigent de ne pas se limiter au sens littéral de ce qui a été déclaré et tenir compte de la volonté des parties, et non de la construction des phrases et ce conformément à l'article 515 du Code des obligations et des contrats. Attendu que le versement du défendeur de la totalité des mensualités constitue une expression tacite de sa volonté de conclure le contrat de vente auquel ne manque que la

[456] Jugement 1ère inst. Tunis, n° 11928, 17 mai 2003, inédit.

rédaction de l'acte final. Attendu que le maintien par la demanderesse de l'application de l'article 4 du contrat constitue un abus sans motif logique, d'autant plus que le défendeur s'est acquitté de toutes ses obligations et que la conclusion de la vente ne comporte aucun préjudice à la demanderesse (...) Il convient de condamner la demanderesse à signer le contrat de vente du véhicule de transport objet du contrat de leasing et ce dans un délai d'un mois à compter de la date de notification de la décision. En cas de refus, la décision tiendra lieu de contrat de vente final ».

Le tribunal a fondé ses deux décisions qu'on estime audacieuses sur l'article 243 Code des obligations et des contrats et a considéré que l'application littérale de la clause contenue dans le contrat révèle un abus, car l'exécution donne satisfaction en substance aux deux parties. En fait, la société voulait s'affranchir de ses obligations et l'exécution littérale du contrat est écartée par le tribunal, car elle s'est avérée abusive. Toutefois, le tribunal n'aurait pas dû recourir à l'article 515 du Code des obligations et des contrats qui concerne l'interprétation des conventions d'autant plus que le contrat était clair, mais le problème résidait dans l'attitude déloyale de la société. Dans le cadre de l'article 243 Code des obligations et des contrats, le juge n'a pas à interpréter un contrat comme dans celui 515, mais plutôt de juger la conduite des parties et déterminer les obligations qui découlent de la nature de l'engagement, il s'agit d'une problématique comportementale nécessitant l'examen de la conduite des parties si elle est conforme à l'attitude d'honnêteté et d'intégrité que requiert l'exécution loyale du contrat. Son travail dans le cadre de l'article 243 est plus fondamental que dans celui de l'article 515, puisqu'au cas par cas, il devra sonder le contenu du contrat et déterminer les obligations qui découlent de la nature d'un tel ou tel engagement. Son travail est de puiser de plus en plus dans l'équité, d'adjoindre au contrat des conséquences que les parties sont présumées avoir accepté indépendamment des stipulations contractuelles. C'est grâce à l'article 243 que les parties sont censées avoir accepté indépendamment des stipulations contractuelles les suites que la loi, l'usage et l'équité donnent à l'obligation d'après sa nature.

B. Le cas de la clause résolutoire

133. Le juge devrait sanctionner les attitudes déloyales de certains créanciers qui rédigent des clauses résolutoires de manière équivoque pour tenir le contractant à leur merci. La présence dans le contrat d'une clause résolutoire n'élimine pas tout pouvoir du juge « puisque celui-ci peut être conduit à constater la résolution et donc, ce faisant, à exercer un contrôle a *posteriori* sur l'accomplissement des conditions telles que fixées par la convention des parties (…) le juge s'est déjà reconnu le pouvoir de la déclarer non avenue lorsqu'elle avait été mise en œuvre par le créancier contrairement à la bonne foi »[457].

La jurisprudence française refuse ainsi de prononcer la résiliation si la clause n'est pas invoquée de bonne foi[458]. Il a été jugé qu'un bailleur ne peut pas demander le bénéfice d'une clause résolutoire à l'encontre de son locataire qui ne paye pas son loyer, dès lors qu'en s'abstenant délibérément de délivrer les quittances des loyers payés, il est directement à l'origine des retards de paiement du locataire mis dans l'impossibilité d'obtenir les allocations logement auxquelles il a droit[459]. La force obligatoire des conventions imprimée à la clause résolutoire expresse trouve son frein naturel dans l'exécution de bonne foi des conventions[460].

Dans un arrêt en date du 31 janvier 1995, la Cour de cassation française a rappelé que l'article 1134, alinéa 3 du Code civil impose que « les conventions doivent être exécutées de bonne foi ; qu'une clause résolutoire n'est pas acquise si elle a été mise en œuvre de mauvaise foi par le créancier »[461].

134. Selon M. Zghab, « l'expérience a prouvé que des personnes mal intentionnées ont intégré dans leurs contrats des clauses résolutoires et ont procédé (…) à se cacher derrière ces clauses afin de résilier le contrat et se soustraire ainsi à leurs obligations après avoir bénéficié des prestations de leurs contractants ou lorsqu'elles se sont rendu compte que l'exécution de leurs obligations peut leur causer des préjudices graves non prévus au moment de la conclusion du contrat (…) Et cela même si elles étaient au courant que le retard dans l'exécution n'est pas

---

457 **MESTRE (Jacques)**, *Le juge et les conditions de la résolution*, RTDCiv. 1987, p. 314 ; Voir aussi **OUELHAZI (Rafik)**, *Le juge judiciaire et la force obligatoire du contrat*, th. Strasbourg, 1997, p. 271 et s.

458 Civ. 3ème, 6 juin 1984, Bull. civ., n° 111 ; civ. 3ème, 13 avr. 1988, D. 1989-334, note J.-L. Aubert ; Cass. 3ème civ. 8 avr. 1987, Bull. civ., III, n° 88, p. 53, JCP 1988, éd. G., II, 21037, obs. Y. Picod ; Cass. 3ème civ., 27 mai 1987, Bull. civ., III, n° 108, p. 63 ; **CORNU (Gérard)**, Obs. RTDCiv. 1977, *Clause résolutoire expresse et obligation de bonne foi*, p. 340.

459 C.A. Paris, 19 Juin 1990, D. 1991, 515, note Y. Picod.

460 **CORNU (Gérard)**, Obs. RTDCiv. 1977, *Clause résolutoire expresse et obligation de bonne foi*, p. 340.

461 Cass. 1ère civ., 31 janv. 1995, Bull. civ. I, n° 5, p. 41 ; D. 1995, p. 389, obs. Ch. Jamin.

le fait d'un manquement pouvant être reproché au cocontractant, mais qu'il est dû à des raisons valables »[462].

M. Denis Mazeaud relève que « lorsqu'un contractant est investi d'un pouvoir unilatéral qui lui donne droit de vie ou de mort sur le contrat, il doit user de ses prérogatives conformément à l'exigence de bonne foi, c'est-à-dire sans commettre d'abus, étant entendu qu'en matière contractuelle le lien entre ces deux notions est extrêmement ténu (...) Lorsque, par le jeu d'une clause résolutoire expresse, le créancier peut effacer brutalement et instantanément le contrat en cours, pour le seul motif que le débiteur s'est rendu coupable d'une inexécution (...) c'est par le biais de la loyauté que le juge peut modérer l'exercice de cette clause dont le dessein est pourtant d'évincer le juge de l'appréciation des conséquences juridiques de l'inexécution »[463].

---

[462] **ZGHAB (Moncef)**, *Principe de loyauté dans l'éxécution des contrats*, R.J.L. décembre 2006, p. 104 ; **HAMOUDA (Mohamed)**, *Op. cit.*, p. 1096.

[463] **MAZEAUD (Denis)**, *Loyauté, solidarité, fraternité ; la nouvelle devise contractuelle ?* in l'avenir du droit, Mélanges en hommage à François Terré, Dalloz 1999, p. 613 et 614.

SECTION II : LA NOTION DE LA BONNE FOI, SUPPORT DE LA THÉORIE DE L'ABUS

135. L'article 103 Code des obligations et contrats dispose qu'« Il n'y a pas lieu à responsabilité civile lorsqu'une personne, sans intention de nuire, a fait ce qu'elle avait le droit à faire. Cependant, lorsque l'exercice de ce droit est de nature à causer un dommage notable à autrui et que ce dommage peut être évité ou supprimé, sans inconvénient grave pour l'ayant droit, il y a lieu à responsabilité civile si on n'a pas fait ce qu'il fallait pour le prévenir ou pour le faire cesser ». Y a-t-il pas en fait un lien entre cet article et celui 243 du même Code ? La bonne foi n'a-t-elle pas été définie comme le fait de ne pas chercher à exploiter abusivement la situation et les avantages de son cocontractant[464] ?

Exécuter une convention de bonne foi, c'est d'une autre manière éviter la survenance d'un dommage à l'autre cocontractant lorsque ce dommage peut être évité ou supprimé sans inconvénient grave pour l'ayant droit. Exécuter une convention de bonne foi c'est faire ce qu'il faut pour prévenir ou faire cesser le dommage qui peut en découler. Dès lors le lien entre l'article 103 et l'article 243 Code des obligations et des contrats est manifeste ; la bonne foi pose une limite à l'exercice des droits. L'abus, il ne connaît pas de formule unique, il ne concerne pas uniquement le droit de propriété, il est une institution juridique qui permet de limiter l'exercice des droits et qui permet à la bonne foi de régner en matière contractuelle. La bonne foi est une règle qui pose des limites générales non seulement à l'exécution des obligations, mais encore à l'exercice de tout droit, à l'accomplissement de tout acte.

136. Le législateur a codifié ces deux règles de manière vaste et générale, il ne fait aucune référence à certains droits tels que le droit de propriété par exemple, il a visé tous les droits, tous les devoirs et obligations sans distinction.

L'exécution de mauvaise foi du contrat engendre un abus. De surcroît, nuire aux autres, c'est manquer à l'exigence de bonne foi tel le cas du créancier qui exerce des prérogatives contractuelles au mépris de cette exigence. L'article 103 Code des obligations et des contrats

---

[464] **BENABENT (Alain)**, *La bonne foi dans l'exécution du contrat*, Rapport français, in La bonne foi, Travaux de l'Association Henri Capitant, t. XLIII, 1994, Litec, p. 291 et s. ; **HAMOUDA (Mohamed)**, *Op. cit.*, p. 1059 ; **BELHADJ JRAD (Ahmed)**, *Le juge civil et l'exécution du contrat*, *Op. cit.*, p. 622 et s.

permet au juge de contrôler l'abus dans une relation contractuelle[465]. Le créancier qui exerce son droit en violant les prescriptions de la bonne foi, ou le débiteur qui manque dolosivement à une quelconque obligation contractuelle agissent au mépris de la bonne foi et de la prohibition de l'abus dans l'exécution du contrat. Les cocontractants doivent montrer une honnêteté, une diligence, une fidélité, une franchise, ils doivent s'entraider pour la bonne exécution du contrat, et sur le fondement de l'article 243 Code des obligations et des contrats le juge sanctionne l'utilisation abusive d'une prérogative contractuelle et l'indifférence au sort de son cocontractant.

137. Par ailleurs, le sens du manquement à la bonne foi tel que nous optons pour se traduit par une simple faute d'imprudence qui diffère de celle de l'article 103 Code des obligations et des contrats qui évoque l'intention de nuire. Prenons l'exemple d'un contrat conclu entre un fournisseur et un agent commercial qui contient une clause interdisant à ce dernier de pratiquer des prix au-delà d'un seuil fixé par le fournisseur. L'exécution d'un tel contrat est certes abusive pour l'agent commercial qui ne pourra guère pratiquer des prix concurrentiels. Mais est-ce que cela est constitutif d'une faute traitée sur le fondement de l'article 103 Code des obligations et des contrats ou bien sur le fondement de l'article 243 Code des obligations et des contrats ? Peut-on parler du manquement du fournisseur à l'exigence de bonne foi dans l'exécution du contrat en imposant à l'agent commercial l'exécution ponctuelle d'une telle stipulation ? Ou d'une malice caractérisée par l'intention de nuire, si le fournisseur ne fait pas ce qu'il faut pour prévenir ou faire cesser le dommage notamment lorsque l'exécution intégrale est inutile pour le fournisseur et préjudiciable à l'agent commercial ?

Si l'exécution satisfait à l'ensemble des obligations stipulées par le créancier et pour autant il revendique une exécution ponctuelle et littérale, certes le créancier abuse ainsi de ses prérogatives qui lui sont offertes par la convention. L'intention de nuire est présumée à partir du moment où l'exécution intégrale du contrat est inutile[466]. En présence

---

[465] Cf. conclusions JEOL, sous AP 1er déc. 1995, D. 96 JP. p. 14 : « on propose d'organiser la protection du distributeur ou du client (...) ; de faire application à cette fin des prescriptions de l'art. 1134 du Code civil prévoyant que les conventions seront exécutées ''de bonne foi''; en conséquence d'inviter le juge à contrôler la fixation du prix lorsque le fournisseur de biens ou le prestataire de services abusait de la faculté (...) de le fixer unilatéralement ».

[466] **PICOD (Yves)**, *Le devoir de loyauté dans l'exécution du contrat, Op. cit.*, n° 145, p. 168.

de l'intention de nuire c'est donc l'article 103 Code des obligations et des contrats qui s'applique, « le juge ne doit pas s'en tenir à surveiller l'exécution de ce qui a été formellement prévu par les parties », mais également il doit « obliger celles-ci à se comporter loyalement l'une vers l'autre et à se faire confiance mutuelle »[467]. Certes c'est l'article 243 qui s'applique en l'absence d'intention de nuire.

138. Bien que la faute d'abus pourrait bien exister en présence d'un droit ou en dehors de tout droit, dans l'exécution du contrat ou en dehors, ce sont les illustrations de cette faute dans l'exécution du contrat qui nous intéresse. L'abus dans l'exécution du contrat pourrait bien se manifester dans l'exercice d'un droit, d'une prérogative contractuelle ou encore dans le manquement du créancier à une obligation contractuelle[468] ou dans l'inexécution dolosive du débiteur de ses engagements.

La théorie de l'abus ne créait aucune difficulté dans la mesure où l'abus n'était pas appliqué dans le domaine contractuel, la situation se diffère lorsqu'il concerne l'exécution du contrat. Si la malhonnêteté, l'infidélité, la malveillance… traduisent une faute délictuelle ; le manquement à une quelconque obligation contractuelle, l'inexécution traduisent une faute contractuelle.

Prenons l'exemple d'un pacte de préférence[469] où un contractant promet de privilégier son cocontractant dans la conclusion d'un contrat de vente. Cependant la vente se fait à une tierce personne. Certes, il y a là une faute contractuelle qui se traduit dans l'inexécution du contractant de son engagement, mais encore une faute délictuelle, cette faute est différente de l'inexécution, elle consiste dans la trahison de la confiance de son cocontractant et dans l'indifférence déceptive à l'égard d'autrui qui a pour fondement l'article 83 du Code des obligations et des contrats.

L'attitude fautive, écrit M. Philippe Stoffel-Munck, est source de responsabilité par elle-même sans qu'il importe qu'elle se manifeste dans l'exercice d'un droit ou dans l'inexécution d'un engagement[470].

---

[467] **CASSIN (R.)**, *De l'exception tirée de l'inexécution dans les rapports synallagmatiques et de ses relations avec le droit de la rétention, la compensation et la résolution*, th. Paris 1914, p. 572.

[468] Voir infra n° 151 et s.

[469] **Ezzine (Mohamed)**, *Théorie générale des obligations, Le contrat, Op. cit.*, n° 148.

[470] **STOFFEL-MUNCK (Philippe)**, *Op. cit.*, n° 96, p. 82.

L'auteur indique que « si par habitude on peut bien continuer à mêler le mot d'abus à ce genre de faute, c'est bien davantage d'abus par déloyauté que d'abus de droit qu'il convient de parler. Cette espèce d'abus envoie à une problématique comportementale indépendante de l'appréciation de la légitimité du droit »[471].

139. Il s'agit en effet d'un jugement de valeur sur le comportement du contractant. Il en résulte que la faute d'abus pourrait être une faute contractuelle ou délictuelle, elle peut avoir pour fondement soit les articles 243 et 83 Code des obligations et des contrats en l'absence d'intention de nuire, soit les articles 103 et 82 Code des obligations et des contrats en présence de cette intention.

En matière contractuelle, on ne peut pas dissocier l'abus de la règle de bonne foi prévue par l'article 243 Code des obligations et des contrats. Du moment où les droits contractuels du créancier sont qualifiés d'abusifs, du moment où le débiteur n'exécute pas délibérément ses engagements, ils seront sanctionnés. Il semblait en effet ne pas exister, en l'absence d'intention de nuire, de meilleur fondement à la faute d'abus en matière contractuelle que le principe d'exécution de bonne foi[472], il en est un véritable critère (**Paragraphe I**), applicable en matière contractuelle et extra-contractuelle (**Paragraphe II**).

Paragraphe I : Le manquement à la bonne foi, critère d'abus dans l'exécution du contrat

140. En droit français, la doctrine invoque la bonne foi par la mise en œuvre de la théorie de l'abus, un auteur observe qu'« il est vain de vouloir nier la solide implantation de la théorie de l'abus de droit en matière contractuelle, implantation d'autant plus légitime qu'elle répond aux prescriptions mêmes de Code civil dont l'article 1134 impose l'exécution de bonne foi des stipulations contractuelles ».[473] La Cour de cassation française a indiqué que « méconnaît les règles relatives à la détermination du prix et à l'exécution de bonne foi des conventions, la Cour d'appel qui annule (...) un contrat (...) dès lors

---

[471] Ibid., n° 97, p. 83.

[472] **ROMAIN (Jean-François)**, *Théorie critique du principe général de bonne foi en droit privé*, Bruxelles, 2000, n° 389, p. 886.

[473] **TAISNE (J. J.)**, Note sous cass., 3ème civ., 11 mai 1976, D. 1978, p. 269.

(…) qu'il n'était pas allégué que le fournisseur ait abusé de l'exclusivité qui lui était réservée »[474].

En droit suisse, un auteur relève que « dans la mesure ou l'alinéa premier aussi bien que l'alinéa 2 de l'article 2 CC (suisse)[475] s'adressent non seulement au juge, mais aussi directement aux justiciables, il est difficile de les dissocier complètement : l'interdiction de l'abus de droit apparaît tout naturellement comme une barrière érigée contre la violation (manifeste ?) des règles de la bonne foi. Si celles-ci visent à assurer le climat de confiance (…) en faisant ressortir certaines limites immanentes des droits subjectifs et en déterminant ainsi en même temps leur ''étendue''(…) il est assez logique de considérer qu'au-delà de ces limites ''où le droit cesse commence l'abus'' »[476].

La Cour de cassation belge a de son côté consacré ce critère dans un arrêt du 19 septembre 1983 en affirmant que « le principe de l'exécution de bonne foi des conventions consacré par l'article 1134 du Code civil, interdit à une partie au contrat d'abuser des droits que lui confère celui-ci », et a cassé la décision de fond au motif que celle-ci n'avait pu légalement déduire « un manquement à l'obligation de la demanderesse d'exécuter de bonne foi le contrat d'emploi litigieux du seul fait qu'elle aurait usé dans son seul intérêt personnel des prérogatives que le contrat lui réservait »[477].

En droit allemand, la Cour Fédérale a répété à maintes reprises « l'exception d'exercice de droit illicite trouve son fondement légal dans la disposition civile et juridique du § 242 BGB » ou encore « l'interdiction de l'exercice des droits illicites est une autre expression

[474] Cass. 1ère civ., 29 novembre 1994, Contrats, conc., consom. 1995, comm. 24, obs. Laurent Leveneur ; JCP 1995, II, 22371, note Jacques Ghestin ; D. 1995, Jur., 122, note Laurent Aynès.

[475] L'article 2 du Code civil suisse dispose dans son alinéa 2 : « Chacun est tenu d'exercer ses droits et exécuter ses obligations selon la règle de la bonne foi ; l'abus manifeste d'un droit n'est pas protégé par la loi ».

[476] **WIDMER (Pierre)**, *Bonne foi et abus de droit. Principe ?-Portée ?-Panacée ? Une tentative de synthèse impossible*, in « Abus de droit et bonne foi», sous la dir. de Widmer et Cottier, éd. Univ. de Fribourg, 1994, p. 343.

[477] Cass. 3ème ch., 19 septembre 1983, RCJB 1986, 282, note J. L. Fagnart ; Adde, Cass. 1ère ch., 17 mai 1990, RCJB 1990, 595, note Jacques Heenen ; Cass. 1ère ch., 30 janvier 1992, RCJB 1994, 185, note Paul Foriers.

du principe de bonne foi ». La Cour estime par ailleurs que « tout exercice de droit doit se tenir dans les limites de la bonne foi »[478].

Le tribunal de première instance de Tunis a consacré explicitement ce lien dans deux décisions,[479] décidant que « l'article 243 du Code des obligations et des contrats dispose que ''Tout engagement doit être exécuté de bonne foi, et oblige, non seulement à ce qui y est exprimé, mais encore à toutes les suites que la loi, l'usage ou l'équité donnent à l'obligation d'après sa nature '' (…) que le maintien par [la société] de l'application de l'article 4 du contrat constitue un abus sans motif logique d'autant plus que [le cocontractant] s'est acquitté de toutes ses obligations sans manquement et que la rédaction du contrat final ne porte aucun préjudice à la société ». En tant que critère incontesté d'abus dans l'exécution du contrat ; le manquement à la bonne foi (A.), est apprécié d'un point de vue objectif (B.).

A. Un critère incontesté

141. Chaque cocontractant est tenu d'une conduite correspondante aux exigences de bonne foi. Le doyen Carbonnier relève que « beaucoup d'auteurs (…) continuent d'être attirés par un texte qui n'est pas sans résonance morale. Il semble qu'à la bonne foi contractuelle puissent être rattachées des devoirs plus au moins actifs, [notamment] au-delà de l'exécution des obligations qui forment le contenu du contrat, une conduite globale (chez le créancier aussi bien que chez le débiteur) à apprécier selon la morale »[480]. La bonne foi suppose en effet, un comportement sincère, loyal et honnête. M. Philippe Stoffel-Munck, dans sa thèse, cite à cet égard quelques illustrations, il précise que « si le créancier a laissé espérer qu'il était particulièrement digne de confiance, bienveillant, tempérant et compréhensif, s'il a, en synthèse, adopté une attitude amicale envers son cocontractant, la confiance de ce dernier s'est également portée sur ces qualités-là », s'il trahit par la suite ces qualités sur lesquelles s'est portée la confiance du

---

[478] Arrêts rapportés par **JALUZOT (Beatrice)**, *La bonne foi dans les contrats, Etude comparative de droit français, allemand et japonais*, Nouvelle Bibliothèque de Thèses, Dalloz 2001, n° 1412, p. 404 et 405 ; L'article 242 du BGB dispose : « Le débiteur a l'obligation d'exécuter la prestation comme l'exige la bonne foi (comme l'exigent la confiance et la fidélité) eu égard aux usages ».

[479] Trib. prem. inst. Tunis, jugements n° 10274, 15 février 2003 et n° 11928 du 17 mai 2003, précités.

[480] **CARBONNIER (Jean)**, *Droit civil*, t. 4, Les obligations, coll. Thémis, 20 ème éd. 1996, n° 144, p. 213.

cocontractant, cela est constitutif d'abus. En avançant dans les développements, l'auteur indique que si « un tour particulièrement amical avait coloré la relation, l'indifférence déceptive dont fera finalement preuve le créancier à l'égard du débiteur pourra être sanctionnée »[481].

Dans le domaine contractuel, lorsque le cocontractant est en face d'une personne avec laquelle elle a une relation antérieure et à qui elle a fait confiance[482], le comportement déceptif dont fera preuve l'autre partie, constitue une faute. Tel par exemple le cas d'un non-renouvellement d'un contrat de concession à durée déterminée, alors que le concédant a entretenu le concessionnaire dans l'illusion que le contrat serait renouvelé[483].

Un arrêt de la Cour de cassation française, illustre bien cette mauvaise volonté, en l'espèce, Mme Alary héritière d'une participation, s'est adressée au président de conseil d'administration d'une société pour demander conseil à propos de la revente de ses parts. Ce dernier les rachète, toutefois, il omet de lui signaler qu'était en cours une cession de contrôle, valorisant les titres. La Cour de cassation a considéré que « M. Bernard Vilgrain a manqué au devoir de loyauté qui s'impose au dirigeant d'une société à l'égard de tout associé »[484]. En l'espèce « Mme Alary s'était adressée à M. Vilgrain en pleine confiance »,[485] car il était un ami de la famille, cependant ce dernier avait revendu ses parts pour près de trois fois le prix, ce qui caractérise son manquement à la bonne foi et aux exigences de la bonne morale. La Cour de Paris a également condamné la manière dont un acteur avait « cessé de poursuivre avec bonne foi l'exécution de la convention », cherchant à faire échouer le projet avec différents scenarii pour recouvrir sa disponibilité[486].

142. Les parties au contrat doivent coopérer, s'aider, le débiteur doit exécuter ses engagements, le créancier ne doit pas surcharger son

---

481 **STOFFEL-MUNCK (Philippe)**, *Op. cit.* n° 238 et 239, p. 194, 195 et 196.
482 **LOKSAIER (Fredj)**, *Le fondement de la responsabilité contractuelle du transporteur dans les transports terrestres internes*, R.J.L., mai 1995, p. 5.
483 Cass. com., 8 mai 2000, RTDCiv. 2001. 137, obs. J. Mestre et B. Fages.
484 Cass. com. 27 février 1996, Bull. civ. IV, n ° 65, p. 50 ; D. 1996, jur., 518, note Philippe Malaurie ; JCP 1996, II, 22665, note Jacques Ghestin ; RTDCiv. 1997, 114, obs. Jacques Mestre.
485 **MESTRE (Jacques)**, note sous arrêt RTDCiv. 1994, 854.
486 C.A. Paris, 30 mai 1961, D. 1961, jur., 669, note Gérard Lyon - Caen.

débiteur, contraindre celui-ci au mode d'exécution le plus lourd. Cette indifférence au sort de son cocontractant est caractéristique dans les rapports entre le bailleur et le locataire.

Deux décisions de la troisième chambre civile de la Cour de cassation française[487], où dans les deux espèces, le bailleur avait attendu la deuxième quinzaine de juillet pour sommer le locataire en vacances d'exécuter ses obligations (réparations à sa charge, paiement du loyer) dans le délai convenu (un mois, huit jours) de manière à s'assurer qu'il ne pourra s'en acquitter avant le délai de mise en demeure. Dans les deux cas, la Cour de cassation a approuvé le juge du fond d'avoir jugé que les sommations, demeurées infructueuses, devaient être sans effet, dès lors que le bailleur avait manqué à la bonne foi.

La Cour d'appel de Paris, pour reprocher de son côté à un créancier, d'avoir invoqué une clause résolutoire pour défaut de paiement de loyers, alors que ce dernier n'avait pas remis les quittances à son locataire et l'avait ainsi empêché de bénéficier de l'allocation-logement, a considéré que le créancier a contrevenu aux dispositions de l'article 1134 du Code civil en ne facilitant pas à son débiteur l'exécution de ses engagements[488]. Ainsi manque-t-il à la bonne foi, le propriétaire qui demande une augmentation du loyer de son locataire en évoquant la longue période durant laquelle le loyer était resté stable. Mais il avait troublé sa jouissance pendant des années par divers moyens.

Parmi les exemples qui caractérisent le manquement à la bonne foi, le maître d'ouvrage qui modifie maintes fois ses ordres de travaux, obligeant l'entrepreneur à d'importantes réorganisations de ses chantiers. La convention, même si elle prévoit la possibilité de demander des modifications par le maître d'ouvrage, c'est à condition que les dépenses ne dépassent pas un certain seuil. L'entrepreneur ne peut pas obéir sans limites à cette demande de modifications ce qui entravera l'exécution. Le créancier doit de faciliter à son cocontractant

[487] Cass. 3ème civ., 29 juin 1976, Rev. Loyers 1976, 437 ; Cass. 3ème civ., 15 déc. 1976, Bull. civ. III, n° 465, p. 354, RTDCiv. 1977, obs. Gérard Cornu, p. 340.
[488] C.A. Paris, 19 juin 1990, D. 1991, jurispr. p. 515, note Yves Picod, précité, décision confirmée par Cass. 3ème civ., 17 juill. 1992, RJDA 1992, note 996 ; Req. 1 décembre 1897, Sirey 1899. 1. 174 ; Dalloz 1898. 1. 289, note Marcel Planiol.

l'exécution de ses engagements, faute de quoi il y aurait manquement à la bonne foi[489].

Est en faute par exemple, la compagnie d'éclairage d'électricité qui suspend la fourniture de la lumière de son abonné, car ce dernier, après avoir payé la majeure partie d'une facture mensuelle d'un montant élevé, a soulevé une contestation de 22 francs[490]. Abuse également de ses prérogatives contractuelles la compagnie d'éclairage qui suspend le service d'une abonnée qui a refusé de payer le coût de quelques lettres recommandées[491].

Le créancier doit faciliter à son débiteur l'exécution de ses obligations en lui procurant toute la collaboration nécessaire. La société qui s'était trouvée, du fait de la disparition de son exemplaire du contrat la liant à un distributeur, dans l'obligation de demander communication du sien pour pouvoir préciser sa position au regard des engagements pris par les deux parties, était en droit de reprocher à son cocontractant son refus de communication du contrat et son manquement à la bonne foi[492]. En s'installant dans les lieux, un fermier avait trouvé des bâtiments détériorés, des terres abandonnées, il a engagé d'énormes frais pour remettre tout en état, il était contraire à l'exigence de bonne foi d'exiger de lui le paiement immédiat d'un fermage élevé[493].

M. Philippe Stoffel-Munck indique que « cette infirmière qui, se prétendant en arrêt maladie, continuait à percevoir son salaire tout en travaillant pour un concurrent de son employeur, nous semble d'une part hypocrite, d'autre part incohérente, et de troisième part cupide. Amené à certaines extrémités, l'esprit de lucre paraît, en effet, caractériser une faute »[494].

Dans un arrêt de la Cour de cassation française en date du 27 avril 1991, une société de distribution avait acquis un terrain pour y batir un supermarché. Treize ans plus tard, le terrain étant toujours inconstructible, la société l'a revendu à la commune. Quatre mois plus tard, il était déclaré constructible et revendu quatre fois plus cher à une

---

[489] D. 1991, jur. 515, note Yves Picod ; RIEG (Alfred), J. Cl. civil, art. 1134 et 1135, fasc. 11, 1989, n° 103.
[490] Req. 1 décembre 1897, Sirey 1899. 1. 174 ; Dalloz 1898. 1. 289, note Marcel Planiol.
[491] Trib. civ. Versailles 12 mai 1905, D. P. 1907. 2. 239.
[492] C.A. Paris, 19 mai 1977, D. 1977, inf. rap. p. 91.
[493] C.A. Colmar, 15 févr. 1963, RJAL 1963, p. 79.
[494] **STOFFEL-MUNCK (Philippe)**, *Op. cit.*, n° 103, p. 88, à propos de C.A. Paris, 23 novembre 1982, D. 1983.

autre société de distribution. La Cour d'appel a nié la faute de la commune ; « le fait pour un contractant de garder le silence sur son intention de revendre, alors même qu'il est en pourparlers avec un acheteur éventuel, ne suffit pas, sans autre circonstance, à établir les manœuvres illicites constitutives de dol ». La Cour de cassation fait preuve de diligence et casse ; « en statuant ainsi, sans rechercher si la réticence de la commune à informer la venderesse du déclenchement de la révision du POS, qui était de nature à conférer une pluvalue aux terrains mis en vente et dont le changement de classement avait été sollicité, ne constituait pas un manquement à la bonne foi, la Cour d'appel n'a pas donné de base légale à sa décision »[495].

143. Dans un arrêt rendu par la Cour de cassation tunisienne[496], il apparait que des héritiers ont exposé dans leur requête que leur légataire avait acheté de son frère un terrain en vertu d'un acte sous seing privé. La vente répondait à toutes les conditions sauf qu'il y a eu omission concernant le numéro du lot et le titre foncier sous lequel il a été enregistré auprès de l'administration de la conservation foncière. L'administration de la conservation foncière a exigé un avenant au moment de l'inscription, mais le défendeur s'est abstenu de le faire. La Cour a relevé que « les dispositions de l'article 243 du Code des obligations et des contrats disposent que ''tout engagement doit être exécuté de bonne foi, et oblige, non seulement à ce qui y est exprimé, mais encore à toutes les suites que la loi, l'usage ou l'équité donne à l'obligation d'après sa nature''. L'obligation du défendeur qui consiste à signer tout document exigé pour l'enregistrement du contrat de vente auprès de la conservation foncière, est considérée comme droit susceptible de naître au demandeur au titre de l'acte de vente. Il est entendu que les droits ne sont pas sujets à la prescription sauf au moment de leur naissance (article 393 du Code des obligations et des contrats). Les droits des demandeurs dans la signature de l'avenant ne peuvent être considérés naissants à la date où l'administration de la conservation foncière leur a réclamé, c'est-à-dire le 14 février 1991, date de l'écrit adressé par l'administration ci-dessus aux demandeurs. Et sur ce, le droit d'agir en justice ne pouvait être considéré prescrit au moment de l'acte introductif d'instance en date du 11 juillet 1991.

[495] Cass. 3ème civ. 27 avr. 1991, Société Alsacienne des supermarchés, Bull. civ. III, n° 108 ; C.C.C. juin 1991, n° 133, obs. L. Leveneur ; RTDCiv. 1992, p. 81 et RTDCiv. 1994, p. 353, obs. J. Mestre.

[496] Cass. civ. n° 40432, 21 mai 1996, Bull. 1996, I, p. 316.

Ainsi, la décision objet de l'appel est contraire à la loi et doit être rejetée ».

Pour reprocher à l'employeur la conclusion d'un contrat à durée déterminée, alors que l'ancienneté de l'ouvrier a dépassé trois ans et que rien dans le dossier ne prouve qu'il a été engagé pour effectuer des travaux occasionnels ou saisonniers, la Cour de cassation tunisienne[497] a considéré que l'employeur a contrevenu aux articles 242 et 243 du Code des obligations et des contrats et que le contrat a été conclu de mauvaise foi, non pas dans l'intérêt réel de l'entreprise.

Le contractant ne doit pas agir indifféremment au regard de ce qui a été convenu, ainsi lorsqu'une marchandise est importée de l'étranger au nom d'un acheteur qui la réceptionne auprès des douanes à son arrivée. Sa réticence à en prendre possession à son arrivée malgré la notification qui lui a été adressé par le biais de la banque suivant les procédures commerciales en vigueur avec l'étranger, jusqu'à ce qu'elle ait été vendue par les services des douanes aux enchères, ne l'exempte pas de s'acquitter de sa valeur, mais l'oblige à verser l'équivalent de sa valeur ainsi les frais inhérents[498].

Il a été également jugé que charger autrui à réparer son véhicule en panne, qu'il lui a confié avec les pièces de rechange achetées. A cet effet, il a mis du retard et il a même considéré comme rebut (irréparable), tout en reconnaissant la relation ; la décision, rendue en faveur du propriétaire pour lui restituer son véhicule dans l'état où il se trouvait sans lui accorder ce qu'il réclamait comme valeur de cette dernière avec le prix des pièces de rechange ainsi que l'indemnisation, sans débattre ses réclamations fondamentales ou y accéder fait que cette décision ne soit pas suffisamment motivée[499].

B. Appréciation de la faute[500]

144. Il est plus facile de constater que le contractant avait manqué à la bonne foi que de prouver qu'il avait agi avec intention de nuire. En effet, il suffit d'apprécier objectivement l'exécution du contrat et de constater par la suite que le contractant avait manqué à la bonne foi, par

---

497 Cass. civ. n° 67916, 9 juillet 1999, R.J.L. mars 2001, p. 111.

498 Cass. civ. n° 5839, 3 mars 1982, Bull. 1982, II, p. 337.

499 Cass. civ. n° 6827, 22 juin 1982, Bull. 1982, III, p. 184.

500 Voir supra n° 122 et s.

contre, l'intention de nuire ne se présume pas du fait d'une inexécution imparfaite[501].

L'examen de l'exécution d'un point de vue objectif permet au juge de constater si le cocontractant répond de façon satisfaisante aux attentes de l'autre partie. Si le juge considère que le contractant exécute ses prestations avec un « minimum d'utilité » (un propriétaire qui refuse de donner à son débiteur des facilités de paiement, un locataire qui ne verse pas fidèlement les loyers qui lui sont dus, un bailleur qui refuse de donner les quittances de loyer à son locataire…), il doit considérer que le cocontractant manque à l'exigence de bonne foi et ne collabore pas pour la bonne exécution du contrat. Celui qui « exerce son droit contrairement à la bonne foi ne jouit plus de la protection juridique. Son comportement devient illicite, il n'est plus que l'apparence de l'exercice du droit. La notion de la bonne foi est interprétée dans le sens objectif (...) le juge n'a pas besoin d'examiner la conscience, la motivation ou le psychisme d'une personne. Il ne doit prendre en compte que les intérêts des parties et le but du droit (appréciation objective) »[502].

145. L'article 243 Code des obligations et des contrats invite les parties à respecter la bonne foi, la loi, l'usage et l'équité, pour déterminer si un acte ou une omission viole ces préceptes. Les juges sont tenus de peser concrètement les intérêts en présence, de vérifier si le cocontractant a exécuté de bonne foi le contrat, ou s'il a manqué à une quelconque obligation, en dépassant les limites normales d'utilisation du droit contractuel ou en agissant par indifférence au sort de son cocontractant. Tel le cas où le comportement du contractant est purement vexatoire ce qui pourrait être considéré comme un manquement à la bonne foi sanctionnable sur le fondement de l'article 243 Code des obligations et des contrats.

L'appréciation exercée par le juge saisi s'établit ainsi dans le sens du constat d'un dépassement certain de la marge des comportements admissibles par un bon contractant normalement prudent, diligent et de bonne foi. La bonne foi « est intimement liée au modèle du bon père de famille : si le débiteur s'est comporté en bon père de famille il n'est pas

---

[501] Voir supra n° 51, 53, 79 et s., 87 et s.

[502] **DELEANU (Ion)**, *Les repères de la doctrine et de la jurisprudence romaine concernant l'exercice abusif des droits subjectifs*, in « Abus de droit et bonne foi », sous la dir. de Widmer et Cottier, éd. univ. de Fribourg, 1994, p. 316.

en faute ; il en va de même s'il est de bonne foi »[503], et il en est de même pour le créancier.

Paragraphe II : La portée extensive de la bonne foi applicable en matière contractuelle et extra-contractuelle

146. La faute d'abus dans l'exécution du contrat se caractérise par le manquement à la bonne foi. Cette faute est de type contractuel lorsqu'elle consiste en un manquement à une obligation contractuelle[504]. De la même façon que l'abus dans l'exécution du contrat se fonde dans l'exigence de bonne foi consacrée notamment par l'article 243 du Code des obligations et des contrats, l'abus en matière contractuelle, en l'absence de fautes contractuelles, se fonde dans l'exigence de bonne foi qui est exprimée à l'article 83 du Code des obligations et des contrats.

Nous examinerons cette portée extensive de l'exigence de bonne foi en étudiant d'une part, le lien entre abus et bonne foi (A.) et d'autre part le lien entre la bonne foi et le droit de la responsabilité extra-contractuelle (B.).

A. Le lien entre abus et bonne foi

147. L'abus et la bonne foi sont étroitement liés, « les idées qu'ils recouvrent sont proches »[505]. Ce lien se reflète au niveau de certaines législations telles que par exemple le droit grec (article 281 du Code civil) et le droit portugais (article 334 du Code civil) qui disposent que l'exercice d'un droit est « illégitime lorsque son titulaire excède manifestement les limites imposées par la bonne foi ». L'article 7 du

---

[503] **LYON-CAEN (Gérard)**, *De l'évolution de la notion de bonne foi*, RTDCiv. 1946, n° 25, p. 95 et 96. L'auteur ajoute qu' « il est à remarquer que sur le terrain de la charge de la preuve, la preuve de la bonne foi ne suffira pas à exonérer le débiteur de sa responsabilité : bonne foi n'est pas force majeure, et il est de principe que seule la force majeure, constituant la cause étrangère, peut décharger le débiteur de sa responsabilité. Il faut donc conclure que la bonne foi - absence de faute n'a pas, en fait, pour résultat de supprimer la responsabilité du débiteur ».
Si le débiteur s'est comporté en bon père de famille mais n'a pas pu, pour des raisons indépendantes de sa volonté, exécuter son obligation ; c'est cette situation que les juges visent en exigeant la bonne foi du débiteur pour lui octroyer un délai de grâce.

[504] Voir infra n° 224 et s.

[505] **JALUZOT (Béatrice)**, *La bonne foi dans les contrats, Etude comparative de droit français, allemand et japonais*, Dalloz 2001 ; **GARJI (Sofien)**, Devoir de loyauté dans l'exécution des contrats, Op. cit., p. 68, 155 et s. ; **NASSIF (Elyes)**, *Encyclopédie des contrats civils et commerciaux*, t. II, *Op. cit.*, p. 17 et 18.

nouveau Code civil québécois dispose qu'« aucun droit ne peut être exercé en vue de nuire à autrui ou d'une manière excessive et déraisonnable, allant ainsi à l'encontre des exigences de la bonne foi ». De même au Japon, l'article 1 alinéa 2 du Mimpô dispose que « l'exercice des droits et l'exécution des obligations doivent être faits de bonne foi et avec loyauté ». Encore le Code civil suisse qui dispose dans son article 2 que « chacun est tenu d'exercer ses droits et d'exécuter ses obligations selon la règle de la bonne foi ; l'abus manifeste d'un droit n'est pas protégé par la loi ». L'article 1-106 des Principes de droit européen du contrat dispose également « dans l'exercice de ses droits et l'exécution de ses obligations, chaque partie est tenue d'agir conformément aux exigences de la bonne foi ». Le Code libanais des obligations de 1932 dispose dans son article 124 « doit également réparation celui qui a causé un dommage à autrui en excédant dans l'exercice de son droit, les limites fixées par la bonne foi ou par le but en vue duquel ce droit lui a été conféré ».

148. En droit belge, un arrêt de la Cour de cassation consacre d'une manière caractéristique ce lien, l'arrêt indique que « si le principe de l'exécution de bonne foi des conventions, consacré par l'article 1134 du Code civil, interdit à une partie au contrat d'abuser des droits que lui confère celui- ci, pareil abus suppose que lorsque cette partie use, dans son seul intérêt, d'un droit qu'elle puise dans la convention, elle en retire un avantage disproportionné à la charge corrélative de l'autre partie »[506].

Le lien est caractéristique en matière de rupture des relations contractuelles. La Cour de cassation française a maintes fois affirmé que « dans les contrats à exécution successive dans lesquels aucun terme n'a été stipulé, la résiliation unilatérale est, sauf abus sanctionné par l'alinéa 3 de l'article 1134 du Code civil, offerte aux parties »[507].

---

[506] Cass. 3ème ch. 19 septembre 1983, RCJB 1986, 282, note J. L. Fagnart ; De même l'arrêt du 19 septembre 1983, Pas., 1984, I, 55 et l'arrêt du 20 février 1992 disposant « une partie ne viole pas l'article 1134 alinéa 3 du Code civil consacrant le principe de l'exécution de bonne foi des conventions lorsqu'elle fait usage du droit qu'elle trouve dans la convention légalement formée, sans qu'il soit établi qu'elle en a abusé ». Pas., 1992, I, 549.

[507] Cass. 1ère civ. 05 février 1985, Bull. civ. I, n° 54, p. 52 ; RTDCiv. 1986, 105, obs. Jacques Mestre ; Cass. com., 14 novembre 1989, Bull. civ. IV, n° 286, p. 193 ; Cass. com., 31 mai 1994, JCP 1994, I, 3803, n° 1, obs. Georges Virassamy, Defrénois 1994, art. 35891, obs. Philippe Delebecque, p. 1126 ; RTDCiv. 1995, 108, obs. Jacques Mestre ; Cass. 1ère civ., 11 juin 1996, Resp. civ. et assur. 1996, comm. n° 300 ; Contrats, conc., consom. 1996, comm. 164, obs. Leveneur.

En effet, le patron qui congédie brusquement l'ouvrier, sans respecter le délai de préavis, viole le contrat, la loi, l'équité ou l'usage.[508] En 1998, M. Denis Mazeaud proposait, à la suite d'une décision de la Cour de cassation[509], « en déclinant la notion de bonne foi (...) on peut en effet considérer que les motifs erronés ou fallacieux avancés par l'auteur de la rupture, en dépit de l'absence de toute volonté de nuire, établissent la déloyauté de l'auteur de la rupture et est alors constitutif d'un abus dans la résiliation du contrat ».

Le Tribunal de commerce de Bordeaux a décidé le 27 janvier 1997[510] qu'« étant un contrat à durée indéterminée, il pouvait être rompu à tout moment par chaque partie, mais les contrats devant être exécutés loyalement et de bonne foi jusqu'à leur achèvement, avec un délai de préavis raisonnable ».

M. Loussayef relève que « le législateur tunisien a pris en compte la théorie de l'abus et l'a fondé en premier lieu sur la mauvaise foi »[511]. Le lien entre l'abus et la bonne foi est affirmé de manière caractéristique dans les deux affaires rendues par le tribunal de première instance de Tunis[512] qui a considéré que l'application littérale d'une clause contenue dans un contrat constitue un abus caractérisé par le manquement à la bonne foi prévue par l'article 243 du Code des obligations et des contrats.

B. Le lien entre la bonne foi et le droit de la responsabilité extra-contractuelle

149. L'exigence de bonne foi commande en matière contractuelle de ne pas tromper autrui, de respecter la personne du cocontractant, de ne pas agir par indifférence à son égard. Le principe s'applique aussi en matière extra-contractuelle et prescrit de ne pas faire subir à autrui un dommage que l'on ne voudrait pas soi-même subir. On perçoit que la bonne foi joue un rôle de fondement, également dans le droit de la

---

[508] **CAPITANT (Henri)**, *Sur l'abus des droits*, RTDCiv. 1928, p. 367.

[509] Obs. sous. cass. com. 3 juin 1997, SNC Mercure c. SA SIDR, D. 1998, som. com. p. 113.

[510] T. com. Bordeaux, 27 janvier 1997, Marie Brizard c. William Grant, rapporté par P. Mousseron, JCP 1997. I. 617, n° 9. Obs. sous. cass. com. 3 juin 1997, SNC Mercure c. SA SIDR, D. 1998, som. com. p. 113.

[511] **LOUSSAIEF (Mohamed)**, *La régle de l'abus de droit et son évolution*, 15 mars 1963, R.J.L. p. 6.

[512] Jugements n° 10274, 15 février 2003 et n° 11928, 17 mai 2003, précités ; Voir aussi Cass. civ. n° 6189, 13 avril 2001, Bull. 2001, II, p. 286 ; Cass. civ. n° 4372, 22 décembre 2000, Bull. 2000, I, p. 319.

responsabilité extra-contractuelle, elle s'oppose à ce que l'on agisse indifféremment à l'égard d'autrui et que l'on lui impose un dommage par négligence et imprudence.

L'exigence de bonne foi exprime en droit un reflet d'une exigence d'ordre moral, elle commande de ne pas tromper autrui et ne pas agir avec imprudence et négligence à son égard (article 83 Code des obligations et des contrats), contrairement au standard de l'honnête homme, le bon père de famille. La bonne foi postule que l'on se respecte mutuellement et que l'on répare les conséquences dommageables de sa faute. On perçoit que les articles 83 Code des obligations et des contrats et 243 Code des obligations et des contrats sont intrinsèquement liés.

150. Nous ne voyons pas quelle objection majeure s'oppose à ce qu'on rattache l'abus au principe d'exécution de bonne foi (article 243 Code des obligations et des contrats), lorsqu'on se trouve en matière contractuelle, ou à la norme de bonne foi énoncée aux articles 82 et 83, en matière extracontractuelle[513]. Le « devoir de solidarité, de collaboration procède de l'obligation de respecter la bonne foi. La bonne foi suppose, en effet, un comportement sincère, loyal et honnête. Elle doit régner tant en matière extracontractuelle qu'en matière contractuelle, où l'article 1134 alinéa 3 en impose l'observation (...) Il ''est permis, disait Cambacérès, de chercher son intérêt, mais il n'est pas permis de le chercher aux dépens de l'intérêt d'autrui, il ne l'est pas de fouler aux pieds le fondement de tous les engagements, la bonne foi ''. Le lien entre la bonne foi et l'abus de droit est donc évident »[514].

---

[513] **ROMAIN (Jean-François)**, *Théorie critique du principe général de bonne foi en droit privé*, Bruylant, Bruxelles 2000, n° 353. 1, p. 806.

[514] **DE BERSAQUES (André)**, *L'abus de droit en matière contractuelle*, RCJB 1969, p. 508.

CHAPITRE SECOND : LA BONNE FOI CONÇUE DE MANIÈRE OBJECTIVE

151. L'exigence de bonne foi s'est élargie cessant d'avoir une signification purement négative. Il ne s'agit plus seulement d'exécuter les obligations fidèlement, il y a plus que cela : un devoir de fournir une prestation utile à son contractant. Comme le vise M. Yves Picod, « exécuter loyalement, c'est exécuter utilement ». Cette évolution a fini par donner un nouveau sens à la bonne foi que dans ce cas, des auteurs ont préféré dénommer « devoir de loyauté »[515] afin d'éviter que la même expression soit utilisée dans des sens différents. Ainsi la bonne foi dans l'exécution du contrat est liée aux idées de sincérité, confiance et loyauté, qui s'appliquent aux parties de façon à garantir le maintien de l'équilibre entre leurs droits et leurs devoirs, pour que la prestation fournie corresponde à l'attente de l'autre partie.

152. Il ne suffit pas donc de prouver l'absence d'indifférence à l'égard d'autrui, l'absence d'imprudence, de négligence… - éléments subjectifs -, mais encore faut, il apporter la preuve de l'utilité de l'exécution - un élément objectif. La bonne foi n'est pas seulement considérée du point de vue subjectif, à la suite d'une analyse du comportement bon ou mauvais des sujets de droit, ou de leur indifférence fautive, elle s'enrichit aussi d'une approche objective des comportements, dissociée de la prise en compte des intentions.

Le processus d'objectivation de la bonne foi fait d'elle un critère de la faute d'abus dans l'exécution du contrat, défini surtout par rapport à ces éléments subjectifs, lorsque sont analysés l'obligation de collaboration entre parties et les effets de la prise en compte du but des obligations contractuelles. De l'obligation de collaboration entre les parties, expression de la solidarité contractuelle, se déduisent les obligations de coopérer à l'exécution du contrat, de faciliter celle-ci, d'informer le débiteur au moment de l'exécution du contrat.

153. L'analyse n'est pas bornée à la critique des comportements incohérents et non sincères qui manifestent la *mauvaise foi*[516] subjective. Mais également à l'analyse de l'acte contraire à la norme de bonne foi, objectivement définie, quelle que soit l'intention qui anime

---

[515] **PICOD (Yves)**, *Le devoir de loyauté dans l'exécution du contrat*, précité.
[516] Voir supra n° 111 et s. ; nous soulignons.

son auteur. En effet, « la bonne foi exige au moins une certaine loyauté dans l'exécution du contrat. Un contractant doit éviter de nuire à son partenaire. La bonne foi a donc au moins un effet négatif : empêcher des comportements déloyaux. Mais on aperçoit une autre direction, d'esprit moderne. Des devoirs plus exigeants, positifs, peuvent peser sur les contractants »[517]. C'est une seconde application de la bonne foi qui « veut que la bonne foi ne se limite pas forcément à sanctionner les comportements malhonnêtes ou encore incohérents. La jurisprudence va cependant plus loin et concrétise l'obligation de bonne foi jusqu'à imposer un véritable devoir de collaboration aux parties contractantes »[518].

Cette approche de la bonne foi est plus exigeante que la précédente ; on passe d'une obligation d'abstention à une obligation positive, car la collaboration revêt une dimension objective dans la mesure où le caractère loyal du comportement contractuel est examiné indépendamment de l'honnêteté et de la cohérence subjective des parties[519].

Il ne s'agit donc pas seulement de prohiber le manquement à la bonne foi, mais de pousser le créancier à agir dans le sens des intérêts de son débiteur sans subir un préjudice particulier (**Section I**) et d'inciter le juge à la recherche d'une plus grande égalité entre les cocontractants ; le principe de la force obligatoire du contrat serait ainsi tempéré par l'impératif de justice contractuelle (**Section II**).

---

[517] **FARJAT (Gérard)**, *Droit privé de l'économie*, 2. Théorie des obligations, 1re éd., PUF 1975, p. 274.

[518] **DELEBECQUE (Philippe), et PANSIER (Frédéric-Jérôme)**, *Droit des obligations, Contrat et quasi-contrat*, éd. Litec 2000, n° 261, p. 137.

[519] **ROMAIN (Jean-François)**, *Théorie critique du principe général de bonne foi en droit privé*, Bruylant, Bruxelles 2000, n° 85. 2, p. 153.

SECTION I : LA RECHERCHE DE L'EFFICACITÉ CONTRACTUELLE

154. Sanctionner l'abus dans l'exécution du contrat n'implique pas seulement la prohibition de toute intention malicieuse et de tout manquement à la bonne foi, aussi l'interdiction de l'abus commande-t-elle l'accomplissement d'obligations nécessaires à l'exécution fidèle du contrat, obligations mises à la charge des parties par la jurisprudence et la doctrine sur le fondement de l'article 243 Code des obligations et des contrats. Au terme de cet article, les engagements obligent non seulement à ce qui y est exprimé, mais encore à toutes les suites que la loi, l'usage ou l'équité donnent à l'obligation d'après sa nature. Le texte s'intègre dans le chapitre premier « De l'effet des obligations en général » du Titre V consacré aux « Des effets des obligations ». Cette « disposition générale » apporte une très forte atténuation aux principes de l'autonomie de la volonté et de la force obligatoire des contrats. En droit français, la même disposition est prévue par l'article 1135, portant le même intitulé concernant la section et le chapitre.

Une disposition qui suggère qu'il existerait des obligations préexistantes à chaque contrat. Elles supplantent la volonté des parties puisque, dictées par l'usage ou l'équité, elles s'imposeraient aux stipulations contractuelles. En effet, conformément au droit français, l'intangibilité des conventions ne fait pas obstacle à ce que les juges aillent au-delà des stipulations contractuelles et « découvrent » des obligations que les parties n'avaient pas prévues. Ils le font couramment. Ces obligations sont nécessaires pour garantir non seulement l'exécution du contrat, mais également son exécution juste, elles sont bilatérales[520] dans la mesure où elles concernent, aussi bien le créancier que le débiteur. Ce qui a illustré et illustre toujours en droit français, une intervention judiciaire dans la relation contractuelle, appelée selon la célèbre formule, un « forçage »[521] du contrat.

---

[520] M. Jacques Mestre estime qu'au « souci contemporain d'équilibre contractuel, justifiant une intervention unilatérale de rééquilibrage au profit de la partie considérée en situation d'infériorité, pourrait bien demain, se substituer un esprit de collaboration, plus riche parce que naturellement bilatéral », **MESTRE (Jacques)**, *D'une exigence de bonne foi à un esprit de collaboration*, RTDCiv. 1986, p. 100 et s.

[521] Selon la formule de Josserand, Le contrat dirigé, D.H. 1933, p. 89 ; du même auteur, L'essor moderne du concept contractuel, Recueil d'études sur les sources du droit en l'honneur de F. Gény, Volume 2, Paris, Sirey 1935, p. 340.

Formule largement reprise, **CARBONNIER (Jean)**, *Droit civil*, t. 4, Les obligations, 21ème éd., PUF 1998, coll. Thémis, n° 295, p. 489 ; **MALAURIE (Philippe) et AYNES**

155. C'est la bonne foi qui permet d'expliquer la fidélité d'exécution et le devoir de coopération auxquels sont tenues les parties, dans un esprit d'honnêteté et de loyauté, elle fonde l'obligation de faciliter l'exécution du contrat ou de ne pas rendre celle-ci pénible, elle permet de sanctionner tout comportement qui empêche l'autre partie de retirer le bénéfice normal du contrat. La bonne foi permet au juge, en certaines circonstances, d'empêcher le créancier de faire pleinement valoir ses droits parce que son comportement serait abusif. La recherche d'efficacité contractuelle[522] conduit ainsi à la prise en compte de l'autre, et conduit au souci de ses intérêts. Car le contrat « a cessé aujourd'hui de se définir seulement par l'addition d'intérêts antagonistes. Un minimum de convergence, de solidarité est nécessaire dans les rapports contractuels »[523].

156. S'inspirant de la thèse de Vouin[524] qui opposait « bonne foi contractuelle » et « bonne foi des contractants », M. Picod distingue entre « loyauté contractuelle » et « loyauté du contractant »[525]. La première consiste à établir un lien entre les articles 1134 alinéa 3 et 1135 Code civil français, la seconde se révèle comme un jugement moral sur le comportement des parties[526]. Il en résulte que la plupart des obligations dérivés de la bonne foi, pourraient relever de l'article 1135 Code civil français (article 243 Code des obligations et des contrats) ; coopération, renseignement, conseil, discrétion… AUBRY et RAU ont indiqué à cet égard que l'article 1134 alinéa 3 signifie que les conventions doivent être exécutées « conformément à l'intention des parties et au but en vue duquel elles ont été formées »[527]. Le critère, il est donc le respect du but économique, « le concept plutôt économique d'opération tend à supplanter celui, plus juridique, de contrats »[528].

(Laurent), *Cours de droit civil*, t. 6, Les obligations, 9ème éd., Cujas 1998, n° 632, p. 370 ; **LEVENEUR (L.)**, *Le forçage du contrat, Que reste-t-il de l'intangibilité du contrat ?*, Actes du colloque de Chambéry du 28 novembre 1997, Droit et patrimoine, mars 1998, p. 69 et s.

522 **ZARROUK (Ali)**, *L'implicite et le contenu contractuel, Op. cit.*, n° 744 et s., p. 533 et s.

523 **PICOD (Yves)**, *Le devoir de loyauté dans l'exécution du contrat, Op. cit.*, n° 176, p. 199.

524 **VOUIN (Robert)**, *La bonne foi : notion et rôle en droit privé français*, th. Bordeaux 1939.

525 **PICOD (Yves)**, *Op. cit.*, n° 12.

526 Voir supra n° 111.

527 **AUBRY et RAU**, *Cours de droit civil français d'après la méthode de Zachariae*, t. 4, 4ème éd., Paris 1871, § 346.

528 **CORNU (Gérard)**, *L'évolution du droit des contrats en France*, Journées de la Soc. de législ. comp., 1979, RIDC n° spécial, vol. 1, p. 447.

157. Le critère économique concerne l'efficacité du contrat, « l'exécution de l'ensemble des obligations constitutives d'un contrat doit aboutir à la réalisation de l'opération recherchée. Il y a donc un lien étroit entre les obligations nées d'un contrat et l'opération que les parties se proposent d'accomplir au moyen de ce même contrat »[529]. Parce que le droit des contrats est dans une incessante évolution qui conduit de plus en plus à la prise en compte de l'autre, au souci de ses intérêts, « par delà la nécessité quantitative d'un relatif équilibre des prestations et d'une quête d'égalité réelle des parties, se dessine aujourd'hui une aspiration qualitative qui conduit à se soucier de l'autre et de ses intérêts, à mettre ses forces en commun au service du contrat, en une exigence d'une sorte de solidarité, voire de fraternité contractuelle. Le souci n'est plus seulement d'être juste ; il est aussi d'être altruiste »[530].

Il ne suffit pour comprendre l'article 243 Code des obligations et des contrats, de s'arrêter à une lecture littérale de l'article, il convient encore de sonder le contenu du contrat et de rechercher quelles sont les obligations, explicites ou implicites, qui y sont rattachées (**Paragraphe I**), et qui représentent un véritable impératif d'équité et de bonne foi (**Paragraphe II**).

Paragraphe I : De l'exigence de bonne foi aux suites contractuelles

158. En droit français, pendant longtemps, la formule de l'article 1134 alinéa 3 n'a pas reçu d'application. Le principe de l'autonomie de la volonté était compris de façon absolue, on devait exécuter les obligations strictement. Mais à partir du 20ᵉ siècle, cette notion est utilisée par la jurisprudence pour prendre en compte l'aspect de coopération entre les parties[531]. En effet, malgré la préférence traditionnellement donnée à l'impératif de stabilité, l'équité joue un rôle de plus en plus croissant dans le droit français des contrats. La jurisprudence puise dans l'équité, d'adjoindre au contrat des conséquences que les parties n'avaient pas voulues. Elle le fait par référence aux articles 1134 alinéa 3 et 1135. M. Picod indique à cet

[529] **OVERSTAKE (Jean-François)**, *Essai de classification des contrats spéciaux*, préf. J. Brèthe de la Gressaye, th. LGDJ 1969, coll. Bdp., t. 91, p. 29.

[530] **THIBIERGE-GUELFUCCI (Catherine)**, *Libres propos sur la transformation du droit des contrats*, RTDCiv. 1997, p. 376 et 377.

[531] **JEULAND (Emmanuel)**, *Droit des obligations*, Montchrestien 1999, p. 20 ; **JAMIN (Christophe)**, *L'oubli et la science : Regards partiels sur l'évolution de la doctrine privatiste à la charnière des XIXe et XXe siècles*, RTDCiv. 1994, spécialement p. 824.

égard que « la référence à l'exigence de bonne foi de l'article 1134 du Code civil pour fonder l'obligation de faciliter la tâche de son débiteur apparaît sans conteste beaucoup plus fréquemment dans la jurisprudence récente. L'obligation s'est considérablement renforcée, comme mue par une force nouvelle »[532].

159. La bonne foi doit être comprise selon le critère du respect du contenu réel de l'obligation, c'est-à-dire il ne faut pas s'arrêter à la lettre de l'acte, mais de donner force obligatoire à ce qui n'y était pas exprimé de manière explicite. Il s'agit de chercher par exemple si le comportement du débiteur respecte le contenu réel de la prestation, « exécuter de bonne foi signifie exécuter utilement le contrat ou selon ce qui a été réellement souhaité par les parties ou conformément au but de celui-ci »[533].

Le recours à ces obligations, à l'initiative des juridictions françaises, a fait l'objet d'une extension considérable tout au long du XXe siècle, car il permet ainsi d'obtenir une plus grande « adaptabilité du contrat aux besoins des parties, à l'évolution contemporaine ».[534] Une idée moderne, qu'invoque de plus en plus souvent la doctrine, est que le contrat ne repose pas nécessairement sur des rapports antagonistes, mais qu'il peut reposer sur des rapports de collaboration. On estimait qu'il appartenait à chaque contractant de s'informer lui-même sur la portée de ses engagements tels était le cas dans la vente. Aujourd'hui, au contraire, le principe est que le professionnel doit informer son cocontractant, notamment lorsque celui-ci est un consommateur. C'est la bonne foi qui permet au juge d'examiner la conduite des parties dans l'exécution du contrat, ce qui lui permet d'apprécier si cette conduite est en accord avec les buts poursuivis par les parties en vertu du contrat.

160. Un auteur français a relevé que l'article 1135 n'est pas relatif à l'interprétation des conventions comme c'est le cas des articles 1156 et suivants du Code civil, « grâce à l'article 1134 du Code civil, elles sont présumées avoir accepté de respecter les stipulations contractuelles,

---

[532] **PICOD (Yves)**, *Effet obligatoire des conventions / Exécution de bonne foi des conventions*, J. Cl. civil. art. 1134 et 1135, fasc. 11, 1999, n° 50, p. 15.

[533] **JALUZOT (Béatrice)**, *La bonne foi dans les contrats, Etude comparative de droit français, allemand et japonais*, Nouvelle Bibliothèque des thèses, Dalloz 2001, n° 542, p. 150.

[534] **THIBIERGE-GUELFUCCI (Catherine)**, *Libres propos sur la transformation du droit des contrats*, RTDCiv. 1997, n° 27, p. 378.

grâce à l'article 1135, elles sont présumées avoir accepté, indépendamment des stipulations contractuelles, les suites que l'usage ou l'équité peuvent donner à l'obligation d'après sa nature. L'intervention du juge n'est qu'une conséquence de ce texte (...) le juge n'aura nullement à interpréter une convention comme il le ferait en utilisant les articles 1156 et suivants. Son travail est en réalité plus fondamental puisqu'au cas par cas, il devra déterminer les obligations qui découlent de la nature de tel ou tel engagement contractuel »[535].

161. La doctrine, inspirée par l'autonomie de la volonté, a exprimé la notion ancienne du contrat dans la conjonction d'une bulle ou d'un bloc. Le contrat est considéré ainsi comme un monde fermé, protégé, la force obligatoire faisait en sorte qu'il traversait le temps sans être affecté par les influences des parties. Le contrat paraît comme une création classique qui s'impose aux parties, au juge, au législateur, il était indifférent à ses propres déséquilibres, ce qui limite la portée du principe d'exécution de bonne foi au domaine de l'interprétation du contrat (A.). C'est ainsi que l'apport de Demogue a été à cet égard considérable (B.).

A. L'état de la question à la fin du XIXe siècle

162. Traditionnellement, il était reconnu à la bonne foi une fonction interprétative.[536] En 1931, dans son « traité des obligations en général », René Demogue ajoutait au contrat des obligations qui lui sont associées[537]. La fonction interprétative de la bonne foi en droit français est liée à l'article 1156 du Code civil français. Le juge interprète le contrat en recherchant la commune intention des parties et les articles 1135 et 1157 constituent des directives complémentaires.

Les ouvrages français suivaient « l'ordre des alinéas et ne s'attard [aient] rarement sur le dernier »[538] et des « générations de civilistes [sont] passées devant l'alinéa 3 de l'article 1134 sans y prêter grande attention »[539]. Dans cette vision, le texte revient à dire que « les

---

[535] **DARMAISIN (Stéphane)**, *Le contrat moral*, préf. Bernard Theyssié, th. LGDJ 2000, coll. Bdp., t. 343, n° 143, p. 104 et 105.

[536] Voir supra n° 112 et 113.

[537] **DEMOGUE (René)**, *Traité des obligations en général*, t. 6, Rousseau 1931, n° 3 et s.

[538] **STOFFEL-MUNCK (Philippe)**, *Op. cit.*, n° 60, p. 58.

[539] **BENABENT (Alain)**, *La bonne foi dans les relations entre particuliers - dans l'exécution du contrat - Rapport français*, Trx Asso. Henri Capitant, « La bonne foi », Litec 1994, p. 291 ; Voir également dans le même sens, **PICOD (Yves)**, *Effet obligatoire des*

conventions doivent s'apprécier selon la bonne foi »[540], et les commentaires les plus intéressants de l'article 1134 alinéa 3 résident dans les développements consacrés à l'interprétation des conventions beaucoup plus que dans ceux traitant des effets du contrat[541].

B. L'apport de René Demogue

163. Dans son Traité des obligations, Demogue met fin à la conception des intérêts égoïstes pour revaloriser la bonne foi, sa conception de la bonne foi et des « effets des obligations et généralement des obligations contractuelles »[542] constitue un moment déterminant de la pensée juridique moderne.

L'auteur explore le fameux principe de la bonne foi[543], développe la théorie du microcosme contractuel et des trois pouvoirs, « les obligations s'exécutent conformément à l'intention des parties et au but en vue duquel elles ont été formées, ainsi qu'aux règles qu'implique une conduite honnête et loyale »[544]. Il ne s'agit plus de limiter l'article 1134 alinéa 3 à l'interprétation des conventions. Selon Demogue « le contrat ayant engendré au profit d'une partie ou des deux autres une créance, celle-ci déroule logiquement ses conséquences par des droits divers qui en sortent : droit à exécution, droit à des dommages et intérêts, etc. En réalité le contrat s'exécute autrement. Les contractants forment une sorte de microcosme. C'est une petite société où chacun doit travailler dans un but commun qui est la somme des buts individuels poursuivis par chacun, absolument comme dans la société civile ou commerciale. Alors à l'opposition entre le droit du créancier et l'intérêt du débiteur tend à se substituer une certaine union. Le créancier quant à la protection qu'il doit recevoir n'est pas seulement créancier, il peut avoir un devoir de collaboration »[545]. Selon l'auteur,

---

conventions / exécution de bonne foi des conventions, J. Cl. civil, art. 1134 et 1135, fasc. 11, 1999, n° 85 et 89.

[540] **MARCADE**, *Explication théorique et pratique du Code Napoléon*, 6ème éd., t. 4, Paris 1866, n° 467 ; **DEMOLOMBE (C.)**, *Cours de Code Napoléon*, tome 24, Traité des contrats ou des obligations conventionnelles en général, t. 1, Paris 1877, n° 393 ; **TOULLIER (Charles, Bonaventure, Marie)**, *Le droit civil français suivant l'ordre du Code*, t. 6, Paris 1812, n° 195.

[541] **STOFFEL-MUNCK (Philippe)**, *Op. cit.*, n° 60, p. 61.

[542] **DEMOGUE (René)**, *Traité des obligations en général, II, « Effets des obligations »*, t. 6, Paris Rousseau 1931, p. 5 et s.

[543] *Ibid.*, t. 1, p. 81 et s.

[544] *Ibid.*, n° 3, p. 9.

[545] *Ibid.*

« tout microcosme tendant à se donner les caractères d'une société : un pouvoir législatif, une justice, une force d'exécution (...) quelquefois un embryon de pouvoir législatif. Une décision prise à la majorité pourra dans le cadre du but essentiel légiférer sur les meilleurs moyens de l'atteindre. Un contractant pourra aspirer à être une sorte de juge de certains points : qualité des fournitures, moralité d'un sous-locataire. Un faible droit d'exécution privé éveillera l'idée d'une force privée assurant l'exécution du contrat »[546]. Le microcosme permet le fonctionnement efficace et équitable de la société.

164. Demogue est le premier à développer l'obligation de collaboration entre le créancier et le débiteur dans l'exécution du contrat. Cette obligation découle du microcosme contractuel, elle postule aux cocontractants de s'entraider[547], de faciliter au débiteur l'exécution du contrat, de ne pas surcharger son cocontractant et de ne pas abuser de son droit[548]. Selon Demogue, « tout ceci se rattache à l'idée de solidarité entre créancier et débiteur dans l'intérêt social, et au point de vue des textes cela découle de l'article 1134, al. 3. », les conventions « doivent être exécutées de bonne foi.'' Ceci vise le créancier comme le débiteur »[549]. La collaboration est une conséquence de l'interdiction de l'abus dans l'exécution du contrat et que les prérogatives nées des contrats doivent être utilisées avec mesure et modération[550]. Demogue avance comme exemple le cas d'une société d'électricité qui a réalisé un embranchement long et veut percevoir auprès des abonnés le surcoût qui en résulte, il s'agit d'un enrichissement sans cause et d'un véritable abus de droit ; le contractant ne doit pas exécuter le contrat dans des conditions inutilement onéreuses[551].

---

[546] *Ibid.*, p. 9 et 10.

[547] Certains auteurs demeurent prudents à l'égard de l'extension du rôle de la bonne foi, Voir notamment, **CARBONNIER (Jean)**, *Droit civil*, t. IV, Les obligations, 22ème éd., Coll. Thémis Droit privé, PUF 2000, n° 114, p. 229 : « L'outrance peut perdre une idée juste. On s'étonnera qu'à une époque où le mariage s'était peut-être transformé en contrat, d'aucuns aient rêvé de transformer tout contrat en mariage ». Il est vrai qu'une telle conception n'est pas tout à fait possible ; les contrats ne peuvent vraiment devenir tous une société. Mais on a à se réjouir si le législateur ou le juge imposent un peu plus de coopération.

[548] *Ibid.*, p. 17, 20, 24 et 28.

[549] *Ibid.*, n° 12, p. 18.

[550] *Ibid.*

[551] *Ibid.*, p. 15.

Paragraphe II : Les suites contractuelles, un véritable impératif d'équité et de bonne foi

165. M. Ghestin a indiqué qu'il « est évident - et beaucoup d'auteurs l'ont depuis longtemps souligné - que très souvent les obligations dégagées par la jurisprudence ne correspondent nullement à la volonté probable des parties, mais s'expliquent beaucoup mieux par le désir des tribunaux de faire du contrat l'instrument de certains objectifs jugés souhaitables soit pour les contractants eux - mêmes soit pour l'intérêt général »[552]. Les obligations ajoutées au contrat par la jurisprudence répondent mieux aux préoccupations modernes de la doctrine et de la jurisprudence, elles sont dotées d'effets juridiques jugés nécessaires à la réalisation du but contractuel.

166. En effet, il existe plusieurs hypothèses où la bonne foi, conçue comme un principe positif d'action, n'oblige à rien[553] Ainsi, un débiteur peut-il s'abstenir de toute inexécution volontaire de ses obligations, il sera de bonne foi au sens neutre du terme ; plus justement, il n'est pas de mauvaise foi. Un autre débiteur pourra manifester sa bonne volonté en faisant tous les efforts possibles pour régler sa dette, il sera de bonne foi, mais au sens dynamique du terme[554]. Selon M. Rieg, l'article 1135 permet au juge d'« apprécier quel est le contenu d'un contrat déterminé et par suite si, d'après la nature de la convention, l'équité commande d'inclure une obligation tacite de sécurité parmi les obligations incombant à l'un des contractants »[555]. Ces obligations ajoutées sont des conséquences du principe selon lequel les conventions doivent être exécutées de bonne foi, elles complètent le contrat et en constituent des suites nécessaires. Exécuter de bonne foi, c'est également exécuter en recherchant la plus grande satisfaction de son cocontractant. Elles incombent donc à la charge des cocontractants et achèvent le contrat. « Ces obligations qu'ajoute la jurisprudence à la convention (…) nous semblent dériver de l'idée de bonne fin plutôt que celle de bonne foi »[556].

---

[552] **GHESTIN (Jacques)**, avec le concours de **VINEY (Geneviève)**, **JOURDAIN (Patrice)**, *Traité de droit civil, Les conditions de la responsabilité*, 2ème éd., LGDJ Delta 1998, n° 515, p. 432.

[553] Voir supra n° 53.

[554] **PICOD (Yves)**, *Le devoir de loyauté dans l'exécution du contrat, Op. cit.*, n°13, p. 26.

[555] **RIEG (Alfred)**, *Le rôle de la volonté dans l'acte juridique en droit civil français et allemand*, th. Strasbourg 1961, n° 406, p. 405. Cependant selon M. Rieg, l'article 1135 est en premier lieu une règle d'interprétation.

[556] **STOFFEL-MUNCK (Philippe)**, *Op. cit.*, n° 253, p. 206.

Ces obligations sont la conséquence logique du principe de la bonne foi visé par l'article 243 du Code des obligations et des contrats ; elles renforcent le contenu du contrat par référence à la bonne foi, elles concernent aussi bien le créancier que le débiteur, même si le contrat est muet sur ce point, les parties sont réputées avoir entendu exclure tout acte abusif, risquant de vider l'exécution de son sens, pour que le but économique soit atteint. Les cocontractants devront faciliter l'exécution du contrat, dépasser leur égoïsme, même si la lettre du contrat offre à l'un d'entre eux la possibilité de profiter individuellement d'une stipulation contractuelle.

167. Demogue a dégagé deux obligations d'une importance considérable dans l'exécution du contrat : obligation de coopération et l'obligation de renseignement. La jurisprudence a consacré ces obligations, la doctrine les a développées[557] (A.). En étudiant les obligations de coopération et d'information, on constate que ce sont bien des considérations d'équité objective qui ont conduit la jurisprudence à cette œuvre créatrice (B.).

---

[557] Voir notamment **CARBONNIER (Jean)**, *Flexible droit*, 5ème éd. 1983, p.259 ; **WEILL (André) et TERRE (François)**, *Droit civil, Les obligations*, 4ème éd., Dalloz 1986, n° 357 ; **RIPERT (Georges) et BOULANGER (Jean)**, *Traité élémentaire de droit civil d'après le traité de Planiol*, t. II, LGDJ 1957, n° 464.

A. Du devoir d'exécuter de bonne foi à l'obligation réciproque de coopérer, de s'aider, d'informer son cocontractant

168. L'obligation d'information, dite aussi de renseignement[558] dérive d'une construction prétorienne fondée sur l'article 243 Code des obligations et des contrats. Le débiteur ne peut exécuter utilement ses obligations, le créancier ne peut bénéficier d'une exécution utile de sa prestation, s'il y a manquement à l'obligation de renseignement. Ainsi, cette obligation se révèle-t-elle comme une suite, une conséquence de l'obligation de collaboration. Demogue estime qu'« une des conséquences de l'idée de collaboration entre les contractants est l'obligation pour chacun d'avertir l'autre en cours de contrat des événements qu'il a intérêt à connaître pour l'exécution de contrat[559]. L'obligation de coopération impose à chaque partie d'informer son cocontractant « toutes les fois que le renseignement permettra à ce dernier de tirer un meilleur profit de sa prestation ou même d'exécuter ses propres engagements de la meilleure façon possible »[560]. Elle n'est pas toujours une obligation accessoire, elle peut aussi être l'objet

---

[558] **BEN MASSOUD (Neila)**, *L'information dans les contrats*, th. Faculté de droit et des sciences politiques de Tunis 2007/2008, n° 240 et s., p. 151 et s., en arabe ; **DE JUGLART (Michel)**, *L'obligation de renseignements dans les contrats,* RTDCiv. 1945, p. 1 et s. ; **FABRE-MAGNAN (Muriel)**, *De l'obligation d'information dans les contrats : Essai d'une théorie*, LGDJ 1992 ; **BOYER,** *L'obligation de renseignement dans la formation du contrat*, th. Aix-en-Provence 1977 ; **ALISSE (J.)**, *L'obligation de renseignement dans les contrats*, th. Paris II, 1975 ; **LE TOURNEAU (Philippe)**, *De l'allègement de l'obligation de renseignement ou de conseil*, Dalloz 1987, chron. p. 101 ; **MAHFOUDH (Mohamed)**, *L'obligation d'information du médecin en droit privé tunisien*, R.J.L. décembre 2006, p. 60 ; **MESTRE (Jacques)**, *Des limites à l'obligation de renseignement*, RTDCiv. 1986, p. 339 ; On peut distinguer deux obligations d'information : l'obligation précontractuelle, qui vise à éclaircir le consentement d'un contractant, avant la conclusion du contrat, et l'obligation contractuelle, qui naît d'un contrat déjà formé et qui vise à informer le contractant sur l'usage du bien ou du service fourni, Voir **CALAIS-AULOY (Jean)**, *L'influence du droit de la consommation sur le droit civil des contrats*, p. 242 ; **ZARROUK (Ali)**, *L'implicite et le contenu contractuel*, *Op. cit.*, n° 486 et s., p. 368 et s., notamment n° 788 et s., p. 556 et s. ; **Ezzine (Mohamed)**, *Le contrat, Op. cit.*, n° 325, p. 241 ; **GARJI (Sofien)**, *Devoir de loyauté dans l'exécution des contrats*, p. 86 et s.

[559] **DEMOGUE (René)**, *Traité des obligations*, t. VI, 1931, n° 29 ; Voir en ce sens **DE JUGLART (Michel)**, *L'obligation de renseignements dans les contrats, Op. cit.,* p. 1 ; **ALISSE (J.)**, *L'obligation de renseignement dans les contrats, Op. cit.*, p. 59.

[560] **PICOD (Yves)**, *Le devoir de loyauté dans l'exécution du contrat, Op. cit.*, n° 97, p. 115 ; Voir **JMEL (Mouez)**, *Le contrat et la promotion de la bonne foi*, Mémoire Faculté de droit et des sciences politiques de Tunis 1997/1998, p. 81 et s.

principal d'un contrat, tel qu'un contrat de conseil, cette obligation « ne peut être analysée comme le corollaire du devoir de coopération »[561].

La convention n'oblige pas seulement à ce qui y est exprimé, mais également à toutes les suites que la loi, l'usage ou l'équité donnent à l'obligation d'après sa nature. Ce sont ces derniers qui commandent à inclure une telle obligation. Ces obligations ne sont pas visées initialement par les clauses du contrat, mais elles sont consacrées par le juge et elles se révèlent comme des suites de la bonne foi de l'article 243 Code des obligations et des contrats. Ce dernier prohibe l'abus dans l'exécution du contrat en ce sens qu'il dispose que « les conventions n'obligent pas seulement à ce qui y est exprimé… », car ce qui y est exprimé peut se révéler insuffisant ou ne pas prévoir toutes les modalités d'exécution, ce qui ramène à des abus. Il en résulte que seul un souci d'efficacité peut justifier l'adjonction de ces obligations au contrat[562], ce rajout « au contrat, dans le cadre d'un enrichissement du contenu contractuel, constitue une exigence qui s'impose au juge »[563], et la loi, l'usage et l'équité constituent un frein naturel à l'exécution abusive des conventions.

169. La jurisprudence sanctionne le manquement à l'obligation d'information chaque fois qu'elle se révèle utile à l'un des contractants. Cette obligation pèse essentiellement sur le professionnel dans ses relations avec le profane ou plus généralement dans les contrats mettant en présence une partie forte et une partie faible, « le devoir de renseignement ou de conseil est imposé à raison : 1° de la connaissance du fournisseur, 2° de l'ignorance de l'acquéreur, pour éviter que le premier profite abusivement de l'incompétence du second »[564]. La compétence technique constitue de l'avis de la doctrine un critère de l'obligation contractuelle de renseignement, de même pour la dangerosité du produit ; le professionnel doit mettre en garde son cocontractant contre le risque couru[565]. Constitue également, un critère

---

[561] *Ibid.*, n° 95, p. 112.

[562] **ZARROUK (Ali)**, *L'implicite et le contenu contractuel, Op. cit.*, n°789, p. 557.

[563] *Ibid.*, n° 802, p. 564.

[564] **LE TOURNEAU (Philippe)**, *De l'allègement de l'obligation de renseignement ou de conseil*, Dalloz 1987, chr. p. 101.

[565] Voir **REVEL (Janine) et NGUYEN THANH-BOURGEAIS (Denis)**, *La responsabilité du fabricant en cas de violation de l'obligation de renseigner le consommateur sur les dangers de la chose vendue*, sous Civ. 1ère, 31 janvier 1973, JCP 1975. I. 2679 ; La jurisprudence française assimile parfois les produits nouveaux aux produits

de l'obligation contractuelle de renseignement le risque que peut encourir le créancier du fait de l'exécution de la prestation[566], les événements susceptibles de modifier l'exécution de la prestation dans les contrats à exécution successive. Cette obligation d'information est parfois expressément prévue par les textes. Ainsi le Code des assurances (article 7-3) oblige-t-il l'assuré à tenir l'assureur au courant des événements qui se produisent pendant l'exécution du contrat[567]. Le locataire doit informer le bailleur des défectuosités constatées dans l'immeuble loué (article 778 Code des obligations et des contrats), le mandataire doit en avertir le mandant de toutes les circonstances qui constituent un obstacle à l'exécution du mandat et si de graves difficultés se présentent dans l'exécution du contrat (articles 1133 et 1134 Code des obligations et des contrats). De même, la loi relative à la protection du consommateur, impose une obligation d'information à la charge du fournisseur[568] ainsi que la loi relative à la concurrence et aux prix qui consacre-t-elle cette obligation (article 22)[569].

L'obligation de renseignement sera d'autant plus importante lorsque l'un de ces critères est relevé[570]. Ils sont pris en considération par le juge lorsqu'il dénonce un manquement à l'obligation de renseignement.

---

dangereux, Voir **PICOD (Yves)**, *Le devoir de loyauté dans l'exécution du contrat, Op. cit.*, n° 99, p. 118.

566 C.A. Tunis, arrêt n° 95747 du 4 juin 2003, R.J.L. janvier 2005, p. 53, note B. Khaldi : « Le chirurgien est tenu d'informer le malade des dangers que l'intervention chirurgicale pourrait comporter » ; **MAHFOUDH (Mohamed)**, *L'obligation d'information du médecin en droit privé tunisien*, R.J.L. décembre 2006, n°12, p. 69 ; Les tribunaux en France accordent une grande importance à ce que les médecins avisent leurs clients de toutes les conséquences possibles de leur intervention ; 11 fév. 1986, Bull. civ. I, n° 24, p. 21 ; Paris 11 mars 1966, JCP 1966. II. 14716, note R. Savatier ; Lyon 8 janv. 1981 ; Dalloz 1982, I. R. 274, note J. Penneau, JCP 1981. II. 19699, note Chabas ; en matière médicale, les obligations d'information et de conseil sont très importantes, « leur absence ôte au contrat médical beaucoup de son utilité », **ZARROUK (Ali)**, *L'implicite et le contenu contractuel, Op. cit.*, n° 800, p. 563.

567 **BEN MASSOUD (Neila)**, *L'information dans les contrats, Op. cit.*, n° 183, p. 115.

568 Loi n° 92-117 du 7 décembre 1992, JORT n° 83 du 15 décembre 1992.

569 Loi n° 91-64 du 29 juillet 1991, JORT n° 55 du 6 août 1991, modifiée et complétée par la loi n° 93-83 du 26 juillet 1993, JORT n° 56 du 30 juillet 1993, et la loi n° 95-42 du 24 avril 1995, JORT n° 35 du 2 mai 1995.

570 Voir **SAVATIER (René)**, *Les contrats de conseil professionnel en droit privé*, Dalloz 1972, Chron. p. 137 et s. ; **MESTRE (Jacques)**, *Des limites à l'obligation de renseignement*, RTDCiv. 1986, p. 339 et s. ; **LE TOURNEAU (Philippe)**, *De l'allègement de l'obligation de renseignement ou de conseil*, Dalloz 1987, chron. p. 101 et s. ; **PICOD (Yves)**, *Le devoir de loyauté dans l'exécution du contrat, Op. cit.*, n° 98 et s., p. 116 et s., n° 102, p. 121 et n° 106, p.125.

170. La consécration d'une obligation de renseignement permet à la partie en situation d'infériorité d'exécuter le contrat en connaissance de cause, elle établit l'égalité entre les cocontractants, oblige le débiteur à exécuter ses obligations en satisfaisant au mieux les intérêts de son créancier. Dans certains cas, tout se passe comme si, nonobstant la correcte exécution des obligations contractuelles, le contrat ne devient parfait qu'en raison de l'accomplissement d'obligations nécessaires, telle l'obligation de renseignement. Selon la Cour d'appel de Paris[571], commet une faute contractuelle la partie qui n'aide pas l'autre dans ses demandes légitimes. Il s'agit en fait d'une société qui s'était trouvée, du fait de la disparition de son exemplaire du contrat la liant à un distributeur, dans l'obligation de demander à ce dernier communication du sien pour préciser sa position au regard des engagements pris par les deux parties. Le refus de communication du contrat par l'autre partie a été jugé abusif.

Le cocontractant doit éviter de placer son partenaire contractuel en mauvaise posture. Le juge peut ainsi refuser de laisser jouer une clause résolutoire parce que l'inexécution de l'obligation du débiteur, sanctionnée par cette clause, a été en réalité le résultat d'un comportement déloyal du créancier. L'obligation de coopération consiste à exécuter le contrat avec « un maximum d'utilité » comme le révèle M. Picod, en effet, l'auteur considère que cette obligation « peut s'entendre de deux façons selon qu'on l'envisage du côté du créancier ou du débiteur »[572]. Le débiteur « est tenu d'exécuter sa prestation en lui donnant un maximum d'utilité » de manière à procurer à son créancier « une exécution plus complète », son devoir de loyauté l'obligeant « à dépasser le cadre d'une simple exécution fidèle des prévisions », le créancier doit quant à lui exécuter utilement en offrant au débiteur l'aide nécessaire pour qu'il puisse exécuter son obligation[573].

Les cocontractants doivent manifester une bonne volonté et faire tous les efforts possibles pour satisfaire l'un l'autre et exécuter le contrat de la meilleure façon possible. Ceci s'avère à travers un arrêt rendu par la Cour de cassation tunisienne en date du 4 avril 2005[574]. En l'occurrence le demandeur a affirmé qu'il avait conclu avec la

---

[571] C.A. Paris, 19 mai 1977, précité.

[572] **PICOD (Yves)**, *Le devoir de loyauté dans l'exécution du contrat, Op. cit.*, n° 87, p. 104.

[573] Ibid.

[574] Cass. civ. n° 7461, 4 avril 2005, R.J.L. décembre 2006, p. 196 ; Bull. 2005, II, p. 67.

défenderesse un contrat de gérance libre d'un garage qu'il a exploité comme station de vente en gros de carburant. Le garage sis à El Kef ; exploité sous la marque Total. La défenderesse s'était engagée à fournir au demandeur une quantité de carburant qui sera déposée dans ses réservoirs du garage en vue de sa commercialisation. Le demandeur soutient que la défenderesse de par sa qualité de propriétaire des réservoirs souterrains, était responsable de leur entretien pour éviter toute fuite de carburant d'une part, et d'éviter de causer les pertes à l'agent d'autre part. Seulement, elle n'avait entrepris aucune opération de maintenance ni de réparation sur les réservoirs dont l'état s'était dégradé du fait de l'usure donnant lieu à des fuites causant des pertes considérables au demandeur. Le rapport de l'expert a confirmé la fuite de carburant comme il a souligné que la défenderesse n'a effectué aucune vérification des états de réservoirs depuis leur installation dans les années cinquante or les dispositions techniques obligent le propriétaire du garage à effectuer des tests et vérifications. La Cour de cassation a cependant considéré que « l'engagement contractuel qui doit être exécuté de bonne foi conformément à l'article 243 Code des obligations et des contrats, exige du bénéficiaire de la gérance libre d'une exploitation de produits sensibles et dangereux, à savoir des produits carburants, de se prémunir de prévoyance et de prudence. Par exemple, se faire assister par des experts en la matière sous le regard de la justice qui pourrait lui délivrer les ordonnances nécessaires et le guider vers des spécialistes, tout en sauvegardant ses droits quant aux frais et dépenses, mais se complaire dans la démission et le négativisme est chose irrecevable ».

La Cour de cassation a sanctionné également sur le fondement de l'article 243 Code des obligations et des contrats un contractant qui s'est abstenu d'aider des héritiers. En fait, ces derniers s'étaient trouvés du fait de l'omission concernant le numéro du lot et le titre foncier dans l'impossibilité d'inscrire un contrat auprès de l'administration de la conservation foncière. L'abstention du contractant de leur légataire a été jugée par la Cour comme fautive, car ne répondant pas aux dispositions de l'article 243 Code des obligations et des contrats[575]. La même Cour a considéré que « la nature de l'obligation et les exigences de l'équité prévues par l'article 243 Code des obligations et des contrats imposent au vendeur d'un immeuble ou d'un droit réel immobilier immatriculé de permettre à son contractant d'inscrire ledit contrat au

---

[575] Cass. civ. n° 40432, 21 mai 1996, Bull. 1996, I, p. 316.

registre foncier »[576]. Le cocontractant doit s'abstenir de tout acte ou omission qui pourra avoir pour effet de priver l'autre partie des avantages du contrat, ou d'aggraver les charges en résultant en rendant sa situation plus lourde et accablante. Il est tenu d'accomplir les actes nécessaires à l'exécution de l'obligation et se préoccuper de prévenir le dommage et de limiter toute extension de celui-ci.

171. L'obligation de coopération peut être plus au moins marquée selon la nature du contrat. Elle est nécessaire dans le contrat de travail qui ne peut se maintenir entre le chef d'entreprise et les salariés que si règnent entre eux de véritables rapports de confiance. Le contrat de société en constitue en la matière le modèle, en effet, dans la société, doit régner entre associés le *jus fraternitatis* dont l'absence peut entraîner la dissolution de la société, pour justes motifs (article 1323 Code des obligations et des contrats). Il en est ainsi lorsque la conduite d'un associé rend désormais toute collaboration impossible. Le contrat de société repose, en effet, sur l'*affectio societatis*, ce dernier exige « une obligation de bonne foi renforcée, une sorte de fraternité »[577]. La prestation de services informatiques est également un domaine privilégié de l'obligation de collaboration.

172. Coopérer suppose une entente entre les parties, ce qui comprend une volonté de maintenir le lien contractuel, de se soucier des intérêts de l'autre partie, et permet de sanctionner les comportements déloyaux. L'idée de collaboration suppose une approche du contrat fondée selon l'expression de M. Mestre sur une *affectio contractus*[578], ce qui permettrait de fonder des rapports égalitaires et équilibrés, elle « implique un devoir réciproque d'entraide et de coordination qui dépasse l'obligation de bonne foi de l'article 1134, alinéa 3 du Code civil et qui débouche sur l'émergence d'une *affectio cooperationis* »[579].

M. Mestre a indiqué à cet égard que « la bonne foi permet simplement, de façon en quelque sorte négative, de sanctionner les déloyautés manifestes (…) L'exigence - ou, plus exactement, l'esprit -

---

[576] Cass. civ. n° 11976, Chambres réunies 26 février 2004, inédit, cité par **BELHADJ JRAD (Ahmed)**, *Le juge civil et l'exécution du contrat, Op. cit.*, p. 363.
[577] **AMIAUD (André)**, *L'affectio societatis*, Mél. Simonius, Basel 1955, p. 1.
[578] Inspirée de l'affectio societatis du droit des sociétés ; **MESTRE (Jacques)**, *L'évolution du contrat en droit privé français*, in L'évolution contemporaine du droit des contrats, Journées Savatier, 1985, p. 41.
[579] **HASSLER (Théo)**, *L'intérêt commun*, RTDCom. 1984, p. 606 ; Voir **JERBI (Sami)**, *th. précitée*, n° 335, p. 414.

de collaboration est plus formateur des caractères en impliquant, de manière positive, des attitudes, des comportements convergents au service d'un intérêt contractuel commun (…) On peut imposer au créancier ainsi désintéressé une attitude de bonne foi (...) Mais on peut être plus exigeant, plus confiant au sens étymologique du terme, en attendant de ce créancier qu'il fasse tout son possible pour faciliter [l'exécution], et tel est bien l'attitude des contrats d'affacturage, dont les stipulations reposent ainsi, comme celles de la plupart des contrats récemment créés par la pratique commerciale (franchise, ingénierie, transfert de technologie…), sur cette sorte d'*affectio contractus* »[580].

B. De l'égoïsme à l'altruisme

173. La relation entre sujets de droit engendre un devoir de respect mutuel qui est à l'origine d'une véritable exigence juridique, qui n'est autre que l'exigence de bonne foi. Un cocontractant est tenu de respecter l'intérêt d'autrui de la même manière qu'il voudrait que son intérêt soit respecté de la part d'autrui. L'exigence de bonne foi postule que les droits détenus d'un contrat ne doivent pas être utilisés abusivement, et que tout cocontractant doit prendre en considération la situation de l'autre partie en s'attachant à agir utilement à son égard et en veillant à ce que le contrat ne lui apporte pas de nuisance que l'on peut éviter. À cet égard, l'exécution des obligations contractuelles va au-delà des simples stipulations retenues par les parties pour se traduire par une véritable intervention en faveur du cocontractant[581].

174. Les travaux de MM. Ghestin et Picod sont remarquables en la matière et renforcent l'idée de la prohibition de l'abus dans l'exécution du contrat. Le Professeur Ghestin souligne que « le juste et l'utile sont le fondement même de la force obligatoire du contrat, d'où doit se déduire l'ensemble de son régime ». L'utilité sociale des contrats recommande un contrôle des abus commis dans l'exécution du contrat exécution, de rechercher si l'exercice d'un droit subjectif va dans le

---

[580] **MESTRE (Jacques)**, *D'une exigence de bonne foi à un esprit de collaboration*, RTDCiv. 1986, p. 101.

[581] La doctrine commence à percevoir les mutations en cours ; **THIBIERGE-GUELFUCCI (Catherine)**, *Libres propos sur la transformation du droit des contrats*, RTDCiv. 1997, p. 357 ; **MESTRE (Jacques)**, *D'une exigence de bonne foi à un esprit de collaboration*, RTDCiv. 1986, p. 100 ; **JAMIN (Christophe)**, *Révision et intangibilité, ou la double philosophie de l'article 1134, Droit et patrimoine*, mars 1998, p. 46 ; **MAZEAUD (Denis)**, *La réduction des obligations contractuelles, Droit et patrimoine*, mars 1998, p. 58 ; **LEVENEUR (Leveneur)**, *Le forçage du contrat, Op. cit.*, p. 69.

sens du Bien commun. C'est cette fin qui justifie que l'on puisse exiger du contractant qu'il fasse preuve d'une attitude loyale à l'égard de son cocontractant. Un auteur souligne à cet égard qu'« il apparaît ici une autre conception du contrat fondée non plus sur le postulat de l'égalité de droit entre les contractants d'où il découlerait qu'il appartient à chacun de veiller à ses propres intérêts, mais sur le postulat d'une inégalité de fait entre eux d'où il découlerait que la partie en position de force aurait le devoir de prendre en compte les intérêts de l'autre ». L'auteur poursuit, « Les relations inégalitaires qui appelaient jusqu'ici l'édiction de règles particulières, protectrices de la partie en situation d'infériorité, commandent désormais une révision des principes généraux du droit des obligations et des contrats puisque la force obligatoire des conventions serait corrigée, atténuée par l'exigence de bonne foi, perçue (…) comme une atteinte portée précisément à la force obligatoire et justifiée par la prise en compte des intérêts du cocontractant, avec, en corollaire, la sanction de l'abus résultant d'un manquement à cette exigence ». L'auteur se demande ainsi si « L'abus ne serait-il pas simplement une autre qualification donnée à la mauvaise foi pour permettre notamment à la Cour de cassation d'en contrôler la stigmatisation, il serait un nouvel argument pour contrôler l'exécution du contrat c'est-à-dire les conséquences de la force obligatoire »[582].

Les obligations de collaboration et de renseignement sont ainsi des manifestations de l'exigence d'un comportement altruiste, voire d'une fraternité contractuelle, « la jurisprudence exige, de la part de chaque contractant, un comportement altruiste minimum qui doit épouser les attentes légitimes de son partenaire et pourfend l'individualisme contractuel exacerbé (…) En somme, le commandement qu' (elle) énonce (…) à (leur) intention c'est ''Aidez-vous les uns les autres'' »[583].

175. L'apparition d'un souci d'équilibre dans les prestations et le développement de la bonne foi dans les contrats font conclure à l'apparition d'une nouvelle conception dans laquelle le contrat n'est plus considéré comme le produit de l'accommodement des avantages et préoccupations, la conciliation d'intérêts antagonistes, mais plutôt une

---

[582] **FERRIER (Didier)**, *Les apports des arrêts d'Assemblée Plénière du 1er décembre 1995 au droit commun des obligations*, RTDCom. 1997, p. 49.
[583] **MAZEAUD (Denis)**, Obs. sous Civ. 1re, 11 juin 1996, Defrénois 1996, art. 36381, n° 98.

sorte d'union d'intérêts, un instrument de coopération, une œuvre confiance réciproque[584].

Des auteurs contemporains telle que par exemple Mme Catherine Thibierge-Guelfucci observe qu'« être de bonne foi est un état d'être traduit en actes ou en paroles et justifiant l'obligation de loyauté. Être solidaire, voire fraternel envers l'autre partie, c'est plus encore : c'est centrer son attention non plus seulement sur soi, mais également sur l'autre (…) de lui faciliter l'exécution du contrat, de ne pas alourdir voire alléger son obligation pécuniaire, de favoriser l'exécution de son obligation de faire ou de veiller à l'adaptation du contrat à ses besoins ou à ses revenus »[585]. Cette vision altruiste du contrat justifie non seulement la recherche d'un équilibre entre cocontractants, mais également une exigence de fraternité contractuelle, « qui permet au juge de modifier les termes du contrat afin de prendre en compte la situation difficile » de l'une des parties[586].

La fraternité contractuelle traduit un souci de lutte contre les abus, les comportements déloyaux[587]. En vertu de ce principe « chacun des contractants est tenu de prendre en compte, par delà son propre intérêt, l'intérêt du contrat et celui de l'autre partie, en se déployant à leur service, voire en acceptant certains sacrifices, afin de favoriser la conclusion, l'exécution et le maintien du contrat compris comme la base d'une collaboration »[588]. Ainsi le contrat pourrait-il être perçu comme

---

[584] **HAMOUDA (Mohamed)**, *L'exécution loyale, de l'obligation*, p. 1103.

[585] **THIBIERGE-GUELFUCCI (Catherine)**, *Libres propos sur la transformation du droit des contrats*, RTDCiv. 1997, p. 383 et 384.

[586] *Ibid.*, n° 31, p. 383.

[587] Envisagée du point de vue des sociétés, la fraternité dans le contrat de société joue un rôle considérable car dans ce dernier l'affectio societatis repose sur la bonne foi, « il ne serait pas absurde de rattacher au concept de fraternité l'obligation faite aux associés tant majoritaires que minoritaires de ne pas abuser de leurs droits, c'est-à-dire d'admettre que l'intérêt commun doit l'emporter sur les intérêts individuels, aussi légitimes soient-ils », **GUYON (Yves)**, *La fraternité dans le droit des sociétés*, Rev. Sociétés, 1989, p. 443 ; Voir également **HASSLER (Théo)**, *L'intérêt commun*, RTDCom. 1984, p. 617, l'auteur souligne que « les situations juridiques marquées par l'intérêt commun impliquent souvent l'intuitus personae ; dès lors la confiance est nécessaire à l'harmonie des relations entre consorts. Cette confiance n'apparaîtra que si les obligations réciproques ne révèlent pas un déséquilibre trop manifeste. L'intérêt commun porte en lui une exigence de justice, d'équité ».

[588] **THIBIERGE-GUELFUCCI (Catherine)**, *Op. cit.* p. 382 ; Voir également **MESTRE (Jacques)**, *L'évolution du contrat en droit privé français*, in L'évolution contemporaine du droit des contrats, Journées Savatier, 1985, p. 45 ; **FIN-LANGER (Laurence)**, *L'équilibre contractuel*, préf. Catherine Thibierge, th. LGDJ 2002, coll. Bdp. t. 366, p. 449 : *Le principe*

« un point d'équilibre nécessaire voire comme la base d'une collaboration souhaitable entre contractants »[589]. Il en est de même pour le Professeur Bénabent qui estime que « la règle (l'obligation de coopération) est en train de s'ancrer fermement dans notre droit positif » et que « l'exécution du contrat ne doit pas être une application mécanique des stipulations contractuelles, mais qu'il doit y présider un souci de moralité contrôlé par les tribunaux et qui participe de l'ordre public »[590].

La bonne foi est le principe qui gouverne l'exécution des contrats, l'attitude des parties doit être imprégnée de cette loyauté que la règle morale inscrit dans le droit. Mais il faut également respecter l'intérêt propre à chacun des contractants afin de ne pas imposer un altruisme artificiel[591].

---

de fraternité contractuelle « traduit une exigence morale d'aide, d'altruisme » ; **LOKIEC (Pascal)**, *Contrat et pouvoir. Essai sur des transformations du droit privé des rapports contractuels*, préf. Antoine Lyon-Caen, th. LGDJ 2004, coll. Bdp. t. 408, n° 161, p. 116, l'auteur parle d' « un rapport altruiste par lequel chaque contractant renonce à son intérêt pour satisfaire celui de son cocontractant ».

[589] **MESTRE (Jacques)**, *L'évolution du contrat en droit privé français*, *Op. cit.*, p. 41.

[590] **BENABENT (Alain),** *La bonne foi dans l'exécution du contrat*, in La bonne foi (journées Louisianaises), Travaux de l'Association H. Capitant, 1992, t. XLIII, p. 293.

[591] **MOULY (C.)**, *Les causes d'extinction du cautionnement*, Librairies techniques, Paris 1979.

SECTION II : L'IMPÉRATIF DE JUSTICE CONTRACTUELLE

176. M. Picod a indiqué qu'une relecture de l'article 1134 alinéa 3 permet de dégager que « les rédacteurs du Code civil n'avaient pas mesuré les conséquences que l'on saurait tirer d'un tel principe dans une conception sinon plus fraternelle, à tout le moins plus solidaire, des rapports contractuels »[592]. Le contrat est le produit de relations de force entre les cocontractants, ce qui dans le cadre d'une relation inégalitaire pouvait conduire à une injustice contractuelle, en plus des difficultés auxquelles se trouve confronté le débiteur, dès lors, le contrat n'est pas insensible au monde qui l'entoure.

Des auteurs français, depuis les années trente, ont annoncé la fin de l'intangibilité du contrat. Selon Ripert, « c'est tuer le contrat que de libérer légalement le débiteur chaque fois qu'il éprouve une difficulté de paiement »[593]. Josserand parlait de « ruines » et de « défaitisme civil » pour déceler l'abandon et la renonciation à la règle de la force obligatoire des conventions[594].

Toutefois, s'il faut sauver l'intangibilité contractuelle, il faut également sauver le cocontractant en position de faiblesse des abus commis par son partenaire. Si c'est le juge qui peut sauvegarder l'intangibilité contractuelle, son pouvoir sur la réduction des obligations contractuelles ne cesse de gagner du terrain[595] ; la modération de clauses pénales excessives, l'octroi de délai de grâce, le juge peut réduire la dette que le débiteur n'arrive pas à payer. Si les juges exercent leurs pouvoirs avec modération, on pourra atteindre les mesures sollicitées, le juge devrait notamment motiver sa décision. Forcer le contrat est possible lorsqu'il est jutifié par des impératifs d'équité. La notion d'équité laisse une place importante pour la liberté d'appréciation du juge et la Cour de cassation exerce son pouvoir de contrôle.

---

[592] **PICOD (Yves)**, *Contrats et obligations, effet obligatoire des conventions, Exécution de bonne foi des conventions*, J. Cl. civ., art. 1134 et 1135, fasc. 11, 1999, n° 4, p. 4.

[593] **RIPERT (Georges)**, *Le droit de ne plus payer ses dettes*, D.H. 1936, Chron. p. 57.

[594] **JOSSERAND (Louis)**, *Aperçu général des tendances actuelles de la théorie des contrats*, RTDCiv. 1937, p. 1 et s.

[595] Voir **BEN SLIMA (Houcine)**, *De l'équilibre du contrat*, p. 116 et s., pour la réduction des honoraires des avocats et experts.

177. L'impératif de justice contractuelle, est « un souci d'ordre principalement quantitatif qui tend vers la recherche d'une plus grande égalité entre les contractants et d'un équilibre dans le contrat, au nom de la justice commutative »[596]. Dès lors, pour remédier aux abus, à l'injustice, la doctrine moderne propose de substituer au fondement traditionnel de la force obligatoire « le juste et l'utile »[597]. Le fondement de la force obligatoire du contrat découle ainsi de sa conformité à la justice contractuelle. L'injustice, l'iniquité qui peuvent résulter d'une conservation prétorienne et d'une application trop rigide de la force obligatoire seraient alors tempérées par le possible rééquilibrage du contrat par le juge. (**Paragraphe I**). La sécurité juridique serait ainsi conciliée avec la justice contractuelle[598] (**Paragraphe II**).

Paragraphe I : Une conservation prétorienne

178. Depuis très longtemps, le droit des obligations tunisien est très attaché au principe de l'intangibilité des conventions ; l'adage *pacta sunt servanda* est édifié en système et le juge n'a que très peu de possibilités de s'écarter des stipulations des parties. Il est temps que nos juges se libèrent de leur attitude conservatrice, de modifier le contrat ou de ne pas tenir compte de l'une de ses dispositions, si eu égard aux circonstances, il serait abusif d'exiger son application ou si le cocontractant use de son droit uniquement dans le but de nuire à l'autre partie. Un plus large pouvoir d'appréciation est bien sollicité, remettre en question les termes d'un contrat afin de mettre fin aux situations où l'un des cocontractants est en nette position d'infériorité par rapport à l'autre.

Cette attitude très réservée des juges s'explique dans le système anglo-saxon par la volonté de ne pas s'immiscer dans le libre jeu des individus ou des opérateurs économiques. En Suède, la motivation est que l'individu s'efface devant la volonté populaire intangible du législateur, les juges sont tenus de la respecter à la lettre. En Tunisie, la motivation est encore autre : ne pas remettre en cause la sécurité contractuelle, car modifier le contrat ouvre la voie à d'autres

---

[596] **THIBIERGE-GUELFUCCI (Catherine)**, *Libres propos sur la transformation du droit des contrats*, RTDCiv. 1997, p. 376.

[597] **GOUNOT (Emmanuel)**, *Le principe de l'autonomie de la volonté en droit privé*, contribution à l'étude critique de l'individualisme juridique, th. Dijon 1912, p. 387 ; **GHESTIN (Jacques)**, *Traité de droit civil, Les obligations, Le contrat : formation*, 3ème éd. LGDJ 1993, n° 187 ; L'utile et le juste dans les contrats, D. 1982, chron. p. 1.

[598] **THIBIERGE-GUELFUCCI (Catherine)**, *Op. cit.*, p. 382.

modifications ce qui touche la sécurité des transactions. Le résultat c'est que le juge tunisien reste très réticent à intervenir et la faculté de modifier les stipulations contractuelles demeure toujours écartée en droit tunisien afin de garantir le respect de la force obligatoire du contrat. Le principe de l'exécution de bonne foi des contrats prévu par l'article 243 Code des obligations et des contrats, était toujours subordonnée à l'article précédent ; 242 qui dispose « les obligations contractuelles valablement formées tiennent lieu de loi à ceux qui les ont faites ». Cette règle imposant la force obligatoire des conventions, aussi comprise comme l'énoncé du principe de l'autonomie de la volonté est érigé en droit tunisien ; l'exécution du contrat est limitée par la liberté contractuelle et par la force obligatoire des conventions[599].

Il est cohérent de poser comme principe que les cocontractants qui se sont entendus en toute liberté, respecteront la parole donnée, d'où la convention-loi, toutefois, ce respect s'explique encore mieux et plus fondamentalement par le principe de bonne foi qui oblige à tenir la « foi » donnée à autrui. M. Jerbi indique que « les textes du Code montrent le respect des valeurs de la bonne foi et d'équité et que la crise réside dans le vide jurisprudentiel et l'absence d'éléments qui démontrent que le juge tient à faire respecter ces valeurs qualifiables de naturelles »[600]. M. Belhaj Jrad considère qu'« il est inconcevable que le juge tunisien reste réticent à intervenir et imposer le respect des dispositions de l'article 243 Code des obligations et des contrats qui date de plus d'un siècle »[601].

179. La recherche de la justice contractuelle consiste à rétablir un minimum d'équilibre entre des cocontractants se trouvant dans des situations d'inégalité intolérable afin de secourir une partie au contrat et corriger les abus. Il ne s'agit pas d'imposer un équilibre contractuel global, qui exigerait une équivalence entre la prestation fournie et le prix à payer. L'équilibre qu'il s'agit d'introduire par l'interventionnisme prétorien est un équilibre qui concerne l'exécution

---

[599] **DHAIFALLAH (Anis),** *Code des obligations et des contrats, les constantes et les variables*, R.J.L. octobre 2006, p. 163, en arabe ; **HAMOUDA (MOHAMED)**, *L'exécution loyale de l'obligation*, p. 1094, en arabe ; **ZARROUK (Ali)**, *L'implicite et le contenu contractuel, Etude de droit comparé : droit français et droit tunisien*, préf. Philippe Delebecque, avant pr. Mohamed kamel Charfeddine, L'Harmattan 2014, n° 68 et s., p. 76 et s. ; **BEN SLIMA (Houcine)**, *De L'équilibre du contrat, th. Précitée*, p.171.

[600] **JERBI (Sami)**, *L'interprétation du contrat*, p. 611.

[601] **BELHADJ JRAD (Ahmed),** *Le juge civil et l'exécution de contrat*, p. 363.

du contrat afin de secourir un cocontractant de l'abus manifesté par son partenaire (A.), ce qui permet en cas de bouleversement de l'économie générale des obligations contractuelles d'écarter leur effet obligatoire (B.).

A. Interventionnisme prétorien sollicité

180. Dès l'instant que les conditions du contrat sont bouleversées au point de rendre son exécution beaucoup plus onéreuse pour l'un des cocontractants, il faut admettre la possibilité de révision par le juge, pour restaurer l'équilibre des prestations et instituer un minimum d'équité entre les parties ce qui peut maintenir la stabilité du lien contractuel. Le rééquilibrage doit être fait avec précaution et de façon prudente, la révision doit être envisagée notamment lorsque l'exécution est sur le point de ruiner l'une des parties, « car à force de vouloir trop rééquilibrer on pourrait aboutir à un déséquilibre inverse et à un dirigisme jurisprudentiel trop pesant de nature à entraîner une perte de confiance dans le contrat et, finalement, une inefficacité des solutions théoriques dégagées »[602].

M. Ghestin est en faveur du rééquilibrage s'il est envisagé prudemment, de même qu'un grand nombre d'auteurs français qui considèrent que les rédacteurs du Code civil n'ont pas certes entendu faire du contrat « une loi implacable qui permettrait à l'une des parties d'imposer à l'autre avec la dernière rigueur le respect littéral du contrat, abstraction faite de toute autre considération »[603]. Mme Thibierge-Guelfucci observe qu'« au cours de ce siècle se sont multipliées les lois nouvelles qui, par leur effet immédiat, modifient les contrats en cours, les possibilités pour le juge d'intervenir sur le contrat, afin de rééquilibrer les prestations, d'en éradiquer les clauses abusives, d'en changer les termes pour prendre en compte la situation délicate du débiteur, voire d'en compléter la teneur en y ajoutant de nouvelles obligations »[604]. M. Mazeaud relève que « l'idée d'une mutation du principe de l'intangibilité du contrat ne doit pas trop effrayer dans la mesure où les atteintes qu'il subit en droit positif, parce qu'elles ont

---

[602] **GHESTIN (Jacques)**, avec le concours de **JAMIN (Christophe)** et **BALLIAU (Marc)**, *Les effets du contrat*, 2ème éd., LGDJ 1994, n° 51, p. 63 ; Voir **GARJI (Sofien)**, *Devoir de loyauté dans l'exécution des contrats*, p. 183 et 184.

[603] **TERRE (François), LEQUETTE (Yves) et SIMLER (Philippe)**, *Droit civil, Les obligations*, 6ème éd., Dalloz 1996, n° 413.

[604] **THIBIERGE-GUELFUCCI (Catherine)**, *Libres propos sur la transformation du droit des contrats*, RTDCiv. 1997, p. 357, spéc. p. 361.

pour dessein de restaurer l'équilibre des prestations, contribuent de ce fait à la stabilité du lien contractuel, ainsi qu'à sa vitalité. Simplement, il faut admettre qu'intangibilité ne rime point avec rigidité et s'accommode d'une certaine flexibilité »[605]. M. Hammouda considère que « la solidarité contractuelle qui s'avère à travers une lecture dynamique des dispositions de l'article 243 Code des obligations et des contrats justifie la révision du contrat »[606].

181. La notion clef qui permet la révision du contrat aujourd'hui c'est la bonne foi. Selon M. Zarrouk, « dire que tout contrat doit être exécuté de bonne foi, évoque systématiquement à l'esprit du contractant une possibilité de sa révision en cas de changement des circonstances. Le contrat ne demeure inchangé que lorsque les circonstances demeurent, elles aussi inchangées. De cette façon tout changement des circonstances peut entraîner un changement des stipulations contractuelles »[607]. Le juge peut s'appuyer sur l'article 243 Code des obligations et des contrats, afin de rééquilibrer les obligations souscrites dans un contexte inégalitaire[608], inscrit son action dans une démarche supplétive de la volonté des parties, révise sous le visa de « la loi, l'usage et l'équité » par le biais des obligations implicites de collaboration et de coopération.

Le pouvoir modérateur du juge répond à des considérations d'équité, la Cour de cassation française reconnaît aux juges du fond le pouvoir de réduire les honoraires des mandataires, agents d'affaires, avocats, notaires, banquiers, médecins…[609] Cette mesure s'explique par le désir des magistrats de protéger les profanes contre certains professionnels notamment lorsqu'il est difficile d'apprécier la valeur de leurs prestations avant toute exécution[610].

---

[605] **MAZEAUD (Denis)**, *Que reste-t-il de l'intangibilité du contrat, Droit et patrimoine*, mars 1998, n° 58, p. 58, spéc. p. 65 et 66.
[606] **HAMOUDA (Mohamed)**, *L'exécution loyale de l'obligation*, p. 1104.
[607] **ZARROUK (Ali)**, *L'implicite et le contenu contractuel, Op. cit.*, n° 46, p. 58.
[608] Voir **TESTU (Francois-Xavier)**, *Le juge et le contrat d'adhésion*, JCP G 1993, I, 3673, n° 24.
[609] Cf. par exemple en matière d'honoraires d'avocat, Cass. 1ère civ., 3 mars 1998, Defrénois 1998, p. 734, obs. J.-L. Aubert ; 7 juillet 1998, Contrats, conc., consom. 1998, comm. n° 159, obs. L. Levenan.
[610] **TERRE (François), LEQUETTE (Yves) et SIMLER (Philippe)**, *Droit civil, Les obligations*, 6ème éd., Dalloz 1996, n° 297.

Dans les contrats de très longue durée, les parties prévoient le plus souvent une clause de négociation de bonne foi[611] conformément à laquelle les parties consentent à arranger loyalement les problèmes qui surviendraient lors de l'exécution du contrat, afin d'éviter les abus résultant des clauses pénales, clause limitative de responsabilité, clause exonératoire ou clause résolutoire.

182. La notion de bonne foi sert d'outil privilégié à l'intervention judiciaire qui peut ainsi rééquilibrer le contrat dans le sens de l'équité. En effet, « faire primer le principe de justice contractuelle sur le strict respect des règles juridiques correspond à un souci légitime d'équité »[612]. Toutefois, un contractant manquerait au devoir de bonne foi s'il tirait profit du moindre déséquilibre pour demander la révision du contrat. « La loyauté contractuelle lui impose d'assumer une partie des risques du contrat. La révision de ce dernier doit concerner des situations exceptionnelles. Elle n'est pas une technique d'assurance permettant de couvrir tous les risques du contrat »[613].

À notre sens, la position catégorique et restrictive de la Cour de cassation, suivant laquelle des considérations d'équité n'autorisent pas les juges à déroger à l'effet obligatoire des conventions, devrait être reconsidérée et réexaminée. En outre, la jurisprudence n'est pas exclusivement opposée à toute mise en perspective du principe prévu par l'article 243 Code des obligations et des contrats et contient déjà quelques décisions inédites qui se situent davantage dans cette ligne. Il s'agit des décisions du 13 février 2003, 17 mai 2003 et 18 novembre 2004[614]. De même le Tribunal de première instance de Tunis[615], vu les circonstances matérielles difficiles du demandeur ce qui lui empêche de

---

[611] En France et en Allemagne, la pratique contractuelle a de plus en plus recours aux clauses contractuelles de bonne foi, il s'agit d'une stipulation dans laquelle le principe de bonne foi et de loyauté sont proclamés.

[612] **JALUZOT (Béatrice)**, *La bonne foi dans les contrats, Op. cit.*, n° 1358, p. 386.

[613] **PICOD (Yves)**, *Le devoir de loyauté dans l'exécution du contrat, Op. cit.*, n° 203, p. 226 ; **HAMOUDA (Mohamed)**, *L'exécution loyale de l'obligation,* p. 1107.

[614] Précités.

[615] Jugement 1ère inst., n° 49297, 24 décembre 1997, R.J.L., avril 1998 ; **ZARROUK (Ali)**, *L'implicite et le contenu contractuel, Op. cit.*, n° 92, p. 87 : « L'article 137 du Code des obligations et des contrats offre la possibilité d'accorder au débiteur éprouvant des difficultés un délai de grâce. Ce délai accordé autoritairement par le juge n'est en fait qu'une violation de la force obligatoire du contrat » ; La Cour de cassation tunisienne a admis la modification de la clause pénale, Voir Cass. civ. n° 42624, 28 avril 1994, R.T.D. 1996, p. 231, commentaire Nadhir Ben Ammou.

s'acquitter de la totalité du montant dû, a considéré, en application de l'article 137 du Code des obligations et des contrats, qu'il est possible d'échelonner la dette objet de la condamnation en deux tranches. Toutefois, si la première tranche n'a pas été honorée à l'échéance, la deuxième tranche deviendrait automatiquement exigible. Dès lors, s'il est interdit au juge de manière générale d'octroyer des délais de grâce, le présent article lui offrira cette prérogative, il s'agit d'un délai supplémentaire afin de permettre au débiteur de bonne foi d'exécuter ses obligations[616].

Creusant le principe de l'intangibilité du contrat ainsi que l'article 1134 du Code civil français[617], M. Mazeaud propose une nouvelle vision sur laquelle il indique que les conventions « légalement, loyalement et équitablement formées tiennent lieu de loi à ceux qui les ont faites et acceptées. Elles peuvent être révoquées ou révisées de leur consentement mutuel, pour les causes que la loi autorise et lorsqu'un déséquilibre excessif prive le contrat de toute cohérence ou de tout intérêt pour l'un des contractants. Elles doivent être négociées, conclues, exécutées et rompues de bonne foi »[618]. Pourquoi ne pas, par ailleurs, utiliser l'article 243 Code des obligations et des contrats comme fondement de certaines théories à l'existence encore problématique comme l'imprévision ?

B. Bouleversement de l'économie générale des obligations contractuelles

183. Pendant l'exécution du contrat, les circonstances économiques, commerciales, politiques… qui présidaient à son élaboration peuvent subir un bouleversement imprévisible, qui alourdit gravement la prestation due par une partie. L'intérêt ne se porte plus ici sur le juge ou sur les parties, mais sur le contexte notamment économique dans lequel doit être exécuté le contrat. Ce qui est visé ici, c'est le concept d'imprévision. Il s'agit de la situation dans laquelle le contexte économique qui a présidé aux négociations lors de la conclusion du contrat change de façon importante par la suite, ce qui rend l'exécution du contrat beaucoup plus onéreuse ou moins profitable pour l'une des

---

616 **BOULAABI (Karim)**, *La bonne foi en matière contractuelle*, n° 310, p. 309 ; **BELHADJ JRAD (Ahmed)**, *Le juge civil et l'exécution du contrat*, p. 366 et s.

617 **MAZEAUD (Denis)**, *La réduction des obligations contractuelles*, Droit et patrimoine, mars 1998, p. 58.

618 *Ibid.*

parties. Tel est par exemple le cas des dévaluations monétaires brutales ou de dépréciation considérable et subite de la valeur des biens sur lesquels porte le contrat[619].

Un contractant de bonne foi ne peut pas vouloir sortir des buts assignés au contrat à l'origine et de son équilibre propre pour profiter injustement, lors de l'exécution, de la modification des conditions économiques extérieures au contrat et qui ne sont en rien imputables à la conduite de l'autre partie[620]. Voir dans le principe de bonne foi une règle de collaboration nécessaire entre les parties, mais si les conditions d'exécution du contrat viennent modifier totalement l'équilibre des prestations, on ne peut plus parler de collaboration et de bonne foi entre les parties si on impose l'exécution à la rigueur. Il n'y aura qu'abus de l'une des parties de la situation de l'autre. Dans un contexte de bouleversement manifeste de l'économie générale d'un contrat, « la partie qui persévérerait à demander l'exécution scrupuleuse du contrat, en faisant preuve d'un comportement excédant les limites normales d'utilisation du droit contractuel, commettrait un abus de droit »[621]. M. Hammouda estime que « le débiteur ou le contractant qui a joui des résultats des changements économiques brusques qui ont causé un grand bouleversement dans l'équilibre contractuel à son avantage et qui n'accepte pas malgré cela le principe de la renégociation est considéré de mauvaise foi, car il n'a pas respecté ses engagements et n'a pas veillé à l'exécution du contrat en toute bonne foi »[622]. Le fait de demander l'exécution du contrat au détriment d'un débiteur, dans une situation de bouleversement manifeste de l'économie du contrat, n'implique pas en lui-même, l'existence d'un abus. Il s'agit de constater en quoi le créancier aura dépassé, par sa persévérance à vouloir à tout prix

[619] **NASSIF (Ilyes)**, *Op. cit.*, p. 21 et s. ; **SOLTAN (Anwar)**, *Op. cit.*, p. 233 et s. ; **ABOUHJIR (Majid Mahmoud Said)**, *Théorie de l'abus de droit et théorie de l'imprévision, Etude comparative*, 1ère édition, Maison internationale de l'édition Amman 2002, p. 24 et s., en arabe ; **JARIJ (Khalil)**, *Théorie générale des obligations*, t. 2, Sader 2000, p. 368 et s., en arabe ; **SAAD (Nabil Ibrahim)**, Théorie générale de l'obligation, t. 1, Sources des obligations , Maison nouvelle université 2004, p. 287 et s., en arabe ; **JMEL (Mouez)**, *Op. cit.*, p. 105 et s. ; **RAJHI (Mounir)**, *De certaines manifestations de l'équité en droit privé tunisien ; illustration en droit civil et en droit pénal*, Mémoire Faculté de droit et des sciences politiques de Tunis 1989/1990, p. 45 et s.

[620] Voir **OUELHAZI (Rafik)**, *Le juge judiciaire et la force obligatoire du contrat*, th. Strasbourg 1997, p. 385 et s.

[621] **ROMAIN (Jean-François)**, *Théorie critique du principe général de bonne foi en droit privé*, Bruylant Bruxelles 2000, n° 395. 3, p. 911.

[622] **HAMOUDA (Mohamed)**, *Précité*, p. 1097.

l'exécution scrupuleuse du contrat, les limites normales d'usage de son droit contractuel[623] allant ainsi jusqu'à la ruine du débiteur.

M. Ripert[624] considérait que la question de la révision du contrat pouvait se poser sur le terrain de l'abus de droit. Il observait que le souci de ne pas livrer le contrat au juge ne devait pas faire obstacle à l'intervention de ce dernier « dans le cas de l'abus que prétend faire le créancier de son droit aux dépens du débiteur ». Il admettait à l'instar de Josserand, que l'exercice d'un droit est soumis à un contrôle judiciaire en cas d'abus. C'est dire que la doctrine estime que l'abus autorise l'intervention du juge dans l'exécution des obligations nées d'un contrat et permet d'écarter leur effet et éluder le principe de la force obligatoire.

184. L'hostilité du droit tunisien, et à travers lui du juge, à admettre un droit à la révision d'une relation contractuelle, lorsque l'évolution notamment économique conduit à un déséquilibre de la prestation, mérite en réalité d'être réexaminé. L'exécution de bonne foi impose parfois que l'on accepte de revoir les conditions d'exécution du contrat et présente l'évident intérêt de légitimer l'intervention judiciaire par la présence de l'article 243 du Code des obligations et des contrats. Dans de telles hypothèses, le juge sous le visa de cet article, n'hésite pas à utiliser le vocable d'abus.

Ce qui a jugé la Cour de cassation tunisienne dans un arrêt en date du 24 juillet 1961[625]. La décision est liée à un retrait exercé par un retrayant en usant de son droit après une longue période durant laquelle la valeur de la vente a changé tout comme a considérablement changé la valeur de l'immeuble retrayé. L'acheteur a avancé l'argument selon lequel il a le droit en la modification du prix à une augmentation raisonnable. La Cour de cassation a décidé « l'existence de situations qui engendrent des pertes considérables à l'acheteur ; et que s'il venait à être obligé à accepter le prix contre lequel il avait échangé sa valeur au moment de l'acquisition, de même que le temps écoulé depuis la date de la vente et celle de la décision de la préemption a permis un changement sensible dans l'importance du pouvoir d'achat et la détermination du prix suite au changement de la situation économique rendant ce prix dérisoire au jour de la décision de

---

[623] **ROMAIN (Jean-François)**, *Op. cit.*, n° 395.3, p. 914.

[624] **RIPERT (Georges)**, *La règle morale dans les obligations civiles, Op. cit.*, n° 103.

[625] Cass. civ. n° 814, 24 juillet 1961, R.J.L. 1962, p. 81 ; **JERBI (Sami)**, *L'interprétation du contrat*, n° 440, p. 591, n° 443, p. 595 et spéc. n° 446, p. 600.

préemption ». Ce qui fait que le bouleversement des circonstances économiques rend l'exécution beaucoup plus onéreuse, « il devient obligatoire de veiller à l'observation des principes du droit qui disposent que le préjudice ne peut pas être défendu par un préjudice plus grave et que l'utilisation des droits ne permet pas de porter préjudice à autrui au point où cela devienne de l'abus dans l'exercice des droits ». La Cour de cassation a considéré que les juges du fond « ont fait le parallèle à la lumière des principes ci-dessus entre les deux parties avec une vue plus réaliste, dictée par les principes de justice et d'équité ».

Pour M. Mellouli, il est possible que la Cour de cassation « peut opter pour l'admission de l'imprévision en matière contractuelle grâce à une interprétation large de l'article 243 du Code des obligations et des contrats. Cet article qui n'a pas encore reçu d'application jurisprudentielle quant à sa référence à l'équité (...) permet au juge d'adapter les obligations des parties aux circonstances qui entourent leur exécution. En effet, il est injuste d'exécuter sans modification un contrat devenu déséquilibré et qui réalise l'enrichissement d'une partie et la ruine de l'autre en dehors de toute prévision des parties »[626].

185. Pour certains, une telle conception va à l'encontre de la sécurité juridique et la stabilité des transactions, sans lesquelles le contrat, qui est un acte de prévision sur l'avenir serait exposé à de réels embarras. Les professeurs Flour et Aubert notamment constatent que « la révision appelle la révision »[627] et soutiennent que l'on « risquerait alors, par un jeu de

---

[626] **MELLOULI (Slaheddine),** *Le juge et l'équité, Réflexions sur le recours à l'équité par le juge en droit privé interne*, RTD 1983, p. 512 et 513.

[627] **FLOUR (Jacques),** et **AUBERT (Jean-Luc),** *Les obligations, 1. L'acte juridique*, 2ème éd. Armand Colin 2002, n° 418, p. 300 ; L'hostilité de la jurisprudence française à l'égard de la révision d'une relation contractuelle en cas d'imprévision remonte à 1876 dans l'affaire canal de Craponne : « Il n'appartient pas aux tribunaux, quelque équitable que puisse leur apparaître leur décision, de prendre en considération le temps et les circonstances pour modifier les conventions des parties et substituer des clauses nouvelles à celles qui ont été librement acceptées », Cass. civ., 6 mars 1876, Dalloz 1876, 1, 193, note A. Giboulot ; s. 1876, 1, 1161 ; Les grands arrêts de la jurisprudence civile, 9è éd., Dalloz 1991, n° 92, p. 405 ; Selon un auteur, « le rejet de la théorie de l'imprévision est certain en droit français », **MATHEY (N.),** *La rupture des relations commerciales établies en période de crise. Difficulté d'application de l'article L. 442-6, I, 5° du Code de commerce en période de crise économique*, cont. conc. consomm. 2010, n° 2, p. 10 ; Voir notamment **ZARROUK (Ali),** *L'implicite et le contenu contractuel, Op. cit.*, n° 66, p. 72 et s., notamment n° 95, p. 88 : « Le droit français, même s'il a adopté certaines idées pouvant fonder une révision du contrat en cas de changement des circonstances, n' a pas pour autant admis de façon expresse la théorie de l'imprévision dans les contrats. Cette position, qui fait la spécificité du droit français par

réactions en chaîne impossibles à limiter et même à prévoir, de provoquer un déséquilibre généralisé »[628]. Toutefois, pour ces mêmes auteurs « une grave équivoque doit être, en effet, dissipée. Ce qui crée l'insécurité, c'est le bouleversement des conditions économiques, spécialement la hausse vertigineuse des prix. Ce fait une fois acquis, on n'y remédie pas par l'intangibilité du contrat dans une instabilité générale. Un réajustement a plus de chance de contribuer au rétablissement de la sécurité, en créant les conditions d'un nouvel équilibre »[629]. M. Stoffel-Munck relève que « l'observation du droit comparé permet pourtant d'apaiser ces inquiétudes légitimes. Elle démontre que la théorie de l'imprévision peut être autre chose qu'une ''machine à faire explorer l'économie'' »[630].

Beaucoup de législations étrangères ont retenu la faculté de réviser les conventions. Les juridictions allemandes par exemple, ont admis, sous certaines conditions, la thèse de l'imprévision à la suite de la guerre de 1914-1918. Elles se fondent essentiellement sur la nécessaire application équitable des relations contractuelles. De même, les tribunaux suisses ont progressivement reconnu la théorie de l'imprévision en fondant leur argumentation sur l'article 2 alinéa 2 du Code civil suisse selon lequel « l'abus manifeste d'un droit n'est pas protégé par la loi ». La doctrine suisse constate ainsi que le juge a la faculté de modifier ou d'annuler un contrat dans lequel une disproportion manifestement excessive entre les obligations est apparue suite à un bouleversement imprévisible des circonstances qui présidaient l'époque de la conclusion. Le droit italien prévoit expressément dans l'article 1467 du Code civil que « dans les contrats dont l'exécution est continue et périodique ou dont l'exécution est différée, si la prestation d'une des parties est devenue excessivement onéreuse par l'effet d'événements extraordinaires et imprévisibles, la partie qui est débitrice de cette prestation peut demander la résolution du contrat (…) La partie à l'encontre de laquelle est demandée la résolution du contrat peut éviter que celle-ci soit prononcée en offrant de modifier selon l'équité les termes du contrat ». Cette exigence d'équité a suscité l'attention des rédacteurs du Code civil néerlandais (NBW) pour lesquels le juge devait bénéficier d'un large pouvoir dans l'appréciation des

rapport à plusieurs pays européens dont les législations admettent de façon explicite la théorie de l'imprévision, est menacée par les exigences du droit européen ».

[628] **FLOUR** (Jacques), et **AUBERT** (Jean-Luc), *Ibid.*

[629] Ibid., n° 410.

[630] **STOFFEL-MUNCK (Philippe),** *Regards sur la théorie de l'imprévision. Vers une souplesse contractuelle en droit privé français contemporain*, préf. Roger Bout, Presses universitaires d'Aix-Marseille 1994, p. 100.

obligations lors de l'exécution du contrat ; selon les termes de l'article 6.258 -1, texte entré en vigueur le 1er janvier 1992, « le juge peut, à la demande de l'une des parties, modifier les effets du contrat ou le résilier en tout ou en partie en raison de circonstances imprévues d'une nature telle que d'après les critères de la raison et de l'équité, l'autre partie ne peut s'attendre au maintien intégral du contrat. La modification ou la résiliation peut être accordée avec effet rétroactif ». Le législateur portugais a également, au même titre que le législateur italien et néerlandais, élaboré un mécanisme autorisant la révision des contrats. L'article 437 du Code civil dispose en effet que « si les circonstances dans lesquelles les parties ont fondé la décision de conclure un contrat ont subi un changement anormal, la partie lésée a droit à la résolution du contrat, ou à une modification de ce contrat par le juge selon l'équité, si l'exécution forcée des obligations assumées conformément à ce contrat heurte gravement le principe de bonne foi ».

Parmi les Codes arabes on cite le Code civil libyen, où l'article 147 après avoir affirmé comme principe que « le contrat fait la loi des parties », il énonce dans l'alinéa 2 « toutefois, lorsque par suite d'événements exceptionnels, imprévisibles et ayant un caractère de généralité, l'exécution de l'obligation contractuelle, sans devenir impossible, devient excessivement onéreuse de façon à menacer le débiteur d'une perte exorbitante, le juge peut, suivant les circonstances et après avoir pris en considération les intérêts des parties, réduire, dans une mesure raisonnable, l'obligation excessive », ou encore le Code civil algérien dans l'article 107 alinéa 2 qui dispose « lorsque par suite d'évènements exceptionnels, imprévisibles, et ayant un caractère de généralité, l'exécution de l'obligation contractuelle, sans devenir impossible, devient excessivement onéreuse, de façon à menacer le débiteur d'une perte exorbitante, le juge peut suivant les circonstances et après avoir pris en considération les intérêts des parties, réduire dans une certaine mesure raisonnable, l'obligation devenue excessive. Toute convention contraire est nulle », ainsi que le droit égyptien article 148-2, le droit irakien article 146-2 et le droit syrien article 148[631].

---

[631] Voir **ESSANHOURI (Abderrazek Ahmed)**, *Les sources de droit en droit musluman*, t. 6, Edition Halabi, Beyrouth 1998, p. 100, en arabe ; **MANSOUR (Amjed Mohamed)**, *Théorie générale des obligations, Sources des obligations*, Etudes des droits jordanien égyptien français, Code Ottoman et droit musulman avec les pratiques judiciaires, Maison scientifique internationalle de l'édition, Amman 2003, p. 176, en arabe ; **IBRAHIM (Abdelmounem Moussa)**, *La bonne foi dans les contrats, Etude comparative*, Edition Zine 2006, p. 103 et 119, en arabe ; **BOULAABI (Karim)**, *La bonne foi en matière contractuelle*,

186. Cette théorie a pour origine un précepte défini par le droit musulman comme *Jaiiha* dans les opérations de vente de fruits. Il s'agit de l'avarie qui affecte le fruit du fait de la nature telle que la grêle, la sécheresse ou la pourriture. Les deux rites malékite et hanafite s'accordent à dire que les fruits touchés par l'imprévision peuvent subir une baisse dans leur prix de vente une fois qu'ils ont été acquis par l'acheteur[632].

187. Le devoir d'exécuter le contrat de bonne foi connaît aujourd'hui un succès considérable ; il pourrait pallier la carence en droit tunisien de la théorie de l'imprévision[633]. Il est pertinent de soutenir que des situations d'imprévision en matière contractuelle pouvaient être appréhendées par le biais de la prohibition de l'abus dans l'exécution du contrat, fondé sur le principe d'exécution de bonne foi[634]. Un auteur observe que « nous recourons aujourd'hui à la notion de bonne foi parce que nous ne pouvons plus penser le contrat comme nous le pensions au début du XIXe siècle (…) le solidarisme contractuel devrait ainsi pouvoir s'imposer ; car il me paraît correspondre beaucoup mieux que l'individualisme à un droit des contrats qui intègre une vision non linéaire du temps et une conception moins abstraite de la liberté (...) le concept de solidarisme contractuel me paraît devoir assurer une plus grande souplesse dans l'exécution du contrat lorsque celui-ci est conclu pour une longue durée, en permettant d'atteindre le résultat minimum que visait chacune des parties au moment de sa formation alors que les conditions de son exécution ont modifié leurs prévisions »[635].

Op. cit., n° 295 et s., p. 292 et s. ; **BELHADJ (Jrad),** *Le juge civil et l'exécution du contrat*, th. Faculté de droit et des sciences politiques de Tunis 2008/2009, p. 266 et s., en arabe.

[632] **NAIIMI (Fadhel Chaker),** *Théorie de l'imprévison à travers le droit muslumun et le droit positif*, th. Bagdad 1979, p. 181, en arabe.

[633] **AMELI (François)**, *Droit civil, Les obligations,* Montchrestien 1997, p. 136.

[634] **ROMAIN (Jean-François)**, *Op. cit.*, n° 408, p. 950.

[635] **JAMIN (Christophe)**, *Révision et intangibilité du contrat ou la double philosophie de l'article 1134*, Droit et patrimoine 1998, n° 58, p. 57 ; A propos d'un arrêt de la Cour de cassation de France, du 3 novembre 1992, RTDCiv. 1993, p. 124, **Jacques Mestre** conclut : « cette exigence de bonne foi visée par l'article 1134, qui oblige ici l'une des parties à modifier, en cours d'exécution du contrat, un système de prix pourtant librement ou, du moins, conventionnellement fixé à l'origine parce que des circonstances nouvelles (…) rendent très lourde l'obligation souscrite par l'autre, et donc très précaire sa situation. Et sa force est d'autant plus grande que cette partie à laquelle un tel devoir d'adaptation est ainsi imposé ne peut valablement se retrancher derrière le refus de son cocontractant de s'adapter lui-même, par l'adoption du changement de statut qui lui avait été proposé (…) En tout cas sous l'égide de cette bonne foi décidément très conquérante, la voie de la révision du contrat pour imprévision est sans doute maintenant dégagée ».

M. Sériaux relève que le recours à la bonne foi ouvrirait de « nouvelles voies bienfaisantes, encore inexplorées. Ce ne serait guère forcer le texte que de fonder sur la bonne foi un devoir de renégocier les termes d'un contrat qui, à la longue, apparaît par trop déséquilibré (...) N'y aurait-il pas là une voie royale pour résoudre enfin correctement l'irritante lacune née du rejet, par la jurisprudence, de la théorie de l'imprévision ? Réclamer l'exécution à son profit d'un contrat devenu manifestement inexécutable, n'est-ce point manquer à la bonne foi »[636] ?

188. L'exigence du respect de la bonne foi et la prohibition de l'abus dans l'exécution du contrat autorise le juge à aménager les conditions d'exécution de telle ou telle stipulation contractuelle, adapter les prérogatives contractuelles, organiser la mise en œuvre des prestations, de manière à assurer une exécution loyale. Ce qui doit avoir force obligatoire[637], c'est le contrat voulu par les parties. Si les parties avaient prévu ce changement de circonstances rendant très lourde son exécution, il est probable qu'elles n'auraient pas conclu le contrat ou qu'elles l'auraient conclu à des conditions différentes, appliquer le contrat tel qu'il avait été conclu à l'origine ne respecte pas cette exigence de bonne foi visée explicitement par les textes en matière d'exécution du contrat[638].

Paragraphe II : Une tendance générale

189. Les articles 243 et 103 du Code des obligations et des contrats peuvent servir de fondement pour la révision du contrat en cas de modifications de circonstances économiques. Contrôler l'exécution amène le juge à apprécier la conduite des parties, à définir « comment » elles doivent accomplir leurs devoirs contractuels. Le contrat constitue « un haut-lieu de sociabilité et d'amitié »[639], c'est la recherche du « bien commun » qui doit ainsi animer les parties[640]. Demogue relevait que « les contractants forment une sorte de microcosme où chacun doit travailler dans un but commun... »[641] Chaque fois que « le créancier

---

[636] **SERIAUX (Alain)**, *Droit des obligations*, PUF 1992, n° 55, p. 211.

[637] **BEN SLIMA (Houcine)**, *La bonne foi dans l'éxécusion du contrat à travers l'article 243 C.O.C.*, *Op. cit.*, p. 3.

[638] Voir **CABRILLAC (Rémy)**, *Droit des obligations*, 2ème éd., Dalloz 1996, n° 124, p. 81.

[639] **SERIAUX (Alain)**, *Droit des obligations*, 2ème éd., PUF 1998, n° 55.

[640] **LE TOURNEAU (Philippe)**, *Rép. civ.* Dalloz 1995, Voir *Bonne foi*, n° 44.

[641] **DEMOGUE (René)**, *Traité des obligations*, *Op. cit.*, n° 3, p. 9 ; Voir supra n° 156 et s.

pourra, sans sacrifier ses intérêts, être utile à son débiteur lors de l'exécution du contrat, une obligation de coopération lui sera imposée ». M. Picod se demande ainsi « si cette obligation de faciliter l'exécution de son contractant ne conduit pas, dans des circonstances exceptionnelles et difficilement prévisibles, à remettre en question le lien initial. On passerait alors d'une obligation de coopération à une obligation de renégociation en vue d'aplanir les difficultés majeures ou les obstacles à l'exécution du contrat »[642].

M. Ghestin défend l'idée selon laquelle les contrats sont dirigés par « l'utile et le juste » au point d'en faire la seule source de la force obligatoire du contrat[643], « l'ordre et la sécurité qui l'escorte telle son ombre, doivent céder le pas lorsque la morale ne s'y retrouve plus, comme lorsqu'une partie prétend exécuter un contrat devenu ruineux pour son partenaire »[644]. Cette application de la bonne foi est particulièrement justifiée lorsque l'exécution du contrat conduit à des résultats injustes en raison d'une lecture trop scrupuleuse et littérale. M. Rieg se demandait sur cette base si « le créancier qui exige l'exécution de l'obligation de son débiteur se conduit-il comme un contractant de bonne foi si sa prestation ne correspond plus à rien »[645] ? La doctrine française reconnaît qu'un équilibre même limité dans les relations contractuelles est une tendance générale en droit positif[646].

Afin d'éviter une grande insécurité dans les relations contractuelles, le contrôle du juge sur le comportement des parties qui est un contrôle nécessaire, doit intervenir de manière restrictive pour remédier aux déséquilibres flagrants ; l'équilibre recherché est non un idéal, mais un minimum qui ne s'accommode que des disportions significatives.[647] Certains droits comparés illustrent bien cette tendance.

---

[642] **PICOD (Yves)**, *Effet obligatoire des conventions / Exécution de bonne foi des conventions*, J. Cl. civil., art. 1134 et 1135, fasc. 11, 1999, n° 98, p. 27.

[643] **GHESTIN (Jacques)**, *L'utile et le juste dans les contrats*, D. 1982, chr. p. 1 ; Traité de droit civil, la formation du contrat, 3ème éd., LGDJ, Paris 1993, n° 225 et s.

[644] **LE TOURNEAU (Philippe)**, *Voir Bonne foi*, Rep. civ. Dalloz 1995, n° 7.

[645] **RIEG (Alfred)**, *Le rôle de la volonté dans l'acte juridique en droit civil français et allemand*, LGDJ, p. 537.

[646] **MESTRE (Jacques)**, *L'évolution du contrat en droit privé français*, in L'évolution contemporaine du droit des contrats, Journées René Savatier, (Poitiers, 24-25 oct. 1985), éd. PUF 1986, p. 46 et s.

[647] **THIBIERGE-GUELFUCCI (Catherine)**, Article précité, p. 379.

A. Le droit allemand : la Zumutbarkeit

190. En droit allemand, l'équilibre contractuel est un élément de base dans la construction prétorienne en matière d'imprévision, la jurisprudence a créé l'institution juridique de la « disparition du fondement du contrat » (*Wegfall der Geschäftsgrundlage*) qui a pour but de rétablir l'équilibre perdu dans les contrats à la suite des circonstances nouvelles, ce qui justifie l'intervention du juge. Le rééquilibrage du contrat est chose courante dans la jurisprudence allemande. Le juge pourrait exiger l'exécution de certaines obligations indispensables à la réalisation du contrat. La prestation est inexigible « *unzumutbar* », lorsqu'elle est possible, mais que les circonstances font en sorte que l'exiger de la part de son débiteur serait inéquitable.

Il s'agit d'un critère entièrement à la disposition du juge lequel décide en fonction des circonstances si la prestation doit être ou non exécutée[648]. Si « un droit né d'un contrat est qualifié de ''*unzumutbar*'', l'institution de l'abus de droit sera mise en œuvre et son titulaire sera simplement privé du droit d'en demander l'exécution en justice. Si l'exercice d'un droit est devenu ''*unzumutbar* '' en raison du bouleversement du fondement du contrat, ce dernier pourra soit être adapté par le juge, soit être résolu selon les nécessités de l'affaire »[649].

191. Dans une décision du 23 février 1904, un conflit opposait un acheteur et un vendeur d'une chose de genre. En l'occurrence, il avait été passé commande de 6000 demi-quintaux de « farine de coton allemande doublement tamisée » de la marque « Eichenlaub ». Le moulin, seul apte à produire cette farine conformément aux secrets de fabrication, brûle, 2000 demiquintaux sont cependant sauvés de l'incendie. L'acheteur exige la livraison de la farine restante, le vendeur s'y oppose en affirmant que cette farine était déjà réservée par d'autres clients. L'acheteur demande l'exécution du contrat en justice, demande rejetée par toutes les instances. Le Tribunal d'Empire déclara « la prestation (...) n'est pas seulement impossible quand toute l'espèce a disparu, mais aussi quand la production de choses du genre en question est devenue si difficile qu'elle ne peut être exigée équitablement de personne. Cette dernière limitation provient (...) du §242 BGB »[650].

---

[648] **JALUZOT (Béatrice)**, *La bonne foi dans les contrats, Op. cit.*, n° 988, p. 272.

[649] *Ibid.*

[650] RG, 23 févr. 1904, RGZ 57, rapporté par **Béatrice Jaluzot**, *La bonne foi dans les contrats, Op. cit.*, n° 990, p. 272.

Mme Jaluzot observe ainsi que la « notion de *Zumutbarkeit* est incontestablement apparentée à celle d'équilibre, puisqu'elle permet au juge allemand de remédier à certains cas dans lesquels une prestation a perdu toute commune mesure avec sa contre-prestation »[651].

192. La *Zumutbarkeit* peut être définie comme la limite au-delà de laquelle on ne peut plus exiger quelque chose de quelqu'un, c'est le principe de ce qui est exigible. Le principe est d'une très grande importance en droit positif allemand, il a été maintes fois consacré par la Cour Fédérale de Justice et il est l'un des critères les plus utilisés par la jurisprudence allemande pour mettre en oeuvre le principe de la bonne foi[652]. En effet, « le difficilement saisissable concept de l'exigibilité d'une prestation (*Zumutbarkeit einer leistung*) se laisse mieux décrire lorsque l'on part de son contraire. Inacceptable est une prestation, lorsqu'elle est possible, mais lorsque son exécution, eu égard au but originellement poursuivi et au principe de la fidélité au contrat, ne peut être exigée, que ce soit d'un point de vue des principes (…) ou d'un point de vue matériel (…) Les raisons de l'inacceptable (Nichtzumutbarkeit) reposent en partie dans la personne de l'obligé (par exemple des difficultés insurmontables), en partie dans celle de l'ayant droit (comportement contradictoire, abus de droit…), en partie en dehors des personnes concernées (diminution de la valeur de la chose de genre, modification du fondement du contrat »[653].

B. Le droit anglais : l'Estoppel by conduct

193. Considérant le cas d'un droit de reconduction d'un bail qui doit être formellement exercé à temps par le locataire, sinon le bailleur pourrait résilier le contrat avec effet immédiat et obtenir des dommages et intérêts. Le locataire exerce ce droit, mais en commettant une erreur de nature formelle. Le bailleur s'étant rendu compte de cette erreur plusieurs mois avant le délai fixé pour l'exercice du droit de reconduction n'attire pas l'attention du locataire sur cette erreur. Le bailleur commet un abus en exerçant cette prérogative contractuelle. Cet exemple a fait l'objet d'une décision rendue par les tribunaux canadiens[654]. Il s'agit en effet, du concept de *l'estoppel by conduct*

---

651 **JALUZOT (Béatrice)**, *Op. cit.*, n° 991, p. 273.

652 *Ibid.*, n° 989, p. 272.

653 **WEBER (Wilhelm)**, *Commentaire des § 241-245* in : Staudinger, Kommentar sum Bürgerlichen Gesetzbuch II 1 § 241-245, 10è éd., 1940, 1941, Berlin, § 242, n° 308.

654 Il s'agit de l'arrêt Becker Milk Co. Ltd. v. Goldy et al. 82 Dominion Law reports (3 d series) 598 (1977).

conçu par la *common law*. Selon cette dernière, le silence ou l'inaction ne peuvent à eux seuls avoir des conséquences juridiques. De nombreuses exceptions à cette règle ont été introduites par l'*equity*[655]. Ces exceptions partent de l'idée qu'il peut s'avérer arbitraire de permettre à une personne d'exercer un droit que lui confère la *common law*. L'*estoppel by conduct* est l'une de ces exceptions. Il suffit que le titulaire du droit ait d'une manière ou d'une autre donné la nette impression qu'il a renoncé à l'exercice de son droit (on n'exige pas qu'il ait agi de façon consciente), dans ce cas, il sera privé de l'exercice de son droit à l'encontre de toute personne qui a agi en se fondant sur l'impression donnée.

Les tribunaux canadiens n'en sont pas restés là ; ils ont développé la notion d'*estoppel by conduct* en instituant une « exception de changement d'attitude » (*defense of change of position*). Dans cette hypothèse, le titulaire du droit n'a rien entrepris du tout : il est resté absolument passif. En conséquence, il ne pourra exercer son droit à l'encontre de tout tiers qui agit en croyant de bonne foi que le droit ne serait plus exercé[656].

Toutefois, ces exceptions introduites par l'*equity* ne constituent pas une interdiction générale de l'abus, ils sont uniquement de nature procédurale et de portée restreinte, ils s'agissent d'« un artifice de procédure, un moyen de défense permettant de rejeter une action »[657].

C. Le droit belge : la Rechtsverwerking

194. Selon cette institution, celui qui adopte un comportement incompatible avec un droit qu'il prétend mettre en œuvre peut être privé de la faculté de se prévaloir de ce droit en raison du comportement qu'il a adopté, sans qu'il faille rechercher l'intention du titulaire[658]. Ce critère qui intègre la « *rechtsverwerking* » dans la théorie de l'abus de droit, a

---

[655] **COTTIER (Bertil)**, *Qu'en est-il de « L'abus de droit » dans les pays qui ignorent cette institution* ? in « Abus de droit et bonne foi », sous la dir. de Widmer et Cottier, éd. univ. de Fribourg, 1994, p. 327.

[656] *Ibid.*

[657] *Ibid.*

[658] **VAN OMMESLAGHE (Pierre)**, *La rigueur contractuelle et ses tempéraments selon la jurisprudence de la Cour de cassation de Belgique*, in Etudes offertes à Jacques Ghestin, Le contrat au début du XXIe siècle, n° 24, p. 911 ; **INGBER (Léon), DE SAEDELEER (Isabelle) et RENARD (Alain)**, *Chronique de jurisprudence belge*, RTDCiv. 1991, n° 2, p. 848.

reçu un accueil favorable auprès d'une doctrine majoritaire et d'un courant important de la jurisprudence des juridictions de fond en Belgique[659]. La Cour de cassation belge avait dans son arrêt en date du 17 mai 1990 à se prononcer sur un moyen qui reprochait au juge du fond d'avoir refusé d'appliquer la « *rechtsverwerking* ». En l'espèce un locataire prétendait obtenir la condamnation d'un bailleur à lui rembourser des paiements indus d'indexation. Le bailleur opposant que le locataire avait eu un comportement inconciliable avec une telle prétention, pour avoir payé les loyers concernés pendant une période de près de 20 ans, sans soulever des contestations. Se posait alors l'existence d'une théorie dite la « *rechtsverwerking* »[660] visant à priver un contractant de la possibilité d'invoquer un droit, dès qu'il s'avère qu'il a adopté un comportement incompatible avec ce droit[661]. La Cour de cassation a rejeté le moyen ; il n'existe pas de principe général de droit selon lequel « un droit subjectif se trouve éteint ou en tout cas ne peut plus être invoqué lorsque son titulaire a adopté un comportement objectivement inconciliable avec ce droit, trompant ainsi la confiance légitime du débiteur et des tiers (...) l'article 1134 al. 3 du Code civil consacre le principe de l'exécution de bonne foi des conventions (...) une partie ne viole ni cet article ni ce principe lorsqu'elle fait usage du droit qu'elle trouve dans la convention légalement formée, sans qu'il soit établi qu'elle en a abusé (...) dans ces limites, le Code civil reconnaît implicitement à une partie la possibilité de ne pas exercer immédiatement le droit qui lui est conféré par le contrat, en établissant les règles de la prescription extinctive... » L'arrêt en conclut que la décision de

---

[659] **ROMAIN (Jean-François)**, *Théorie critique du principe général de bonne foi en droit privé*, Bruylant, Bruxelles 2000, n° 393, p. 903.

[660] Une terminologie d'origine néerlandaise.

[661] **ROMAIN (Jean-François)**, *Op. cit.*, n° 390. 2, p. 888 ; Cf. Pas. 1990. I. p. 1061 et s. ; J.T. 1990, p. 442 et s. ; RCJB 1990, p. 595 et s., et note J. HEENEN, « *A propos de l'extinction d'un droit subjectif par suite du comportement de son titulaire* » ; **STIJNS (S.)**, « *La rechtsverwerking : fin d'une attente (déraisonnable) ? Considérations à propos de l'arrêt du 17 mai 1990* », J.T. 1990, p. 685 et s. ; l'arrêt rendu en degré d'appel a attaqué le jugement le précédant qui a rejeté l'existence de cette théorie et a condamné le bailleur au remboursement des indus d'indexation. Le jugement a décidé que la rechtsverwerking ne résiste pas « aux principes repris dans le Code civil, qui, toujours, forme la loi, dont le principe de la convention-loi entre parties... », et que « s'il doit être admis que les négligences ou omissions d'une des parties à une convention doivent être sanctionnées dans le temps, au détriment de la susdite partie, il ne peut être admis que cette sanction doit inclure la suppression entière, ab initio, du point de la convention auquel le comportement, inconsidéré ou autre, d'une des parties se rapporte ».

fond était légalement justifiée[662]. La décision est confirmée par la Cour de cassation en date du 20 février 1992, dans un arrêt qui reprend expressément la même motivation liée au principe d'exécution de bonne foi et au domaine de l'abus de droit[663].

195. Pour M. Romain, la *rechtsverwerking* est une théorie selon laquelle « un droit subjectif se trouve éteint, ou à tout le moins ne peut plus être invoqué, lorsque, même en dehors de toute renonciation volontaire, son titulaire a adopté un comportement objectivement inconciliable avec ce droit, en trompant ainsi la légitime confiance du débiteur et des tiers »[664]. L'auteur se référant aux articles 1134 alinéa 3 et 1135 visés par l'arrêt, il indique que « le principe d'exécution de bonne foi des conventions impose que le titulaire d'un droit ne peut brusquement se prévaloir de celui-ci alors que, par son comportement, il n'a pas lui-même respecté les conditions de ce droit, ou qu'il a suscité la croyance légitime dans le chef du débiteur et des tiers qu'il n'exercerait plus ce droit (...) il eût peut être été plus judicieux de traiter la ''*rechtsverwerking* '' au sein de l'abus de droit contractuel, comme une application du principe d'exécution de bonne foi »[665].

Selon des auteurs belges, les arrêts précités de la Cour de cassation n'excluent nullement que la *rechtsverwerking* puisse persister en tant qu'application particulière du principe de l'exécution de bonne foi, « bien au contraire, dans ses considérations, la Cour de cassation réserve, à deux reprises, l'hypothèse de l'abus de droit. Le juge pourra donc (...) retenir la *rechtsverwerking* à condition de constater que le titulaire d'un droit, qui entend se prévaloir de ce droit après avoir, par un comportement objectivement inconciliable avec l'exercice de ce droit, crée chez la partie adverse, la confiance légitime qu'il ne l'exercerait pas, dépasse les limites de l'exercice normal de ce droit par une personne prudente et diligente »[666]. Ainsi, lorsque l'auteur du dommage décide de mettre fin à une situation qu'il a volontairement créée et au maintien de laquelle un tiers est intéressé. Ce qui nous rappelle un arrêt de la Cour de cassation tunisienne, en l'espèce un

---

662 **ROMAIN (Jean-François)**, *Op. cit.*, n° 390.2, p. 889 ; **VAN OMMESLAGHE (Pierre)**, *Op. cit.*, n° 25, p. 913.

663 Ibid., n° 390.2, p. 890, Voir aussi pour d'autres arrêts **VAN OMMESLAGHE (Pierre)**, *Op. cit.*, p. 915 ; **INGBER (Léon), DE SAEDELEER (Isabelle) et RENARD (Alain)**, *Op. cit.*, n° 2, p. 849.

664 **ROMAIN (Jean-François)**, *Op. cit.*, n° 390.2, p. 889.

665 *Ibid.*

666 **STIJNS (S.), VAN GERVEN (D.) et WERY (P.)**, *Chronique de jurisprudence, Les obligations, Les sources (1985-1995)*, J.T., 1996, p. 289 et s., rapporté par Jean-François Romain, *Op. cit.*, n° 390-3, p. 893, note bas de page.

contrat de location d'un immeuble à usage de commerce imposait au locataire la vente en gros des produits alimentaires. Toutefois le locataire a procédé à la vente en détail de ces produits. Le propriétaire a agi en justice pour la résolution du contrat pour non-respect du locataire des clauses du celui-ci. Les juges du fond ont prononcé la résolution du contrat. Le locataire s'est pourvu en cassation révélant qu'il a changé l'activité suite au refus de l'administration de lui conférer l'autorisation de la vente en gros. Le locataire a estimé que le comportement du propriétaire est inconciliable avec l'exercice de ce droit, car le changement d'activité date de plus de dix ans sans soulever des contestations de la part du propriétaire qui a continué durant toute cette période à percevoir ses loyers et sans que le changement d'activité lui porte une quelconque nuisance ; la Cour de cassation a répondu favorablement à sa demande[667].

D. Le droit français : le principe de proportionnalité

196. Le principe de proportionnalité[668] est un principe nouveau en droit français. Il a été appliqué par la Cour de cassation française dans l'affaire Macron[669] ; en effet, la Cour a relevé « qu'au moment où il s'est porté caution de 20.000.000 F outre intérêts, M. Macron avait un salaire mensuel de 37 550 F et un patrimoine inférieur à 4 millions de F ; que la disproportion entre la situation financière de celui-ci avec la somme cautionnée est telle que les seuls intérêts de la dette cautionnée étaient cinq fois supérieurs à ses revenus mensuels bruts et le principal garanti était aussi égal de cinq à six fois à son patrimoine », selon la Cour, la banque a « commis une faute en demandant un tel aval ''sans rapport '' avec le patrimoine et les revenus de l'avaliste », en conséquence cette disproportion entraînera sa responsabilité.

197. Selon Mme Behar-Touchais, il s'agit d'« un principe de juste mesure, qui met en œuvre une proportionnalité finalisée, et non pas seulement mathématique, par rapport aux objectifs légitimes poursuivis, ou à ceux que l'on devait poursuivre, et qui impose tantôt une proportionnalité stricte, tantôt une proportionnalité relative, consistant dans la sanction des seuls excès manifestes »[670].

C'est dire que c'est l'exercice d'un droit révélant une disproportion manifeste entre le préjudice causé et l'avantage recherché ou obtenu par le

---

[667] Cass. civ. n° 67181, 18 septembre 1998, Bull. 1998, p. 134.

[668] Existe -t- il un principe de proportionnalité en droit privé ?, Colloque Paris V, Petites affiches, 30 septembre 1998, p. 12.

[669] Cass. com. 17 juin 1997, Cts Macron c. Banque internationale pour l'Afrique occidentale (BIAO), JCP éd. E. 1998 II 1007, note D. Legeais.

[670] Existe-t-il un principe de proportionnalité en droit privé ?, Colloque préc, p. 9.

titulaire du droit[671], c'est une faute que le juge pourrait prononcer lorsque la disproportion est réellement constatée, ce qui n'est pas le cas par exemple lorsque le juge se borne à relever que le titulaire du droit l'a utilisé uniquement dans son seul intérêt.

198. La Cour de cassation belge censure également le comportement par lequel usant de son droit contractuel une partie cherche à retirer un avantage disproportionné à la charge corrélative du cocontractant[672], de la même manière, elle a censuré un comportement extracontractuel de caractère similaire[673].

199. Mme Jaluzot a observé à propos de ce nouveau principe qu'il « a une ressemblance prononcée avec celui, un peu plus familier, d'équilibre contractuel. Comment distinguer ces deux notions l'une de l'autre (…) tout ce qui est déséquilibré ne souffre-t-il pas en même temps d'un vice de disproportion ? La Cour de cassation craignait de reconnaître un principe de portée aussi générale que celui de l'équilibre contractuel, n'aurait-elle pas préféré recourir à un concept à l'envergure moindre, celui de la proportionnalité »[674] ?

Enfin, il faut mentionner qu'en droit français, l'idée de proportionnalité gagne chaque jour du terrain, « tant en droit de la consommation ou de la distribution qu'en droit commun (…) parce que l'importance des charges engendrées par l'engagement souscrit par un débiteur était disproportionnée au regard de ses ressources, la jurisprudence n'a pas hésité, soit à anéantir le contrat déséquilibré ou la clause, cause de disproportion, soit à restaurer l'équilibre contractuel en octroyant des dommages-intérêts au contractant qui s'était imprudemment et immodérément endetté »[675].

---

[671] **CAID ESSEBSI (Aida)**, *Prévention, réparation, et responsabilité civile*, in Questions doctrinales de droit civil contemporain, Sous la dir. de Mohamed Kamel Charfeddine, Latrach éditions 2014, p. 208.

[672] Notamment Cass. 19 septembre 1983, RCJB 1986, p. 282.

[673] Par exemple Cass. 10 septembre 1971, RCJB 1975, p. 300 et Cass. 19 novembre 1987, Pas. 1988, I, 332.

[674] **JALUZOT (Béatrice)**, *La bonne foi dans les contrats, Op. cit.*, n° 1002, p. 275.

[675] **MAZEAUD (Denis)**, *Loyauté, solidarité, fraternité : la nouvelle devise contractuelle ?* in L'avenir du droit, Mélanges en hommage à François Terré, Dalloz 1999, p. 613 ; Voir **MEKKI (Mustapha)**, *L'intérêt général et le contrat. Contribution à une étude de la hiérarchie des intérêts en droit privé*, préf. Jacques Ghestin, th. LGDJ 2004, coll. Bdp. t. 411, n° 772 et 773, p. 455 et 456.

En conclusion

200. L'article 103 Code des obligations et des contrats est certes le fondement adéquat de la responsabilité en cas de faute d'abus caractérisée par l'intention de nuire, mais il y a encore l'article 243 Code des obligations et des contrats lorsque la faute d'abus dans l'exécution du contrat se caractérise par un manquement de prudence, de discernement. La bonne foi ou le devoir de loyauté est le critère de la faute d'abus par négligence, il convient d'adopter le sens de la bonne foi qui se traduit par une simple imprudence, indifférence, sans se soucier des intentions malicieuses des parties. La seule prise en considération de l'intention de nuire ne suffit pas à maîtriser tous les cas de la faute d'abus.

En référence à la doctrine musulmane, ce critère est considéré comme imprudence ou inobservation de ce qui doit être examiné. L'interdiction de l'abus dans l'exécution du contrat comprend le devoir de se soucier des intérêts de l'autre partie, de se conduire de manière à ne pas trahir la confiance de son cocontractant, d'exercer ses droits et exécuter ses obligations avec confiance et fidélité, dans un esprit d'honnêteté et de loyauté. Ce qui se traduit dans l'article 243 Code des obligations et des contrats qui postule aux contractants de s'entraider, de se soutenir mutuellement pour la bonne fin du contrat. Il se présente ainsi comme une référence morale permettant de juger le comportement des contractants et aboutissant à faire pénétrer la règle morale dans le contrat. C'est une notion qui illustre l'introduction de la morale dans le droit positif. Le débiteur doit s'abstenir de tout dol et de toute manœuvre qui puisse empêcher l'autre partie de retirer le bénéfice du contrat, ainsi le créancier doit-il aussi s'abstenir de toute manœuvre qui puisse rendre l'exécution du contrat impossible ou plus difficile.

201. L'abus n'existe pas seulement lorsqu'il y a faute délictuelle, mais aussi lorsqu'il y a faute quasi délictuelle. En cas de manquement à la bonne foi, il y a absence d'intention chez l'agent. Ce dernier n'a pas la volonté de causer un dommage et n'est non plus certain que le dommage sera la conséquence de son acte. L'acte intentionnel se distingue de la volonté de causer le dommage et l'intention de nuire n'est pas seulement l'acte volontaire, car la volonté ne porte pas seulement sur l'acte accompli, mais aussi sur ses conséquences dommageables. L'intention de nuire inclut le mobile ou le but poursuivi par l'agent, or en cas de faute d'abus basée sur le manquement à la bonne foi, il n'est pas nécessaire que le dommage ait été voulu pour nuire à autrui, peu importe le mobile ou la fin poursuivie. L'abus devrait être retenu lorsqu'il y a violation délibérée d'une obligation contractuelle, il se rapproche du dol défini comme « la malhonnêteté du débiteur essayant de propos délibéré de se soustraire à ses engagements » même par imprudence, maladresse, négligence. La faute dolosive du débiteur consiste à se refuser à exécuter ses obligations contractuelles même si ce refus n'est pas dicté par l'intention de nuire.

202. Il s'agit conformément à l'article 243 du Code des obligations et des contrats d'examiner le comportement des cocontractants s'il est conforme à l'attitude de bonne foi et d'honnêteté. Ce qui revêt une dimension subjective dans la mesure où le comportement du contractant est examiné indépendamment des conséquences objectives de la bonne foi, mais encore une dimension objective dans la mesure où les cocontractants sont tenus entre outre de faire en sorte que la finalité contractuelle soit atteinte. La bonne foi est une norme de comportement, une règle de conduite, une attitude d'intégrité, un véritable principe d'exécution qui postule d'observer à l'égard de son cocontractant un comportement loyal, honnête et intègre. Le lien entre l'article 103 et 243 Code des obligations et des contrats s'avère ainsi manifeste, en effet exécuter de bonne foi, c'est d'une autre manière ne pas chercher à exploiter abusivement la situation de son cocontractant, lui éviter la survenance d'un dommage et faire ce qu'il faut pour prévenir ou faire cesser le dommage. Les deux règles sont codifiées d'une manière vaste et générale, le législateur ne fait aucune référence à certains droits, il vise tous les droits, devoirs ou obligations. Le créancier qui exerce ses prérogatives contractuelles au mépris de la bonne foi, le débiteur qui manque dolosivement à une obligation contractuelle agissent au mépris des articles 103 et 243 Code des obligations et des contrats.

203. La faute d'abus dans l'exécution du contrat objet de l'article 243 Code des obligations et des contrats se traduit par une simple faute d'imprudence contrairement à la faute d'abus objet de l'article 103 Code des obligations et des contrats caractérisés par l'intention de nuire. La faute d'abus dans l'exécution du contrat découle de l'exercice abusif d'un droit, d'une prérogative contractuelle ou encore du manquement du créancier à une obligation contractuelle implicite ou dans l'inexécution dolosive du débiteur de ses engagements. Si l'intention de nuire, la malhonnêteté, traduisent une faute délictuelle, le manquement à une quelconque obligation contractuelle, l'inexécution dolosive traduisent souvent une faute contractuelle.

La faute d'abus pourrait être aussi bien une faute contractuelle, qu'une faute délictuelle, ayant pour fondement soit les articles 243 et 83 Code des obligations et des contrats et ce en l'absence d'intention de nuire, soit les articles 103 et 82 Code des obligations et des contrats en présence de cette intention.

L'exigence de bonne foi exprime une exigence d'ordre moral, elle commande de ne pas agir avec imprudence et négligence à l'égard de son cocontractant, on perçoit que les articles 243 et 83 Code des obligations et des contrats sont étroitement liés.

204. Le devoir de bonne foi s'est élargi exigeant une obligation de fournir une prestation utile à son cocontractant, c'est la conception objective de la bonne foi qui ne se contente pas de prouver l'absence d'indifférence, d'imprudence, de négligence à l'égard d'autrui, mais postule encore la preuve de l'utilité de l'exécution. L'analyse subjective du comportement des contractants et de leurs intentions s'enrichit d'une approche objective qui se traduit par l'analyse des obligations de collaboration, de coopération, d'information... et la prise en considération du but de ces obligations contractuelles dictées par la loi, l'usage ou l'équité. L'approche subjective de la bonne foi se préoccupe des comportements bons ou mauvais, de l'intention qui anime l'auteur de l'acte, mais on aperçoit une nouvelle application plus exigeante, car il ne s'agit plus seulement de prohiber et sanctionner les comportements ; l'intention de nuire ou le manquement à la bonne foi, mais de pousser le créancier à agir dans le sens des intérêts du débiteur pour accomplir l'exécution fidèle, utile et efficace du contrat. La collaboration est une conséquence logique de l'interdiction de l'abus dans l'exécution du contrat et que les prérogatives contractuelles doivent être utilisées avec mesure, l'esprit de collaboration est plus exigeant que l'attitude de bonne foi, il suppose que le contractant fait tout son possible pour faciliter l'exécution du contrat. Les obligations de collaboration et de renseignement apparaissent comme des manifestations d'une sorte de fraternité contractuelle, il s'agit d'une nouvelle conception qui exige un comportement altruiste entre les contractants et selon laquelle le contrat serait considéré comme un instrument de coopération entre les parties.

CONCLUSION DE LA PREMIÈRE PARTIE

205. L'abus en tant que faute au sens de l'article 82 n'empêcherait pas d'invoquer d'autres textes notamment si la théorie est traitée dans la phase d'exécution du contrat. L'article 103 du Code des obligations et des contrats n'est pas le fondement unique de la théorie d'abus.

La responsabilité délictuelle n'est pas le seul ordre qui cadrerait la théorie dans l'exécution du contrat. L'abus ne se limite pas aux cas dans lesquels l'intention de nuire a été constatée. Si l'on admet qu'il y a abus toutes les fois qu'il existe une intention de nuire, nous ne pouvons pas affirmer que le contractant profitera toujours d'une immunité lorsque son acte n'est pas inspiré par la malice.

La faute d'abus est la transgression des devoirs prévus par les articles 82 et 103 Code des obligations et des contrats, elle est la constatation que le cocontractant n'a pas pris les précautions nécessaires pour éviter de nuire à son cocontractant, qu'il n'a pas cherché à éviter de lui causer un dommage. Toutefois, cette faute qui engage la responsabilité de son auteur, il n'est nullement nécessaire qu'elle soit intentionnelle. Une faute non intentionnelle engage la responsabilité de son auteur.

206. La notion d'abus « abrite des fautes qui pourraient être aussi bien sanctionnées comme manquement aux devoirs de loyauté ou au principe de bonne foi »[676]. L'intention de nuire, la légèreté de l'auteur souvent qualifiée de « blâmable »[677], la mauvaise foi, constituent des fautes condamnables au titre de l'abus. L'abus dans l'exécution du contrat se relierait fondamentalement à l'article 243 du Code des obligations et des contrats « tout engagement doit être exécuté de bonne foi ».

Envisagée sous l'angle de l'article 243 Code des obligations et des contrats, la faute d'abus révèle une faute de comportement contraire à

---

[676] **COURTIEU (Guy),** *Abus de droit, notion,* J. Cl. civ., art. 1382 à 1386, fasc. 131-1, 1997, n° 9, p. 5.

[677] Selon l'expression de la jurisprudence française.

celle prévue par l'article 103 du Code des obligations et des contrats caractérisée par l'intention de nuire. Il s'agit d'une imprudence, indifférence fautive étrangère au caractère intentionnel de l'acte. Être négligent, indifférent au sort de son cocontractant peut devenir abusif, il s'agit d'une attitude reprochable, auquel cas manque cet élément de malice qui caractérise l'intention de nuire.

Sur le fondement de l'article 103 Code des obligations et des contrats, le juge apprécierait si l'acte prohibé peut ou non s'expliquer par l'intention de nuire. De même lorsque la partie qui agit de manière préjudiciable envers son cocontractant s'est abstenue d'éviter le dommage et n'avait pas de raison valable pour se comporter de la sorte. Par ailleurs, l'imprudence, la maladresse, l'indélicatesse et plus généralement le manquement à la bonne foi sont des fautes d'abus prohibées et sanctionnées en tant que telles, le fondement de la responsabilité ne serait ainsi autre que l'article 243 Code des obligations et des contrats. La faute qui consiste en le manquement à la bonne foi, objet de l'article 243 du Code des obligations et des contrats, se diffère de celle prévue par l'article 103 du Code des obligations et des contrats ; la première révèle une indélicatesse, la seconde est caractérisée par la malice, la malveillance, la malignité.

207. L'abus dans l'exécution du contrat pourrait bien se manifester dans l'exercice d'un droit, d'une prérogative contractuelle ou encore dans le manquement du créancier à une obligation contractuelle implicite ou dans l'inexécution dolosive du débiteur de ses engagements.

Il s'agit d'un jugement de valeur sur le comportement du contractant. La faute d'abus pourrait être une faute contractuelle ou délictuelle, elle peut avoir pour fondement soit les articles 243 et 83 Code des obligations et des contrats en l'absence d'intention de nuire, soit les articles 103 et 82 Code des obligations et des contrats en présence de cette intention.

Les juges sont enclins à sanctionner l'auteur de tels procédés et retenir la responsabilité de l'auteur qui a commis une faute d'abus dans l'exécution du contrat. On applique ainsi la responsabilité délictuelle lorsque le dommage ne résulte pas du manquement à une obligation contractuelle et quand on établit une faute délictuelle, caractérisée soit par l'intention de nuire, soit par l'imprudence ou la négligence.

Par ailleurs, l'inexécution d'une obligation contractuelle révèle une faute contractuelle sanctionnée dans cet ordre. Toutefois, il faut noter que le manquement à la norme de bonne foi n'est pas toujours sanctionné par une responsabilité contractuelle, ce que nous envisageons d'aborder dans la deuxième partie.

SECONDE PARTIE : LA FAUTE EST GÉNÉRATRICE D'UNE REPONSABILITE

208. La nécessité d'exécuter de bonne foi tous les contrats passés et le respect de la parole donnée « *pacta sunt servanda* » constituent des principes directeurs en droit des contrats. Le débiteur qui n'exécute pas ses obligations est responsable contractuellement et doit réparer le dommage qu'il a causé à son créancier. La responsabilité contractuelle est la responsabilité qui naît de l'inexécution d'une obligation que les parties ont acceptée dans un contrat[678]. La faute contractuelle consiste ainsi dans l'inexécution d'une obligation contractuelle[679]. Ces définitions si claires ne doivent pas cacher la complexité du problème ; la question a fait toujours objet de controverses doctrinales et d'instabilité jurisprudentielle[680].

209. Pour distinguer la faute contractuelle de celle délictuelle, cette dernière, est en principe, étrangère au contrat. Lorsque l'obligation inexécutée est imposée par la loi, son inexécution entraîne une responsabilité délictuelle ou quasi délictuelle, le cas par exemple lorsque la loi prohibe toute nuisance à autrui et interdit de causer des dommages aux autres[681]. La faute délictuelle consiste dans la violation d'une obligation légale ayant pour objet un fait négatif ou une abstention. La responsabilité qui réunit celles contractuelle et délictuelle serait l'ensemble des règles qui règlementent la réparation du dommage causé soit par l'inexécution d'une obligation contractuelle, soit par l'inexécution d'une obligation légale.

La faute contractuelle consiste dans l'inexécution d'une obligation prévue par les parties dans le contrat, tandis que la faute délictuelle elle est prévue par les articles 82 et 83 Code des obligations et des contrats

---

678 **SOLTAN (Anwar)**, *Les obligations*, t. 1, n° 401 et s. ; **FRAJ ESSADAH (Abdelmonem),** *Les sources de l'obligation*, Beyrouth 1981, n° 411 et s, en arabe.

679 Voir supra n° 16.

680 Voir infra n° 218 et s.

681 **BEN SLIMA (Houcine)**, *Op. cit.*, p. 15 et s.

qui annoncent le principe général de responsabilité délictuelle fondé sur la faute[682]. Une question fait difficulté ; celle de savoir quelle est la nature (contractuelle ou délictuelle) de la responsabilité engagée par l'exercice d'un droit contractuel. La jurisprudence a tendance à situer presque toujours le problème sur le plan de la responsabilité délictuelle, sauf lorsque l'abus consiste à ne pas exécuter le contrat[683].

Cependant le rattachement de la théorie de l'abus à la responsabilité délictuelle est critiquable. D'abord il ne rend pas compte exactement du régime de l'abus. La jurisprudence sanctionne toujours l'exercice des droits dans l'intention de nuire à autrui, mais elle manque de clarté lorsque la faute d'abus se rapporte à l'exécution du contrat ce qui ne paraît pas s'accorder véritablement avec la nature de la faute. Ensuite le fait de considérer que l'exercice de droits nés de contrats doit donner lieu à une responsabilité délictuelle est en contradiction avec le principe du non-cumul de la responsabilité délictuelle et de la responsabilité contractuelle[684]. Logiquement l'abus dans l'exécution du contrat ne peut être apprécié qu'en fonction de la nature de la faute commise par les parties au contrat[685] (**Titre premier**). Une fois la responsabilité née de la faute d'abus est placée sous l'égide de l'ordre soit contractuel, soit délictuel, une question de mise en œuvre de la responsabilité se soulève (**Titre second**).

---

[682] **ABOU SAOUD (Ramadan)**, *Théorie générale de l'obligation, Sources de l'obligation*, Maison d'édition universitaire 2002, p. 314 et s. ; **SOLTAN (Anwar)**, *Les sources de l'obigation, Etude comprative des droits égyptien et libanais*, Maison arabe d'édition, Beyrouth 1983, n° 372, p. 294, en arabe.

[683] En ce sens **PIROVANO (Antoine)**, Rep. civ. Dalloz, v° Abus de droit, 2è éd., n° 157, p. 12.

[684] **SAAD (Nabil Ibrahim)**, *Théorie générale de l'obligation*, t. 1, Les sources de l'obligation, *Op. cit.*, p. 378.

[685] Comp. **MEZGHANI (Ali)**, Note sous Trib. prem. inst. de Tunis, 30 avril 1981, *Op. cit.*, le tribunal estime qu'il y a « un abus de droit qui se rattache nécessairement aux obligations délictuelles comme si l'abus de droit ne peut exister en matière contractuelle. Ce rattachement systématique de la théorie de l'abus du droit à la responsabilité délictuelle est critiquable, et il faut bien admettre logiquement que l'abus d'un droit contractuel ne peut être apprécié qu'en fonction du contrat ».

TITRE PREMIER : DUALITÉ DES ORDRES ET PRINCIPE DU NON-CUMUL

210. En examinant les différences entre les deux ordres de responsabilité[686], on constate qu'au niveau des effets, la question présente un intérêt pratique : les règles de preuve, l'étendue de la responsabilité, la mise en demeure, les délais de prescription, les conflits de lois, se diffèrent selon le système de responsabilité.

211. Les règles de preuve : La victime aura intérêt à porter son action sur le terrain contractuel pour bénéficier de l'existence d'une obligation de résultat. La distinction entre obligation de moyen et obligation de résultat[687] a des répercussions au niveau de la preuve. L'inexécution suffit pour engager la responsabilité contractuelle dans les obligations de résultat. Cependant, dans les obligations de moyen, il faut prouver que le débiteur n'a pas apporté dans l'exécution du contrat tous les soins d'un bon père de famille et il n'y a responsabilité que si

---

[686] Voir MNIF (Salma), *L'option entre la responsabilité contractuelle et la responsabilité délictuelle,Comparaison des droits français et tunisien*, Préf. Patrice Jourdain, av.-propos Jerbi Sami, L'Harmattan 2014 ; CORNU (Gérard), *Le problème du cumul de la responsabilité contractuelle et de la responsabilité délictuelle, Etudes de droit contemporain*, Travaux et recherches de l'Institut de droit comparé, t XXIII, préf. R. Rodière, éd. Cujas 1962 ; **HUET (Jérôme)**, *Responsabilité contractuelle et responsabilité délictuelle, Essai de délimitation entre les deux ordres de responsabilité*, th. Paris II, 1987 ; **MARTINE (Edmond-Noël)**, *L'option entre la responsabilité contractuelle et la responsabilité délictuelle*, th. LGDJ 1957 ; **VAN RYN (J.)**, *Responsabilité aquilienne et contrats*, Sirey Paris 1933 ; **DE LA MASSUE (Hubert)**, *Responsabilité contractuelle et responsabilité délictuelle sous la notion d'abus de droit*, RTDCiv. 1948, p. 27 ; **DEMOGUE (René)**, *Responsabilité délictuelle entre contractants*, RTDCiv. 1923, p. 657 ; **ESPAGNON (Michel)**, *Droit à réparation : Rapports entre responsabilités délictuelle et contractuelle, domaine des responsabilités entre contractants*, J. Cl. civ., art. 1146 à 1155, fasc. 16-1, 1992, p. 18 ; **LEDUC (Fabrice)**, *Régime de la réparation : modalités de la réparation, règles communes aux responsabilités délictuelle et contractuelle, principes fondamentaux*, J. Cl. civ. art. 1382 à 1386, fasc. 201, 1996 ; **RODIERE (René)**, *Etudes sur la dualité des régimes de responsabilité : 1) La réalité de la distinction entre responsabilité contractuelle et délictuelle*, JCP 1950, I, 861 ; **RODIERE (René)**, *Etudes sur la dualité des régimes de responsabilité : 2) La combinaison des responsabilités*, JCP 1950, I, 868 ; **VEAUX (Daniel)**, *Droit à réparation, Rapports entre responsabilités délictuelle et contractuelle, Différences*, J. Cl. civ. art. 1146 à 1155, fasc. 15, 1991 ; **MAZEAUD (Henri)**, *Responsabilité délictuelle et responsabilité contractuelle*, RTDCiv. 1929, p. 551.

[687] Voir supra n° 72.

le débiteur est en faute[688]. La victime est dispensée de prouver la faute du débiteur sur le terrain contractuel alors qu'elle devait le faire sur le terrain délictuel.

212. Les clauses relatives à la responsabilité : La victime dispose d'un intérêt à porter son action sur le terrain délictuel pour éluder l'application d'une limitation contractuelle de responsabilité ou pour éluder une clause contractuelle qui lui est défavorable. Les clauses d'atténuation ou d'exonération de responsabilité ne sont pas admises en matière délictuelle, cette dernière a été toujours considérée comme étant d'ordre public, elles sont prohibées par les articles 82 et 83 Code des obligations et des contrats.

En matière contractuelle, la possibilité de modifier l'étendue de la responsabilité contractuelle par des conventions particulières est admise conformément au principe de la liberté contractuelle et les parties peuvent insérer dans un contrat une clause d'irresponsabilité ce qui dégage le débiteur de toute responsabilité en cas d'inexécution[689]. Toutefois, il faut signaler que l'article 244 du Code des obligations et des contrats interdit les clauses d'irresponsabilité en cas de « faute lourde » ou de « dol », prévoyant que « On ne peut stipuler d'avance qu'on ne sera pas tenu de sa faute lourde ou de son dol » et le débiteur ne peut pas se prévaloir d'une limitation contractuelle d'indemnisation en cas de « faute lourde » ou de « dol »[690].

---

[688] Voir **MNIF (Salma)**, *Op. cit.*, n° 237, p. 283 ; **MAHFOUDH (Mohamed)**, *L'obligation d'information du médecin en droit privé tunisien*, précité ; Lorsque la jurisprudence met à la charge du transporteur une obligation de sécurité, elle dispense la victime de prouver la faute, car il suffit de constater l'inexécution pour pouvoir engager le débiteur. Le législateur tunisien n'a pas consacré la distinction dans le C.O.C., mais la doctrine l'a adoptée et le juge l'a maintes fois appliquée ; Voir **EZZINE (Mohamed)**, *Le contrat, Op. cit.*, n° 358, p. 290 ; **JERBI (Sami)**, *Les conditions de la responsabilité civile, Op. cit.*, n° 161, p. 214.

[689] Les fautes contractuelles qui constituent des infractions pénales ne permettent pas l'application des clauses d'irresponsabilité parce qu'elles entraînent des atteintes à l'intégrité de la personne humaine, tels que par exemple la faute du médecin ou du transporteur qui peuvent constituer des délits d'homicide involontaire ou de coups de blessures par imprudence.

[690] Voir **LOKSAIER (Fredj)**, *Le fondement de la responsabilité contractuelle du transporteur dans les transports terrestres internes*, R.J.L., mai 1995, p. 30 et 35.

Une clause limitative de responsabilité ne peut, en règle générale, être écartée qu'en cas de dol ou de faute lourde du débiteur[691].

213. La mise en demeure : Elle est exigée en matière contractuelle contrairement à la matière délictuelle où les dommages et intérêts pour délit ou quasi-délit sont dus sans mise en demeure parce que tout fait constitutif de délit ou de quasi-délit n'est qu'un manquement à une obligation de ne pas faire[692]. En matière délictuelle, il s'agit de la violation de l'obligation de ne pas causer un dommage, en conséquence, elle ne saurait se concevoir en cette matière, car « cette responsabilité est essentiellement réparatrice d'un mal déjà avéré »[693].

Toutefois, par référence aux articles 268 et suivants du Code des obligations et des contrats, la mise en demeure[694] n'est exigée qu'en cas de retard et pour les obligations qui ne sont pas à terme, l'interpellation formelle du débiteur est due « si aucune échéance n'est établie », et le débiteur en demeure « répond du cas fortuit et de la force majeure »[695], et ce contrairement au droit français qui exige la mise en demeure pour tous types d'obligations (article 1139 du Code civil français). Lorsque la responsabilité contractuelle se rapporte à des obligations de somme d'argent, pour avoir droit à des dommages et intérêts moratoires en plus du capital dû, le créancier doit procéder à une mise en demeure, « la portée de cette exigence quant aux dommages et intérêts compensatoires destinés à réparer non plus le retard, mais l'inexécution définitivement accomplie, est beaucoup plus douteuse (...) dès lors que l'inexécution est certaine et définitive, il serait insensé d'exiger une mise en demeure »[696]. Selon l'auteur, la mise en demeure n'est pas exigée pour l'octroi des dommages et intérêts compensatoires en cas d'inexécution certaine, car le droit à réparation ne naît pas à partir de

---

[691] Civ. 1re, 24 févr. 1993, Bull. civ. I, n° 88 ; D. 1994. 6, note Agostinelli ; D. 1993, Somm. 249, obs. Hassler ; JCP 1993. II. 22166, note Paisant ; Defrénois 1994. 354, obs. D. Mazeaud.

[692] **LE TOURNEAU (Philippe) et CADIET (Loïc)**, *Droit de la responsabilité*, 2ème éd., Dalloz 1998, coll. Dalloz Action, n° 231.

[693] **STOFFEL-MUNCK (Philippe)**, *L'abus dans le contrat*, n° 140, p. 128.

[694] Voir notamment **CHAFFAI (Mohamed Moncef)**, *La demeure du débiteur dans l'exécution du contrat en droit civil*, th. Faculté de droit et des sciences politiques et économiques de Tunis 1984 ; **MNIF (Salma)**, *Op. cit.*, n° 65 et s. et n° 131 et s. ; Voir infra n° 322 et s.

[695] Conformément à l'article 280 C.O.C., or l'article 282 dispose que le cas fortuit ou la force majeure exonère le débiteur.

[696] **MNIF (Salma)**, *Op. cit.*, n° 132, p. 160.

cette formalité, mais plutôt à partir de l'inexécution définitive, elle est cependant obligatoire lorsque l'exécution est encore possible.

Ce débat a divisé la doctrine. Pour certains[697], la mise en demeure est exigée tant pour les dommages et intérêts moratoires que pour les dommages et intérêts compensatoires. Le législateur tunisien prévoit en effet dans l'article 270 du Code des obligations et des contrats que l'interpellation du créancier n'est pas requise « lorsque le débiteur a refusé formellement d'exécuter son obligation », ou encore « lorsque l'exécution est devenue impossible », On estime comme suite logique que tant que l'exécution est possible ou n'a pas été refusée formellement, la mise en demeure est obligatoire. Ce qui justifie la particularité de l'ordre contractuel par rapport à l'ordre délictuel. Toutefois, pour d'autres[698], « ni en droit tunisien ni en droit français, la mise en demeure peut être considérée comme une particularité de l'action contractuelle »[699].

214. Les délais de prescription : La prescription des actions en responsabilité extracontractuelle est de trois ans si la victime « a eu connaissance du dommage », sinon, elle se prescrit par quinze ans « à partir du moment où le dommage a eu lieu » (article 115 du Code des obligations et des contrats). La prescription de droit commun en matière de responsabilité contractuelle est de quinze ans, en présence des délais spéciaux de prescriptions propres à certains contrats (articles 402 et suivants du Code des obligations et des contrats). Le débiteur aura un intérêt évident à agir sur le fondement délictuel pour bénéficier d'une prescription de court délai[700].

215. Le conflit de lois : En matière contractuelle, c'est la loi applicable à la date du contrat qui doit recevoir application contrairement à la matière délictuelle où la loi en vigueur à la date du fait dommageable qui doit recevoir application.

---

[697] **EZZINE (Mohamed)**, *Le contrat, Op. cit.*, n° 377.
CABRILLAC (Rémy), et BEN FADHEL (Othman), *Introduction au droit des affaires*, Centre de publication Universitaire, 1ère éd. 2006, n° 281.

[698] **MNIF (Salma)**, *Op. cit.*, n° 131 et s.

[699] Ibid., n° 134, p. 164. D'autant plus que Mme Mnif plaide pour la thèse de l'option entre la responsabilité contractuelle et la responsabilité délictuelle.

[700] **MANSOUR (Amjed Mohamed)**, *Théorie générale des obligations, Op. cit.*, n° 248 ; **SAAD (Nabil Ibrahim)**, *Op. cit.*, n° 376 ; **MNIF (Salma)**, *Op. cit.*, n°143 et s., p. 175 et s.

216. À ce stade se pose la question de savoir si le contractant qui a intérêt d'agir sur le terrain délictuel pour obtenir réparation peut le faire librement même en présence d'un contrat ? Est-ce que le contractant peut opter pour l'action délictuelle, alors qu'il agit en présence d'un contrat en pleine validité ? Plus précisément, la victime qui se plaint d'une inexécution contractuelle, peut-elle fonder son action sur les articles 82 et 83 du Code des obligations et des contrats ?

Cette question est souvent appelée, à tort, problème du cumul des responsabilités délictuelle et contractuelle. Ce dernier terme est impropre, car aucun n'a admis que la victime puisse intenter, simultanément, l'action délictuelle et l'action contractuelle pour obtenir réparation d'un même dommage. Il est certain que la victime ne peut réclamer deux fois l'indemnité qui lui est due, et qu'elle n'a la possibilité d'intenter successivement les deux actions que dans les cas où elle établit l'existence de deux préjudices distincts[701]. Si la victime choisit d'opter intégralement pour la voie délictuelle, on parlera d'option ou de concours.

217. Pour répondre à ces questions et voir si le choix entre les deux actions peut opérer, il faut que les conditions de l'exercice de chaque action soient réunies. En effet, la responsabilité délictuelle réunit trois conditions : la faute, le dommage et le lien de causalité[702]. Pour qu'il y ait naissance d'une responsabilité contractuelle, il faut également la réunion de ces trois conditions ; l'existence d'un contrat entre les parties au moment de la réalisation du dommage, une faute qui consiste dans l'inexécution d'une obligation contractuelle et que cette faute soit à l'origine du dommage encouru par l'autre partie[703].

---

[701] **MARTINE (Edmond-Noël)**, *L'option entre la responsabilité contractuelle et la responsabilité délictuelle*, th. LGDJ 1957, coll. Bdp., t. 6, p. 20 ; **EZZINE (Mohamed)**, *La responsabilité délictuelle*, Cours polycopiés, Faculté de droit et des sciences politiques de Tunis 1997/1998, p. 55, en arabe ; **JERBI (Sami)**, *Les conditions de la responsabilité civile en droit tunisien et comparé, Op. cit.*, n° 62 et s., p. 78 et s.

[702] **ABOU SAOUD (Ramadan),** *Théorie générale de l'obligation, Op. cit.,* p. 320 et s. ; Voir Cass. civ. n° 1863, 19 janvier 1961, R.J.L. 1961, p. 14 ; Cass. civ., n° 27207, 31 décembre 1992, Bull. 1992, p. 542.

[703] Le préjudice ou le dommage étant une condition nécessaire pour l'existence d'une responsabilité contractuelle, donc, la violation d'une obligation contractuelle en l'absence d'un préjudice ne fait pas présumer ce dernier ; Voir Cass. civ., n° 58701, 29 janvier 1999, Bull. 1999, II, p. 66 ; **CABILLAC (Rémy) et BEN FADHEL (Othman)**, *Introduction au droit des affaires*, 1ère édition CPU 2006, n° 276, p. 226 ; **MNIF (Salma)**, *Op. cit.*, n° 66, p.

Certes, il y a des ressemblances entre la responsabilité contractuelle et la responsabilité délictuelle, mais ce qui fait la différence entre les deux actions c'est l'existence d'un rapport contractuel entre les parties et la violation d'une obligation contractuelle, condition relative uniquement à l'action en responsabilité contractuelle, et l'absence de l'une, ou de l'autre entraîne la disparition de la responsabilité contractuelle[704].

Il résulte de ce qui précède que le principe du non-cumul signifie que lorsqu'une obligation violée est incluse dans un contrat, elle doit être sanctionnée par la responsabilité contractuelle et la responsabilité délictuelle ne peut pas intervenir à la place de la responsabilité contractuelle. La victime ne peut pas opter pour la responsabilité délictuelle lorsqu'elle se plaint d'une inexécution contractuelle. En cas du doute de savoir si le dommage résulte ou non de l'inexécution d'une convention, il reviendra au juge d'interpréter la volonté des parties et de donner la solution. La règle du non-cumul interdit à la victime de choisir entre les règles délictuelles et contractuelles celles qui lui conviennent. Lorsque la responsabilité contractuelle est applicable, la victime ne peut plus invoquer la responsabilité délictuelle et doit nécessairement exercer son action sur le fondement contractuel. Toutefois, la responsabilité contractuelle n'étant pas d'ordre public, les parties réservent toujours la possibilité de l'écarter au profit de la responsabilité délictuelle en insérant dans le contrat une clause expresse qui prévoit l'application de la responsabilité délictuelle, mais « de telles

---

82 ; **EZZINE (Mohamed)**, *Op. cit.*, n° 366 ; En droit tunisien, le créancier n'a pas à prouver l'existence d'un préjudice pour avoir droit à des dommages et intérêts moratoires (article 278 C.O.C.). Cette analyse s'oppose à un autre courant doctrinal qui considère que la responsabilité contractuelle, contrairement à la responsabilité délictuelle peut intervenir en l'absence de préjudice, ce qui compte, c'est le manquement à la parole donnée, voir en ce sens, **LARROUMET (Christian)**, *Droit civil, Le contrat*, 3ème éd., Economica 1996, n° 643 et 675 ; Cass. 3ème civ., 21 juin 1978, Bull. civ. III, n° 262, p. 201 ; Cass. 3ème civ., 18 novembre 1980, Bull. civ. III, n° 177, p. 133 ; Cass. 3ème civ., 17 janvier 1984, RTDCiv. 1984, 711, obs. Jacques Mestre ; Gaz. Pal. 1984, 1, pan. jurisp., p. 134, obs. Philippe Jestaz ; Cass. 3ème civ. 25 janvier 1995, Resp. civ. et assur. 1995, comm., n° 121 ; Cass. 3ème civ., 13 novembre 1997, JCP 1997, IV, n° 2519 ; Voir également **STOFFEL-MUNCK (Philippe)**, *L'abus dans le contrat*, n° 138, p. 126 et 127.

704 **MARTINE (Edmond-Noël)**, *L'option entre la responsabilité contractuelle et la responsabilité délictuelle, Op. cit.*, p. 27.

clauses sont rares en pratique et le juge est souvent obligé d'interpréter la volonté des parties »[705].

218. La chambre civile de la Cour de cassation française a affirmé en 1922 que « les articles 1382 et suivants sont sans application lorsqu'il s'agit d'une faute commise dans l'exécution du contrat »[706], elle a répété plus précisément en 1927 que « les articles 1382 et suivants sont sans application lorsqu'il s'agit d'une faute commise dans l'inexécution d'une obligation résultant d'un contrat »[707].

Cette dernière formule est plus précise pour les raisons suivantes : d'abord, « une faute commise dans l'exécution du contrat » est une formule générale qui n'interdit nullement que cette faute revêt le caractère délictuel, même si elle est commise au cours de l'exécution du contrat[708]. La chambre des requêtes dans une décision en date du 14 décembre 1926[709] a décidé que si l'inexécution d'une obligation contractuelle coïncide avec la faute délictuelle commise par le débiteur, la disposition de l'article 1150 cesse d'être applicable, et le débiteur est tenu de réparer le dommage qui n'a pas été prévu dans le contrat conformément aux règles de la responsabilité délictuelle. Ensuite, « l'inexécution d'une obligation résultant d'un contrat » est une formule plus précise, car il y a des obligations qui sont imposées par la loi et leur inexécution entraîne une responsabilité délictuelle même si elle se présente dans l'exécution du contrat.

219. La Cour de cassation française a indiqué en 1961 que « pour qu'une responsabilité contractuelle soit engagée, il ne suffit pas qu'un dommage ait été causé à l'occasion d'un contrat, qu'il faut encore que le dommage résulte de l'inexécution d'une des obligations créées par le contrat »[710]. Toutefois les solutions de la jurisprudence française sont le plus souvent divergentes et ne présentent pas une unanimité à propos

---

[705] *Ibid.*, p. 43.

[706] Civ. 11 janvier 1922, DP. 1922. 1. 16, S. 1924. 1. 104, note Demogue.

[707] Civ. 06 avril 1927, D. 1927. 1. 111, S. 1927. 1. 201, note H. Mazeaud ; Cass. civ. O6 mai 1946, JCP 1946, II, 3236, note René Rodière; Req., 21 janvier 1890, D. 1891.1.380 ; S. 1890.1. 408.

[708] Voir infra n° 223 et s.

[709] Req. 14 décembre 1926, DP. 1927.1.105, note Josserand.

[710] Cass. civ., 07 novembre 1961, D. 1962, jur., 146, note Paul Esmein ; Cass. 2ème civ. 19 novembre 1964, D. 1964, jur., 93, note Paul Esmein ; JCP 1965, II, 14022, note René Rodière.

du problème[711]. Pour certaines décisions, une même solution peut être obtenue en se fondant sur la responsabilité contractuelle ou sur la responsabilité délictuelle, et « la responsabilité édictée par les articles 1382 et suivants se confondant, en l'espèce, avec une responsabilité contractuelle dérivant d'un manquement aux obligations assumées par l'hôtelier envers son client, il importait peu que l'arrêt attaqué se réfère aux articles 1382 et suivants, la référence à ces articles impliquant nécessairement, en l'espèce, une violation de ceux servant de base à la responsabilité contractuelle »[712]. Un arrêt de la Cour de cassation française a cassé « pour le principe » une décision fondée sur l'article 1382, car « ce texte est inapplicable à la réparation d'un dommage se rattachant à l'exécution d'un engagement contractuel »[713].

220. L'examen de la jurisprudence tunisienne démontre que la « netteté de certaines solutions est brouillée par l'incertitude d'autres »[714]. La Cour de cassation tunisienne a soulevé dans une décision en date du 18 juillet 1974[715] « qu'il est incontestable que la relation juridique qui lie les deux parties dans l'affaire en instance, soit une relation contractuelle [conclusion d'un contrat de construction d'une villa], la responsabilité sur la base de laquelle a été introduite l'affaire est donc contractuelle et non pas une responsabilité délictuelle. Ainsi, la décision objet du pourvoi, en adoptant cette voie, et en écartant les articles 82 et 83, aura choisi la bonne voie, exempte de toute faute ou erreur ». Ce qu'on peut reprocher à la Cour c'est que l'existence d'un rapport contractuel entre les parties n'interdit nullement aux victimes d'invoquer le fondement délictuel, car une faute délictuelle peut légitimement se présenter au cours de l'exécution d'un contrat et être sanctionnée sur le fondement délictuel[716]. La Cour de cassation

---

[711] Voir infra n° 230 et s. ; Voir **MNIF (Salma),** *Op. cit.,* n° 1, p. 2 : « Un principe cher à la jurisprudence française, qui, appuyée par la quasi-totalité des auteurs, refuse tout recours aux articles 1382 à 1386 du Code civil lorsque les conditions d'application de la responsabilité contractuelle sont remplies ».

[712] Civ. 4 mars 1938, G.P. 1939.1.400 ; Voir cependant **SAAD (Nabil Ibrahim)**, *Théorie générale de l'obligation, Op. cit.*, p. 380.

[713] Cass. civ. 2ème, 9 juin 1993, JCP 94, II, 22264, note Fr. Roussel.

[714] **BEN AMMOU (Nadhir)**, *L'évolution récente de la jurisprudence en matière de responsabilité civile*, RTD 1996, n° 48, p. 54.

[715] Cass. civ., n° 9939, 18 juillet 1974, Bull. 1974, I, p. 20.

[716] Voir infra n° 224 et s.

Chambres réunies du 16 mars 1995[717] a indiqué que « la victime d'un accident de la circulation dispose de différents moyens pour fonder son action en réparation du dommage qu'elle a subi, elle peut agir en effet soit sur la base de la responsabilité délictuelle du fait personnel, soit sur la base de la responsabilité délictuelle du fait des choses, soit sur la base de la responsabilité contractuelle du transporteur, qu'elle peut choisir librement le fondement de son action ». Il faut noter d'abord que l'arrêt ne concerne que les accidents de la circulation. Ensuite, si la victime dispose de la possibilité de solliciter librement la réparation, et ce soit sur le fondement des articles 82 et 83, soit sur le fondement de l'article 96 du Code des obligations et des contrats, elle n'est pas, en revanche libre, selon nous, dans le choix entre le fondement contractuel et le fondement délictuel, lorsque les conditions d'application de la responsabilité contractuelle sont réunies.

En date du 13 mars 2008[718], la Cour de cassation tunisienne a décidé que « la jurisprudence a adopté les règles du droit commun en matière de la responsabilité civile lors de l'examen des affaires en réparation du préjudice introduites par les victimes contre leurs médecins en se fondant soit sur la responsabilité délictuelle conformément aux articles 82 et 83 du Code des obligations et des contrats, soit sur la responsabilité contractuelle. Considérant ainsi que la relation entre le médecin et le patient se base sur la volonté commune exigeant un contrat spécial par lequel le médecin s'engage à fournir les soins nécessaires pour la guérison du malade en contrepartie d'honoraires (…) que selon ce qui précède, la victime a le choix, lors du fondement de son action, d'opter pour l'une ou l'autre de ces deux responsabilités ».

L'abus, en tant que faute, ne relève pas exclusivement de la nature des délits. Capable de survenir dans l'exécution du contrat, il peut revêtir le caractère contractuel et la responsabilité contractuelle est capable à enserrer dans son système la faute d'abus ; le cas de

---

[717] Cass. civ., Chambres réunies, n° 42389, 16 mars 1995, R.T.D. 1996, p. 16 ; Voir à propos de cet arrêt, **BEN AMMOU (Nadhir)**, *L'évolution récente de la jurisprudence en matière de responsabilité civile, Op. cit.*, n ° 51, p. 56 : « sans être inacceptable, cette solution est, au contraire, souhaitable dans la mesure où elle peut garantir un maximum de chances de réparation aux victimes ».

[718] Cass. civ., n° 20241, 13 mars 2008, inédit. ; Voir **JERBI (Sami)**, *Les conditions de la responsabilité civile*, n° 68, p. 90.

l'inexécution dolosive et du manquement à une obligation contractuelle implicite. La règle du non-cumul fermera-t-elle ainsi la voie délictuelle à l'action qu'un contractant engage contre l'autre à raison du comportement adopté dans l'exécution du contrat ? **(Chapitre premier)**. En fait il n'y a aucune incompatibilité de la mise en jeu de la responsabilité délictuelle en la présence d'un rapport contractuel **(Chapitre second).**

CHAPITRE PREMIER : DÉLIMITATION DES DOMAINES DES DEUX RESPONSABILITÉS

221. Lorsque les conditions de la responsabilité contractuelle sont réunies, on ne peut pas l'écarter au profit de la responsabilité délictuelle, en la présence d'un contrat en pleine validité, une faute qui se caractérise par l'inexécution d'une obligation résultant du contrat et un dommage résultant de cette faute ; c'est le principe du non-cumul. Le principe de la liberté contractuelle « n'a de valeur que dans un système juridique qui comporte une responsabilité s'adaptant à la volonté des contractants. Et, un double système de responsabilité n'a de raison d'être que dans une législation où le contrat reste ''la loi des parties'' »[719]. Les particularités de la responsabilité contractuelle commandent l'application de l'ordre contractuel toutes les fois que ses conditions sont réunies, « il s'agit de la protection du contrat tel que les parties l'ont aménagé »[720]. Le respect des prévisions des parties impose le respect des règles contractuelles, écarter la responsabilité contractuelle au profit de la responsabilité délictuelle c'est bouleverser leurs prévisions. Le législateur a créé deux systèmes de responsabilité, les textes qui réglementent les contrats ne concordent pas avec la responsabilité délictuelle. Reconnaître la possibilité de l'option, n'est-ce pas admettre que les textes relatifs à la responsabilité contractuelle sont contradictoires ou inutiles[721] ? « Menacer d'une confusion, tout au moins d'un chevauchement, les deux ordres différents de responsabilité, c'est porter atteinte au Code civil, qui les a voulu séparés, pour leur conférer des statuts particulier »[722]. Le droit civil admet l'existence de ces deux ordres de responsabilité afin d'assurer le respect des engagements pris par les parties. C'est le législateur qui a voulu qu'il en soit ainsi pour permettre au contrat d'être une source d'obligations autonomes. L'intervention de la responsabilité délictuelle ne pourrait aboutir qu'au bouleversement de l'ordre contractuel[723].

---

[719] **MARTINE (Edmond-Noël)**, *L'option entre la responsabilité contractuelle et la responsabilité délictuelle, Op. cit.*, p. 57.

[720] **VINEY (Geneviève)**, *Traité de droit civil sous la dir. de Jacques Ghestin, Introduction à la responsabilité*, 2ème éd., LGDJ 1995, n° 234.

[721] **MARTINE (Edmond-Noël)**, *Op. cit.*, p. 55.

[722] **De LA MASSUE (Hubert)**, *Responsabilité contractuelle et responsabilité délictuelle sous la notion d'abus de droit*, RTDCiv. 1984, p. 29.

[723] **MARTINE (Edmond-Noël)**, *Op. cit.*, p. 199 ; **RODIERE (René)**, *Etudes sur la dualité des régimes de responsabilité: 2) La combinaison des responsabilités*, JCP 1950, I, n° 12 :

222. La Cour d'appel d'Amiens[724] a soulevé qu'« il échet de rappeler, que pour que les deux actions en responsabilité délictuelle et contractuelle soient refusées cumulativement, encore faut-il que le préjudice soit unique, que si, outre celui résultant d'un contrat, la victime subit un autre dommage, rien ne l'empêche d'intenter une action en responsabilité contractuelle en réparation du premier et une autre en responsabilité délictuelle en réparation du second », et les deux responsabilités joueront successivement, car il y a deux faits dommageables servant de base à la demande.

Il en résulte que le problème du cumul ne saurait se résoudre à l'affirmation de la supériorité de l'un des deux systèmes de responsabilité sur l'autre, mais par la détermination de leurs domaines respectifs[725] (**Section I**). Les spécificités de la faute au regard du manquement à la bonne foi (**Section II**) prouve que l'obligation eu égard à la règle du non-cumul ne concorde pas avec le devoir.

« Lorsque le débiteur est tenu contractuellement, son créancier, victime de l'inexécution ou de la mauvaise exécution du contrat, peut-il agir sur la base des articles 1382 et suivants du Code civil ? Non : La victime d'un dommage qui peut exercer l'action contractuelle ne saurait préférer l'exercice de l'action délictuelle ». Pour les tenants de la thèse du cumul, la responsabilité délictuelle étant de droit commun, elle naît de la violation d'un droit légal, elle peut donc intervenir à tout moment, tandis que la responsabilité contractuelle, elle naît de la violation d'une obligation contractuelle, ce qui justifie l'idée de la suprématie de la responsabilité délictuelle ; Voir notamment **BONNECASE (Julien)**, *Supplément du traité théorique et pratique de droit civil de Baudry-Lacantinerie*, t. 2, Sirey 1925, n° 452 ; Et la jurisprudence n'a pas à censurer le recours à la faute délictuelle alors que l'application des articles 82 et 83 du C.O.C. aurait conduit au même résultat que celui que peut permettre l'application de la responsabilité contractuelle pour manquement à une obligation implicite ; Voir **MNIF (Salma)**, *Op. cit.*, n° 57, p.73 et n° 237, p. 284 ; **JERBI (Sami)**, *Les conditions de la responsabilité civile*, n° 66, p. 84.

[724] C.A. Amiens, 04 avril 1951, Gaz. Pal. 1951, 1, 353.

[725] **VINEY (Geneviève)**, *Introduction à la responsabilité, Op. cit.*, n° 216, p. 405.

SECTION I : LA FAUTE D'ABUS ET LE PRINCIPE DU NON-CUMUL

223. Une difficulté se présente, elle consiste à répondre à la question suivante : est-ce que l'inexécution d'une obligation contractuelle peut être qualifiée comme étant un abus dans le contrat ? C'est la détermination des obligations devant être qualifiées de contractuelles qui ferait difficulté.

Lorsque la faute commise dans l'exécution du contrat, ne constitue pas l'inexécution d'une obligation contractuelle, seuls les articles 82 et 83 du Code des obligations et des contrats ont compétence à s'y appliquer. À cette condition « la responsabilité délictuelle peut donc très légitimement jouer entre contractants : ''le reconnaître n'est point en faveur du cumul'' »[726].

La responsabilité délictuelle puisse être invoquée entre contractants « sans que la règle du non-cumul ait quoi que ce soit à y dire, dans la mesure où le fait considéré n'ouvre pas l'action contractuelle »[727]. C'est ce que selon un auteur « peu de décisions de jurisprudence et d'auteurs ont aperçu, et c'est un des motifs de la confusion qui règne dans ce domaine »[728]. Dans ce contexte la responsabilité délictuelle peut être invoquée pour sanctionner la faute d'abus commise dans l'exécution du contrat (**Paragraphe I**). Par ailleurs, l'analyse de la faute d'abus dans l'ordre contractuel (**Paragraphe II**), montre que cette action en responsabilité pourrait bien cadrer cette faute.

Paragraphe I : La faute d'abus dans l'ordre délictuel

224. Planiol a nettement dégagé que la faute suppose la violation d'une obligation, et en a tiré la définition que l'on sait de la faute : « la faute est un manquement à une obligation préexistante »[729]. Toute responsabilité suppose la violation d'une obligation antérieure. Cette

---

[726] **STOFFEL-MUNCK (Philippe)**, *L'abus dans le contrat, Op. cit.*, n° 275, p. 238 ; Voir **CORNU (Gérard)**, *Le problème du cumul de la responsabilité contractuelle et de la responsabilité délictuelle, Etudes de droit contemporain*, Travaux et recherches de l'Institut de droit comparé, t. XXIII, préf. R. Rodière, éd. Cujas 1962, p. 243.

[727] **STOFFEL-MUNCK (Philippe)**, *Op. cit.*, n° 275, p. 238.

[728] **DALCQ (Roger)**, *Traité de la responsabilité civile*, t. 1, Les causes de la responsabilité, éd. Larcier 1959, p. 119 ; **MNIF (Salma)**, *Op. cit.*, n° 58, p. 75 : « cette application rigoureuse de la règle du non cumul », selon l'expression de l'auteur.

[729] **PLANIOL (Marcel)**, *Traité élémentaire de droit civil, Op.cit.*, n° 863.

obligation antérieure n'a pas toujours la même source. Lorsque l'obligation est contractuelle, la responsabilité engendrée par son inexécution ou sa mauvaise exécution sera contractuelle[730]. En revanche, si l'obligation violée est de source légale, la responsabilité sera délictuelle. En effet, la violation de la loi constitue un délit ou un quasi-délit. Sur ce point il n'y a pas de différence fondamentale entre la faute contractuelle et la faute délictuelle ou quasi-délictuelle. Ainsi, dans la phase d'exécution du contrat, en l'absence de manquement à une obligation contractuelle, condition nécessaire de la responsabilité contractuelle, celui qui manque à la bonne foi, nuit ou préjudicie à son cocontractant, sa responsabilité est imposée par l'ordre public (A.), c'est une faute délictuelle qui peut survenir légitimement au cours de l'exécution du contrat (B.).

A. La violation d'une norme de comportement

225. La violation d'un devoir non contractuel lors de l'exécution du contrat, c'est nuire aux autres en matière contractuelle, l'on est en conséquence en faute, cette faute est bien évidemment une faute délictuelle et donc ouvre la voie à une action en responsabilité délictuelle, tel est l'objet par exemple de l'article 103 Code des obligations et des contrats. La faute de l'article 103 c'est la faute du créancier dans l'exercice de ses droits[731]. La responsabilité contractuelle sanctionne le débiteur qui ne fournit pas la prestation prévue dans le contrat. Le créancier n'est certainement pas dans cette position débitrice, au contraire, c'est lui qui exige la dette. Le locataire qui avait été muté dans une autre ville et n'ayant pas le droit de sous-louer, demande à son bailleur de résilier le bail avant terme, le refus du bailleur révèle un abus qui pourrait être sanctionné par l'article 103 Code des obligations et des contrats, ce qui constitue une faute contre la morale sociale, et la norme qui se trouve violée est une norme de

---

[730] **ESPAGNON (Michel)**, *Droit à réparation : Rapports entre responsabilités délictuelle et contractuelle, domaine des responsabilités entre contractants*, J. Cl. civ., art. 1146 à 1155, fasc. 16-1, 1992 : « Les obligations contractuelles mises à la charge des contractants ne sont pas seulement les obligations principales du contrat ou celles expressément stipulées par les contractants, ce sont aussi des obligations que la loi ou la jurisprudence rattachent au contrat » ; De plus, le réaménagement des contrats spéciaux par le législateur tels que le contrat de vente… soumet le contractant non seulement aux obligations qu'il a expressément prévu, mais également à l'ensemble des obligations posées par le législateur soit à titre supplétif, soit à titre impératif, ces obligations s'intègrent dans le contrat et leur manquement entraîne une responsabilité contractuelle.

[731] Voir supra n° 51, 65, 66 et 137.

comportement. Dans de telles circonstances, « sans qu'on puisse en outre constater l'inexécution d'une prestation contractuelle proprement dite, il s'agit bien d'un délit pur et simple commis en marge de la convention (...) exercer un droit d'une manière qui humilie le cocontractant est un problème qui peut bien se dérouler pendant la convention, il n'en demeure pas moins que la norme de comportement violée ne découle pas du contrat (...) c'est à la responsabilité délictuelle qu'elle se trouve naturellement ordonnée »[732].

Si par exemple « nul ne songerait à se situer sur le terrain contractuel pour engager la responsabilité du bailleur qui viole sa locataire ou du patient qui frappe son médecin »[733], c'est parce qu'il n'y a pas manquement à une obligation contractuelle, mais plutôt un manquement à une obligation légale. En effet, « lorsqu'un créancier abuse de son droit sans motifs légitimes, les remèdes contractuels sont alors impuissants puisqu'il ne reproche pas au débiteur l'inexécution d'une obligation contractuelle »[734].

226. La Cour d'appel de Tunis[735] a soulevé que « si le contrat conclu entre les parties est bien un contrat d'exclusivité, il reste cependant que l'action est fondée sur la faute délictuelle commise par la société Ford, celle-ci a mis fin au contrat sans raison légitime alors que les relations entre les parties étaient très bonnes et sans prendre en considération les intérêts de son cocontractant ». En l'occurrence, la société Ford n'a pas à reprocher à la société Agrimoteur l'inexécution du contrat, au contraire, cette dernière ayant exécuté convenablement toutes les obligations qui pesaient sur elle et la Cour d'appel de Tunis a bien appliqué l'article 103 Code des obligations et des contrats considérant que « Ford a abusé de son droit de rupture que de ce fait, elle doit le réparer conformément à l'article 103 Code des obligations et des contrats »[736].

---

[732] **STOFFEL-MUNCK (Philippe)**, *L'abus dans le contrat*, n° 127, p. 117 et 118.

[733] **JOURDAIN (Patrice)**, *Les principes de la responsabilité civile*, 3ème éd., Dalloz 1996, coll. Connaissances du droit, p. 34.

[734] **FAURE-ABBAD (Marianne)**, *Le fait générateur de la responsabilité, Contribution à la théorie de l'inexécution du contrat*, préf. Philippe Remy, LGDJ 2003, n° 162, p. 131.

[735] C.A. Tunis, n° 86249 du 25 décembre 1982, précité.

[736] *Ibid.* ; Voir supra n° 57 et 58 ; Voir aussi les conclusions de Mme **Kalthoum Meziou** à propos de cet arrêt : « Le juge se devait donc d'appliquer le droit de l'Etat de Michigan expressément choisi par les parties. Ce droit semble énoncer qu'il ne peut y avoir abus de droit en matière contractuelle si le droit est exercé conformément aux stipulations contractuelles ce qui était bien le cas en l'espèce. Sur un plan strictement juridique,

En effet, la confiance est constituée par les attentes des parties en raison de diverses circonstances. Une partie est en droit de s'attendre à certains événements en raison du comportement de l'autre partie, trahir la confiance et les attentes de l'autre partie est un comportement fautif qui donne naissance à une créance de dommages et intérêts.

B. La faute délictuelle au cours de l'exécution du contrat

227. Lorsque le dommage survient entre contractants à l'occasion de l'exécution d'un contrat, mais qu'il ne résulte pas de l'inexécution d'une obligation contractuelle, la responsabilité qui en découle est délictuelle ; la responsabilité délictuelle peut valablement coexister avec le contrat[737]. Le devoir « d'agir de bonne foi[738] s'impose à quiconque, même en l'absence de tout lien contractuel »[739], de sorte que l'action en réparation du préjudice né de la faute d'abus, manquement à la bonne foi, trouve également sa justification dans la responsabilité délictuelle[740], même au cours de l'exécution du contrat.

La faute contractuelle est constituée par la violation d'une obligation contractuelle, c'est-à-dire une obligation que les parties s'imposent à elles-mêmes ou que la loi ou bien le juge leur impose[741]. Avec le manquement à la bonne foi, aucune obligation contractuelle n'est violée. Il s'agit d'une faute causant un dommage et qui a été commise à l'occasion de la relation contractuelle et qui trouve son fondement dans l'article 83 et suivant du Code des obligations et des contrats.

Agrimoteur n'avait pas droit à réparation (…) Les hésitations sur la qualification, les longues et inutiles discussions sur la nature du contrat au niveau du tribunal, les affirmations maladroites de la Cour d'appel concernant l'applicabilité du droit étranger ne servaient elles pas, tout simplement, à habiller d'un voile juridique une décision fondée sur l'équité ? » Nous estimons que l'exercice abusif d'un droit peut bien intervenir pendant l'exécution du contrat et être sanctionné sur le fondement de l'article 103 C.O.C. ; en fait, il n'y a en l'espèce aucun recours à l'équité ; Voir également à propos de cet arrêt, M. **Nadhir Ben Ammou**, *Essai sur l'abus des droits à travers l'article 103 du C.O.C., Op. cit.*, p. 29 : « Le tribunal de première instance de Tunis, au lieu de se placer sur le terrain de la responsabilité contractuelle, a préféré se placer sur le terrain délictuel ».

[737] **ESPAGNON (Michel)**, *Droit à réparation : Rapports entre responsabilités délictuelle et contractuelle, domaine des responsabilités entre contractants*, J. Cl. civ., art. 1146 à 1155, fasc. 16-1, 1992, p. 18.

[738] Voir infra n° 239 et s.

[739] **DE BERSAQUES (André)**, *L'abus de droit en matière contractuelle*, RCJB 1969, n° 28, p. 523.

[740] *Ibid.*

[741] Voir infra n° 232 et s.

Les engagements prévus par les parties dans le contrat multiplient les occasions de nuire par la confrontation d'intérêts. Certes c'est le contrat qui crée ces intérêts, mais s'agissant de la violation d'une obligation qui n'est pas incluse dans le contrat, l'abus dans l'exécution du contrat, semble bien relever de la voie délictuelle, seule action qui pourra fonder la demande.

Le tribunal de première instance de Tunis[742] a décidé que « la demande est juridiquement fondée, qu'il y a en l'espèce abus de droit ce qui constitue un délit civil, mettant en œuvre la responsabilité délictuelle et qui ne se rattache donc pas à la responsabilité contractuelle ». Selon la Cour, la faute d'abus est de nature délictuelle, elle ne se rattache pas à la responsabilité contractuelle, ce qui montre que le tribunal considère que la faute délictuelle est incompatible par nature avec le contrat ; toutefois la responsabilité délictuelle peut valablement coexister avec le contrat.

228. La Cour de cassation tunisienne a reproché aux juges du fond d'avoir approuvé l'application des articles 82 et 83 du Code des obligations et des contrats comme fondement de l'action alors qu'« ils constataient qu'un contrat avait été passé entre les parties »[743].

La Cour de cassation française a cassé en 1993 un arrêt qui avait fondé l'action sur l'article 1382 du Code civil, « alors qu'un contrat avait été passé entre les parties pour l'exécution des travaux »[744]. En l'occurrence, la faute consistait en l'inexécution d'une obligation contractuelle et la responsabilité délictuelle était certes sans application, mais la règle du non-cumul telle que visée par la Cour laisse croire qu'une faute au cours de l'exécution du contrat neutralise la responsabilité délictuelle. Cependant, une faute dans l'exécution du contrat qui ne se rapporte pas à l'inexécution d'une quelconque obligation contractuelle ne sera sanctionnée que sur le fondement des

---

742 Décision du 30 avril 1981, précitée.

743 Cass. civ. n° 9939, 18 juillet 1974, Bull., I, n° 204.

744 Cass. 2ème civ., 09 juin 1993, Bull. civ. II, n° 204, p. 110 ; Dans le même sens Cass. com., 20 février 1996, Bull. civ. IV, n° 60, p. 47 : « ayant relevé que les dommages subis s'étaient produits au cours de l'exécution du contrat (…) c'est à bon droit que l'arrêt retient que la responsabilité ne peut être recherchée (…) que sur le fondement contractuel », ou C.A. Paris, 7ème ch., 25 janvier 1995, D. 1997, somm. comm., 191, obs. crit. Franck Lagarde : « la responsabilité quasi-délictuelle de l'auteur [d'un dommage] ne saurait être recherchée dès lors qu'il existe une relation contractuelle entre lui et la victime. » ; **JERBI (Sami)**, *Les conditions de la responsabilité civile*, p. 7.

articles 82 et 83 Code des obligations et des contrats. Un rapport contractuel entre les parties n'écarte pas pour le principe l'ordre délictuel ; c'est la responsabilité contractuelle qui peut être ainsi déplacée. Un locataire a pu être condamné à des dommages et intérêts quand par sa mauvaise foi et son « esprit de chicane », il a causé au bailleur un préjudice distinct des retards de paiement[745]. « On serait donc appelé à invoquer la responsabilité délictuelle, même au temps de l'exécution d'un contrat, lorsque la faute ne consiste pas dans la violation d'une obligation contractuelle »[746].

Le manquement à la bonne foi dans l'exécution du contrat, lorsqu'il est l'origine d'un préjudice en l'absence d'inexécution d'une obligation contractuelle proprement dite, donne droit à des dommages et intérêts qui ne pourront être que délictuels. C'est également la responsabilité délictuelle qui est applicable lorsque le manquement à la bonne foi dans l'exécution du contrat est distinct de l'inexécution d'une obligation contractuelle[747]. Il est ainsi insuffisant « de déceler un rapport quelconque avec le contrat, même lointain, pour décider la nature contractuelle de la responsabilité et écarter les règles délictuelles. Cette manière de dessiner les frontières entre la responsabilité contractuelle et la responsabilité délictuelle laisse la porte ouverte à tous les déboires »[748].

Paragraphe II : La faute d'abus dans l'ordre contractuel

229. La responsabilité est contractuelle entre contractants pour tout dommage résultant de l'inexécution d'une obligation contractuelle. Le législateur tunisien n'a prévu aucune définition, ni critère permettant de déterminer l'existence d'une responsabilité contractuelle, c'est la doctrine française qui a posé dès le début du XXe siècle le principe selon lequel la responsabilité est contractuelle lorsque le dommage résulte de l'inexécution d'une obligation contractuelle. Cette exigence constitue

[745] Cass. com., 20 janvier 1966, Bull. civ. III, n° 44.

[746] **De LA MASSUE (Hubert)**, *Responsabilité contractuelle et responsabilité délictuelle sous la notion d'abus de droit*, RTDCiv. 1948, p. 28.

[747] Voir **FAURE-ABBAD (Marianne)**, *Le fait générateur de la responsabilité contractuelle, Op. cit.*, n° 151, p. 123 ; **STOFFEL-MUNCK (Philippe)**, *L'abus dans le contrat, Op. cit.*

[748] **MNIF (Salma)**, *L'option entre la responsabilité contractuelle et la responsabilité délictuelle, Op. cit.*, n° 58, p. 75.

une application du principe de l'effet relatif des conventions[749]. Elle interdit à un tiers qui a subi un préjudice du fait de la mauvaise exécution d'un contrat de se prévaloir de la responsabilité contractuelle. Lorsque le dommage résulte de l'inexécution d'une obligation (explicite ou implicite), la responsabilité est contractuelle. En revanche, lorsqu'il trouve sa source en dehors de l'inexécution d'une obligation contractuelle, la responsabilité est délictuelle même si le dommage est subi à l'occasion de l'exécution du contrat.

230. La Cour de cassation française a maintes fois indiqué que « pour qu'une responsabilité contractuelle soit engagée, il ne suffit pas qu'un dommage ait été causé à l'occasion d'un contrat, qu'il faut encore que le dommage résulte de l'inexécution d'une des obligations créées par ce contrat »[750]. Elle a considéré en 1970 que « lorsque sont réunies comme en l'espèce les conditions qui donnent à la responsabilité une nature contractuelle, la victime ne peut se prévaloir, quand bien même elle y aurait intérêt, des règles de la responsabilité délictuelle ». En 1993, la même Cour a estimé que les textes de la responsabilité délictuelle sont « inapplicables à la réparation d'un dommage se rattachant à l'inexécution d'un engagement contractuel »[751].

Dans une décision en date du 13 janvier 1964,[752] la Cour de cassation française a rejeté l'action fondée sur la responsabilité délictuelle pour inconvénients anormaux de voisinage, lorsque le dommage est imputable à un manquement contractuel, décidant que lorsque le dommage résulte d'un manquement à une obligation contractuelle, il n'y a pas à rechercher si le dommage est anormal.

231. Dans une décision rendue par la Cour de cassation tunisienne[753], un contractant a agi auprès du tribunal de 1re instance exposant qu'il avait conclu avec la défenderesse un contrat de gérance libre en vertu

---

[749] **VINEY (Geneviève)**, *Introduction à la responsabilité, Traité de droit civil,* sous la direction de Jacques Ghestin, LGDJ 1995, n° 209, p. 386.
[750] Cass. civ., 07 novembre 1961, D. 1962, jur., 146, note Paul Esmein ; Cass. 2ème civ., 19 novembre 1964, Bull. civ. II, n° 730 ; D. 1964, jur. 93, note Paul Esmein ; JCP 1965, II, 14022, note René Rodière.
[751] Cass. 1ère civ., 27 janvier 1993, Bull. civ. I, n° 42, p. 28.
[752] Cass. 1ère civ., 13 janvier 1964, Bull. civ. I, n° 27; Cass. 3ème civ., 12 février 1974, Bull. civ. III, n° 74 ; 2 mars 1976, D. 1976, jurispr. p. 545, note Larroumet ; En sens contraire, Cass. 3ème civ., 20 février 1973, Gaz. Pal. 1973, 1, jurispr. p. 471, note Morand, 15 avril 1975, D. 1976, jurispr. p. 222, note Agostini et Lamarque, se prononçant pour le caractère d'ordre public de la responsabilité pour inconvénients anormaux de voisinage.
[753] Cass. civ. n° 7461, 4 avril 2005, R.J.L., décembre 2006, p. 196.

duquel il a exploité le garage aménagé pour la commercialisation des carburants en gros sous la marque commerciale « Total ». La défenderesse s'était engagée à fournir au demandeur une certaine quantité de carburant qui se trouve en dépôt dans ses réserves. La défenderesse étant la propriétaire des réservoirs déposés sous la terre, elle est tenue d'effectuer la maintenance et l'entretien de ces réservoirs afin que les carburants ne fuient pas causant des pertes au gérant. Sauf qu'elle n'a procédé à aucun entretien ni réparation sur les réservoirs qui ont subi une détérioration due à l'usure donnant lieu à des fuites de carburant provoquant des pertes considérables au demandeur. En vertu des dispositions de l'article 96 du Code des obligations et des contrats, il demande que la défenderesse soit condamnée à lui verser le montant des pertes. La décision en appel a prononcé encore une fois le rejet de la demande au motif que « le préjudice subi est fondé sur une base contractuelle, ce qui requiert d'écarter l'application des dispositions de l'article 96 du Code des obligations et des contrats et d'appliquer les règles de la responsabilité contractuelle, en application de la loi ». La Cour de cassation a corrigé le fondement de la demande appliqué sur la base de la responsabilité délictuelle en donnant le fondement contractuel valable à l'affaire en estimant que « l'affaire doit être régie par les règles de la responsabilité contractuelle induite du contrat de gérance libre ».

La responsabilité est contractuelle parce que c'est l'inexécution même qui est répréhensible. Le manquement à des obligations contractuelles ne peut être sanctionné que par la responsabilité contractuelle. Les textes sanctionnant l'abus tel que les articles 103, 82, 83 et 243 du Code des obligations et des contrats ne paraissent pas imposer un changement dans la nature de responsabilité lorsqu'il s'agit de la violation d'une obligation contractuelle, de même, la responsabilité contractuelle ne peut être invoquée pour sanctionner une intention malicieuse, une malhonnêteté, une indifférence lorsqu'une faute revêt un caractère purement délictuel. En conséquence, est-ce le manquement à une obligation contractuelle « proprement dite » dans le contrat sera caractéristique d'abus ? (A.). Quelle est la nature de la responsabilité qui découle de l'inexécution d'une obligation contractuelle lorsque l'inexécution est de mauvaise foi, voire dolosive ? (B.).

A. La notion « d'exécution utile » du contrat

232. Engagées dans une opération contractuelle, les parties se doivent l'exécution de leurs promesses selon les formes qu'elles ont établies ou que la loi a prescrit. Le non-respect des prévisions établies par les parties constitue une faute contractuelle. La faute contractuelle consiste en l'inexécution d'une obligation contractuelle, cette inexécution consiste soit dans le refus d'exécuter, soit dans une mauvaise exécution, soit encore dans le retard dans l'exécution. Ainsi par exemple l'irrespect d'un préavis expressément stipulé entraîne une responsabilité contractuelle, alors que la rupture brutale d'un contrat à durée indéterminée ne prévoyant pas conventionnellement un tel préavis, entraîne une responsabilité délictuelle[754].

La Cour d'appel de Paris dans une décision en date du 18 janvier 1996[755] a considéré que « chacun est libre de rompre les négociations tant que le contrat n'est pas définitivement formé par la rencontre d'une offre et d'une acceptation ; cette liberté n'est toutefois pas absolue, et la rupture peut être fautive, notamment si elle intervient lorsque, compte tenu des circonstances, l'autre partie pouvait légitimement croire que l'accord était sur le point de se conclure, ou si l'un des partenaires a failli à son obligation de loyauté et de bonne foi ; il s'agit dans ce cas d'une responsabilité délictuelle fondée sur les articles 1382 et suivants du Code civil. Toutefois, la responsabilité encourue peut aussi être de nature contractuelle lorsque, pour faciliter la conclusion du contrat, les parties passent des accords dits de négociation, tendant à les obliger à entreprendre, à poursuivre et à organiser cette négociation ». En présence de ces accords, la rupture constitue une faute contractuelle sanctionnée dans l'ordre contractuel. Toutefois, si le contrat n'est pas encore formé, la rupture des négociations ne peut être sanctionnée que dans l'ordre délictuel[756]. Un contrat n'est pas la loi et cela permet de justifier la distinction entre la faute contractuelle consistant dans la violation d'une obligation déterminée existant entre quelques individus déterminés par leur propre volonté, et la faute délictuelle, consistant, dans la violation de l'obligation générale imposée par la loi [757].

---

[754] Voir **STOFFEL-MUNCK (Philippe),** *L'abus dans le contrat, Op. cit.*, n° 293, p. 251.
[755] C.A. Paris, 18 janvier 1996, D. Affaires 1996, chr., 292.
[756] Voir **ABOU SAOUD (Ramadan)**, *Théorie générale de l'obligation, Op. cit.,* p. 321.
[757] **JULLIOT de La MORANDIERE (Léon)**, *Traité de droit civil d'Ambroise Colin et Henri Capitant*, t. 2, Obligations, Dalloz 1959, n° 1252.

233. La bonne foi critère d'abus dans l'exécution du contrat, commande de ne pas refuser d'exécuter un contrat alors que l'on a suscité chez le partenaire une confiance légitime dans l'exécution du contrat, il s'agit d'un manquement à la loyauté qui doit régir les relations entre les parties dans l'exécution du contrat. En effet s'abstenir d'exécuter le contrat sans établir les raisons de son abstention entraîne une responsabilité contractuelle.

L'agent qui se trouve dans une impossibilité d'exécution est un contractant fautif, toutefois, il n'est pas de mauvaise foi, il ne commet pas un abus et sa faute entraîne une résiliation du contrat[758]. Cependant, l'inexécution d'une obligation à laquelle le créancier attachait une importance et la confiance trompée, alors que *l'on est en mesure de l'accomplir*[759], est caractéristique d'abus. Le contractant qui a considéré le dommage comme certain et qui n'a pas désiré l'empêcher, commet un abus, un dol, ce qui n'est pas le cas dans l'inexécution d'une obligation contractuelle « proprement dite », le contractant « qui considère le dommage comme probable, ou même comme possible, mais s'en désintéresse n'est pas absolument de mauvaise foi, car il n'a pas cherché à causer le dommage ; il demeure cependant qu'il en a accepté la possibilité et n'a pas cherché à l'éviter »[760].

234. La faute contractuelle est certes l'inexécution d'une obligation contractuelle condition de la responsabilité contractuelle. En conséquence, est-ce que le manquement à la bonne foi, au devoir de loyauté dans la phase de l'exécution du contrat constitue une faute contractuelle ? Le créancier qui exerce son droit tout en sachant que cet exercice est désastreux pour son cocontractant, le cocontractant qui exige une peine prévue par le contrat exerce tout de même son droit, sa responsabilité est-elle de nature contractuelle ou délictuelle ? Elle est certes, de nature délictuelle.

Pour M. Philippe Stoffel-Munck, « le manquement à la loyauté ne constitue pas à proprement parler une inexécution du contrat. Prenons un acheteur qui, n'ayant nul besoin immédiat de la chose, l'exige à contretemps parce qu'il sait cette exigence désastreuse pour son vendeur (…) l'acheteur commet certainement un abus, mais où est

---

[758] Voir infra n° 340 et s.

[759] Nous soulignons.

[760] **MARTINE (Edmond-Noël)**, *L'option entre la responsabilité contractuelle et la responsabilité délictuelle, Op. cit.*, p. 147.

l'obligation contractuelle à laquelle il manque ce faisant, condition nécessaire au jeu de la responsabilité contractuelle ? En exerçant son droit, le contractant n'exécute pas une quelconque obligation contractuelle au profit de son débiteur »[761].

En fait, c'est la détermination des obligations devant être qualifiées de contractuelles qui fait la difficulté[762]. Par ailleurs, c'est la notion « d'exécution utile » du contrat qui constitue également la source d'incertitude. Il est parfois difficile de déclarer le dommage résultant de l'inexécution d'une obligation contractuelle ; il faut rechercher quelles sont les obligations implicites attachées au contrat. La découverte par la jurisprudence de ces obligations constitue une source d'incertitude pour les victimes qui ne savent pas sur quel fondement exercer leur action. L'existence d'un rapport contratuel ne suffit pas « pour que la responsabilité reçoive le label contractuel, encore faut-il que le dommage subi par l'un des contractants résulte de l'inexécution d'une obligation contractuelle. Loin de limiter cette dernière aux obligations contractuelles explicitement voulues par les parties, le juge, s'appuyant sur l'article 1135 de Code civil a pu découvrir tout un réseau d'obligations accessoires »[763]. Par référence à l'article 1135 du Code civil, « la jurisprudence française considère qu'il ne faut pas seulement entendre par obligation contractuelle ce que les parties se sont spécialement engagées à faire l'une envers l'autre, mais aussi, ''toutes les suites que l'équité, l'usage ou la loi ajoutent à l'obligation d'après sa nature''. Voici ce qui est déjà moins clair (…) Ajouter à la catégorie des obligations contractuelles des normes dérivées de l'équité, de l'usage et de la loi (…) on peut penser qu'a priori il n'y a aucune contre-indication à l'application du régime contractuel à la responsabilité découlant du défaut de bonne foi »[764].

235. Les obligations implicites sont des créations jurisprudentielles, réalisées sur le fondement de la bonne foi. Elles ont considérablement influencé le droit des contrats contemporain, bousculant les règles de la responsabilité[765]. Les parties ne doivent pas limiter leur exécution à un

---

[761] **STOFFEL-MUNCK (Philippe)**, *L'abus dans le contrat, Op. cit.*, n° 115, p. 107.

[762] *Ibid.*, n° 276, p. 238 ; Voir **SOLTAN (Anwar)**, *Les sources de l'obligation, Op. cit.*, n° 373, p. 296.

[763] **MNIF (Salma)**, *L'option entre la responsabilité contractuelle et la responsabilité délictuelle, Op. cit.*, n° 54, p. 69.

[764] **STOFFEL-MUNCK (Phillipe)**, *Op. cit.,* n° 146, p. 133, souligné par l'auteur.

[765] Voir supra n° 151 et s.

respect formel des obligations contractuelles. Le principe de bonne foi oblige les parties à une exécution utile du contrat. Cette exécution utile consiste en un soutien mutuel, en une coopération afin que le but du contrat soit atteint. Il s'agirait de prendre en considération les intérêts de son cocontractant, le créancier et le débiteur sont tenus d'éliminer les entraves à l'exécution du contrat par leur collaboration. Le manquement aux obligations d'information ou de collaboration constitue une faute d'abus faisant jouer la responsabilité contractuelle, il s'agit d'un manquement fautif à l'exécution utile du contrat[766]. Les parties dans un contrat se doivent non seulement l'exécution du contrat, mais également l'exécution de certaines obligations que la loi, l'usage ou l'équité prescrivent conformément à l'article 243 du Code des obligations et des contrats. L'abus « existera chaque fois que l'une des parties manque à son devoir de collaboration, de solidarité, qui oblige chacune d'elles à faciliter, à alléger l'accomplissement des engagements nés du contrat, chaque fois qu'elle épuise âprement les prérogatives que le contrat lui confère, sans le moindre souci des intérêts de son partenaire (…) Il n'est pas permis au bailleur de refuser systématiquement au preneur le droit de sous-louer ou de céder son bail, lorsque l'exercice de ce droit requiert son accord, alors que pareil refus inflige au preneur un grave préjudice sans présenter aucun intérêt sérieux pour le bailleur »[767]. Ces suites que la loi, l'usage ou l'équité donnent à l'obligation d'après sa nature « prennent-elles une nature contractuelle du fait qu'elles complètent une obligation, elle-même contractuelle »[768] ? Certainement la réponse est affirmative « s'il apparaît que ces suites répondent à la finalité de l'obligation contractuelle dont elles procèdent »[769].

B. La notion d'inexécution dolosive du contrat

236. Lorsque le débiteur est en mesure d'exécuter ses engagements nés du contrat, son refus, sa volonté de se soustraire à ses obligations, sa mauvaise foi révèlent un abus tant qu'il peut tenir immédiatement ses engagements alors qu'il refuse délibérément l'exécution. Il s'agit

---

[766] Cependant le manquement à la bonne foi constitue une faute de comportement, faisant jouer la responsabilité délictuelle, voir infra n° 239 et s.

[767] **DE BERSAQUES (André)**, *L'abus de droit en matière contractuelle*, RCJB 1969, n° 29, p. 524.

[768] **FAURE-ABBAD (Marianne)**, *Le fait générateur de la responsabilité contractuelle, Op. cit.*, n° 100, p. 82 et 83.

[769] Ibid.

d'une atteinte aux droits du créancier, sanctionner l'abus c'est assurer le respect des obligations voulues par les parties.

237. Le dol dans l'exécution du contrat est traditionnellement défini par la doctrine française comme le fait volontaire, voire intentionnel du contractant qui aboutit à une mauvaise exécution ou à l'inexécution du contrat[770]. Lorsque l'inexécution intervient dans certaines conditions qui font ressortir *la volonté de nuire*[771] de son auteur, sa responsabilité peut être mise en œuvre, car il y a un refus abusif d'exécuter le contrat. Ce qui impliquait que le dol nécessite l'intention de nuire, cette condition a évolué sous l'influence de la jurisprudence française qui n'exige plus qu'une *inexécution délibérée*[772] de la part du contractant, pour mettre la règle en œuvre[773].

La jurisprudence, en réduisant ses exigences de la sorte, ne requiert plus la volonté de nuire, seule la mauvaise foi est requise, c'est-à-dire la simple violation consciente et délibérée de l'obligation contractuelle. La mauvaise foi constitue donc une des conditions à remplir pour révéler un dol contractuel.

238. La doctrine classique analyse la responsabilité qui découle de l'inexécution dolosive du contrat comme une responsabilité de nature délictuelle. En effet, certains auteurs estiment que le dol serait extérieur à l'exécution du contrat et par la suite, il ne pourrait pas être sanctionné par la responsabilité contractuelle[774]. Josserand a considéré que le débiteur qui agit comme un tiers l'aurait fait, doit être traité comme tel et était en faveur de l'intervention de la responsabilité délictuelle quand il y a un dol de l'un des contractants[775]. L'auteur a relevé qu'« il est cependant une éventualité dans laquelle nous estimons qu'on doit se résigner à l'intrusion du droit délictuel (…) c'est celle où le débiteur, s'évadant lui-même de la charte conventionnelle, aurait commis un dol ou une fraude ; il serait alors mal venu de réclamer la protection d'un statut en dehors duquel il s'est intentionnellement placé »[776]. Aussi André Tunc a-t-il affirmé la nature délictuelle de la responsabilité pour

---

770 Voir supra n° 71.

771 Nous soulignons.

772 Nous soulignons.

773 Cass. 1ère civ., 04 février 1969, Société des Comédiens français c. Giraud, précité.

774 **DEMOGUE (René)**, Note S. 1924, 1, p. 105 ss Cass. civ. 11 janvier 1922.

775 **JOSSERAND (Louis)**, *Cours de droit civil français positif*, t. II, Sirey 1930, n° 436 et s.

776 **JOSSERAND (Louis)**, Note sous Cass. req., 14 décembre 1926, DP. 1927, 1, 105, p. 108, 1ère colonne.

inexécution dolosive[777]. Cette doctrine a été appliquée dans plusieurs anciennes décisions afin de ne pas permettre au contractant qui a commis un dol de bénéficier des règles protectrices de la responsabilité contractuelle[778].

Selon M. Philippe Stoffel-Munck, si l'on admet que « la victime disposerait soit d'une option entre les deux ordres de responsabilité, soit devrait former deux actions l'une contractuelle pour saisir l'inexécution, l'autre délictuelle et relative au seul dol (...) il nous semble qu'on part d'une idée juste pour arriver à une conclusion fausse (...) La juxtaposition de ces deux ferments de responsabilité ne saurait donner naissance à deux actions distinctes, car le fait dommageable servant de base à la demande en réparation est unique (...) l'incivilité s'imbrique dans l'inexécution de l'obligation et ne peut faire l'objet d'une action propre aussi longtemps qu'on poursuivra en même temps la sanction de la défaillance »[779]. L'auteur poursuit « le siège du dommage réside principalement dans la défaillance, le dol ou la déloyauté n'en constituant qu'une caractéristique accessoire (...) il faut noter que sans l'inexécution, la faute morale n'aurait pas existé (...) la défaillance est en elle-même répréhensible : c'est elle qui pose d'abord problème. Par conséquent, c'est radicalement cette défaillance qu'il convient de poursuivre, et la faute délictuelle accessoire suit le sort de l'action principale pour les mêmes raisons qu'à titre général *accessorium sequitur principale* (...) la loi a prévu cette solution, et encadré le régime de l'action en inexécution dolosive. En modifiant le régime normal de la responsabilité contractuelle pour ce cas précis, le législateur a suffisamment marqué sa volonté de situer l'action au sein de cet ordre »[780].

En effet, les relations du créancier et de son débiteur sont déterminées par la situation contractuelle qu'ils ont volontairement créée et qui déroge, par là même, aux relations habituelles entre tiers ; il est logique que cette situation reste soumise aux règles particulières de la responsabilité contractuelle. La responsabilité délictuelle peut offrir aux tribunaux une solution facile pour réparer le dommage subi

---

777 **TUNC (André)**, Rep. civ. Dalloz, voir *Responsabilité contractuelle* 1991, n° 186.

778 Cass. civ. 16 juin 1879, DP. 1880, 1, p. 36 ; S. 1879, 1, p. 374 ; Cass. req. 2 juillet 1929, DH. 1929, p. 413 ; 24 octobre 1932, DP. 1932, 1, p. 176, note E.P.

779 **STOFFEL-MUNCK (Philippe)**, *L'abus dans le contrat, Op. cit.*, n° 288 et 289, p. 247 et 248.

780 *Ibid.*, n° 290, p. 248 et 249.

par les victimes, toutefois cette solution ne justifie pas un changement dans la nature de la responsabilité en cas d'inexécution dolosive[781].

[781] **NASSIF (Ilyes),** *Encyclopédie des contrats civils et commerciaux, Op. cit.*, p. 19.

SECTION II : SPÉCIFICITÉS DE LA FAUTE AU REGARD DU MANQUEMENT À LA BONNE FOI

239. L'admission d'une obligation générale de bonne foi ou de loyauté est un choix amplement discuté en France et en Belgique ces dernières années. Les juridictions semblent employer des expressions différentes qui ont des conséquences manifestement contradictoires. En fait la confusion terminologique est bien notable. Ainsi sont employées les expressions de « manquement à l'obligation de bonne foi »[782], « manquement à la bonne foi »[783], « obligation de renseignement et d'exécution de bonne foi du contrat »[784]. La doctrine a même soutenu que la bonne foi dans l'exécution du contrat constitue une obligation contractuelle[785], et la jurisprudence sanctionne sous l'angle contractuel des attitudes évoquant un manquement à la bonne foi. Admettre que la bonne foi constitue une obligation contractuelle implique que son manquement doit être sanctionné par une responsabilité contractuelle. Ce qui n'est pas vrai. En effet, la confusion entre exigence de bonne foi et obligation contractuelle est la source d'incertitude. La bonne foi étant un principe voire un devoir (**Paragraphe II**), ce qui convient à rejeter la qualification d'obligation contractuelle de bonne foi (**Paragraphe I**).

Paragraphe I : Le rejet de la qualification d'obligation contractuelle de bonne foi

240. La bonne foi est-elle une véritable norme de comportement ? Ou constitue-t-elle une obligation contractuelle ? (A.). Il s'agit d'une problématique qui relève tant de controverses doctrinales (B.).

A. La notion d'obligation de bonne foi

241. Pour une partie de la doctrine, la bonne foi est une obligation sanctionnée dans le droit par la responsabilité contractuelle, « l'obligation de ''bonne foi'' trouve une source légale dans l'alinéa 3

---

[782] Com. 19 décembre 1989, V.A.G. c. Sté Paris Biarritz Auto, Bull. civ. IV, n° 327, RTDC 1990, 649, obs. J. Mestre.

[783] Cass. 3ème civ. 27 avril 1991, Société Alsacienne des supermarchés, Bull. civ. III, n° 108, C.C.C. juin 1991, n° 133, obs. L. Leveneur ; RTDCiv. 1992, p. 81 et RTDCiv. 1994, p. 353, obs. J. Mestre.

[784] Cass. 3ème civ., 17 novembre 1993, SCI Windsor Poissy c. Epx Roulaud, JCP 1994, II, 22283, note H. Périnet - Marquet ; RTDCiv. 1994, 851, obs. J. Mestre.

[785] **DESGEORCES (Richard)**, *La bonne foi dans le droit des contrats : rôle actuel et perspectives*, th. Paris II, 1992, p. 127 et s. Dans laquelle il défend l'idée selon laquelle la bonne foi posée par l'article 1134 al. 3 du Code civil est une obligation contractuelle ; Voir également les critiques de M. **Alain GHOZI**, RTDCiv. 1992, p. 683.

de l'article 1134 du Code civil, selon lequel les conventions ''doivent être exécutées de bonne foi'' »[786] et « l'article 1134 pose en son alinéa 3 l'obligation d'exécuter les conventions de bonne foi (...) L'inexécution de cette obligation, comme celle de toute obligation, engage la responsabilité contractuelle de son débiteur »[787].

Un auteur belge a soulevé que « certaine doctrine enseigne que l'abus d'un droit lorsque ce droit est issu d'une convention constitue une faute aquilienne parce que le préjudice est causé non par l'inexécution du contrat, condition indispensable pour qu'il y ait responsabilité contractuelle, mais par son exécution, qu'on prétend abusive (...) On répond, à juste titre selon nous, qu'il résulte de l'article 1134 alinéa 3 du Code civil, que l'obligation de bonne foi qu'il impose dans l'exécution des contrats et dont la méconnaissance entraîne l'abus de droit, est comprise parmi celles qui sont issues de la convention, de sorte que la responsabilité née de l'inobservation de cette obligation est de nature contractuelle (...) La violation d'une règle impérative, et celle qui oblige à respecter la bonne foi l'est certainement, placée par le législateur dans le cercle du contrat, entraîne une responsabilité contractuelle »[788].

242. L'expression « obligation de bonne foi » a été employée pour la première fois par la Cour de cassation française dans une décision du 19 décembre 1989, reprenant la formule de la Cour d'appel : « l'arrêt retient que la société VAG a manqué à son obligation de bonne foi dans l'exécution du contrat en autorisant la société Bayonne Auto à transférer ses installations à Biarritz, à une faible distance de celles de

---

[786] **JOURDAIN (Patrice)**, *Responsabilité fondée sur la faute, notion de faute : contenu commun à toutes les fautes*, J. Cl. civ. art. 1382 à 1386, fasc. 120-1, 1995, n° 24, p. 9.

[787] **LEVENEUR (Laurent)**, *Indétermination du prix, le revirement et sa portée*, Contrats. conc. consom. 1996, chr. 1, p. 3.

[788] **DE BERSAQUES (André)**, *Op. cit.*, n° 27, p. 522 et 523 ; Voir en ce sens **DE LA MASSUE (Hubert)**, *Responsabilité contractuelle et responsabilité délictuelle sous la notion de l'abus de droit*, RTDCiv. 1948, p. 31 et s. ; **RODIERE (René)**, Rép. dr. civ. Dalloz 1954, voir Responsabilité, n° 585 ; **RODIERE (René)**, *Etude sur la dualité des régimes de responsabilité*, JCP 1950, Doctr., n° 861, p. 25 ; **DEMOGUE (René)**, *Responsabilité délictuelle entre contractants*, RTDCiv. 1923, p. 657 ; **MNIF (Salma)**, *Op. cit.*, n° 244, p. 293.

la société Paris-Biarritz. »[789] Cette expression a été employée dans quelques autres décisions[790].

L'Assemblée Plénière de la Cour de cassation française a rendu quatre arrêts le 1er décembre 1995[791] à propos des abus commis par les fournisseurs et les prestataires de service lorsqu'ils fixent unilatéralement le prix, reprenant les conclusions de M. le premier avocat général selon lequel la notion d'abus est sanctionnée par la responsabilité délictuelle, toutefois il s'agit en l'espèce d'une responsabilité contractuelle. En se référant à l'article 1134 alinéa 3, il indique que la faute est contractuelle puisqu'elle consiste en un « manquement à cette obligation ». La Cour d'appel de Paris a également rendu un arrêt en date du 24 octobre 2000 considérant que « l'obligation de bonne foi implique que chaque partie s'abstienne de tout abus, ait un comportement raisonnable et modéré, sans agir dans son intérêt exclusif ni nuire de manière injustifiée à son partenaire »[792].

243. L'obligation est un lien de droit entre deux (ou plusieurs) personnes déterminées, en vertu duquel l'une est tenue envers l'autre de donner, de faire ou de ne pas faire quelque chose[793]. La bonne foi étant un devoir, une exigence de comportement, elle ne peut pas avoir le caractère d'une obligation contractuelle ; la bonne foi n'est pas appréciable en argent, elle ne peut pas constituer une prestation[794]. Cette opinion est partagée par une grande partie de la doctrine.

B. Le domaine d'obligation contractuelle

244. Affirmer que la bonne foi est une obligation contractuelle, c'est dire que tout dommage causé au cours de l'exécution du contrat ouvre

---

789 Com. 19 décembre 1989, V.A.G. c. Sté Paris-Biarritz auto, Bull. civ. IV, n° 327 ; RTDCiv. 1990, 649, obs. J. Mestre.

790 Cass. 3ème civ., 17 novembre 1993, JCP 1994, II, 22283, note H. Périnet - Marquet ; RTDCiv. 1994, 851, obs. J. Mestre ; Cass. 1ère civ., 29 novembre 1994, JCP 1995, II, 22371, note J. Ghestin ; D. 1995, jurisp. p. 122, note L. Aynès ; JCP éd. E 1995, I, n° 662, obs. L. Leveneur ; RTDCiv. 1995, p. 358, obs. J. Mestre, RTDCom. 1995, p. 464, obs. B. Bouloc.

791 Cass. Ass. Plén. 1er décembre 1995 (4 arrêts), JCP 1996, II, 22565, note J. Ghestin, conc. Michel Jéol ; D. 1996, jur., 13, note Laurent Aynès.

792 C.A. Paris, 15e Ch. A., 24 octobre 2000, D. 2001. 302. obs. Delpech.

793 Voir **BRETHE de La GRESSAYE (Jean)**, *La théorie de la responsabilité en droit pénal et en droit civil*, Revue générale du droit 1928, p. 193 : « une obligation est un lien de droit (...) qui astreint l'une à fournir à l'autre une prestation appréciable en argent ».

794 Voir **DESGORCES (Richard)**, *La bonne foi dans le droit des contrats : rôle actuel et perspectives, Op. cit.*, p. 131, l'auteur affirme que « la prestation promise par le débiteur de l'obligation de bonne foi est logiquement la bonne foi ».

la voie à une responsabilité contractuelle, toutefois, comme nous l'avons démontré, la victime peut se placer sur le fondement délictuel, malgré l'existence d'un contrat, lorsque son préjudice est la conséquence d'une faute délictuelle, distincte et extérieure au contrat[795]. La bonne foi ne peut pas se ranger du côté des obligations et « le ''devoir'' renvoie mieux que l'obligation à un impératif de comportement jugé à l'aune de sa conformité aux prescriptions de la morale »[796].

245. L'obligation est un lien de droit par lequel une ou plusieurs personnes, le ou les débiteurs, sont tenues d'une prestation envers une ou plusieurs autres, le ou les créanciers.[797] Dans l'obligation, l'accent est mis sur le rapport unissant un individu (créancier) à un autre (débiteur). Dans le devoir, il n'y a aucune relation entre individus déterminés, mais seulement le respect de chacun des droits de tous les autres. Le critère de distinction du devoir et de l'obligation juridique se situe dans l'existence d'un créancier déterminé, seuls des individus déterminés peuvent être créanciers de nos obligations[798].

En effet, l'obligation contractuelle pèse sur les parties contrairement à la bonne foi qui présente une exigence de comportement qui pèse sur tous, elle est générale. Il faut distinguer entre les obligations circonstancielles qui naissent à l'occasion d'un contrat et restent toujours liées au contrat et les obligations générales, universelles qui sont de véritables obligations morales[799]. Quand on évoque l'obligation, « on sait déjà quels sont, personnellement, les tenants et aboutissants du lien de droit, alors que lorsqu'on évoque l'idée de devoir aucun des termes du rapport n'a besoin d'être spécialement déterminé, ni celui qui doit, car le devoir est générique, ni celui envers qui on doit, car là n'est

---

[795] **AZARD (Pierre),** *Traité pratique de la responsabilité civile d'Henri Lalou*, 6ème éd., Dalloz 1962, n° 414.

[796] **STOFFEL-MUNCK (Philippe),** *L'abus dans le contrat, Op. cit.*, n° 155, p. 139.

[797] Voir **FABRE-MAGNAN (Muriel),** *De l'obligation d'information dans les contrats, Essai d'une théorie*, préf. Jacques Ghestin, th. LGDJ 1992, coll. Bdp., t. 221, n° 6, p. 6 ; **CHAZAL (Jean-Pascal),** *Les nouveaux devoirs des contractants. Est-on allé trop loin ?*, in La nouvelle crise du contrat, Dalloz 2003, p. 105, l'auteur note également le caractère absolu et général du devoir par rapport à la relativité et la particularité de l'obligation.

[798] **FAURE-ABBAD (Marianne),** *Op. cit.*, n° 137, p. 112 et 113 ; **BEN MASSOUD (Neila),** *L'information dans le contrat, Op. cit.*, n° 17, p. 12.

[799] Obligation dans le sens d'un devoir ; Voir **RIPERT (Georges),** *La règle morale dans les obligations civiles*, 4ème éd. LGDJ 1949 ; **EZZINE (Mohamed),** Le contrat, n° 9 et 10, p. 23 et s.

pas l'essentiel. Le devoir est l'ordre des généralités, l'obligation est de l'ordre du concret, du spécial »[800]. L'auteur rajoute que « le devoir pèse en permanence sur l'individu, l'obligation naît et meurt puis une nouvelle obligation naîtra à l'occasion d'un nouvel engagement qui nous rendra débiteur. Contrairement au devoir, l'obligation est du domaine de l'instant, et si l'interdiction des engagements perpétuels se comprend bien, l'idée de devoir perpétuel ne choque personne, et apparaît au contraire comme naturelle (…) de l'exigence permanente de bonne foi que la loi impose à quiconque et à tout instant, le terme de devoir serait sans doute plus adapté que celui d'obligation »[801]. Selon Mme Marianne Faure-Abbad, l'obligation a un aspect pécuniaire, « les prestations dues, même si elles ne portent pas sur le versement d'une somme d'argent, sont toujours susceptibles d'une évaluation monétaire. Au contraire, les devoirs contractuels ne représentent pas une valeur dans le patrimoine de leur créancier-ils ne forment point de créances ; ils constituent plutôt un code de bonne conduite contractuelle »[802].

246. Les obligations implicites qui complètent le contrat (obligations d'information, de collaboration…), étant nécessaires pour mener l'opération contractuelle à bonne fin, sont de véritables prestations, elles sont des obligations circonstancielles, elles sont nées du contrat et pèsent uniquement sur les parties au contrat, en conséquence, leur inexécution ouvre la voie à une responsabilité contractuelle. Mlle Geneviève Viney estime que les obligations contractuelles ne traduisent pas en principe des normes générales de comportement à vocation sociale et de portée générale, mais consistent à déterminer le contenu et les modalités d'exécution d'une prestation[803]. Cependant la bonne foi est un impératif moral, un devoir de portée générale qui dépasse le cercle des contractants, « la distinction entre les devoirs universels et les obligations *stricto sensu* est fondamentale. C'est sur elle notamment qu'est fondée cette autre distinction que font les codes civils entre la responsabilité délictuelle (ou quasi-délictuelle) et la

---

[800] **STOFFEL-MUNCK (Philippe)**, *L'abus dans le contrat, Op. cit.*, n° 148, p. 134.

[801] *Ibid.*, n° 149, p. 135.

[802] **FAURE-ABBAD (Marianne)**, *Op. cit.*, n° 141, p. 114 ; **CHAZAL (Jean-Pascal)**, *Op. cit.*, p. 105 : « *l'obligation a pour objet une prestation économique, se distingue du devoir, qui impose une norme de comportement* ».

[803] **VINEY (Geneviève)**, *Traité de droit civil sous la direction de Jacques Ghestin, Introduction à la responsabilité, Op. cit.*, n° 168, p. 286.

responsabilité contractuelle »[804]. Le contractant qui adopte un comportement abusif contraire à la bonne foi, tout en exécutant toutes les prestations prévues par le contrat, ne manque pas à une quelconque obligation contractuelle, mais à un impératif moral, il sera sanctionné par la responsabilité délictuelle. La bonne foi ne peut pas revêtir le caractère d'une obligation contractuelle et ne peut pas être intégrée dans le champ des obligations contractuelles à la manière de l'obligation d'information, de collaboration... L'exigence de bonne foi est une véritable norme de comportement, un devoir social, non une obligation contractuelle.

Paragraphe II : Le devoir général d'exécution de bonne foi

247. Le devoir se distingue nettement de l'obligation contractuelle dont la caractéristique est que seule l'inexécution doit déclencher la responsabilité contractuelle. Ainsi, l'exigence de bonne foi qui se range du côté des devoirs sociaux ne se traduit pas par l'inexécution d'une prestation contractuelle (B.). Affirmer que la bonne foi est un devoir juridique, lui donne la place importante qu'elle mérite dans l'ordre juridique, notamment en doctrine (A.).

A. La bonne foi, un devoir soutenu par la doctrine

248. Ce qui caractérise le devoir c'est l'abstraction, la bonne foi est aujourd'hui unanimement reconnue comme un principe fondamental dominant tous les systèmes juridiques. Son champ d'application n'est plus du tout limité au droit des contrats, il comprend tout le droit civil et même d'autres disciplines. Il en résulte qu'on ne peut pas employer indifféremment les notions de devoir et d'obligation.

Le droit néerlandais a connu de vives discussions à ce sujet, le régime de responsabilité attaché à l'un ou à l'autre étant différent[805]. En droit français, la doctrine s'intéresse de plus en plus à la différence considérable existant entre les deux notions. Au sujet de la bonne foi, Mlle Geneviève Viney, relève que « la faute délictuelle se caractérise par la violation d'une règle de conduite ou d'une norme de

---

[804] **YUNG (Walter)**, *Devoirs généraux et obligations*, Festgabe für Wilhelm Schönenberger, Fribourg 1968, p. 163.

[805] **STROME (M.)**, *La bonne foi dans la formation du contrat*, rapport néerlandais, in : La bonne foi (Journées Louisianaises), Travaux de l'Association Henri Capitant, t. XLIII, Litec 1992, p. 169 et s.

comportement édictée par la loi ou affirmée par la jurisprudence »[806], il en résulte que la bonne foi est une véritable norme de comportement. M. Stoffel-Munck, dans sa thèse sur l'abus dans le contrat, a pris le soin de montrer que le devoir juridique ne désigne pas la même chose que l'obligation juridique[807]. En présentant les différences existant entre les deux notions, l'auteur remarque que l'obligation vise « une prestation évaluable en termes économiques », elle désigne plutôt « ce à quoi l'on est tenu », alors que l'exigence de bonne foi désigne « une attitude d'honnêteté », elle « indique davantage comment on doit s'exécuter »[808]. Selon l'auteur « le texte dispose que le contrat s'exécute *de* bonne foi, *avec* bonne foi. C'est bien une certaine manière d'exécuter qui est désignée et non l'objet de l'exécution »[809]. L'auteur en déduit que le devoir de bonne foi et l'obligation contractuelle n'ont pas le même objet dans la langue de droit. Le premier renvoie à « une manière d'être, conforme à la morale » ; la seconde à « une prestation matérielle »[810]. La bonne foi est une « manifestation de l'exigence morale », une « attitude adéquate » qui consiste à « ne pas laisser son partenaire se débattre dans les ennuis, patienter en raison de l'accablement du débiteur au lieu d'exiger son dû à l'heure dite en toute rigueur, s'entraider dans l'adversité (...) le créancier ne sera pas en faute pour ne pas avoir exécuté telle ou telle prestation prédéterminée, mais uniquement parce qu'il n'a pas adopté une attitude adéquate »[811].

249. La notion de devoir nous semble ainsi préférable à celle d'obligation, dans la mesure où le « devoir » teinte la prescription d'une plus grande coloration morale et correspond davantage à une directive qu'à une exigence prédéterminée[812]. La bonne foi serait un devoir

---

[806] **VINEY (Geneviève), JOURDAIN (Patrice)**, *Traité de droit civil, Les conditions de la responsabilité*, 2ème éd., LGDJ 1998, p. 284 ; **VINEY (Geneviève),** *Introduction à la responsabilité, Op. cit.*, n° 239 - 1.

[807] **STOFFEL-MUNCK (Philippe)**, *L'abus dans le contrat, Op. cit.*, n° 155, p. 140.

[808] *Ibid.*, n° 156, p. 140.

[809] *Ibid.*, n° 156, p. 141, soulignés par l'auteur.

[810] *Ibid.*

[811] *Ibid.*, n° 109, p. 100.

[812] **PICOD (Yves)**, *Effet obligatoire des conventions / Exécution de bonne foi des conventions*, J.Cl. civil, art. 1134 et 1135, fasc. 11, 1999, *Op. cit.*, n° 5, p. 4 ; Voir également **YUNG (Walter),** *Devoirs généraux et obligations*, in Mélanges Schonenberger, *Op. cit.*, p. 163 et s.

général, une norme de comportement relevant de la responsabilité délictuelle[813].

La loyauté synonyme de bonne foi serait qualifiée de principe. La terminologie est variable allant de principe juridique, au principe immanent du droit privé, jusqu'au véritable principe fondateur du droit[814]. De nombreux textes de droit interne et international en consacrent l'existence, « le principe de loyauté est une vertu. Sur un plan sociologique, la loyauté est le fondement du lien de confiance dont est tissé le lien social. Sur un plan juridique, la loyauté est un devoir moral, une norme juridique de comportement. Sur le plan contractuel, spécialement, le principe de loyauté se présente comme une valeur éthique qui contribue à la moralisation, à la sécurité juridique et à l'efficience économique du contrat »[815]. Le principe de bonne foi concerne en réalité « l'ensemble des obligations, dans leur généralité, et non point seulement l'exécution des obligations contractuelles (…) Des applications en sont faites notamment en matière de responsabilité civile extracontractuelle, dans les relations qui s'établissent pendant la période précontractuelle, ou encore en matière judiciaire (...) il s'agit d'un véritable principe de droit »[816]. Il s'agit d'un principe qui « domine toute la théorie des obligations »[817] et la loyauté contractuelle, « outre son aspect moral, elle représente en soi un principe général de droit qui prévaut toutes les autres règles de droit, du fait qu'elle représente la voie idéale dans le comportement (…) Le principe de la loyauté en matière contractuelle représente un des principes généraux du Code des obligations et des contrats bien qu'il ne figure pas dans le chapitre II du titre VIII du livre premier, compte tenu que la liste des principes de

---

[813] **CHAZAL (Jean-Pascal),** *Les nouveaux devoirs des contractants. Est-on allé trop loin ?*, in La nouvelle crise du contrat, Dalloz 2003, p. 114.

[814] **CHARFEDDINE (Mohamed Kamel),** *Principes fondamentaux de droit civil, Problèmes de droit civil contemporain*, Atrach édition 2014, n° 23, p. 66, en arabe.

[815] **MEKKI (Mustapha)**, *L'intérêt général et le contrat, Contribution à une étude de la hiérarchie des intérêts en droit privé*, préf. Jacques Ghestin, th. LGDJ 2004, coll. Bdp., t. 411, n° 1227 et 1228, p. 772, 773 et 774.

[816] **VAN OMMESLAGHE (Pierre),** *La rigueur contractuelle et ses tempéraments selon la jurisprudence de la Cour de cassation de Belgique*, in Etudes offertes à Jacques Ghestin, Le contrat au début du XXIè siècle, LGDJ 2001, n° 11, p. 893.

[817] **MZID (Nouri)**, *Essai sur la négociation du contrat en droit civil*, RTD 2000, p. 325 et 326.

droit mentionnée dans ce chapitre n'est pas exhaustive et n'a été établie qu'à titre indicatif »[818].

B. La bonne foi, un devoir qui ne se traduit pas par l'inexécution d'une prestation contractuelle

250. La bonne foi étant un devoir, elle ne mérite pas la qualification d'obligation contractuelle. Le non-respect d'un devoir contractuel ne se traduit pas par l'inexécution ou la mauvaise exécution d'une obligation contractuelle, les remèdes à la défaillance contractuelle sont hors de propos,[819] car ils ont pour objet de pallier la non-obtention de l'avantage attendu du contrat[820].

251. L'exécution forcée en nature constitue-t-elle une sanction efficace en cas de manquement à la bonne foi ? Forcer un contractant à exécuter son obligation de bonne foi n'est-elle pas la meilleure façon de remédier aux abus dans l'exécution du contrat ? Comme l'indique un auteur, « contrairement à ce que l'on pourrait penser, si le droit force le débiteur à exécuter, cela revient à aggraver la faille dans le rapport de confiance et de coopération, car il est contestable que l'on puisse par l'intervention juridique et étatique remédier à un rapport personnel détérioré »[821]. L'auteur avance l'exemple d'un service après-vente qui comprend une obligation de conseil pour un objet de haute technicité, « à partir du moment où le conseiller n'exécute pas les obligations prévues (...) il est clair que l'exécution forcée en nature des obligations du débiteur ne sera pas efficace pour améliorer la situation. Dès lors, il n'est pas concevable que le créancier de l'obligation saisisse les tribunaux d'une telle demande : ou bien les contractants négocient, ou bien le créancier demandera la résolution du contrat, car il ne voudra pas poursuivre son exécution »[822].

---

[818] **ZGHAB (Moncef)**, *Principe de loyauté dans l'exécution du contrat*, R.J.L. décembre 2006, p. 94, en arabe.

[819] Voir infra n° 333 et s.

[820] **FAURE-ABBAD (Marianne)**, *Le fait générateur de la responsabilité contractuelle, Contribution à la théorie de l'inexécution du contrat*, préf. Philippe REMY, LGDJ 2003, n° 91, p. 78.

[821] **BELLIVIER (Florence)** et **SEFTON-GREEN (Ruth)**, *Force obligatoire et exécution en nature du contrat en droit français et anglais : bonnes et mauvaises surprises du comparatisme*, in Etudes offertes à Jacques Ghestin, Le contrat au début du XXIè siècle, LGDJ 2001, n° 26, p. 104.

[822] *Ibid.*

CHAPITRE SECOND : DOMAINE DE LA FAUTE

252. Le domaine de la faute d'abus dans l'exécution du contrat s'étend aux cas de responsabilité délictuelle et il n'y a aucune incompatibilité de la mise en jeu de cet ordre de responsabilité en la présence d'un rapport contractuel entre les parties (**Section I**). De plus la faute d'abus dans l'exécution du contrat soulève des difficultés quant à sa mise en œuvre judiciaire, ces difficultés ont un rapport direct avec la règle du non-cumul (**Section II**).

SECTION I : POSSIBILITÉ DE LA RESPONSABILITÉ DÉLICTUELLE ENTRE COCONTRACTANTS

253. On ne pourrait pas affirmer d'une façon générale que tous les dommages dont l'exécution d'un contrat est l'occasion doivent nécessairement engendrer une responsabilité contractuelle (**Paragraphe I**). Certes, il existe des actes dommageables dont seul le contrat en est l'occasion et qui demeurent en dehors du domaine de la responsabilité contractuelle (**Paragraphe II**). La responsabilité délictuelle subsiste entre contractants, son domaine d'application s'étend aux personnes engagées dans les liens d'un contrat, et les articles 82 et 83 du Code des obligations et des contrats sont applicables même dans le cas où le dommage se rattache à l'exécution d'une convention.

Paragraphe I : Rejet de la responsabilité délictuelle entre cocontractants

254. Beaucoup d'auteurs ont considéré qu'il existe en quelque sorte une incompatibilité de la mise en jeu de la responsabilité délictuelle en la présence d'un rapport contractuel entre les parties[823], et que les contractants n'encourent l'un envers l'autre que la responsabilité des fautes qui découlent de leur contrat. Plusieurs décisions ont rejeté ainsi, des actions fondées sur les articles 82 et 83 Code des obligations et des contrats lorsqu'il s'agit d'un dommage dont l'exécution du contrat a été la cause ou l'occasion.

Suivant la thèse hostile à l'intervention de la responsabilité délictuelle entre cocontractants c'est dans le contrat qu'il faut chercher

---

[823] Voir supra n° 216 et s.

les causes éventuelles de responsabilité. Les arguments avancés à cet égard ne sont pas convaincants (A.), à l'exception du cas d'un même fait dommageable (B.).

A. Fondement du rejet de la responsabilité délictuelle entre cocontractants

255. Selon la thèse hostile à l'intervention de la responsabilité délictuelle entre cocontractants, la conclusion d'un contrat aurait pour effet nécessairement d'évincer la responsabilité délictuelle. L'existence d'un contrat chasse la responsabilité délictuelle ; entre cocontractants, la responsabilité née de l'exécution du contrat ne peut trouver sa source que dans le contrat, et les parties sont censées, par le fait qu'elles ont contracté, avoir renoncé à la responsabilité délictuelle. En l'absence du contrat, les parties n'auraient pas été exposées à se nuire, c'est la conclusion même du contrat qui crée l'occasion de nuire, la responsabilité délictuelle ne peut donc jouer qu'entre tiers[824].

Ainsi Mme Mnif considère-t-elle que « les juges se contentent parfois de relever que le dommage survient au cours de l'exécution du contrat pour retenir la responsabilité contractuelle sans chercher réellement si le dommage se rattache causalement à l'inexécution d'une obligation contractuelle souscrite au contrat »[825].

B. Rejet de la responsabilité délictuelle en cas d'inexécution dolosive ou de manquement à une obligation contractuelle implicite

256. Lorsqu'un débiteur manque délibérément à l'exécution des obligations découlant du contrat, commettant un acte dommageable portant ainsi atteinte à son cocontractant, son comportement déloyal ne se distingue pas matériellement de l'inexécution du contrat, il s'agit dans ce cas d'une inexécution dolosive, car le fait dommageable est unique donnant ouverture uniquement à une responsabilité contractuelle. À raison de ce même fait, l'on ne peut faire jouer que la responsabilité contractuelle[826].

---

[824] **LABBE**, S. 1885, 4, 25 et 26.

[825] **MNIF (Salma)**, *L'option entre la responsabilité contractuelle et la responsabilité délictuelle, Op. cit.*, n° 58, p. 74.

[826] Voir supra n° 236 et s.

Faisant « le tri entre les vrais problèmes et les faux problèmes d'option », Mme Mnif exclut à juste titre « toutes les décisions qui retiennent la responsabilité délictuelle d'un contractant envers l'autre sans que la responsabilité contractuelle ne soit envisageable »[827]. L'auteur estime qu'« il est certain que le fait d'aborder les rapports du contrat avec la responsabilité délictuelle constitue un problème distinct de l'option. Pour qu'il en soit ainsi, il faut que la victime ait le droit de se placer sur le terrain contractuel, que les conditions nécessaires pour qu'il y ait responsabilité contractuelle soient remplies. Dans ce cas, on peut se demander si cette victime peut se prévaloir des articles [82 et suivants du Code des obligations et des contrats] »[828].

Tel le cas, lorsque le contractant manque à une obligation implicite découlant du contrat. En effet, le manquement aux obligations d'information, de collaboration, rattachées par les tribunaux aux effets que la loi, l'usage ou l'équité ajoutent au contrat est sanctionné par la responsabilité contractuelle sur le fondement de l'article 243 du Code des obligations et des contrats. Étant nécessaires à mener l'exécution du contrat à bonne fin, leur violation constitue un manquement à une obligation contractuelle et relève des règles de la responsabilité contractuelle[829], et la victime ne peut pas se prévaloir quand bien même elle y a intérêt, des règles propres à la responsabilité délictuelle.

Paragraphe II : Coexistence de la responsabilité délictuelle avec le contrat

257. Nous avons démontré que la responsabilité délictuelle est susceptible d'intervenir entre contractants et non point seulement entre personnes demeurées étrangères l'une à l'autre. La responsabilité délictuelle ne disparaît pas dès l'instant où les parties ont cessé d'être des tiers l'une à l'égard de l'autre ; elle n'est nullement destinée à régir seulement les tiers. Cela s'avère lorsque le fait dommageable est double (A.), mais encore lorsque le fait dommageable est uniquement délictuel (B.).

---

827 **MNIF (Salma)**, *Op. cit.*, n° 40, p. 49.
828 *Ibid.*
829 Voir supra n° 232 et s.

A. Le fait dommageable est double

258. Un acte dommageable peut être à la fois l'inexécution du contrat et un délit ou un quasi-délit civil. Il s'agit du cas où le comportement déloyal du contractant se distingue matériellement de l'inexécution du contrat, rien ne s'oppose ainsi à l'intervention successive des deux ordres de responsabilités ; une action née de la violation des obligations découlant du contrat, une autre d'une faute délictuelle, assurant un fait dommageable double : les faits qui servent de base aux deux actions en responsabilité sont ainsi différents, procédant de fautes distinctes.

Ainsi par exemple l'envoi tardif par l'administration de la poste de l'avis de l'arrivée d'une marchandise, constitue un retard dans l'exécution du contrat, c'est-à-dire une faute contractuelle, mais également un quasi-délit donnant lieu à l'application des articles 83 et 243 du Code des obligations et des contrats lorsqu'il y a une imprudence dans la conservation de ladite marchandise. Il en est de même du cas du défaut de fourniture du courant par une société d'électricité ; il y a une faute contractuelle qui peut coexister avec une faute délictuelle, lorsque le bénéficiaire s'est disputé avec un personnel de la société et que par entêtement de ce dernier, voulant nuire à l'abonné que le défaut s'est produit. Également quand un employeur manque au paiement de ses ouvriers, et qui décide de mettre fin brusquement au contrat de travail dans des circonstances humiliantes caractérisant un abus.

259. La faute quasi-délictuelle ou délictuelle coexiste ainsi avec la faute contractuelle consistant à ne pas exécuter le contrat lui-même. La succession « des responsabilités ne peut soulever aucune objection sérieuse. Le principe en est puisé dans la délimitation même des champs d'application des deux régimes de responsabilité. Si une action en dommages-intérêts relève de l'un, une autre action en dommages-intérêts peut relever de l'autre, encore que dans ces deux actions le demandeur et le débiteur soient les mêmes (…) que l'une et l'autre action tendent à la réparation de dommages distincts, procédant de fautes différentes dont l'une seulement réalise la violation d'une obligation contractuelle »[830]. La Cour d'appel d'Amiens a rappelé que

---

[830] **RODIERE (René)**, *Etudes sur la dualité des régimes de responsabilité : 2) La combinaison des responsabilités*, JCP 1950, I, n° 16.

« pour que les deux actions en responsabilité, délictuelle et contractuelle, soient refusées cumulativement, encore faut-il que le préjudice soit unique ; que si, outre celui résultant d'un contrat, la victime subit un autre dommage, rien ne l'empêche d'intenter une action en responsabilité contractuelle en réparation du premier et une autre en responsabilité délictuelle en réparation du second »[831]. La Cour d'appel de Paris a condamné une société japonaise qui a imposé à son cocontractant l'acceptation d'importants aménagements à la convention condition de son intervention auprès des autorités locales pour l'obtention des autorisations administratives nécessaires à la mise en œuvre du contrat Le cocontractant ayant engagé d'énormes frais pour l'exécution du contrat, n'obtient jamais l'agrément administratif. La Cour a estimé que le comportement déloyal de la société constitue « une faute quasi-délictuelle distincte de la faute contractuelle qui aurait consisté à ne pas exécuter le contrat lui-même »[832]. La Cour de cassation française a également sanctionné un locataire quand par sa mauvaise foi et son « esprit de chicane », il a causé au bailleur un préjudice distinct des retards de paiement[833].

B. Le fait dommageable est uniquement délictuel

260. Une fois admise, la possibilité qu'il puisse exister des cas de responsabilité délictuelle entre cocontractants, il convient de rejeter l'opinion qui intègre tous les dommages causés au cours de l'exécution du contrat dans le champ de la responsabilité contractuelle. Ainsi par exemple, lorsqu'un locataire insulte et injurie le bailleur, la responsabilité est certainement délictuelle. Il s'agit d'une faute commise au cours de l'exécution du contrat, mais extérieure par sa nature, au contrat. Une faute délictuelle peut évidemment être relevée dans un rapport contractuel, même en l'absence de faute contractuelle, lorsque par exemple, ce locataire injurie son bailleur, tout en procédant au versement des loyers qui lui sont dus. Il y a ni une « juxtaposition » ou succession des deux ordres de responsabilités, ni un fait dommageable double, ce qui peut donner lieu à une action unique tendant à la réparation d'un seul dommage ; le dommage délictuel.

---

[831] C.A. Amiens, 04 avril 1951, Gaz. Pal. 1951, 1, 353, précité.
[832] C.A. Paris, 14 mai 1970, JCP 1971. II. 16751, note P. Juillard, précité.
[833] Cass. com., 20 janvier 1966, précité.

Lorsque par exemple le contractant manque au devoir de bonne foi[834] sans toutefois, manquer à l'exécution des obligations prévues par le contrat, il s'agit là d'un quasi-délit donnant naissance à une seule action en responsabilité au profit de la victime : l'action délictuelle[835]. Le créancier est en mesure d'intenter uniquement une action délictuelle parce qu'aucun manquement du débiteur à ses obligations contractuelles ne peut être relevé : l'action délictuelle est la seule à intervenir.

---

[834] Voir supra n° 247 et s.

[835] Voir **STOFFEL-MUNCK (Philippe)**, *Op. cit.*, n° 126, p. 116.

SECTION II : MISE EN ŒUVRE JUDICIAIRE DE LA FAUTE D'ABUS

261. Le juge doit logiquement déterminer la nature délictuelle ou contractuelle de la responsabilité avant de se prononcer sur le fond. La responsabilité née dans la phase d'exécution du contrat suscite des difficultés, car la mise en œuvre judiciaire de la faute d'abus soulève des questions qui ont un rapport direct avec la règle du non-cumul[836].

D'abord, on s'interroge sur le cas où la situation litigieuse est susceptible de recevoir plusieurs qualifications, ensuite, lorsque le demandeur ne précise pas le fondement de sa demande (**Paragraphe I**). De plus, lorsque le demandeur invoque exclusivement à tort la responsabilité délictuelle en présence d'une faute contractuelle, quel est le pouvoir du juge face à la règle du non-cumul ? Enfin lorsque le demandeur invoque à tort la responsabilité contractuelle ? (**Paragraphe II**).

Paragraphe I : Cas où les deux ordres sont amenés à jouer

262. Il convient de traiter successivement le cas où le demandeur invoque dans ses conclusions cumulativement la responsabilité contractuelle et la responsabilité délictuelle (A.) et le cas où le demandeur ne précise pas le fondement de sa demande (B.).

A. Le demandeur invoque cumulativement la responsabilité contractuelle et la responsabilité délictuelle

263. Lorsque la victime invoque dans ses conclusions cumulativement la responsabilité contractuelle et la responsabilité délictuelle[837], dans cette situation le juge devrait rechercher d'abord si les conditions d'application de la responsabilité sont réunies.

---

[836] Voir **ESPAGNON (Michel)**, *Droit à réparation : Rapports entre responsabilités délictuelle et contractuelle, domaine des responsabilités entre contractants*, J. Cl. civ., art. 1146 à 1155, fasc.16-1, 1992, p. 24, 25 et 26.

[837] Cass. com., 27 novembre 1991, n° 89-19. 218, à propos d'un refus de renouvellement de concession, les avocats près la Cour de cassation usent dans leurs conclusions de ce genre de formule : « la cour d'appel a violé : - soit l'art. 1382 c. civ., si l'on analyse le refus de négocier (...) comme un abus de droit engageant la responsabilité quasi-délictuelle de son auteur ; soit les art. 1134 al. 3, 1135 et 1147 c. civ. si l'on analyse le refus de négocier (...) comme la violation d'une obligation contractuelle de faire en vue d'assurer l'exécution équitable et de bonne foi », rapporté par **Philippe Stoffel-Munck**, *L'abus dans le contrat*, n° 115, p. 107.

Lorsque c'est la responsabilité contractuelle qui est applicable, elle devra être retenue sous peine de violer la règle du non-cumul des responsabilités. Cependant, si le juge constate l'absence d'une faute contractuelle, la responsabilité délictuelle pourra être mise en œuvre. Certes le juge ne pourra pas appliquer les deux régimes à la fois et la Cour de cassation tunisienne[838] a accepté d'invoquer aussi bien la responsabilité contractuelle que la responsabilité délictuelle.

264. En droit français, en vertu de l'article 12, alinéa 1 du Code de procédure civile, le juge a l'obligation de trancher le litige conformément aux règles de droit qui lui sont applicables, de déterminer lequel des régimes invoqués est applicable[839].

B. Le demandeur ne précise pas le fondement de sa demande

265. Il peut arriver que le demandeur ne précise pas dans ses conclusions le fondement de sa demande. Dans une décision du 4 novembre 2002[840], les juges du fond ont appliqué d'office l'article 96 du Code des obligations et des contrats, ce qu'a censuré la Cour de cassation au motif que le juge a méconnu le principe de neutralité prévu dans l'article 12 du Code de procédure civile et commerciale. Il doit déclarer la requête nulle. Il faut noter toutefois que même si l'article 70 du Code de procédure civile et commerciale oblige les parties à indiquer le fondement juridique de leurs demandes, l'article 71 n'a pas prévu la nullité comme sanction des écritures dépourvues de qualification. La jurisprudence « met l'accent sur le principe '' Donnez-moi des faits je vous donne le droit''(…) ce qui n'exempte pas le juge du principe de neutralité, car l'article 12 du Code de procédure civile et commerciale dispose d'une neutralité positive »[841]. Le principe de neutralité « ne peut en aucun cas empêcher le juge de proposer une qualification des actes ou des faits litigieux (…) Si les parties sont tenues d'apporter les faits à l'appui de leurs prétentions, le juge doit appliquer la règle de droit adéquate. Mais cette obligation ne peut avoir lieu lorsque le fait dommageable '' peut donner lieu à plusieurs qualifications

---

[838] Cass. civ. Chambres réunies, n° 42389, 16 mars 1995, R.T.D. 1996, p. 16.

[839] Cass. 1ère civ., 30 juin 1970, Bull. civ. I, n° 224 ; Cass. 3ème civ., 15 février 1972, Bull. civ. III, n° 103 ; 28 mai 1986, Gaz. Pal. 1987, 1, somm. p. 55, RTDCiv. 1987, 390, obs. J. Normand.

[840] Cass. Civ., n° 1963.2002, 4 novembre 2002, inédit.

[841] **JERBI (Sami)**, *Conditions de la responsabilité civile*, n° 68, p. 89.

juridiques'' »[842]. En effet, la loi « permet au demandeur la possibilité d'invoquer aussi bien le fondement contractuel que le fondement délictuel. La Cour ne peut pas se substituer au demandeur dans l'exercice de l'option. Ce faisant, elle viole le principe du contradictoire »[843]. Selon la Cour d'appel de Tunis, le demandeur a le choix de solliciter librement autant le fondement contractuel que le fondement délictuel, toutefois, lorsqu'il ne précise pas un fondement pour sa demande, cela ne permet pas à la Cour d'invoquer d'office un ordre déterminé lorsque le fait dommageable peut donner lieu à plusieurs qualifications.

La Cour de cassation se réserve aussi le pouvoir de censurer toute décision qui, en ne précisant pas sur quel fondement, contractuel ou délictuel la responsabilité de l'auteur du dommage a été retenue, ne lui permet pas d'exercer son contrôle[844].

Toutefois, lorsque la détermination de la nature de responsabilité est inutile[845], ou sans incidence sur le fond[846], et les parties n'ont soulevé aucune discussion sur la nature de la responsabilité, le juge pourra statuer sans préciser le fondement de la demande.

Paragraphe II : L'action en responsabilité est unique

266. Il convient de traiter d'une part, le cas où le demandeur invoque exclusivement la responsabilité délictuelle (A.), et d'autre part le cas où le demandeur invoque exclusivement la responsabilité contractuelle (B.).

A. Le demandeur invoque exclusivement la responsabilité délictuelle

267. La règle du non-cumul n'a pas le caractère d'ordre public. La jurisprudence y voit au plan judiciaire un moyen mélangé de fait et de

---

842 **MNIF (Salma)**, *Op. cit.*, n° 111, p. 136.

843 C.A. Tunis, n° 7019, 14 avril 2004, inédit.

844 Cass. 1re civ., 10 juillet 1996 : Bull. civ. I, n° 307, JCP G 1996, IV, 2107, p. 265 ; Cass. 2ème civ., 6 mars 1996, Bull. civ. II, n° 58, JCP G 1996, IV, 1998, p. 131.

845 Tout ce qui est expressément prévu dans le contrat devient une obligation contractuelle et sera en conséquence sanctionné dans cet ordre.

846 C'est le cas en matière de responsabilité professionnelle ; **SAAD (Nabil Ibrahim)**, *Théorie générale de l'obligation*, t. I, *Op. cit.*, p. 382.

droit[847]. N'ayant pas le caractère d'ordre public, les parties peuvent prévoir dans la convention que c'est la responsabilité délictuelle qui est applicable même lorsque les conditions de la responsabilité contractuelle sont réunies. Étant un moyen mélangé de fait et de droit, la règle ne peut être invoquée pour la première fois devant la Cour de cassation, par contre, en appel, le demandeur peut modifier le fondement de son action.

268. Le juge ne peut pas modifier ni l'objet, ni la cause de la demande et doit statuer dans les limites fixées par les conclusions des parties, c'est une règle traditionnelle posée par la doctrine et la jurisprudence française anciennes. En conséquence, lorsque le demandeur invoque à tort la responsabilité délictuelle et que le défendeur exerce l'action en responsabilité sur le fondement exact et soulève avec succès la règle du non-cumul, une telle position ne permet pas certainement au juge de resituer d'office le débat sur le terrain contractuel.

269. En droit français, la réforme du Code de procédure civile français a renforcé le rôle du juge, en effet l'article 12 dispose que « le juge tranche le litige conformément aux règles de droit qui lui sont applicables et doit donner ou restituer leur exacte qualification aux faits et actes litigieux sans s'arrêter à la dénomination que les parties en auraient proposée ». Certains auteurs[848] ont pu en conclure que la réforme permet au juge de requalifier les faits litigieux et modifier le fondement de l'action en responsabilité pour appliquer la responsabilité contractuelle alors que seule la responsabilité délictuelle a été invoquée, et ce à condition de respecter le principe du contradictoire et à condition que le juge n'apprécie pas une nouvelle fois les faits du litige. Il en résulte que le droit français permet au juge de statuer d'office sur le fondement contractuel sous condition de respecter l'obligation posée par l'article 442 du Nouveau Code de procédure civile d'inviter les parties à s'expliquer ou lorsque les faits sont appréciés de la même manière dans chacun des deux régimes de responsabilité.

---

[847] **DURRY (Georges)**, Obs. à la RTDCiv. 1971, n° 4, p. 143.

[848] Voir **ESPAGNON (Michel)**, *Droit à réparation : Rapports entre responsabilités délictuelle et contractuelle, domaine des responsabilités entre contractants, Op. cit.*, p. 25 ; **MNIF (Salma)**, *Op. cit.*, n° 94 et s., p 116 et s.

En effet, en droit français, lorsque le demandeur invoque à tort la responsabilité délictuelle[849] comme seul fondement de son action, le juge ne peut soulever d'office la règle du non-cumul sans avoir invité les parties à fournir leurs observations sur la nature de la responsabilité. L'invitation des parties à fournir des explications sur la nature de la responsabilité, permet au juge d'appliquer la responsabilité contractuelle sans violer le principe du contradictoire même si, seule la responsabilité délictuelle, qui était invoquée par les parties. Toutefois, le juge n'est pas tenu de procéder à cette requalification. La première chambre civile de la Cour de cassation française a décidé dans un arrêt du 19 mars 1985 que « la Cour d'appel qui avait invité les conseils des parties à présenter leurs observations sur la nature de la responsabilité a, sans violer le principe de contradiction, estimé que les fautes alléguées se référaient à l'exécution du contrat et en a justement déduit que la responsabilité était contractuelle »[850].

En droit tunisien, en l'absence d'un texte équivalent à l'article 12 du Nouveau Code de procédure civile français, le juge doit trancher le débat tel que l'ont délimité les conclusions des parties. Par ailleurs, l'article 12[851] du Code de procédure civile et commerciale dispose que « le tribunal n'a pas l'obligation de constituer, compléter ou produire les moyens de preuve à l'appui des prétentions des parties », traitant la question de preuve, l'article pose le principe de neutralité du juge sans viser la question de la qualification[852] qui relève de la compétence du juge. Selon M. Ben Ammou « ce texte n'interdisait que le relevé

---

[849] **MNIF (Salma)**, *Op. cit.*, n° 89, p. 109 : « Une application stricte de la règle du non cumul commande que l'on déboute le demandeur qui se serait engagé sur le mauvais régime de responsabilité. On peut comprendre alors que ladite règle pourrait aboutir à certaines décisions particulièrement désastreuses pour les victimes. Celles-ci peuvent se voir refuser toute indemnisation pour une simple erreur de visa (…) Le nouveau Code de procédure civile a, certes, permis au juge de ne pas pénaliser la victime en requalifiant les faits et en statuant sur le régime de responsabilité effectivement applicable au cas d'espèce ».

[850] Cass. 1re civ., 19 mars 1985, Chesnoy, JCP G 1985, IV, 197, obs. Normand.

[851] Modifié par la loi n° 80-14 du 3 avril 1980, JORT n° 21 du 4 avril 1980.

[852] Voir **MNIF (Salma)**, *Op. cit.*, n° 108, p. 131 : « Pourtant une partie de la jurisprudence tunisienne a pu voir dans cet article l'expression d'une neutralité obligatoire et absolue, non seulement à l'égard des moyens de preuve mais également à l'égard des moyens de droit. A maintes reprises, la Cour de cassation censurait les décisions des juges de fond qui ont soulevé d'office des règles juridiques non invoquées par les parties. Seules les matières qui intéressent l'ordre public échappent à cette interdiction » ; **JERBI (Sami)**, *Conditions de la reponsabilité civile en droit tunisien comparé*, n° 68, p. 88.

d'office des moyens de pur fait sans que l'on puisse en étendre la solution aux moyens de droit »[853]. Il en résulte que si les parties ont été d'accord pour se placer sur le terrain délictuel, alors que seul le contractuel était bon, l'article 12 du Code de procédure civile et commerciale n'interdit nullement aux juges de procéder à des requalifications, la qualification juridique des faits relève du pouvoir du juge. Cette idée est approuvée aussi bien par la doctrine[854] que par une partie de la jurisprudence tunisienne.

En effet, dans l'arrêt rendu en date du 4 avril 2005[855], la Cour de cassation a considéré que la correction par la Cour du fondement de la demande sur la base des circonstances du dossier et des textes juridiques sans toucher à la théorie juridique sur laquelle a été basée l'affaire, ne constitue pas une atteinte à la neutralité du juge. En l'espèce, le demandeur sollicite en vertu des dispositions de l'article 96 du Code des obligations et des contrats que la défenderesse soit condamnée à lui verser le montant des pertes subies. La Cour de cassation a soulevé que « la Cour a corrigé le fondement de la demande appliqué sur la base de la responsabilité délictuelle prévue par l'article 96 du Code des obligations et des contrats en donnant enfin le fondement exact à l'affaire sur la base du contenu du dossier et des textes juridiques. La Cour a conclu que l'affaire doit être régie par les règles de la responsabilité contractuelle induite du contrat de gérance libre attribué au demandeur, en mettant en exergue le pouvoir discrétionnaire qui lui est confié en vue de corriger le fondement de l'action sans toucher à la théorie juridique sur la base de laquelle est fondée l'affaire, et ce dans la totale neutralité. » La Cour de cassation, dans le présent arrêt, ne s'est pas efforcée de censurer la décision de la Cour d'appel, dans ce cas d'espèce où le juge du fond a modifié le fondement de l'action. Selon la Cour de cassation, en corrigeant le fondement de l'action, la Cour d'appel a statué sur le fondement contractuel exact.

---

[853] **BEN AMMOU (Nadhir)**, *Le pouvoir de contrôle de la Cour de cassation*, th. Faculté de droit et des sciences politiques de Tunis 1996, n° 272, p. 132.

[854] **JERBI (Sami)**, *Conditions de la reponsabilité civile en droit tunisien et comparé*, n° 68, p. 89 et 90 ; **ALAHMADI (Abdallah)**, *Le juge et la preuve*, th. Faculté de droit et des sciences politiques de Tunis 1990, p. 81, en arabe ; **MNIF (Salma)**, *Op. cit.*, n° 109, p. 132, notamment les notes n° 675 et s. ; **BEN AMMOU (Nadhir)**, *Le pouvoir de contrôle de la Cour de Cassation, Op. cit.*, n° 271 et s., p. 130 et s.

[855] Cass. civ., n° 7461, 4 avril 2005, R.J.L. décembre 2006, p. 196 ; Bull. 2005, II, p. 67.

270. Par ailleurs les règles de procédures en droit tunisien disposent que les tribunaux ne peuvent pas s'étendre en examinant les affaires ni juger de ce qui ne lui a pas été requis par les parties en conflit. Toutefois la préservation de l'ordre public comptant parmi les prérogatives du ministère public, il appartient en conséquence au tribunal de décider de lui permettre de prendre connaissance des affaires en lui demandant de faire part de ses commentaires si cela comportait quelques intérêts (article 251 du Code de procédure civile et commerciale.) De plus, l'article 175 du Code de procédure civile et commerciale cite parmi les cas sur la base desquels peut être introduit un pourvoi en cassation aux jugements définitifs, celui où un jugement a été rendu en dehors de ce qui a été demandé par les parties en conflit ou en plus de ce qu'elles ont demandé. Loin de désapprouver la position de la Cour de cassation, en corrigeant le fondement de l'action, on se demande dès lors, sur un plan purement juridique, si cette position est défendable ? Ce qui a ramené les tribunaux à considérer dans certaines décisions que le juge doit se conformer au fondement juridique tel qu'invoqué par le demandeur[856]. Les décisions judiciaires demeurent ainsi contradictoires ce qui mérite l'intervention du législateur par un texte clair, à l'instar du droit français pour mettre fin à la discordance et l'incohérence des jugements.

B. Le demandeur invoque exclusivement la responsabilité contractuelle

271. En droit français, le juge saisi sur le fondement contractuel peut se placer sur le terrain délictuel pour appliquer la responsabilité délictuelle alors que seule la responsabilité contractuelle a été invoquée, et ce, sous condition de respecter l'obligation posée par l'article 442 du Nouveau Code de procédure civile.

En droit tunisien, lorsque le demandeur invoque à tort la responsabilité contractuelle, le juge peut se fonder sur la responsabilité délictuelle en refusant par exemple la reconnaissance d'une obligation contractuelle implicite et statuer sur le fondement exact. Néanmoins, ce cas n'interdit nullement au tribunal de considérer que le juge doit se conformer au fondement juridique tel qu'invoqué par le demandeur.

---

[856] Cass. civ., n° 75482, 17 avril 2000, Bull. 2000, II, p. 157 ; Cass. civ., n° 10945, 24 janvier 2002, Bull. 2002, II, p. 333 ; Cass. civ., n° 19313, 4 novembre 2002, inédit, Rapporté par **Sami Jerbi**, *Op. cit.*, p. 88 et 89.

En conclusion

272. La faute délictuelle est en principe étrangère au contrat, elle consiste dans la violation d'une obligation légale ayant pour objet un fait négatif ou une abstention. Lorsque l'obligation inexécutée est imposée par la loi, son inexécution entraîne une responsabilité délictuelle au quasi-délictuelle ainsi le cas lorsque la loi prohibe toute nuisance à autrui. Elle est prévue par les articles 82 et 83 Code des obligations et des contrats qui annoncent le principe général de responsabilité délictuelle fondé sur la faute. Tandis que la faute contractuelle elle consiste dans l'inexécution d'une obligation prévue par les parties dans le contrat. La question qui se pose ainsi, qu'elle est la nature de la responsabilité engagée par l'exercice abusif d'un droit contractuel ? La jurisprudence a tendance à rattacher la théorie de l'abus à la responsabilité délictuelle, ce qui est critiquable, car cette position paraît en contradiction avec le principe du non-cumul de la responsabilité délictuelle et de la responsabilité contractuelle. À cet effet, lorsqu'une obligation violée est incluse dans un contrat, elle doit être nécessairement sanctionnée par la responsabilité contractuelle, et la victime ne peut pas fonder son action sur la responsabilité délictuelle lorsque les conditions de la responsabilité contractuelle sont réunies, la responsabilité délictuelle est ainsi écartée. L'examen de la jurisprudence démontre cependant que les solutions sont le plus souvent divergentes et incertaines. La faute d'abus dans l'exécution du contrat peut revêtir soit le caractère contractuel soit le caractère délictuel. Lorsque la faute commise dans l'exécution du contrat est une violation d'une obligation légale, seuls les articles 82 et 83 Code des obligations et des contrats ont compétence à y intervenir et la responsabilité délictuelle peut valablement intervenir entre contractants pour sanctionner cette faute.

273. Toute responsabilité suppose la violation d'une obligation préexistante, cette obligation antérieure peut être aussi bien une obligation contractuelle qu'une obligation légale et par conséquent la responsabilité engendrée par sa violation sera parallèlement soit contractuelle, soit délictuelle. Sur ce point il n'y a pas de différence fondamentale entre la faute contractuelle et la faute délictuelle ou quasi-délictuelle. En effet la violation d'un devoir non contractuel lors de l'exécution du contrat ; nuire à son cocontractant, manquer à la bonne foi, l'on est en conséquence en faute, il s'agit bien d'une faute délictuelle, tel est l'objet de l'article 103 Code des obligations et des contrats. C'est l'exercice abusif d'un droit, d'une prérogative contractuelle ; c'est la faute du créancier dans l'exercice de ses droits, sanctionnée par la responsabilité délictuelle, c'est un délit commis pendant le contrat et il ne s'agit guère d'un manquement à une obligation contractuelle. La responsabilité délictuelle peut valablement coexister avec le contrat, c'est le cas également de la faute d'abus caractérisée par le manquement à la bonne foi. Avec le manquement à la bonne foi, aucune obligation contractuelle n'est violée, il s'agit d'une faute commise pendant l'exécution du contrat et qui trouve son fondement dans l'article 83 Code des obligations et des contrats et l'abus dans l'exécution du contrat paraît bien relevé de la responsabilité délictuelle. Aussi la responsabilité délictuelle s'applique-t-elle lorsque le manquement à la bonne foi dans l'exécution du contrat est distinct de l'inexécution d'une obligation contractuelle.

La responsabilité est contractuelle parce que c'est l'inexécution même qui est répréhensible, mais l'ordre contractuel ne peut pas être invoqué pour sanctionner l'intention de nuire (articles 103 et 82 Code des obligations et des contrats) ou une indifférence fautive (articles 243 et 83 Code des obligations et des contrats), lorsque la faute revêt un caractère purement délictuel. La bonne foi critère d'abus dans l'exécution du contrat commande d'exécuter le contrat, refuser d'exécuter celui-ci sans établir les raisons de son abstention, l'inexécution d'une obligation à laquelle le créancier attachait une importance considérable, la confiance trompée alors que l'on est en mesure de l'accomplir, est caractéristique d'abus. Le contractant qui a considéré le dommage comme certain et qui n'a pas désiré l'empêcher, commet un abus, inexécute dolosivement le contrat ce qui n'est pas le cas dans l'inexécution d'une obligation contractuelle « proprement dite ».

274. Le manquement à la bonne foi constitue certes une faute délictuelle, en effet où est l'obligation contractuelle à laquelle le contractant manque, condition de la responsabilité contractuelle ? En fait tout le problème réside dans la détermination des obligations devant être qualifiées de contractuelles. La notion « d'exécution utile » du contrat et les obligations implicites découvertes par la jurisprudence et attachées au contrat, constituent la source d'incertitude pour les victimes qui ne savent pas sur quel fondement exercer leur action.

Ajouter aux obligations prévues par le contrat, d'autres implicites dérivées de l'exécution de bonne foi pourrait aboutir à l'application de la responsabilité contractuelle au manquement à la bonne foi. L'exécution utile du contrat impose un soutien mutuel, une coopération afin que le but contractuel soit atteint, ce qui se traduit dans les obligations d'information et de collaboration. Le manquement à ces obligations constitue une faute d'abus sanctionnée sur la base de la responsabilité contractuelle, contrairement au manquement à la bonne foi, une faute de comportement faisant jouer la responsabilité délictuelle.

275. Par ailleurs, lorsque le débiteur est en mesure d'exécuter ses obligations nées du contrat, son refus et sa mauvaise foi révèlent une faute d'abus tant qu'il peut tenir ses engagements, mais il refuse délibérément l'exécution. L'inexécution dolosive est traditionnellement définie comme le fait volontaire voire intentionnel qui aboutit à l'inexécution ou à la mauvaise exécution du contrat. Cette définition qui implique l'intention de nuire a évolué et la jurisprudence n'exige plus qu'une inexécution délibérée. La violation consciente et délibérée de l'engagement contractuel constitue un refus abusif d'exécuter le contrat. La responsabilité qui en découle est une responsabilité contractuelle.

276. L'admission d'une obligation générale de bonne foi ou de loyauté est manifestement discutée en doctrine. Cependant la bonne foi étant un devoir, une véritable norme de comportement, elle ne peut pas revêtir le caractère d'une obligation contractuelle, elle traduit une norme générale de comportement à vocation sociale et de portée générale, c'est un impératif moral. Le contractant qui adopte un comportement abusif contraire à la bonne foi, tout en exécutant ses différents engagements, ne manque pas à une quelconque obligation contractuelle, mais à un impératif moral, c'est une faute de comportement relevant de la responsabilité délictuelle.

277. La responsabilité contractuelle n'est pas le seul ordre qui régit la faute d'abus entre cocontractants, il existe bien des actes dommageables dont le contrat est seulement l'occasion, mais qui demeurent en dehors de la responsabilité contractuelle et les articles 82 et 83 Code des obligations et des contrats sont applicables même dans le cas où le dommage se rattache à l'exécution du contrat. C'est le cas où l'acte dommageable est à la fois l'inexécution du contrat et un délit ou un quasi-délit civil, c'est-à-dire le comportement déloyal du contractant se distingue matériellement de l'inexécution du contrat. Il pourrait avoir ainsi intervention successive des deux ordres de responsabilités ; l'action contractuelle née de la violation des obligations découlant du contrat et l'action délictuelle née d'une faute délictuelle ; il y a ainsi deux fautes différentes servant de base aux deux actions.

Par ailleurs lorsqu'il y a faute délictuelle commise au cours de l'exécution du contrat, mais extérieure par sa nature au contrat, la responsabilité qui en découle est certainement délictuelle tendant à la réparation d'un seul dommage ; le dommage délictuel survenant au cours de l'exécution du contrat. Ainsi le cas lorsque le contractant manque au devoir de bonne foi sans toutefois manquer à l'exécution de ses obligations contractuelles, c'est l'action délictuelle seule qui cadrerait ce quasi-délit.

TITRE SECOND : LA MISE EN ŒUVRE DE LA RESPONSABILITÉ

278. Le comportement déloyal du cocontractant, son intention malveillante, son indifférence au sort de son cocontractant, sa malveillance constituent une faute. Cette faute de comportement suffira pour que les juridictions obligent sur la base des articles 103, 82, 83 ou 243 Code des obligations et des contrats, celui qui la commet à réparer le dommage en résultant.

Une fois la sanction de l'abus est placée sous l'égide de la responsabilité soit contractuelle, soit délictuelle[857], une question de réparation du préjudice se soulève. La responsabilité délictuelle étant le droit commun qui s'applique en l'absence de relation contractuelle entre la victime et l'auteur du dommage ou lorsque le dommage étant produit entre cocontractants, ne provient pas de l'inexécution d'une obligation contractuelle prévue par le contrat[858], l'indemnisation du préjudice injustement causé par la faute d'abus dans la phase de l'exécution du contrat, relève naturellement du domaine des articles 82 et 83 du Code des obligations et des contrats. Mais encore, comme nous l'avons constaté du domaine contractuel[859].

279. Nous avons également constaté que la bonne foi critère de l'abus dans l'exécution du contrat, étant un devoir décrivant un comportement que doit adopter les contractants dans l'exécution du contrat, la transgression de ce devoir, sera certes sanctionnée par le régime délictuel. Toutefois lorsque l'abus se caractérise par le manquement à une obligation contractuelle implicite, la sanction sera ainsi régie par le régime contractuel[860]. De plus ce régime s'applique également au cas d'inexécution dolosive. L'inexécution délibérée est déterminée par la situation contractuelle qui lie le créancier et le débiteur et qui déroge en conséquence aux relations entre tiers. L'inexécution d'une obligation contractuelle *stricto sensu* est sanctionnée par les remèdes à la défaillance contractuelle, mais ne constitue guère une faute d'abus. Par ailleurs, les remèdes contractuels

---

857 Voir supra n° 223 et s.
858 Voir supra n° 224 et s.
859 Voir supra n° 229 et s.
860 Voir supra n° 229 et s.

interviennent pour sanctionner soit le manquement à une obligation contractuelle implicite, soit l'inexécution dolosive. L'auteur de la faute d'abus doit ainsi réparer le dommage qu'il a causé (**Chapitre premier**), la sanction de cette faute présente des spécificités lorsqu'elle se rapporte au manquement à la bonne foi (**Chapitre second**).

CHAPITRE PREMIER : RÉPARATION DU PRÉJUDICE CAUSÉ PAR LA FAUTE D'ABUS

280. Le dommage est le préjudice que subi un ayant droit ou intérêt ; il peut être matériel ou moral[861]. L'auteur de l'abus doit réparer le dommage qu'il a causé[862]. L'abus est une partie intégrante du droit de la responsabilité civile, axée principalement sur la recherche d'une faute. Cette faute peut entraîner à la charge de son auteur, soit une réparation en équivalent (dommages-intérêts), soit une réparation en nature[863]. L'une des modalités n'exclut pas l'autre[864]. Elles peuvent se combiner, dans la mesure où elles réparent des éléments distincts du préjudice[865].

281. L'article 103 du Code des obligations et des contrats ne traite dans son texte arabe que la réparation en argent, contrairement au texte français qui parle de « responsabilité civile ». Mais quoique ce soit le texte arabe qui fasse foi, on va faire prévaloir le texte français par intention du législateur.[866] L'abus peut ainsi entraîner soit une réparation en équivalent (**Section I**), soit une réparation en nature (**Section II**).

SECTION I : RÉPARATION EN ÉQUIVALENT

282. Le comportement déloyal du cocontractant, l'indifférence du créancier, son intention malveillante, la malveillance du débiteur, constituent un acte abusif qui conduit le juge à prononcer une condamnation à des dommages-intérêts contre son auteur et au profit de sa victime. Sanction adéquate à la faute commise ainsi qu'à ses conséquences, la réparation en équivalent consiste à réparer ce

---

[861] **JERBI (Sami),** *Conditions de la responsabilité civile*, n° 411, p. 434.

[862] Voir notamment **CHARTIER (Yves)**, *La réparation du préjudice, Connaissance du droit*, Dalloz 1996 ; **PRADEL (Xavier)**, *Le préjudice dans le droit civil de la responsabilité*, préf. Patrice Jourdain, th. LGDJ 2004, coll. Bdp., t. 415 ; **ROUJOU DE BOUBEE (Marie-Eve)**, *Essai sur la notion de réparation*, préf. P. Hébraud, th. LGDJ 1974, coll. Bdp., t. 135.

[863] **ESSANHOURI (Abderrazek),** *Traité de droit civil*, t. II, Maison de patrimoine arabe Beyrouth, n° 380 et 381 ; **MANSOUR (Amjed Mohamed)**, *Théorie générale des obligations, Sources des obligations, Op. cit.*, p. 177.

[864] Toutefois, en matière contractuelle, l'exécution en nature peut n'apparaître que comme la simple exécution du contrat.

[865] **CHARTIER (Yves)**, *La réparation du préjudice, Connaissance du droit*, Dalloz 1996, p. 101.

[866] Le C.O.C. est rédigé dans sa version originale en français.

préjudice moral, il s'agit de la compensation du préjudice subi par l'allocation d'une somme d'argent[867] (**Paragraphe I** : Préjudice moral), mais elle consiste également à réparer un préjudice matériel causé par la même faute (**Paragraphe II** : Préjudice matériel).

Le préjudice matériel peut être évalué financièrement, il est plus répandu en matière de responsabilité contractuelle que le préjudice moral. Compte tenu que les contrats régissent les relations financières entre les individus, leur inexécution cause souvent des préjudices matériels qui obligent le débiteur pour les engagements qu'il n'a pas exécutés. À titre d'exemple, le préjudice qui est subi par le propriétaire d'une marchandise, engagé par un contrat de transport si la marchandise n'arrive pas à destination pour quelconque raison. Quant au préjudice moral, il nait d'une souffrance qui touche les sentiments, la dignité ou la réputation de celui qui le subi. Même si ce type de préjudice est rare en matière de responsabilité contractuelle contrairement à la responsabilité délictuelle[868] du fait que la responsabilité contractuelle naissant de relations financières et non morales, il semble que le manquement dans l'exécution d'un contrat peut engendrer un préjudice moral au créancier. Et la jurisprudence tunisienne indemnise tout préjudice qu'il soit moral[869] ou matériel.

Paragraphe I : Préjudice moral

283. L'abus en tant que comportement fautif adopté dans l'exécution du contrat, le mal à redresser est dans ce comportement. Un dirigeant révoqué dans des circonstances vexatoires, obtient réparation du préjudice moral causé par le comportement vexatoire[870].

---

[867] Voir **CHARTIER (Yves)**, *La réparation du préjudice, Op. cit.*, p. 101, 102, 109 et 110 ; **MALAURIE (Philippe), AYNES (Laurent) et STOFFEL-MUNCK (Philippe)**, *Droit civil, Les obligations*, 2ème éd. Defrénois 2005, n° 249, p. 137 ; **LEDUC (Fabrice)**, *Régime de la réparation : modalités de la réparation, règles communes aux responsabilités délictuelle et contractuelle, principes fondamentaux*, J. Cl. civ., art. 1382 à 1386, fasc. 201, 1996, n° 10, p. 7 ; **CAID ESSEBSI (Aida)**, *Prévention, réparation et responsabilité civile, Op. cit.*, p. 212 et 213.

[868] Les articles 82 et 83 du C.O.C. le prévoient expressément.

[869] Cass. civ. n° 4458, 1 avril 1980, Bull. 1981, I, p. 85 ; Cass. civ. n° 10624, 17 janvier 1985, Bull. 1985, I, p. 190 ; **MNIF (Salma)**, *L'option entre la responsabilité contractuelle et la responsabilité délictuelle, Op. cit.*, p. 87.

[870] **MALAURIE (Philippe), AYNES (Laurent) et STOFFEL-MUNCK (Philippe)**, *Op. cit.*, p. 58.

Le dommage moral est un « préjudice immatériel. La défiguration se reflète sur la personnalité et le physique de la personne et l'atteinte à la réputation et à l'honneur blessent l'affect personnel »[871]. Il est souvent défini comme étant « celui qui ne porte pas atteinte au patrimoine d'une personne (…) [c'est une] atteinte à un droit extrapatrimonial »[872]. Il est ainsi défini négativement ; « ce ne sont pas directement des atteintes à une valeur susceptible de circuler d'un patrimoine à un autre »[873]. Le préjudice moral est une atteinte à l'honneur, à l'affection et aux sentiments. C'est celui que subit l'individu dans sa personne, il se traduit par une atteinte à la réputation[874] et tout ce qui touche l'honneur et la dignité. Le préjudice moral recouvre la déception, le stress subi par le cocontractant.

284. À cet égard M. Philippe Stoffel-Munck, estime que définir le préjudice moral comme l'atteinte à un intérêt extrapatrimonial est « mal adapté à la question de l'abus »[875]. Selon l'auteur, « de l'injure faite au dirigeant abusivement révoqué, il restera toujours quelque chose de portée marchande (…) sa dignité est certes atteinte, mais aussi son crédit professionnel. De même, l'anxiété du locataire abusivement menacé d'expulsion, présente une valeur pécuniaire si elle le préoccupe et l'absorbe au point de nuire à son dynamisme professionnel (…) Mieux vaut donc caractériser la catégorie des dommages moraux autrement que par leur non pécuniarité, et les lier à tout ce qui affecte la personne même de la victime, dans ses affections, ses émotions, ses aptitudes… les dommages-intérêts venant alors en compensation de la perte d'un bien moral comme l'honneur, la paix de l'esprit, la confiance d'autrui »[876].

---

[871] **JERBI (Sami),** *Conditions de la responsabilité civile*, n° 444, p. 463.
[872] **CABRILLAC (Rémy)**, *Droit des obligations*, 6è éd., Dalloz 2004, n° 310, p. 212.
[873] **MALAURIE (Philippe), AYNES (Laurent) et STOFFEL-MUNCK (Philippe),** *Op. cit.*, p. 135. Ces auteurs ajoutent : « positivement, ce sont des préjudices très personnels. »
[874] **CHARTIER (Yves)**, *Op. cit.*, p. 35 : « le préjudice moral, entendu dans un sens large, il recouvre aussi certains aspects de l'atteinte corporelle tels que la douleur physique, le préjudice esthétique… » ; Une certaine réticence existait en droit français quant à la réparation d'un tel préjudice qui est considéré difficilement quantifiable et dont la prise en compte était jugée même immorale, « les larmes ne se monnayent pas », aujourd'hui, la jurisprudence française indemnise largement le préjudice moral et ces réticences sont dépassées.
[875] **STOFFEL-MUNCK (Philippe)**, *Op. cit.*, n° 296, p. 253.
[876] Ibid., n° 296, p. 253.

L'auteur cite à cet égard un arrêt de la Cour d'appel de Paris[877] qui a alloué 200 000 francs de dommages-intérêts à un dirigeant révoqué dans des circonstances injurieuses et vexatoires, portant une atteinte injustifiée à sa réputation, faisant douter de son honorabilité et le mettant dans l'obligation de rechercher un emploi dans un secteur d'activité où la mesure dont il a fait abusivement l'objet n'a pu que rendre plus difficile cette recherche[878]. Pour avoir droit à réparation, la victime doit prouver le caractère certain du préjudice qu'elle a subie (A.). À cet égard, la doctrine se préoccupe de plus en plus de réparer le préjudice de la victime en ajoutant une sanction punitive dans l'évaluation du dommage (B.).

A. Le caractère certain du préjudice

285. Trois conditions sont nécessaires pour engager la responsabilité civile, qu'elle soit délictuelle ou contractuelle : le dommage, le fait générateur et le lien de causalité. La victime ne peut obtenir réparation du préjudice que si son existence est certaine[879], elle doit en apporter la preuve. L'état de stress par exemple, d'inquiétude, l'humiliation, l'état d'embarras dans lequel se trouve plongé le cocontractant du fait de son partenaire[880], ouvre droit à réparation. La Cour de cassation a considéré dans une décision du 30 janvier 2001[881] que « le retard accusé par la banque dans le transfert des parts déposées exige une réparation pour le préjudice matériel uniquement qui peut être estimé sur la base des documents du dossier y compris le rapport d'expertise. Quant à l'exigence de réparation du préjudice moral, elle ne peut pas être satisfaite, car le retard mis par la banque dans l'exécution de ses engagements pour le versement des parts n'engendre pas d'atteinte à la dignité ou à l'honneur susceptible de donner à l'intéressé un dommage nécessitant réparation ».

286. La démonstration de l'intention de nuire ou du manquement à la bonne foi critères de la faute d'abus dans l'exécution du contrat

---

[877] C.A. Paris, 27 octobre 1995, rev. sociétés 1996, p. 84, note Daniel Cohen.

[878] **STOFFEL-MUNCK (Philippe)**, *Ibid.*, n° 296, p. 253.

[879] En droit civil, tout préjudice n'ouvre pas droit à réparation. L'indemnisation du dommage est subordonnée à la réunion de quatre critères cumulatifs ; le préjudice doit être personnel, certain, direct et légitime ; Voir Cass. civ. n° 318, 24 avril 2000, Bull. 2000, I, p. 52.

[880] **STOFFEL-MUNCK (Philippe)**, *Op. cit.*, n° 297 et 298, p. 255, l'auteur cite une décision allouant 200 000 francs de dommages-intérêts à un débiteur frappé par une saisie excessive, alors que la créance du saisissant se montait à 241 080 francs.

[881] Cass. civ. n° 4149, 30 janvier 2001, Bull. 2001, I, p. 99.

facilitent la preuve du caractère certain du préjudice. Ce dernier est le plus souvent inclus minutieusement dans les intentions du coupable de l'abus, ses intentions malicieuses sont le reflet du préjudice de la victime[882].

Selon l'article 107 du Code des obligations et des contrats, le juge devra « évaluer différemment les dommages, selon qu'il s'agit de la faute du débiteur ou de son dol ». Toutefois, la jurisprudence tunisienne ne distingue pas entre les délits et les quasi-délits dans la réparation du préjudice[883].

En se référant à l'article 103 du Code des obligations et des contrats, il est nécessaire qu'il y ait une part de préjudice tolérable tout comme doit être exigée la gravité du préjudice à éviter, ce à quoi fait référence l'article explicitement en prévoyant « le dommage notable »[884]. Si le dommage peut être évité ou supprimé sans inconvénient grave alors que le titulaire de la prérogative n'a pas fait ce qu'il fallait pour le prévenir ou le faire cesser, il est en faute[885]. Il ne peut en conséquence s'exonérer de la responsabilité qu'en prouvant que le choix d'éviter ou de supprimer le dommage engendre un inconvénient grave. Le législateur ne définit pas « l'inconvénient grave » ce qui le soumet au pouvoir discrétionnaire du juge[886].

B. Le souci de réprimer les comportements illicites

287. Le principe en droit privé, c'est que l'étendue de la réparation ne dépend pas de la bonne ou de la mauvaise foi du cocontractant, c'est le principe de la réparation intégrale du préjudice. La responsabilité civile n'a pas une fonction rétributrice, à la différence du droit pénal qui

---

882 **PRADEL (Xavier)**, *Le préjudice dans le droit civil de la responsabilité*, préf. Patrice Jourdain, th. LGDJ 2004, coll. Bdp., t. 415, n° 181, p. 224 et 225.

883 Voir infra n° 287 et s.; De même que l'article 278 C.O.C. en matière contractuelle précise que le juge « devra évaluer différemment la mesure des dommages-intérêts, selon qu'il s'agit de la faute du débiteur ou de son dol » ; si l'assuré commet une faute intentionnelle, il sera privé de la réparation du préjudice qu'il a subi et ce conformément aux dispositions de l'article 4 du Code des assurances ; **BEN SLIMA (Houcine)**, **AHMAR (Issam)**, *Théorie générale de l'obligation*, Sources involontaires de l'obligation, p. 27.

884 Voir **BEN AMMOU (Nadhir)**, *Essai sur l'abus des droits à travers l'article 103 du C.O.C.*, *Op. cit.*, p. 96 : « (…) préjudice notable (…) on veut dire qu'il doit s'agir d'un préjudice d'une gravité particulière » ; **ABOU HAJIR (Majid Mahmoud Said)**, *Théorie de l'abus de droit et théorie de l'imprévision, Op. cit.*, p. 48 et 50.

885 Cass. civ. n° 3978, 20 février 1984, Bull. 1984, I, p. 377.

886 Voir **BEN AMMOU (Nadhir)**, *Essai sur l'abus des droits à travers l'article 103 du C.O.C., Op. cit.*, p. 97.

consacre la proportionnalité de la punition à la faute. Tout le dommage, mais rien que le dommage doit être réparé, que la faute soit intentionnelle ou non[887]. Le législateur tunisien a voulu rompre avec la « théorie des trois fautes » que connaissait l'ancien droit français (faute dolosive, faute simple, faute légère), où la responsabilité variait selon le type de faute commise par le défaillant. Tout fait quelconque de l'homme oblige à réparer le dommage causé par sa faute, qu'il soit intentionnel ou une faute de négligence, ou d'imprudence[888]. Les dommages et intérêts « n'étant pas une peine privée, ne sont pas plus considérables en cas de faute intentionnelle. Et réciproquement, la bonne foi ne dégage pas une personne de sa responsabilité »[889]. La jurisprudence française déclare souvent dans une formule maintes fois soulevée, « le propre de la responsabilité civile est de rétablir aussi exactement que possible l'équilibre détruit par le dommage et de replacer la victime, au dépens du responsable, dans la situation où elle se serait trouvée si l'acte dommageable ne s'était point produit »[890].

288. En droit français, « se trouve partiellement réhabilitée la fameuse hiérarchie des fautes (…) que connaissait l'ancien droit, et avec laquelle les codificateurs avaient manifestement voulu rompre ». En effet, certaines dispositions légales prévoient dans des domaines variés, une aggravation de la situation de l'auteur de la faute lorsqu'il s'agit d'une faute intentionnelle[891]. Ainsi, la faute dolosive oblige le débiteur à la réparation intégrale du dommage subi par le créancier et

---

887 Voir **LYON-CAEN (Gérard)**, *De l'évolution de la notion de bonne foi*, RTDCiv. 1949, n° 11, p. 84 ; **LEDUC (Fabrice)**, *Régime de la réparation, Op. cit.*, n° 1, p. 4 ; **MALAURIE (Philippe), AYNES (Laurent) et STOFFEL-MUNCK (Philippe)**, *Op. cit.*, n° 240, p. 127.

888 **EZZINE (Mohamed)**, *Le contrat*, n° 365, p. 295 et 296.

889 **LYON-CAEN (Gérard)**, *Op. cit.*, n° 11, p. 84.

890 Cass. civ. 2è, 9 juillet 1981, Bull. civ. II, n° 156, Le motif est repris par les autres chambres civiles : Cass. civ. 1ère, 17 juillet 1996, Bull. civ. I, n° 327 ; Cass. civ. 3è, 2 juin 2004, n° 03-11475, n. P. B. ; Cass. com., 20 mai 2003, n° 99-20169, n. P. B. Il faut noter toutefois qu'en droit français, en matière de responsabilité contractuelle, l'exigence de loyauté est manifestement prise en considération.

891 « Il existe donc aujourd'hui une gamme des fautes, très proche de celle de l'Ancien droit. On distingue ainsi la ''faute intentionnelle'' ou ''dolosive'' à laquelle les rédacteurs du Code avaient, il est vrai, attaché certains effets en matière contractuelle (C. civ., art. 1150 et 1151) et une série de fautes non intentionnelles, mais d'une gravité supérieure à la faute légère. Il s'agit des fautes ''graves'', ''lourdes'' et ''inexcusables''. Ces différents qualificatifs expriment tous un certain degré de gravité de la faute qui la distingue de la faute simple, pour en faire une faute ''qualifiée'' susceptible de produire des effets spéciaux », **JOURDAIN (Patrice)**, *ibid.*, n° 4, p. 5.

non pas simplement du dommage prévisible[892]. Pour la même raison, lorsque le débiteur se rend coupable d'une faute dolosive cela entraîne certaines conséquences ; en raison de la gravité du manquement à son obligation, le débiteur ne peut invoquer une éventuelle clause de non-responsabilité ou une clause limitative de responsabilité[893].

En droit tunisien, la gravité de la faute et sa gradation est prévue en matière délictuelle par l'article 107 Code des obligations et des contrats qui dispose que « le tribunal devra évaluer différemment les dommages, selon qu'il s'agit de la faute du débiteur ou de son dol ». En matière contractuelle par l'article 278 qui prévoit que « le tribunal devra évaluer différemment le montant des dommages-intérêts, selon qu'il s'agit de la faute du débiteur ou de son dol »[894]. Donc des effets juridiques ont été attachés à la faute intentionnelle, toutefois, en pratique le degré de gravité de la faute commise par le responsable n'a pas d'incidence sur l'étendue de la réparation[895], et c'est totalement la différence du cas de la jurisprudence française où cette gravité constitue une donnée que le juge prend en considération sans le dire[896].

---

892 **LARROUMET (Christian)**, *Droit civil, Les obligations, Le contrat*, t. 3, 3è éd., Economica 1996 ; En droit tunisien, aucune disposition ne prévoit l'exclusion de la réparation du dommage imprévisible contrairement au droit français où l'article 1150 C. Civ. limite le préjudice réparable en matière contractuelle au seul préjudice qui a été prévu à l'époque de la conclusion du contrat. Dès lors, l'exclusion de la réparation du dommage imprévisible, a pour effet de porter atteinte au principe de la réparation intégrale ce qui a démontré le caractère purement théorique de l'article 1150 C. Civ. français ; Voir **BELLAJ (Samara)**, *La responsabilité contractuelle entre le Code des obligations et des contrats et les principes d'Unidroit*, Mémoire Faculté de droit de Sfax 2006/2007, p. 111 et s. ; **TRABELSI (Arbia)**, *Analyse de l'article 277 C.O.C.*, Mémoire D.E.A., Faculté de droit et des sciences politiques de Tunis 1998/1999, p. 71.

893 Voir article 244 du C.O.C.

894 Il existe en outre des textes spécifiques tels que les articles 1005, 1020, 1021 concernant la garde du dépôt ou les articles 1114, 1131 et 1132 concernant le mandat qui prévoient l'idée de gradation des fautes ; **EZZINE (Mohamed)**, *Op. cit.*, n° 365, p. 296 ; **JERBI (Sami)**, *Op. cit.*, n° 146 et s., p. 198 et s.

895 **DHAYFALLAH (Anis)**, *Code des obligations et des contrats : les constantes et les variables*, R.J.L., octobre 2006, p. 166, en arabe ; **EZZINE (Mohamed)**, *Op. cit.*, n° 384, p. 308 ; **JERBI (Sami)**, *Op. cit.*, n° 108 , p. 154 ; Comp. **AYARI (Mohamed Salah)**, *Responsabilité contractuelle et responsabilité délictuelle*, R.J.L. février 1961, p. 974, en arabe.

896 **LEDUC (Fabrice)**, *Régime de la réparation, art. 1382 à 1386, fasc. 201, Op. cit.*, n° 90, p. 33. L'auteur cite à cet égard : Le sentiment de la responsabilité, Publications de l'Université de Tours, p. 30 et 41 : 71% des personnes interrogées estiment qu'il faut tenir compte de la faute du responsable pour évaluer la réparation.

289. La faute du responsable joue en effet un rôle considérable sur l'évaluation du préjudice. L'appréciation souveraine des juges du fond tunisiens devrait donner aux articles 107 et 278 du Code des obligations et des contrats une influence décisive sur l'étendue de la réparation, elle devrait s'exercer même de façon explicite, sur le montant des dommages et intérêts accordés par le juge en appréciant souverainement le préjudice subi. C'est ce qu'a décidé la Cour de cassation tunisienne dans une décision du 23 septembre 2010[897] lorsque le tribunal de première instance s'est obligé, lors de son évaluation du préjudice de « prendre en considération la gravité de la faute commise par son auteur et de tenir compte du fait que le préjudice soit le résultat d'une faute ordinaire et raisonnable selon le cas ou d'un fait intentionnel ou faute grave et flagrante commise par son auteur lors de son occurrence ». Une décision du 12 novembre 1973[898] démontre la tendance de prise en compte de la sanction punitive dans l'évaluation du préjudice, la Cour de cassation a affirmé que « la réparation du préjudice subit par le créancier du fait de la demeure de son débiteur relève de la discrétion du juge qui l'évalue selon les éléments en sa possession en relation confirmée avec les documents tout en prenant en considération la faute ou le dol du débiteur ». M. Philippe le Tourneau estime dans un article publié aux Actualités juridiques tunisiennes, « qu'il est regrettable qu'un traitement uniforme soit réservé aux auteurs de fautes dommageables. Je plaide depuis plus de trente ans pour que les juges puissent allouer des dommages et intérêts punitifs, en présence d'une faute dommageable particulièrement grave (...) afin de revitaliser la fonction punitive de la responsabilité subjective. Il serait donc souhaitable de reconnaître légalement au juge la possibilité d'infliger dans cet esprit une peine privée »[899].

Réparer le préjudice de la victime en ajoutant une sanction punitive dans l'évaluation du dommage subi par la victime est approuvé par une

[897] Cass. civ., n° 39222, 23 septembre 2010, inédit.

[898] Cass. civ., n° 9245, 12 novembre 1973, Bull. 1973, II, p. 184 ; Cass. civ., n° 11372, 18 mars 1976, Bull. 1976, I, p. 152 ; Cass. civ., n° 32459, 23 mai 1990, R.J.L. 1992, n° 3, p. 88 ; C.A., n° 2761, 10 octobre 1992, R.J.L. 1993, n° 1, p. 88.

[899] **LE TOURNEAU (Philippe)**, *Pour une refonte du droit de la responsabilité civile*, Actualités juridiques tunisiennes, n° 17, 2004, n° spécial, p. 191.

grande partie de la doctrine[900]. La responsabilité civile a de plus en plus vocation à sanctionner certaines fautes[901]. La séparation « établie plus ou moins artificiellement entre un droit pénal répressif et un droit civil restitutif ne correspondait assurément plus à la réalité juridique de notre temps : de même que l'idée de réparation n'est pas étrangère au droit criminel moderne, le souci de réprimer les comportements illicites fait partie des préoccupations constantes du droit privé (...) comme en témoignent les nombreuses études doctrinales destinées à rendre compte de la substance de l'idée de peine privée dans le droit civil contemporain »[902].

290. La peine privée est une sanction infligée à l'auteur du comportement répréhensible et qui profite à la victime de ce comportement. Mme Marie-Eve Roujou de Boubée considère que « la réparation se préoccupe de la victime » alors que « la peine vise l'auteur du dommage » et lui inflige une blessure[903]. La peine privée tend en même temps et indissolublement à punir le responsable et à satisfaire la victime[904], elle n'est pas seulement une sanction répressive, elle a également une fonction réparatrice du préjudice.

Par ailleurs, il faut noter qu'une peine privée ne joue qu'à l'égard d'une faute intentionnelle, le quasi-délit, le simple manquement à la bonne foi, ne heurte pas l'ordre social. En matière délictuelle, « les juges ont une tendance naturelle à allouer des dommages-intérêts plus élevés à la victime d'une faute délictuelle qu'à celle d'une faute quasi-délictuelle, parce que justement il y a dans la faute délictuelle une intention de nuire »[905]. La faute intentionnelle a une incidence sur

---

[900] **CARVAL (Suzanne)**, *La responsabilité civile dans sa fonction de peine privée*, th. LGDJ 1995, coll. Bdp., t. 250, préf. G. Viney ; **STARCK (Boris)**, *Essai d'une théorie générale de la responsabilité civile considérée en sa double fonction de garantie et de peine privée*, th. Paris 1947 ; **HUGUENEY (Louis)**, *L'idée de peine privée en droit contemporain*, th. Dijon 1904 ; **ESMEIN (Paul)**, *La faute et sa place dans la responsabilité civile*, RTDCiv. 1949, 481 et s. ; **JOURDAIN (Patrice)**, *Responsabilité fondée sur la faute, notion de faute : fautes qualifiées*, J. Cl. civ., art. 1382 à 1386, fasc. 120-2, 1995, n° 12, p. 4.

[901] **TUNC (André)**, *Responsabilité civile et dissuasion des comportements antisociaux*, in « Aspects nouveaux de la pensée juridique », Mél. Marc Ancel, Pédone 1975, t. 1, p. 407.

[902] **BAKOUCHE (David)**, *L'excès en droit civil*, préf. Michelle Gobert, th. LGDJ 2005, coll. Bdp., t. 432, n° 268, p. 248.

[903] **ROUJOU De BOUBEE (Marie-Eve)**, *Essai sur la notion de réparation*, préf. P. Hébraud, th. LGDJ 1974, coll. Bdp., t. 135, p. 50.

[904] Ibid., p. 55.

[905] **MAZEAUD (Henri et Léon), TUNC (André)**, *Traité théorique et pratique de la responsabilité civile délictuelle et contractuelle*, t. 1, 6è éd., Montchrestien 1965, n° 398.

l'étendue de la réparation. Elle révèle une attitude coupable qui nécessite la sanction de son auteur. Les conséquences que le droit positif attache à l'existence d'une faute intentionnelle, ne sont que l'expression de l'idée de pénalité privée[906], « la condamnation à dommages-intérêts en réparation d'un préjudice moral apparaîtra souvent comme une peine privée sanctionnant les comportements abusifs les plus patents et les plus graves »[907]. C'est un rôle préventif et dissuasif que joue la peine privée, elle satisfait le désir de vengeance éprouvé par la victime.

Paragraphe II : Préjudice matériel

291. Le dommage matériel est constitué par toute atteinte au patrimoine de la victime et est directement susceptible d'évaluation pécuniaire. Il prend des formes variées : il recouvre le dommage matériel au sens strict, c'est-à-dire l'atteinte au patrimoine, et le dommage corporel ; l'atteinte à la personne. Il recoupe deux types de préjudices ; la perte subie (ou *damnum emergens*), ce qui suppose que le fait dommageable a entraîné l'appauvrissement de la victime, comme le gain manqué (ou *lucrum cessans*), ce qui suppose que ce même fait a privé la victime d'un enrichissement sur lequel elle pouvait compter (A.). Pour assurer une meilleure indemnisation des victimes, la jurisprudence française, suivie par la doctrine, a relativisé l'exigence de certitude du préjudice par la notion de perte d'une chance. Appliqué à la question d'abus, le préjudice suppose également qu'il présente un caractère anormal (B.).

A. La perte subie et le gain manqué

292. Le salarié légitimement et régulièrement licencié, mais dans des circonstances injurieuses, ne peut prétendre obtenir à titre de réparation l'équivalent des salaires que la perte de son emploi lui a fait perdre, mais seulement, il s'agit d'indemniser l'acte de malignité, de malveillance et d'indifférence. La Cour de cassation tunisienne a rendu une décision significative en ce qui concerne la perte subie ; elle a considéré que la réticence d'un acheteur à reprendre sa marchandise malgré la notification qui lui a été adressée, jusqu'à ce qu'elle ait été vendue par les services des douanes aux enchères, ne l'exempte pas de

---

[906] **JOURDAIN (Patrice)**, Responsabilité *fondée sur la faute, notion de faute : fautes qualifiées*, J. Cl. civ., art. 1382 à 1386, fasc. 120-2, 1995, n° 12, p. 4.
[907] **COURTIEU (Guy)**, *Droit à réparation : abus de droit, notion*, J. Cl. civ., art. 1382 à 1386, fasc. 131-1, 1997, n° 44, p. 5.

s'acquitter de sa valeur[908]. La Cour de cassation française a estimé que « le comportement fautif de l'employeur avait causé au salarié un préjudice distinct de celui résultant du licenciement, celui-ci prétend à des dommages-intérêts se cumulant avec l'indemnité de licenciement sans cause réelle et sérieuse »[909]. Il en résulte que, si le licenciement illicite se cumule avec le comportement fautif, cela permet au salarié de prétendre obtenir à titre de réparation l'indemnité de licenciement, mais encore l'indemnité de l'acte fautif caractérisé soit par la malice, soit par le manquement à la bonne foi.

293. La victime de l'abus recevra des dommages et intérêts destinés à assurer l'indemnisation du préjudice. Pour ce faire, le juge devrait prendre en considération soit l'article 107 du Code des obligations et des contrats, soit l'article 278 du Code des obligations et des contrats, en fonction de la nature de la faute, tient ainsi compte de « la perte effective » éprouvée par la victime de l'abus, répare en prenant en considération la gravité de la faute.

Selon M. Philippe Stoffel-Munck, « la rupture du contrat [de distribution] (...), la cessation du courant d'affaires, constitue sans doute un préjudice (...) Mais l'interdiction de la perpétuité des conventions fait que ce ''dommage'' n'est guère indemnisable. En revanche, la jurisprudence a pu relever que le retrait soudain d'un marché engendrait la perte d'une chance de se réorganiser, pour minimiser la diminution du chiffre d'affaires, retrouver des marchés alternatifs voire de se reconvertir »[910]. L'auteur cite à cet égard un arrêt de la Cour de cassation de France où un distributeur, sans aucun préavis décide de ne plus s'approvisionner en pain auprès de son fournisseur habituel. Il y a perte d'une chance de « faire des contre-propositions, prendre les mesures nécessaires pour écouler les stocks, rechercher d'autres débouchés et licencier le personnel »[911].

La chance n'est réparée que si elle était sérieuse, c'est-à-dire s'il est probable que l'événement aurait pu se réaliser. La notion de perte d'une chance est fondée sur une probabilité statistique : il n'y aura pas réparation si la chance était faible[912].

---

908 Cass. civ., n° 5839 , 3 mars 1982, Bull. 1982, II, p. 337.
909 Cass. soc. 12 mars 1987, Bull. civ. V, n° 147, p. 93.
910 **STOFFEL-MUNCK (Philippe),** *Op. cit.*, n° 307, p. 261 et 262.
911 Cass. com., 18 mars 1986, n° 84-14. 550.
912 Voir **MALAURIE (Philippe), AYNES (Laurent) et STOFFEL-MUNCK (Philippe),** *Op. cit.*, n° 242 ; **CABRILLAC (Rémy),** *Droit des obligations, Op. cit.*, n° 314, p. 216.

294. La victime peut également obtenir réparation, au titre du préjudice matériel, de la perte d'un gain. Ainsi, si le fait dommageable prive la victime d'une augmentation de valeur de son patrimoine, le responsable peut être tenu à réparation. Tel est le cas par exemple d'un licenciement abusif, le cocontractant aurait droit au bénéfice d'une période raisonnable qui aurait dû se poursuivre. Ce qui caractérise qu'un même fait dommageable est la source de ces deux types de préjudices ; une perte subie et un gain manqué.

B. Le caractère anormal du préjudice

295. Conformément à l'article 103 Code des obligations et des contrats, tout dommage n'engage pas forcément une quelconque responsabilité de son auteur, seul le dommage « notable » ou autrement anormal, c'est-à-dire qui excède un certain seuil de tolérance[913]. En effet, la vie en société ne serait pas possible si l'on ne devait pas accepter certains préjudices, le « dommage notable » est celui donc qui excède une limite autorisée de nuisance.

296. Le Tribunal de première instance de Tunis[914] pour dévoiler le caractère abusif de la rupture d'un contrat de revente en Tunisie du matériel agricole et industriel, a considéré que « la demanderesse a exécuté en toute bonne foi toutes les obligations que lui a fait prendre la défenderesse (...) que les relations entre les deux parties étaient bonnes et en parfaite harmonie, et que cette entente était due au comportement exemplaire de la demanderesse... ». La chambre commerciale de la Cour de cassation française[915] a rendu une décision en ce qui concerne le dommage anormal. Pour dévoiler le caractère abusif de la résiliation d'un contrat de concession à durée indéterminée, la Cour estime que le concessionnaire avait consenti « d'importants efforts d'investissements et de publicité » à la demande du concédant.

Un droit « est confié à son titulaire dans son intérêt, son usage ne doit pas dépasser la normale »[916], une prérogative contractuelle est conférée au cocontractant en vue de la satisfaction de ses intérêts normaux et elle est destinée à servir son titulaire, qui ne peut l'utiliser que normalement. Ainsi, utiliser des droits contractuels pour nuire aux

---

[913] Voir supra n° 286.

[914] Trib. prem. inst. Tunis, 30 avril 1981, RTD 1981, p. 423, note Ali Mezghani.

[915] Cass. com., 5 avril 1994, Contrats, conc., consom. 1994, comm. 159, note L. Leveneur.

[916] **KARIMI (Abbas)**, *Les clauses abusives et la théorie de l'abus de droit*, préf. Philippe Simler, th. LDGJ 2001, coll. Bdp. t. 306., n° 229, p. 98.

autres, c'est méconnaître cette fonction, à savoir l'utilisation normale de tout droit en vue de la satisfaction des intérêts normaux de son titulaire[917]. Il est possible de dire que « le législateur qui confie un droit à son titulaire, envisage son usage normal et dans des circonstances normales. De même, en cas de droits contractuels, l'un des contractants obtient un droit par le consentement de l'autre partie dans des circonstances normales, ce droit devant être exercé dans les mêmes conditions. C'est là où se manifestent les notions suivantes : ''acte anormal '' et ''dommages anormaux '' »[918].

[917] Ibid., n° 231, p. 99.
[918] Ibid.

SECTION II : RÉPARATION EN NATURE

297. La Chambre commerciale de la Cour de cassation française a censuré dans un arrêt du 14 janvier 1992[919] une décision qui a indiqué que si l'abus était établi, il ne pouvait être sanctionné que par l'allocation de dommages-intérêts. Cette décision a été cassée au motif que « hormis l'allocation d'éventuels dommages-intérêts, il existe d'autres solutions permettant la prise en compte de l'intérêt social... »

En effet, les juges du fond sont souverains pour apprécier les modalités de réparation[920] ; ils ont le choix entre la condamnation à des dommages et intérêts et d'autres mesures de réparation telle que la réparation en nature, ce mode jugé souvent comme le mode de dédommagement le plus satisfaisant. Ils ont également la possibilité de conjurer deux types de condamnations[921]. En matière « d'abus [de droit], il apparaît que la condamnation pécuniaire n'est pas, dans bon nombre de cas, la mieux adaptée. D'ailleurs, on ne manque pas de faire observer que ce mode de réparation accrédite l'idée qu'il y aurait un prix à payer pour pouvoir abuser de son droit... »[922]

298. La responsabilité de l'auteur de l'abus, axée sur la recherche d'une faute délictuelle, quasi-délictuelle ou contractuelle, porte à considérer que cet abus peut entraîner, à charge de son auteur, non seulement une condamnation pécuniaire, mais aussi une réparation en nature toutes les fois qu'elle est possible.

Une réparation en nature peut prendre des formes variées[923], en effet, plusieurs types de réparation en nature sont concevables telle que la prononciation du déchéance de la prérogative du créancier (**Paragraphe I**), mais cette réparation en nature peut se heurter à des obstacles juridiques ou matériels. L'affirmation de la souveraineté des juges du fond pour choisir la forme de la réparation conduit, en effet, à admettre l'existence d'autres mesures de réparation (**Paragraphe II**).

---

919 Cass. com. 14 janvier 1992, Bull. civ. IV, n° 19, JCP 1992, éd. G, II, 21849, note J.-F. Barbiéri.

920 **SOLTAN (Anwar),** *Sources de l'obligation, Op. cit.*, n° 188, p. 168 ; **ABOU SAOUD (Ramadan)**, *Théorie générale de l'obligation, Op. cit.*, p. 393.

921 Voir **VINEY (Geneviève)**, *Traité de droit civil, Les obligations*, t. II, La responsabilité : effets, LGDJ 1988, n° 45.

922 **COURTIEU (Guy)**, *Droit à réparation, abus de droit*, notion, J. Cl. civ., art. 1382 à 1386, fasc. 131-1, 1997, n° 45, p. 15.

923 Elle consiste généralement à attribuer à la victime une chose ou une prestation similaire à celle qui existait avant la réalisation du dommage.

Paragraphe I : Prononciation de la déchéance de la prérogative du créancier

299. La réparation en nature, en matière d'abus, n'est rien autre que frapper d'inefficacité le droit ou la prérogative exercée abusivement et en priver le résultat. Elle a pour effet de rendre inopérant l'acte, il est ainsi frappé de nullité ou d'inopposabilité. La bonne foi est « une limite à l'efficacité des clauses contractuelles. Lorsqu'une clause est invoquée dans des circonstances qui recèlent un abus, elle est inefficace »[924]. Mme Roujou de Boubée a relevé que l'inefficacité du droit permet la suppression de l'illicite[925]. Dans la mesure où aucun texte ne prévoit la suppression de l'illicite, Mme Roujou de Boubée considère que cela doit procéder en l'absence de textes ad hoc[926].

300. Toutefois, il faut noter que la réparation en nature n'est pas toujours possible, elle peut se heurter à des obstacles matériels. Selon Saleilles par exemple, l'abus ne comportera jamais qu'une sanction par équivalent et sous forme de dommages-intérêts. Pour l'auteur, il était inconcevable que les riverains d'une voie ferrée puissent prétendre faire cesser la circulation des locomotives au motif que les fumées qu'elles dégageaient leur causent un préjudice intolérable. Ils doivent ainsi se contenter ainsi et dans toutes éventualités analogues, d'une réparation en équivalent[927].

La jurisprudence belge, de son côté, a admis conformément à la doctrine, que l'exécution ou la réparation en nature soit écartée, en cas d'abus, au profit de simples dommages et intérêts[928]. Ainsi, le cas où le manquement d'un entrepreneur cause de légers désagréments et que la réfection en nature mettrait à sa charge des inconvénients disproportionnés par rapport au préjudice subi par le maître de l'ouvrage[929]. Toutefois, il faut noter que les condamnations non-

---

[924] **DELEBECQUE (Philippe)**, note sous Cass. 1ère civ., 06 décembre 1986, JCP 1990, II, 21534, n° 4.

[925] **ROUJOU de BOUBEE (Marie-Eve)**, *Essai sur la notion de réparation, Op. cit.*

[926] *Ibid.*, p. 214.

[927] **SALEILLES (R.)** *Théorie générale de l'obligation*, 3è éd., LGDJ 1925, p. 370 et s., rapporté par **Abbas KARIMI**, *Les clauses abusives et la théorie de l'abus de droit, Op. cit.*, n° 733, p. 311.

[928] **VAN OMMESLAGHE**, *La sanction de l'inexécution du contrat*, in Les obligations contractuelles, n° 7, p. 204 ; Examen de jurisprudence (1974 à 1982), Les obligations, RCJB 1986, n° 92, p. 197.

[929] Cass. belge, 8 janvier 1981, Pas., 1981, I, 495 ; Voir aussi **CASSIN (R.)**, *De l'exception tirée de l'inexécution dans les rapports synallagmatiques et de ses relations avec le droit de*

pécuniaires en matière d'abus, ont largement retenu l'attention de la doctrine (B.), pour qui la réparation en nature constitue certainement une sanction très appropriée du droit abusivement exercé (A.).

A. La sanction du droit abusivement exercé

301. La sanction en nature est non seulement admise en matière d'abus, mais encore elle demeure le principe. En cette matière, ce principe est considéré, il y a longtemps, comme acquis définitivement[930]. En matière du droit de propriété, cette sanction est très fréquemment utilisée. L'abus envisagé dans l'exécution du contrat est une question certainement différente. Si on affirme d'une manière générale que la réparation en nature peut être ordonnée par le juge, aussi bien en matière contractuelle qu'en matière délictuelle, si elle est demandée par la victime et si elle est réalisable, la solution doit toutefois être tempérée si l'on traite cette faute envisagée comme une faute de comportement.

302. Pour M. Philippe Stoffel-Munck, la doctrine est prompte à affirmer que la prérogative exercée de manière déloyale, voire malveillante doit être paralysée et privée de résultat[931]. À cet égard, M. Cornu rattache cette mesure à l'idée de réparation adéquate, il estime que « cette sanction découle simplement de l'application des principes classiques de la responsabilité »[932]. Aussi, Josserand, Bonnecase, Demogue, Ripert et Esmein et Julliot de la Morandière[933], soutiennent-ils que c'est la réparation en nature qui doit être accordée à la victime de la faute d'abus.

Toutefois, l'abus en tant que faute de comportement ne peut pas être sanctionné principalement par une déclaration d'inefficacité, en effet, « il ne resterait pas grand-chose du contrat et de sa force obligatoire si l'on admettait de priver le créancier de ses droits dès qu'il manque à la correction que continuent à se devoir les parties comme tout un chacun.

la rétention, la compensation et la résolution, th. Paris 1914, p. 575 : un entrepreneur chargé de la construction d'un bâtiment qui s'est acquitté de sa tâche de manière imparfaite. Des travaux restent nécessaires pour la réalisation parfaite de sa prestation. L'entrepreneur ne peut pas être conduit à démolir tout ou partie de l'immeuble construit et à effectuer des dépenses beaucoup supérieures au préjudice subi.

[930] **KARIMI (Abbas)**, *Les clauses abusives et la théorie de l'abus de droit, Op. cit.*, n° 735, p. 311.

[931] **STOFFEL-MUNCK (Philippe)**, *Op. cit.*, n° 314, p. 267.

[932] Obs. sous Trib. d'instance de Paris, 25 avril 1978, RTDCiv. 1978, 619.

[933] Voir **STOFFEL-MUNCK (Philippe)**, *Op. cit.*, n° 314, p. 267.

Neutraliser les prérogatives contractuelles les plus essentielles sur ce seul motif est peut être aventuré au regard de l'impératif de sécurité juridique et économique »[934].

303. Il convient d'affirmer que si la réparation en nature est possible, on ne pourra pas la repousser, en effet, rien en principe du moins, n'empêche la réparation en nature lorsqu'elle est matériellement possible. On ne peut pas l'écarter si elle est envisageable, ce serait arbitraire. La jurisprudence statue également dans ce sens, en effet, certaines décisions admettent la déchéance de la prérogative contractuelle du créancier lorsqu'elle est exercée de mauvaise foi ou par intention de nuire à son cocontractant.

La Cour de cassation française a par exemple relevé que « la faculté de se dédire ayant été exercée de mauvaise foi, ce dédit ne pouvait produire aucun effet juridique »[935]. M. Philippe Delebecque relève à propos d'un arrêt de la Cour de cassation que « la bonne foi est une limite à l'efficacité des clauses contractuelles. Lorsqu'une clause est invoquée dans des circonstances qui recèlent un abus, elle est inefficace »[936].

La réparation en nature est bien méritée à l'encontre du cocontractant qui avait retourné à tort une marchandise comme défectueuse. S'étant trouvé condamné à en payer le prix, il s'abstenait d'aller la chercher pendant des années et finit par exercer son droit de la réclamer au vendeur alors qu'elle avait péri. La Cour de cassation française a estimé que le comportement du créancier « est incompatible avec la bonne foi contractuelle »[937]. Il en résulte que la réparation en nature constitue une véritable sanction du comportement déloyal du cocontractant lorsqu'elle est possible et méritée.

304. En droit musulman, les Hanafites approuvent la sanction en nature. L'article 20 du Code civil ottoman dispose « on doit mettre fin à tout dommage ».

La jurisprudence tunisienne est en faveur de la réparation en nature, ce qui se révèle à travers une décision rendue par le tribunal de première

---

[934] *Ibid.*, n° 340, p. 285.
[935] Cass. 3ème civ., 11 mai 1976, D. 1978, jur., 269, note Jean-Jacques Taisne.
[936] **DELBECQUE (Philippe)**, note sous Cass. 1ère civ., 06 décembre 1986, JCP 1990, II, 21534, n° 281.
[937] Cass. com., 14 mai 1996, n° 94-12. 502.

instance de Tunis en date du 15 février 2003[938]. Selon la Cour, « bien que les deux parties aient convenu expressément à l'obligation de l'acquéreur de notifier par écrit avec accusé de réception avant la fin de la période du bail, cela n'empêche pas d'examiner la concordance de ce qui précède avec les règles de justice (…) Attendu que le maintien par la défenderesse de l'application de l'article 4 du contrat constitue un abus sans motif logique (…) ». Le tribunal de première instance de Tunis a confirmé cette décision dans une affaire du 17 mai 2003[939].

B. La sanction des circonstances illicites

305. Lorsque l'existence d'un droit n'est pas contestée, mais ce sont les circonstances qui rendent sa mise en œuvre contestable et défavorable à l'une des parties, ceci permet-il au juge de mettre en question son existence ? Il s'agit en effet d'un droit qui est exercé de manière licite et correcte, mais les conditions qui entourent cet exercice sont illicites et le dommage a uniquement trait à ces circonstances. Frapper d'inefficacité ce droit va-t-il à l'encontre des principes de la responsabilité qui inscrivent une faute, un préjudice et un lien de causalité entre la faute et le préjudice et une sanction équivalente au préjudice subi[940] ? Sanctionner d'inefficacité la prérogative contractuelle exercée licitement, ne serait pas proportionnel avec le préjudice réparable.

Dans des cas exceptionnels, le juge allemand a par exemple, sanctionné par la déchéance certains droits. Toutefois, les conséquences juridiques attachées à cette sanction ne sont, en règle générale pas durables et « lorsque les circonstances rendant ce droit abusif disparaissent, son titulaire peut le mettre à nouveau en œuvre »[941]. La Cour Fédérale allemande a affirmé que « l'exception de l'abus de droit peut en outre - comme en général - (…) disparaître par la suite, lorsque la situation prise en considération pour l'appréciation juridique s'est modifiée »[942]. En revanche, « il est des cas dans lesquels l'interdiction d'exercer un droit sera durable, car les circonstances qui le rendent

---

[938] Jugement commercial, Trib. 1ère inst. Tunis, n° 10274, 15 février 2003, précité.

[939] Jugement commercial, Trib. 1ère inst. Tunis, n° 11928, 17 mai 2003, précité.

[940] Voir **ROUJOU de BOUBEE (Marie-Eve)**, *Essai sur la notion de réparation, Op. cit.*, p. 267 et s.

[941] **JALUZOT (Béatrice)**, *La bonne foi dans les contrats, Etude comparative, Op. cit.*, n° 1425.

[942] Cour Fédérale allemande, décision du 8 octobre 1969, rapportée par **Jaluzot Béatrice**, *Ibid.*

abusif seront persistantes. Il en va ainsi en droit allemand notamment lorsque l'exercice d'un droit est abusif en raison de la confiance que son titulaire a fait naître, laissant croire qu'il n'exercerait plus ce droit »[943].

Paragraphe II : La liberté du choix du mode de réparation

306. Le juge est libre de choisir le mode de réparation qui lui paraît le plus opportun, à condition qu'il soit adapté au dommage. La liberté dont jouit le magistrat dans le choix de la réparation adéquate lui permet de choisir entre allocation de dommages et intérêts et réparation en nature et même pour certains dans l'empêchement de l'utilisation du droit (B.).

Si les parties sont parvenues, en dehors de toute action en justice, à un accord sur les modalités de la réparation, cet accord est valable et exécutoire. Mais dans le cas contraire, lorsque les parties n'ont pu s'entendre sur la réparation du dommage, les juges du fond sont souverains pour choisir entre réparations en équivalent et réparation en nature. Par ailleurs, dans cette éventualité, le juge peut retenir une modalité différente de celle qui était sollicitée (A.).

A. L'appréciation souveraine du juge du fond

307. La jurisprudence, ainsi que la doctrine affirment constamment le pouvoir souverain des juges du fond quant au choix de la forme de réparation. La Cour de cassation se limite à relever qu'en prescrivant telle mesure, le juge a souverainement apprécié la forme que devait revêtir la réparation, car le « jugement rendu a été valablement motivé, fondé sur une base de documents solides »[944].

308. Le juge retrouve ainsi une liberté pour apprécier l'étendue du dommage ainsi que les modalités susceptibles d'en assurer la réparation intégrale[945]. La Cour de cassation belge a prononcé, par exemple, la

---

[943] *Ibid.*, Voir supra n° 190 et s.

[944] Cass. civ., n° 28716, 30 janvier 1991, R.T.D. 1991, p. 145 ; Cass. civ., n° 11319, 10 mai 1985, Bull. 1995, II, p. 364 ; Cass. civ., n° 32459, 23 mai 1990, R.J.L. n° 3, 1992, p. 88 ; **LEDUC (Fabrice)**, *Régime de la réparation : modalités de la réparation, règles communes aux responsabilités délictuelle et contractuelle, principes fondamentaux*, J. Cl. civ., art. 1382 à 1386, fasc. 201, 1996, n° 10, p. 7.

[945] Qu'il s'agisse d'un préjudice moral ou matériel, l'évaluation est soumise à la souveraineté des juges ; Voir Cass. civ., n° 8306, 30 septembre 1971, Bull. 1971, p. 142 ; Cass. civ., n° 2885, 23 avril 1981, Bull. 1981, I, p. 208 ; Cass. civ., n° 5520, 2 juin 1981, Bull. 1981, II, p.

réduction de l'exercice d'un droit à un usage normal, à l'encontre de la faute d'abus en décidant que « la sanction d'un tel abus n'est pas la déchéance totale de ce droit, mais seulement la réduction de celui-ci à son usage normal ou la réparation du dommage que son abus a causé »[946]. Un auteur belge indique à propos de cet arrêt, « si la réduction par le juge de l'exercice du droit à sa mesure raisonnable constitue, aux yeux de la Cour, la sanction normale du comportement abusif, lorsque cette mesure ne peut plus être appliquée utilement, le juge peut allouer des dommages-intérêts (…) la partie victime de l'abus de droit peut également invoquer le comportement critiquable de l'autre partie à un contrat synallagmatique pour demander la résolution de ce contrat ; si cette partie est elle-même fautive, la résolution pourra être prononcée aux torts des deux parties »[947].

Il en résulte, qu'en droit belge, la jurisprudence peut prononcer la résolution en raison de l'exécution abusive du contrat, dans le cadre de l'appréciation souveraine du juge du fond[948].

309. Le juge retrouve également sa liberté pour prononcer une condamnation à des dommages et intérêts contre l'auteur d'un comportement dolosif lorsque l'exécution en nature n'est pas possible, soit en fait parce que l'inexécution est définitivement consommée, soit en droit parce qu'il s'agit d'une obligation de faire ou de ne pas faire pour laquelle l'article 275 du Code des obligations et des contrats interdit en général que le débiteur soit contraint.

B. La question de la prévention du préjudice

310. La réparation du préjudice suppose que ce dernier soit certain[949]. L'action est refusée, non pas à celui qui invoque un préjudice

---

99 ; Cass. civ., n° 11319, 10 mai 1985, Bull. 1995, II, p. 364 ; Cass. civ., n° 24646, 9 janvier 1990, Bull. 1990, p. 147 ;

[946] Cass. belge, 16 décembre 1982, Pas., 1983, I, 472 ; Voir également Cass. belge, 18 février 1988, Pas., I, 728 ; notamment **VAN OMMESLAGHE (Pierre)**, *La rigueur contractuelle et ses tempéraments selon la jurisprudence de la Cour de cassation de Belgique*, in Etudes offertes à Jacques Ghestin, Le contrat au début du XXI siècle, LGDJ 2001, n° 23, p. 908.

[947] **VAN OMMESLAGHE (Pierre),** *Ibid*, n° 23, p. 910, l'auteur indique en bas de page à propos d'un arrêt, le cas d'un assuré ayant obtenu la résolution de la police d'assurance en raison de l'exécution abusive de celle-ci poursuivie par l'assureur. La résolution a ainsi été prononcée à l'encontre des deux parties, car l'assuré était lui-même en défaut de payer les primes dues par lui.

[948] Voir infra n° 340 et s.

[949] Voir supra n° 285 et 286.

futur, mais plutôt à celui qui invoque un préjudice éventuel[950]. Ainsi la réparation du dommage se distingue-t-elle de sa prévention ; empêcher un préjudice qui n'existe pas encore, ce n'est pas le réparer, car « la réparation suppose un préjudice déjà réalisé ou à tout le moins un préjudice futur, mais certain »[951]. La réparation est en effet, « une mesure curative, non préventive »[952].

311. La prévention du préjudice apparaît dans l'empêchement de l'utilisation du droit tel que l'interdiction de la vente à un prix supérieur ou l'interdiction si l'exercice du droit n'est pas à même d'éviter de porter préjudice à autrui[953].

M. Fethi Drini fait référence à l'interdiction de l'exercice du droit afin de démontrer la différence entre l'abus dans l'exercice du droit et la responsabilité délictuelle, considérant que la première est d'ordre préventif et curatif alors que la seconde n'est que curative uniquement. Selon l'auteur, cette dernière se limite à défendre le préjudice effectivement subi ou la réparation seulement[954]. Le rôle de cette théorie [l'abus dans l'exercice du droit] peut intervenir avant l'occurrence du fait, dès suspicion du préjudice, c'est-à-dire en cas de la forte probabilité de sa survenance en l'évitant, en empêchant le titulaire du droit de l'utiliser préalablement, cas pour lequel ne peut s'appliquer la responsabilité délictuelle[955]. Chose qu'on ne peut admettre, car la sanction de l'abus est fondée comme nous l'avons traité, principalement sur la responsabilité délictuelle. L'abus dans l'exécution du contrat constitue une faute sanctionnée sur le fondement de la responsabilité délictuelle, et ce en l'absence du manquement à une obligation contractuelle. La prévention vise l'anticipation, la précaution et

---

950 **ROUJOU de BOUBEE (Marie-Eve)**, *Essai sur la notion de réparation, Op., cit.*, p. 201 et s.

951 **LEDUC (Fabrice)**, *Régime de la réparation, Op. cit.*, art. 1382 à 1386, fasc. 201, n° 1, p. 4.

952 *Ibid.*

953 **KACEM (Mohamed Hassen),** *Introduction à l'étude de droit, la régle juridique*, t. II, éd. Halabi 2009, p. 549 ; **ABOU SAOUD (Ramadan)**, *Théorie générale de l'obligation*, p. 356 ; Voir notamment **CAID ESSEBSI (Aida)**, *Prévention, réparation et responsabilité civile, Op. cit.*, p. 223, l'auteur cite un arrêt inédit de la Cour d'appel de Sfax n° 20290 du 12 avril 2007 « pour lequel l'inexistence de préjudice ''visible'' ou de préjudice corporel prouvé par les personnes avoisinant la station, n'empêche pas d'opter pour une mesure préventive de déplacement de la station de relais de téléphonie mobile ».

954 **DRINI (Fathi),** *Op. cit.*, p. 31.

955 *Ibid.*, p. 29 et 31.

l'évitement du dommage, à la différence de la responsabilité civile essentiellement réparatrice intervenant après la réalisation du dommage[956]. Mesure curative, la responsabilité civile se distingue de la prévention qui « peut se contenter d'une menace sérieuse ou d'un danger imminent pour être mise en œuvre »[957], mais elle constitue la sanction adéquate de la faute d'abus dans l'exécution du contrat.

[956] **CAID ESSEBSI (Aida)**, *Op. cit.*, p. 193.
[957] *Ibid.*, p. 200.

CHAPITRE SECOND : SPÉCIFICITÉS DES SANCTIONS AU REGARD DU MANQUEMENT À LA BONNE FOI

312. Les dommages et intérêts contractuels peuvent être dus aussi bien pour le préjudice moral que pour le préjudice matériel résultant de l'inexécution du contrat, il s'agit d'une responsabilité tout à fait analogue à la responsabilité délictuelle.

La bonne foi étant un devoir et non pas une obligation, elle est assortie de diverses sanctions ; le manquement à la bonne foi, critère de la faute d'abus dans l'exécution du contrat, est sanctionné par des dommages et intérêts et même par la résolution, voire « la violation du devoir de bonne foi est sanctionnée par la responsabilité contractuelle »[958]. Par ailleurs, la jurisprudence française considère que l'attitude manifestement déloyale d'un contractant comme une « faute quasi-délictuelle distincte de la faute contractuelle qui aurait consisté à ne pas exécuter le contrat lui-même »[959] ! Il faut juste, comme nous l'avons expliqué, distinguer les cas où le dommage résulte de l'inexécution d'une obligation contractuelle, de ceux où le dommage a été causé à l'occasion de l'exécution du contrat. La bonne foi, n'étant jamais une obligation contractuelle, la sanction de sa violation n'est pas celle de l'inexécution d'une obligation contractuelle. Toutefois, le manquement aux obligations d'information ou de collaboration dans l'exécution du contrat-rattachées par les tribunaux aux effets que la loi, l'usage et l'équité ajoutent au contrat, est sanctionné par la responsabilité contractuelle et la jurisprudence y applique souvent le régime de la responsabilité contractuelle.

La source de cette contradiction est que l'article 243 Code des obligations et des contrats est un texte général qui donne au juge la latitude d'accroître le contenu du contrat, de faire du contrat un instrument de certains objectifs jugés souhaitables pour la bonne fin du contrat. Les obligations d'information, de collaboration… sont

---

[958] **MALAURIE (Philippe), AYNES (Laurent) et STOFFEL-MUNCK (Philippe)**, *Droit civil, Les obligations, Op. cit.*, n° 764, p. 372.

[959] C.A. Paris 14 mai 1970, JCP 1971, II, 16751 ; Dans le même sens Cass. soc., 5 février 1975, Bull. civ. V, n° 49, p. 46 ; Cass. 2è civ., 31 mai 1976, D. 1976, IR p. 255 ; rapportés par **Pascal LOKIEC**, *Contrat et pouvoir, Essai sur les transformations du droit privé des rapports contractuels*, préf. Antoine Lyon-Caen, th. LDGJ 2004, coll. Bdp. t. 408, n° 239, p. 174.

sanctionnées par la responsabilité contractuelle et ce, sur le fondement de l'article 243 du Code des obligations et des contrats. D'une manière générale, le manquement à ces obligations ; voire le manquement à la bonne foi est sanctionné par la responsabilité contractuelle, ce qui induit en erreur. La bonne foi est une norme de comportement sanctionnée sur le fondement de la responsabilité délictuelle.

313. L'action contractuelle assure la satisfaction du créancier en lui offrant des remèdes de nature à lui procurer l'avantage attendu du contrat. Quant à l'action délictuelle, elle organise la réparation des dommages injustement causés[960]. Il en résulte que la spécificité des sanctions au regard du manquement à la bonne foi tient surtout à la détermination de la faute. Ainsi, la faute contractuelle[961] ou l'inexécution d'une obligation contractuelle imposée par le juge tend à se rapprocher de la faute délictuelle définie par rapport à la loi, et la responsabilité contractuelle peut avoir légitimement une fonction réparatrice, non seulement l'exécution par équivalent, et c'est là que se manifeste la spécificité de la responsabilité contractuelle par rapport à la responsabilité délictuelle. Cela s'avère aussi bien à travers la sanction de la défaillance du créancier (**Section I**), qu'à travers la sanction de la défaillance du débiteur (**Section II**).

---

[960] **FAURE-ABBAD (Marianne)**, *Le fait générateur de la responsabilité contractuelle, Op. cit.*, n° 201, p. 172.

[961] Selon M. Denis Tallon, il ne faudrait pas parler de « faute contractuelle », mais d'inexécution. L'emploi du mot « faute » serait un emprunt abusif au droit des délits et quasi-délits, Voir **VINEY (Geneviève),** *La responsabilité contractuelle en question*, in Etudes offertes à Jacques Ghestin, Le contrat au début du XXIè siècle, LGDJ 2001, n° 20, p. 940.

SECTION I : LA SANCTION DE LA DÉFAILLANCE DU CRÉANCIER

314. Les remèdes contractuels ne sont pas envisageables lorsque la violation d'un devoir contractuel ne s'accompagne pas de l'inexécution d'une obligation contractuelle. « Les devoirs contractuels décrivent les diligences qui s'imposent aux contractants afin de faciliter l'exécution de leurs obligations contractuelles ; ces diligences constituent des normes de comportement qui ne seront sanctionnées sur le terrain contractuel que lorsque leur non-respect se sera traduit par l'inexécution d'une obligation contractuelle »[962].

Dans l'exécution du contrat, l'obligation d'informer, de coopérer avec le cocontractant fait partie du devoir d'exécuter les conventions de bonne foi, ce sont des suites que la loi, l'usage ou l'équité donnent à l'obligation d'après sa nature. Si le devoir de bonne foi est sanctionné par la responsabilité délictuelle, le manquement du créancier aux obligations implicites est toutefois sanctionné par la responsabilité contractuelle (**Paragraphe I** : La participation du créancier à l'inexécution). Ensuite, la bonne foi étant un critère de l'abus dans l'exécution du contrat, elle pourrait bien avoir une fonction curative par le biais de la prise en considération de la renégociation du contrat initial, en cas de bouleversement des prévisions des parties privant le contrat de toute utilité (**Paragraphe II** : L'approche curative de la sanction).

Paragraphe I : La participation du créancier à l'inexécution

315. Le créancier peut entraver l'exécution du contrat, soit par intention de nuire à son débiteur, soit par une indifférence fautive au sort de son cocontractant. Il peut ainsi refuser la collaboration en décevant l'attente légitime de son partenaire. À cet égard, des dispositions spéciales sont prévues en droit comparé (B.). La faute du créancier consiste à s'être refusé illicitement à la collaboration, ce qui implique son manquement à la bonne foi et peut expliquer l'inexécution ou la mauvaise exécution du débiteur. La collaboration est nécessaire à la réalisation de l'objectif contractuel, sa violation constitue une violation d'une obligation contractuelle et paralyse l'exécution du contrat (A.).

---

[962] **FAURE-ABBAD (Marianne)**, *Le fait générateur de la responsabilité contractuelle, Op. cit.*, n° 163, p. 134 ; toutefois, selon l'auteur, les obligations implicites de coopération, de collaboration… sont des dérivés du devoir général d'exécution de bonne foi, sanctionnées par la responsabilité délictuelle.

A. La sanction du manque de collaboration

316. L'exigence de bonne foi dans l'exécution du contrat implique que le créancier, titulaire d'une prérogative contractuelle fait preuve de fidélité, respecte la finalité du contrat. En effet, l'exécution de bonne foi signifie qu'il collabore à l'exécution des obligations du débiteur, ne cherche pas à tirer avantage de sa vulnérabilité. Si par exemple, le débiteur éprouve une difficulté passagère, le créancier ne devra pas exercer son droit à contretemps ; cela pourrait être éventuellement constitutif d'abus. En l'occurrence, la sanction sera rarement une condamnation à dommages et intérêts, le juge accordera généralement un délai de grâce au débiteur. Si le débiteur est dépendant du créancier, ce dernier ne doit pas en profiter abusivement, il doit faciliter à son débiteur l'exécution de ses obligations.

La jurisprudence française a consacré ce principe dans un arrêt du 17 juillet 1992[963] où elle a approuvé la Cour d'appel de Paris, à propos d'un bailleur qui voulait se prévaloir d'une clause résolutoire pour défaut de paiement de loyers, alors qu'il n'avait pas remis les quittances à son locataire, empêchant ce dernier de bénéficier de l'allocation logement.

317. Lorsque le créancier ne collabore pas pour la bonne exécution du contrat, ne fournit pas à son débiteur des informations utiles ; il est débiteur d'une obligation d'information, voire de collaboration. Lorsque celle-ci n'est pas exécutée, l'exécution utile du contrat ne sera pas atteinte, le juge a ainsi la possibilité d'allouer des dommages-intérêts sur le fondement de la responsabilité contractuelle.

La jurisprudence tunisienne a consacré maintes fois l'obligation de collaboration, ainsi la Cour de cassation a sanctionné un vendeur qui s'est abstenu de signer un avenant exigé par l'administration de la conservation foncière, ce qui permet aux héritiers de mentionner le numéro du lot et son titre foncier[964]. De même la Cour de cassation tunisienne a sanctionné un acheteur d'une marchandise importée de l'étranger à son nom pour qu'il la réceptionne auprès des douanes à son arrivée. La Cour a considéré que la réticence de l'acheteur à prendre

[963] Cass. civ. 3è, 17 juillet 1992, RJDA 1992 précité, n° 996 ; C.A. Paris 19 juin 1990, D. 1991-515, note Y. Picod ; Voir aussi **PICOD (Yves)**, *L'exigence de bonne foi dans l'exécution du contrat*, in Le juge et l'exécution du contrat, Colloque I. D. A., Aix-en-Provence, 28 mai 1993, Presses universitaires d'Aix-Marseille, n° 13, p. 66.
[964] Cass. civ. n° 40432, 21 mai 1996, Bull. 1996, I, p. 316.

possession de la marchandise malgré la notification qui lui a été adressée jusqu'à ce qu'elle ait été vendue par les services des douanes aux enchères ne l'exempte pas de s'acquitter de sa valeur[965].

Lorsqu'une rétention fautive d'une information entraîne la violation d'une obligation contractuelle, principale ou accessoire, le juge a la possibilité de la sanctionner sur le fondement des principes généraux de la responsabilité contractuelle. Il peut ainsi ordonner la résolution du contrat[966], ou encore allouer des dommages et intérêts sur le fondement de la responsabilité contractuelle.

318. La mauvaise foi du créancier ne lui permettra pas d'exercer ses droits contractuels, telle que la clause résolutoire qui est destinée à sanctionner conventionnellement l'inexécution du débiteur[967]. Le créancier de mauvaise foi ne pourra pas également se prévaloir de l'exception d'inexécution[968]. La Cour de cassation française a ainsi refusé à un fabricant le droit de se prévaloir de l'exception d'inexécution à l'encontre d'un concessionnaire exclusif, au motif qu'il ne respectait pas lui-même la clause d'exclusivité[969].

319. Sans doute, le créancier qui refuse une offre qui devait lui donner toute satisfaction sous prétexte qu'elle ne correspond pas exactement à ce qui est prévu au contrat, abuse de ses prérogatives contractuelles et ne collabore pas pour la bonne exécution du contrat. Pourquoi veut-il épuiser son droit dans toute sa rigueur alors que la même prestation peut lui être offerte par une exécution satisfaisante ? « Une partie ne saurait bouleverser l'équilibre contractuel en manifestant un esprit de rigueur contraire à des relations loyales »[970].

320. Il faut signaler enfin que la violation de l'obligation précontractuelle d'information et de renseignement, qui participe à la détermination du consentement, est susceptible d'entraîner la nullité du contrat. La violation de l'obligation contractuelle de renseignement

---

[965] Cass. civ. n° 5839, 3 mars 1982, Bull. 1982, II, p. 337.

[966] Voir infra n° 340 et s.

[967] Voir supra n° 133 et s. ; **PICOD (Yves)**, *La clause résolutoire et la règle morale*, JCP G 1990, I, 3447.

[968] Voir supra n° 130 ; **GHESTIN (Jacques), JAMIN (C.) et BILLIAU (M.)**, *Les effets du contrat*, 2è éd. LGDJ 1994, n° 340 ; **TERRE (François), SIMLER (Philippe) et LEQUETTE (Yves)**, *Droit civil, Les obligations*, 6è éd. Dalloz 1996, n° 617.

[969] Cass. com., 1er déc.1992, Bull. civ. IV, n° 392.

[970] **PICOD (Yves)**, *Le devoir de loyauté dans l'exécution du contrat, Op. cit.*, n°152, p. 177.

pendant l'exécution du contrat, relève des règles de la responsabilité contractuelle et donne lieu au paiement de dommages et intérêts[971].

L'examen de l'obligation de renseignement et d'information nous permet de retenir qu'elle présente une particularité : si le fait générateur de responsabilité survient avant la formation du contrat, le dommage, par contre, se réalise lors de la phase d'exécution du contrat. Constatant que cette responsabilité résulte d'un fait antérieur à la formation du contrat, une partie de la doctrine et de la jurisprudence, y voit une responsabilité précontractuelle soumise aux règles de la responsabilité délictuelle[972]. Il faut noter toutefois que c'est abstrait d'opposer radicalement ce qui se passe avant et ce qui se passe après la conclusion, car « le passé préjugé de l'avenir, le défaut de renseignement se prolongeant dans un défaut d'exécution »[973]. La jurisprudence reconnaît également, la nature contractuelle, à l'obligation de renseignement[974].

321. Une grande partie de la doctrine condamne « l'artifice de la contractualisation »[975] et critique ce fondement d'indemnisation qui au lieu d'être contractuel devrait être délictuel, et considère que « c'est surtout le contrat d'obligations de sécurité qui est la cause principale des extensions (abusives) du domaine de la responsabilité contractuelle… »[976] Mme Mnif considère que « l'émergence de l'idée de la réparation contractuelle a favorisé l'utilisation du contrat à des fins qui lui sont étrangères »[977]. Mme Viney qui souhaite ainsi l'unification des régimes de responsabilités contractuelle et délictuelle, considère que « dans la mesure où ce rapprochement est possible, il nous paraît non seulement souhaitable, mais nécessaire, car l'existence de

---

971 Voir **KARIMI (Abbas)**, *Les clauses abusives et la théorie de l'abus de droit, Op. cit.*, n° 363, p. 153.

972 Cass. 1re civ., 4 novembre 1992, Bull. civ. I, n° 276 ; JCP G, IV, p. 10, n° 2, n° 93 ; C.A. Paris, 12 juillet 1972, Gaz. Pal. 1972, 2, p. 804, note Megret ; Cass. 3ème civ., 24 mai 1972, Bull. civ. III, n° 233.

973 **HUET (Jérôme)**, *Responsabilité contractuelle et responsabilité délictuelle, Essai de délimitation entre les deux ordres de responsabilité*, th. Paris II, 1978.

974 Cass. 1re civ., 14 décembre 1982, Bull. civ. I, n° 362 ; RTDCiv. 1983, p. 545, n° 9, obs. Durry ; Cass. 1re civ. 4 novembre 1992, Bull. civ. I, n° 276, qui décide que la responsabilité de l'assureur qui a commis une faute dans l'établissement du contrat est contractuelle ; Cass. com., 21 novembre 1989, Bull. civ. IV, n° 295, qui sanctionne un défaut d'information par une résolution pour inexécution.

975 **PRADEL (Exavier)**, *Le préjudice dans le droit civil de la responsabilité, Op. cit.*, n° 69, p. 78, note n° 227 et 228.

976 *Ibid.*

977 **MNIF (Salma)**, *Op. cit.*, n° 26, p. 28.

différences injustifiées introduit entre les victimes de dommages des inégalités qui sont ressenties comme des injustices »[978].

Toutefois, l'unification étant impossible ; même déformée par sa fonction moderne de réparation, la responsabilité contractuelle conserve nécessairement une fonction de paiement.

Quoique la doctrine note de façon remarquable la disparition de la spécificité de la responsabilité contractuelle[979], la jurisprudence conserve une tendance nette à appliquer le régime de la responsabilité contractuelle de préférence à celui de la responsabilité délictuelle.

B. Les sanctions prévues en droit comparé

322. Lorsque le débiteur voudrait s'exécuter, mais ne le peut pas, car c'est le créancier qui refuse par exemple le paiement, le droit allemand ainsi que le droit suisse prévoient l'institution de la *mora creditoris,* offrant au débiteur un « remède pour parer aux conséquences du fait du créancier l'empêchant d'exécute »[980]. L'article 91 du Code des obligations suisse la définit ainsi, « lorsque [le créancier] refuse sans motif légitime d'accepter la prestation qui lui est régulièrement offerte, ou d'accomplir les actes préparatoires qui lui incombent et sans lesquels le débiteur ne peut exécuter son obligation ». L'article 92 du même Code autorise ainsi le débiteur « à consigner ou à vendre la chose, objet de l'obligation ». Lorsque l'objet de l'obligation n'est pas la livraison d'une chose, l'article 93 lui permet de résoudre le contrat.

323. La convention de Vienne sur la vente internationale de marchandises prévoit une disposition proche de l'institution prévue en droits allemand et suisse. En effet, elle dispose dans son article 80 qu'« une partie ne peut pas se prévaloir d'une inexécution par l'autre partie dans la mesure où cette inexécution est due à un acte ou à une omission de sa part ». Encore les principes Unidroit relatifs aux contrats du commerce international, dont l'article 7.1.2 prévoit presque la même disposition, « une partie ne peut se prévaloir de l'inexécution par l'autre

---

978 **VINEY (Geneviève)**, *La responsabilité contractuelle en question, Op. cit.*, n° 229. L'auteur souhaite l'unification, par voie législative, des régimes de responsabilité pour certains dommages tels que les atteintes à la sécurité des personnes et des biens.

979 Voir infra n° 331.

980 **FAURE-ABBAD (Marianne)**, *Le fait générateur de la responsabilité contractuelle, Op. cit.*, n° 156, p. 125 et 126.

partie dans la mesure où cette inexécution est due à un acte ou à une omission de sa propre part ou encore à un événement dont elle a assumé le risque ».

Dans la mesure où le Code des obligations et des contrats ne prévoit pas une institution pareille, les dispositions de l'article 243 sont applicables pour procéder à une sanction du créancier défaillant qui paralyse l'exécution du contrat, et pourchasser son attitude déloyale.

Paragraphe II : L'approche curative de la sanction

324. Le solidarisme contractuel a pour préoccupation première, de protéger la partie faible au contrat. L'exécution abusive du contrat se traduit par le rapport de forces inégalitaires, mais également par le bouleversement de circonstances économiques. L'article 243 Code des obligations et des contrats a pour mission principale de contribuer à la restauration d'une justice contractuelle et à la correction voire la prévention des inégalités qui surviendront au cours de l'exécution du contrat, et ce par l'instauration d'un rapport de coopération.

325. La capacité de l'article 243 Code des obligations et des contrats à instaurer un tel rapport, pourra être soutenu par le juge. Donner au devoir de bonne foi prévu par cet article ainsi qu'aux obligations implicites qui en découlent la valeur qu'elles méritent opère une transformation des déséquilibres contractuels en une sorte de coopération. L'article 243 Code des obligations et des contrats est en mesure d'assurer une telle métamorphose, si on prend en considération que la renégociation du contrat initial en cas de bouleversement de l'économie du contrat sera imposée par le juge comme un correctif à certains abus dans l'exécution du contrat (A.).

Le juge procède ainsi à une évaluation de la conduite des parties, une appréciation de leurs comportements sans s'accrocher aux termes du contrat alors que surviennent des changements inattendus. Le juge aura pour mission de garantir la stabilité économique du contrat. Une conduite coopérative pourra s'imposer par nos magistrats tunisiens par l'intervention dans les rapports contractuels. La coopération a besoin du pouvoir du juge pour se réaliser et le juge pourrait interdire au créancier l'usage des prérogatives issues du contrat lorsque leurs effets créent une injustice flagrante. Le juge pourrait, par le biais de l'article 243 imposer le respect des attentes réciproques des contractants et veiller à la mise en œuvre de la coopération et la collaboration lorsque la prestation du débiteur est sérieusement alourdie par des circonstances imprévisibles. L'article 243 constituant le support idéal du bouleversement de l'économie contractuelle, il est en mesure d'assurer cette tâche (B.).

A. Le recours à l'article 243 Code des obligations et des contrats

326. Le principe de la force obligatoire du contrat et ainsi son intangibilité n'est pas encore contesté par la jurisprudence tunisienne. S'accordant à considérer que c'est l'article 242 du Code des obligations et des contrats qui impose aux contractants et au juge le respect de la loi contractuelle, elle fonde la règle de l'intangibilité du contrat. Or l'article 243 Code des obligations et des contrats s'applique parfaitement à l'exécution du contrat et sa sécurité bouleversée.

En Allemagne, la Suisse, l'Autriche par exemple, c'est la jurisprudence qui a consacré la révision des contrats à partir de dispositions similaires à l'article 243. Dans ces pays, le juge y avait trouvé un fondement incontestable pour procéder à la révision pour cause d'imprévision ou de bouleversement des données initiales. En effet, si « la sécurité des affaires, qui postule la stabilité des contrats paraît entrer en conflit avec l'équité ou même, plus rigidement, avec la justice commutative (...) le dilemme, cependant, n'est pas si simple. Les affaires, au contraire, pourraient bien gagner en sécurité si les parties étaient certaines de pouvoir obtenir une révision équitable du contrat, en cas de bouleversement réellement imprévisible »[981].

327. En dehors de tout bouleversement contractuel, les obligations implicites dictent un comportement du contractant visant à satisfaire les attentes de son partenaire au contrat, au-delà de la lettre du contrat. Mais aussi, l'article 243 Code des obligations et des contrats est un texte au service d'une fin ; remédier aux abus qui surviennent au cours de l'exécution du contrat. Forcer le contrat au service d'une fin : les nécessités de l'équité. Pourchasser l'abus et rééquilibrer le contrat au nom de l'équité, sans s'être exposé à la censure de la Cour de cassation, car il y a un texte qui fonde la tâche.

B. L'adaptation du contrat

328. La loyauté des contractants dans la phase de l'exécution du contrat consiste surtout à être fidèle à ses engagements, ce qui implique que les parties doivent respecter leurs engagements tout en assurant une

[981] **CARBONNIER (Jean),** *Droit civil, t. IV, Les obligations*, 22e éd. refondue, coll. Thémis Droit privé, PUF 2000, n° 149, p. 287.

exécution utile du contrat. Les obligations implicites leur recommandent de faire preuve de tolérance, de délicatesse, de soutien, d'aide… C'est en effet, respecter ses engagements tout en assurant la possibilité de l'adaptation du contrat en cas de bouleversement des prévisions initiales.

329. Un contrat déséquilibré ou comportant des stipulations exigeant de l'une des parties des efforts au-delà de ses forces ne peut être utilement exécuté, son exécution ne peut jamais être efficace. Seule une appréciation par le juge, des abus commis par les parties peuvent sauver le contrat. La tâche du juge consiste ainsi à rétablir un équilibre minimum indispensable à l'exécution utile. Le déséquilibre doit être d'une certaine gravité, la solution consiste alors à sanctionner un tel abus par l'adaptation du contrat à la réalité économique. Une telle sanction, fondée sur l'article 243, permettrait au juge, notamment dans les contrats de longue durée, d'imposer un lien de confiance, de rétablir l'utilité du contrat lorsque ses composantes ont été bouleversées.

La mission du juge consiste à contrôler l'exécution abusive du contrat et sanctionner celle-ci par l'octroi de dommages et intérêts. Sans bouleverser la sécurité des transactions, la sanction de l'abus permettrait la survie du contrat : le respect de la volonté des parties est tempéré au profit de la restauration d'un équilibre contractuel. Ainsi envisagée, l'immixtion du juge dans le contrat est loin de ruiner la sécurité juridique, l'équilibre minimum est indispensable à l'exécution du contrat pour sauver le débiteur exposé à de graves menaces.

SECTION II : LA SANCTION DE LA DÉFAILLANCE DU DÉBITEUR

330. L'inexécution par le débiteur d'une obligation contractuelle est le fait que le créancier ne reçoive pas de lui la prestation promise ou qu'il ne la reçoive que partiellement[982]. Elle débouche sur des situations variées, les sanctions de l'inexécution du contrat ne sont donc pas applicables à propos de la même situation d'exécution, toutefois, ils le sont parfois concurremment. On distingue de façon générale trois remèdes à l'inexécution du contrat : l'exécution forcée, la résolution du contrat et la réparation du dommage causé par l'inexécution[983]. Il faut

---

[982] **SAAD (Nabil Ibrahim)**, *Théorie générale de l'obligation, Op. cit.*, p. 297.

[983] L'exception d'inexécution, la clause pénale et la clause résolutoire sont également des remèdes à la défaillance contractuelle.

alors réparer le dommage résultant de l'inexécution du contrat ; c'est la fonction des dommages et intérêts[984].

331. Certains auteurs estiment que l'identité entre la responsabilité contractuelle et la responsabilité délictuelle est considérable, constatant que l'unité se réalise au fur et à mesure du recul des particularités de la responsabilité contractuelle. C'est l'essor de la responsabilité délictuelle dans la deuxième moitié du XIXe et son importance sociale et doctrinale qui faisait d'elle le droit commun de la responsabilité et menaçait l'identité de la responsabilité contractuelle[985]. Il faut noter toutefois qu'en plus de sa fonction réparatrice, la responsabilité contractuelle, fournit au créancier l'équivalent de la prestation attendue et non exécutée, elle conserve toujours une fonction de paiement, lui accordant une compensation pour la perte des avantages escomptés du contrat, se distinguant radicalement de la responsabilité délictuelle[986].

La faute est un acte blâmable, c'est un comportement illicite, toutefois « il peut arriver qu'un débiteur n'exécute pas son obligation sans que son geste soit véritablement blâmable. Comment peut-on prétendre qu'un débiteur d'une somme d'argent commet une faute, au sens traditionnel du mot, parce qu'il ne peut rembourser son crédit à raison de la perte de son emploi »[987] ? Même si l'inexécution est vue comme une variété de faute civile, elle ne constitue pas un abus ni une faute de comportement. L'introduction dans le contrat d'obligations implicites ne pervertit pas cette affirmation, c'est lorsqu'il y a

---

[984] Voir **HUET (Jérôme)**, *Responsabilité contractuelle et responsabilité délictuelle*, th. Paris II 1978 ; Pour certains, la responsabilité délictuelle détient toute seule la fonction réparatrice, quant à la responsabilité contractuelle, elle assure celle de l'exécution forcée à défaut par équivalent ; Voir supra n° 312, 313, 321.

[985] **MALAURIE (Philippe), AYNES (Laurent)** et **STOFFEL-MUNCK (Philippe)**, *Droit civil, Les obligations, Op. cit.*, n° 934, p. 484.

[986] Pour certains, la notion d'inexécution suffit à rendre compte de la défaillance contractuelle du débiteur, sans recourir au concept « inutile et dangereux » de la faute contractuelle. Voir en ce sens **TALLON (Denis)**, *Pourquoi parler de faute contractuelle ?*, Ecrits en hommage à Gérard Cornu, PUF 1995, p. 429 ; *L'inexécution du contrat : pour une autre présentation*, RTDCiv. 1994, p. 223 ; **REMY (Philippe),** *La responsabilité contractuelle, histoire d'un faux concept*, RTDCiv. 1997, p. 323 ; Critique du système français de responsabilité civile, Droit et cultures 1996, p. 31 ; **VINEY (Geneviève),** *La responsabilité contractuelle en question*, in Le contrat à la fin du XXIè siècle, Etudes offertes à Jacques Ghestin, LGDJ 2001, p. 921 ; **SAVAUX (Eric),** *La fin de la responsabilité contractuelle* ? RTDCiv. 1999, p. 1.

[987] **BOURRIER (Christophe),** *La faiblesse d'une partie au contrat*, Collection thèses de sciences humaines n° 12, Academia Bruylant 2003, n° 190, p. 208.

manquement au devoir de bonne foi par le truchement des obligations implicites - ou lorsque l'inexécution revêt un caractère dolosif - qu'il y a faute d'abus.

332. Le rapprochement entre les deux ordres de responsabilité est certain, notamment aujourd'hui, lorsqu'ils comportent chacun la même caractéristique intrinsèque. En effet, en cas de violation d'une obligation contractuelle de moyen ou en cas de responsabilité délictuelle fondée sur la faute, le créancier ou la victime doivent démontrer que le défendeur a eu une conduite incorrecte, manque de diligence. Toutefois, lorsque l'obligation violée est une obligation contractuelle de résultat ou en cas de responsabilité délictuelle sans fautes, la faute n'a pas à être prouvée par le demandeur[988]. Entre les deux ordres de responsabilité, il y a certes des différences, cependant, en ce qui concerne la date d'évaluation du dommage, limitation du dommage réparable au dommage direct, réparation en nature ou par équivalent, les règles sont identiques. Enfin, les techniques visant à remédier à l'inexécution d'une obligation contractuelle sont propres à la matière contractuelle[989] (**Paragraphe I**), toutefois, la résolution sanction de l'inexécution peut avoir pour cause un délit (**Paragraphe II**).

Paragraphe I : Remèdes à la défaillance contractuelle

333. En matière contractuelle, le fait dommageable réside dans l'inexécution par le débiteur de ses obligations. La spécificité des sanctions au regard du manquement à la bonne foi est de relever que ces sanctions ne sont jamais les remèdes à la défaillance contractuelle (A.), sauf lorsque l'inexécution revêt un caractère dolosif (B.).

A. Inadaptation des remèdes sanctionnant la défaillance contractuelle

334. En cas d'inexécution du contrat, ce n'est pas le comportement du débiteur qui est apprécié par le juge pour déterminer « l'équivalent de l'intérêt attendu du contrat ». L'inexécution ou le retard dans l'exécution du contrat, n'est pas une erreur de conduite contrairement au devoir de bonne foi qui ne peut être sanctionné par les remèdes à la défaillance contractuelle.

---

[988] Voir **MALAURIE (Philippe), AYNES (Laurent)** et **STOFFEL-MUNCK (Philippe)**, *Droit civil, Les obligations, Op. cit.*, n° 998, p. 535.
[989] *Ibid.*, n° 999, p. 535.

La bonne foi est un devoir, une attitude, une norme de comportement et non un instrument au service de la réalisation de la fonction économique du contrat. Elle est imposée aussi bien au stade de la formation qu'au stade de l'exécution du contrat. Son défaut est généralement sanctionné sur le fondement de la responsabilité délictuelle. L'inexécution d'une obligation contractuelle est sanctionnée par les remèdes à la défaillance contractuelle qui permettent au créancier d'obtenir l'avantage qu'il escomptait du contrat.

335. M. Stoffel-Munck relève qu'aucun des mécanismes de sanction propres au régime de la responsabilité contractuelle n'est capable de sanctionner un devoir contractuel[990]. L'auteur précise que l'exécution forcée semblant être le mode normal de la sanction dans la responsabilité contractuelle, elle est inapplicable en cas de manquement à la bonne foi, « c'est la nécessité de protéger la liberté du débiteur, qu'il s'agisse de la liberté artistique, de la liberté du travail, de la dignité de la personne humaine… »[991] qui justifie qu'on la refuse.

L'exécution forcée en nature est l'exercice par le créancier d'un moyen de contrainte contre le débiteur afin de le forcer à exécuter son obligation, on ne peut pas exercer un moyen de contrainte sur la personne, la nécessité de protéger la liberté du débiteur justifie qu'elle se réduit en dommage et intérêts. De plus, on ne peut pas forcer quelqu'un d'être de bonne foi, le caractère moral et comportemental de la bonne foi explique l'impossibilité d'exécution forcée[992]. La bonne foi « n'est pas une chose, mais un état (…) elle relève du domaine de l'être et non de celui de l'avoir (…) on ne peut donc, par nature que sanctionner son absence et non en forcer l'exécution »[993].

336. Ensuite, pour le jeu de l'exception d'inexécution[994], un contractant pourrait-il refuser d'exécuter ses propres obligations au motif que l'autre partie n'exécute pas son « obligation de bonne foi »[995] ? M. Philippe Stoffel-Munck précise que « cette idée peut

---

[990] **STOFFEL-MUNCK (Philippe)**, *Op. cit.*, n° 159, p. 143.
[991] *Ibid.*, n° 159, p. 144.
[992] **FAURE-ABBAD (Marianne)**, *Le fait générateur de la responsabilité contractuelle, Op. cit.*, n° 149, p. 120.
[993] **DEBILY (E.)**, *L'exécution forcée des obligations contractuelles non pécuniaires*, th. Poitiers, (dacty.) 2002, p. 144 ; Voir **Marianne Faure-Abbad**, *ibid.*
[994] Voir article 247 C.O.C.
[995] **STOFFEL-MUNCK (Philippe)**, *Op. cit.*, n° 161, p. 146.

difficilement être retenue, ce qui montre encore une fois combien cette qualification est artificielle »[996]. En effet, on ne peut pas imaginer le jeu de l'exception d'inexécution uniquement parce que l'autre n'est pas loyal[997]. Le devoir de bonne foi est une norme de comportement, ce n'est pas une prestation d'ordre économique, il domine la matière contractuelle et même extracontractuelle, il ne peut pas être l'équivalent d'aucune prestation. Mme Marianne Faure-Abbad relève qu'« il serait contraire à la bonne foi d'exciper de la violation de cette bonne foi pour se dispenser de remplir soi-même une obligation indispensable à la réalisation de l'opération économique recherchée. C'est l'interdépendance des obligations réciproques dans les contrats synallagmatiques qui justifie ce remède provisoire et coercitif, et cette interdépendance fait défaut entre les obligations et les devoirs contractuels »[998].

337. M. Stoffel-Munck soulève, pour la faculté de remplacement qui est une sanction caractéristique du régime de la responsabilité contractuelle, « point n'est besoin de s'étendre sur le peu de sens qu'il y aurait à envisager que la soi-disant obligation de bonne foi soit accomplie par un tiers aux frais de son pseudo débiteur »[999]. Enfin, en tant que principe général du droit des contrats, la bonne foi est d'ordre public. Dès lors, il est impossible d'éluder par une clause contractuelle l'exécution de bonne foi des contrats[1000].

Toutefois, lorsque le manquement à la bonne foi s'imbrique dans l'inexécution du contrat ; le cas de l'inexécution dolosive, les remèdes à la défaillance contractuelle conservent tout à fait leur empire.

B. L'exception du cas de l'inexécution dolosive

338. Le devoir de bonne foi commande la négation du dol contractuel. L'inexécution dolosive est un comportement déloyal, la démonstration d'une faute dolosive renforce le caractère certain du préjudice. Si par principe, la responsabilité contractuelle ne s'intéresse pas à la cause de l'inexécution et l'inexécution proprement dite n'est pas une faute de comportement, l'inexécution dolosive est en revanche,

---

[996] *Ibid.*,

[997] **FAURE-ABBAD (Marianne)**, *Op. cit.*, n° 148, p. 119.

[998] *Ibid.*

[999] **STOFFEL-MUNCK (Philippe)**, *Op. cit.*, n° 160, p. 144.

[1000] **LE TOURNEAU (Philippe)**, Voir *Bonne foi*, Rep. civ. Dalloz, 1995, n° 14 ; Voir article 275 C.O.C.

une erreur de conduite délibérée. En effet, le caractère délibéré de l'inexécution est un élément comportemental. Et le dol constitue « une faute de comportement par excellence »[1001]. Le maintien de l'action sur le terrain contractuel, commande l'application des remèdes contractuels et l'application de l'ordre contractuel à la responsabilité pour inexécution dolosive[1002].

339. L'article 278 Code des obligations et des contrats dispose dans son alinéa premier que le tribunal « devra évaluer différemment le montant des dommages-intérêts, selon qu'il s'agit de la faute du débiteur ou de son dol ». La faute du débiteur consistant à s'être refusé illicitement à l'exécution, implique sa mauvaise foi ; cette faute revêt un caractère contractuel. La réparation du préjudice causé par le dol devra être évaluée différemment ; à l'égard du débiteur le dol sera une cause d'aggravation de responsabilité en cas d'inexécution[1003].

Paragraphe II : Le cas de la résolution

340. La résolution est la sanction de l'inexécution de ses obligations par l'une des parties à un contrat synallagmatique[1004]. Normalement, le créancier recourt à l'action en résolution lorsque l'action en exécution se révèle inutile. Si les parties, en contractant, ont vu l'exécution du contrat et non pas sa résolution, ils devront toutefois être déliées de leurs engagements lorsque l'exécution se révèle inutile. Tel paraît bien être le sens de l'article 273 Code des obligations et des contrats qui dispose que « lorsque le débiteur est en demeure, le créancier a le droit de contraindre le débiteur à accomplir l'obligation si l'exécution en est possible ; à défaut, il pourra demander la résolution du contrat ainsi que des dommages-intérêts dans les deux cas ». Au cas où l'exécution des obligations devient inutile, la prétention à exécution en nature est écartée. La résolution peut ainsi être demandée par le créancier, car elle

---

[1001] **FAURE-ABBAD (Marianne)**, *Le fait générateur de la responsabilité contractuelle, Op. cit.*, n° 320, p. 265 ; Voir aussi **MAZEAUD (Henri) et (Léon),** *Traité théorique et pratique de la responsabilité civile délictuelle et contractuelle*, t. 1, 2è éd. 1934, n° 409, p. 411.

[1002] Voir supra n° 236 et s.

[1003] Cass. civ. n° 9245, 12 novembre 1973, Bull. 1973, II, p. 184 ; Cass. civ. n° 2460, 13 mai 1973, Bull. 1973, p. 79.

[1004] **EZZINE (Mohamed)**, *Le contrat*, n° 393, p. 317 ; **BEN TALEB (Ahmed)**, *La vente des biens d'autrui*, Maison Mizen 2009, n° 586, p. 598, en arabe ; **SOLTAN (Anwer)**, *Les sources de l'obligation, II, Op. cit.*, p. 267 ; **ARFAOUI (Ezzeddine)**, *L'inexécution de l'obligation contractuelle*, in cinquante ans de jurisprudence civile 1959-2009, sous la dir. Mohamed Kamel Charfeddine, C.P.U. Tunis 2010, p. 667.

ne suppose pas nécessairement l'impossibilité d'exécution. Selon le sens de l'article 273 Code des obligations et des contrats, la résolution n'est qu'une possibilité parmi les différentes sanctions d'inexécution du contrat ; « le créancier a le droit (…) si l'exécution en est possible ». Le créancier peut choisir la résolution en toute liberté notamment lorsque l'exécution se révèle inutile. Le Code des obligations et des contrats n'impose pas la primauté de l'exécution forcée sur la résolution[1005] ; le créancier peut choisir la résolution alors que l'exécution en nature est encore possible[1006].

341. Le caractère obligatoire de l'exécution forcée découle de la portée considérable reconnue par la jurisprudence tunisienne à la force obligatoire du contrat, essayant souvent de sauver le contrat[1007]. Toutefois, le revirement opéré par la jurisprudence avec la décision du 29 février 1996[1008] a divisé la doctrine.

Désormais, pour certains, le créancier victime de l'inexécution a le droit d'opter pour la résolution, alors même que l'exécution forcée est possible[1009]. La Cour de cassation, Chambres réunies a en effet décidé

[1005] En droit français, l'article 1184 du C. civ. prévoit que le créancier a le droit de demander au juge soit la résolution avec dommages-intérêts, soit l'exécution forcée. La victime d'une inexécution n'est jamais contrainte de demander la résolution. Elle a une option, soit obliger le débiteur à exécuter, soit demander la résolution.

[1006] **MANSOUR (Amjed Mohamed)**, *Théorie générale des obligations, Op. cit.*, p. 203.

[1007] Cass. civ. n° 7867, 22 octobre 1959, R.J.L. 1960, n° 9 et 10, p. 155 ; Cass. civ. n° 1321, 26 avril 1977, Bull. 1977, I, p. 245 ; Cass. civ. n° 539, 7 mars 1978, Bull. 1978, I, p. 77 ; Cass. civ. chambres réunies, n° 11637, 16 octobre 1989, Bull. 1989, p. 397.
Cf. en f aveur de l'option : Cass. civ. n° 116, 29 juin 1926, R.J.L. 1960, n° 9 et 10, p. 150 ; Cass. civ. n° 26716, 31 janvier 1991, R.J.L. 1991, p. 145. Cass. civ. n° 21342, 26 mars 1991, Bull. 1991, p. 227.

[1008] Cass. civ. chambres réunies, n° 35350, 29 février 1996, Arrêts des chambres réunies 1995-1996 ; R.T.D. 1996, p. 273, Commentaire Nadhir Ben Ammou.

[1009] **ARIBI (Imed)**, *L'article 273 du Code des obligations et des contrats entre l'action en exécution et l'action en résolution*, Actualités juridiques tunisiennes, 1998, n° 12, p. 137 ; Revue tunisienne de droit, p. 1 ; **MNIF (Salma)**, *Op. cit.*, n° 67, p. 83 : « Il suffit de se référer à l'article 277 du C.O.C. pour se rendre compte que ce texte ouvre un droit à la réparation pour toute inexécution quelle que soit sa forme ». Critiquant la thèse de M. CHAFFAI, l'auteur conclut à juste titre que « le contraire aurait dû être plus cohérent. La demeure n'est en réalité qu'une forme d'inexécution » ; **MAHFOUDH (Mohamed)**, *Leçons sur le contrat*, C.P.U. 2004, n° 559, p. 357 et s., en arabe ; Cf. contre l'option : **CHAFFAI, (Mohamed Moncef)**, *La demeure du débiteur dans l'exécution du contrat en droit civil*, th. Faculté de droit et des sciences politiques et économiques de Tunis 1984, p. 181 et s., selon l'auteur, le créancier ne peut choisir la résolution tant que l'exécution en nature est encore possible ; **JERBI (Sami)**, *La résolution du contrat dans la jurisprudence tunisienne : un hymne en*

que « l'opinion selon laquelle la demande en résolution dépend de l'impossibilité d'exécution n'est pas fondée en droit et constitue une mauvaise interprétation des dispositions de l'article 273 Code des obligations et des contrats, qui en stipulant expressément que la demande d'exécution forcée étant un droit conféré au créancier, son exercice ne constitue pas une condition de la demande en résolution ».

Cette décision a été confirmée en maintes reprises, et la Cour de cassation a estimé dans un arrêt du 7 avril 2005 que « la Cour d'appel a considéré que l'appelant a failli à ses engagements contractuels à savoir le versement des échéances de loyer dans les délais se rendant ainsi en demeure au sens des articles 268 et 269 et lui a appliqué l'article 273 du Code des obligations et des contrats qui donne au bailleur la latitude de demander la résolution sans recours à la demande d'exécution forcée, ce qui est un résultat convenable et en conformité avec les dispositions des articles suscités et des avis des Chambres réunies de la Cour de cassation »[1010].

Ainsi envisagée, la résolution pourrait être prononcée pour sanctionner la défaillance du créancier (A.). Mais encore pour sanctionner une faute délictuelle en l'absence même d'une inexécution d'une obligation contractuelle (B.).

342. La résolution du contrat n'assure pas toujours au créancier une réparation suffisante du préjudice résultant de l'inexécution. L'article 273 Code des obligations et des contrats prévoit que la résolution peut être complétée par l'allocation de dommages-intérêts, afin que le créancier soit indemnisé du gain qu'il a manqué du fait de l'inexécution. Il s'agit de cumuler l'exercice de la résolution et la réparation du dommage résultant de l'inexécution.

---

quatre temps, in cinquante ans de jurisprudence civile 1959-2009, sous la dir. de Mohamed Kamel Charfeddine, Centre de publication universitaire, Tunis 2010, p. 11 : « Le principe est que le contrat doit vivre et survivre, sauf impossibilité avérée et constatée par le juge » ; **BEN AMMOU (Nadhir)**, *Revirement judiciare, nouvelle philosophie de la résolution à travers l'article 273 C.O.C.*, note sous cass. chambres réunies n° 35350, 29 février 1996, R.T.D., p. 273, en arabe ; **ZGHAB (Moncef)**, *Principe de loyauté dans l'exécution des contrats*, R.J.L. décembre 2006, p. 103, en arabe ; **EZZINE (Mohamed)**, Le contrat, n° 397 et s. ; **BEN TALEB (Ahmed)**, *La vente du bien d'autrui, Op. cit.*, n° 595 et s., p. 606 et s. ; **BELHADJ JRAD (Ahmed)**, *Le juge civil et l'éxécution de contrat, Op. cit.*, p. 624.

[1010] Cass. civ., n° 5819, 7 avril 2005, Bull. 2005,II, p. 145 ; Cass. civ., n° 39025, 07 mars 1996, Bull. 1996, II, p. 325 ; Cass. civ., n° 42080, 15 octobre 1996, Bull. 1996, p. 422.

A. Le choix de la résolution pour sanctionner la défaillance du créancier

343. Les obligations implicites ajoutées par le juge ont une incidence sur l'exécution du contrat ; elles peuvent être sanctionnées par la résolution du contrat, car elles sont de véritables prestations économiques[1011].

L'inexécution d'une obligation implicite constitue une inexécution d'une prestation. Le manque de collaboration ou le défaut d'information crée un préjudice au débiteur que la simple réparation en argent peut ne pas satisfaire.

En effet constitue un manquement à la bonne foi le fait qu'un créancier réclame la poursuite d'un contrat et refuse la résolution ou la résiliation, alors que l'exécution est devenue sans utilité, que l'exécution littérale nuit au débiteur. tel est le cas par exemple d'un locataire, n'ayant plus l'utilité d'un appartement puisqu'il avait été muté dans une autre ville et n'ayant pas de plus le droit de sous-louer, demandait à son bailleur de résilier le bail avant terme, alors que ce dernier refuse[1012].

344. Ainsi envisagée, la résolution constitue un « mode de protection », grâce à elle la partie qui a loyalement exécuté le contrat n'est pas laissée à la merci de son cocontractant. Elle a un caractère de peine s'accentuant permettant de priver de son droit le contractant coupable[1013].

B. Prononciation de la résolution pour sanctionner une faute délictuelle

345. En jurisprudence française, certains arrêts admettent de résoudre un contrat pour manquement à la bonne foi, en dehors du défaut d'exécution des obligations contractuelles, « lorsque la méconnaissance de règles de civilité les plus élémentaires rend

---

[1011] **FABRE-MAGNAN (Muriel)**, *De l'obligation d'information dans les contrats, Essai d'une théorie*, préf. Jacques Ghestin, th. LGDJ 1992, coll. Bdp. t. 306, n° 586, p. 465 ; **STOFFEL-MUNCK (Philippe)**, *L'abus dans le contrat, Op. cit.*, n° 167, p. 154.

[1012] **SIMLER (Philippe)**, *L'article 1134 du Code civil et la résiliation unilatérale anticipée des contrats à durée déterminée* (à propos de trois espèces jurisprudentielles récentes), JCP 1971, I, 2413.

[1013] **PICARD (Maurice) et PRUDHOMME (André)**, *De la résolution judiciaire pour inexécution des obligations*, RTDCiv. 1912, p. 102 et s.

inévitable, à plus ou moins long terme, l'échec de la réalisation de l'objectif contractuel ».[1014]

En principe, une faute délictuelle ne peut pas fonder l'application d'un texte contractuel tel que l'article 273 Code des obligations et des contrats, de même qu'un rapport contractuel ne peut fonder l'application des articles 82 et 83 Code des obligations et des contrats qu'en l'absence d'inexécution d'une prestation contractuelle. En revanche, en droit français, la jurisprudence a fait de la résiliation de la convention une sanction de l'incivilité des cocontractants[1015].

La Cour de cassation française a même relevé dans une décision du 20 février 2001[1016] qu'une partie puisse, sans intervention judiciaire, rompre unilatéralement un contrat à durée déterminée en cas de comportement grave de son cocontractant. Selon les termes de la Cour, « la gravité du comportement d'une partie à un contrat peut justifier que l'autre partie y mette fin de façon unilatérale à ses risques et périls ». La résolution peut donc avoir pour cause un délit. En présence d'un

---

[1014] **FAURE-ABBAD (Marianne)**, *Le fait générateur de la responsabilité contractuelle, Op. cit.*, n° 147, p. 119.

[1015] **STOFFEL-MUNCK (Philippe)**, *Op. cit.*, n° 171 et 172, p. 157 et s., L'auteur cite les cas où « le locataire se montre physiquement violent envers le bailleur », « violences du locataire à l'égard du gardien de l'immeuble ; il n'est pas nécessaire de le mettre en demeure pour faire jouer la résiliation du bail », Cass. soc., 09 juin 1996, Bull. civ. IV, n° 574, p. 479 ; C.A. Paris, 07 novembre 1996, Loyers et copro. 1997, comm. 7. L'auteur rajoute que « Les juges du fond ayant considéré que l'agressivité (injures, menaces) d'une partie envers l'autre permettait de résoudre la convention, le pourvoi releva qu'il n'y avait pas là manquement à une obligation contractuelle et que l'article 1184 ne pouvait donc recevoir application. Le pourvoi fut néanmoins rejeté… », Cass. 3ème civ., 29 avril 1987, Bull. civ. III, n° 93, p. 55, RTDCiv. 1988, 536, obs. Jacques Mestre. L'auteur poursuit que « la Cour de cassation a admis qu'un bail ait pu être résilié en dehors de toute infraction aux stipulations conventionnelles, au seul motif qu'en versant le loyer, le gérant de la société locataire ait clairement dit son fait au bailleur, lui écrivant ''vous êtes vraiment un escroc'' », Cass. 3ème civ., 3 juin 1992, Gaz. Pal. 1992, 2, p. 656, note Jehan-Denis Barbier.

[1016] Civ. 1re, 20 février 2001, Bull. civ. I, n° 40 ; D. 2001, Jur. p. 1568, note Ch. Jamin ; Defrénois 2001, p. 705, note E. Savaux ; RTDC 2001, p. 363, obs. J. Mestre et B. Fages ; Voir aussi, Civ. 1re, 13 octobre 1998, Bull. civ. I, n° 300 ; D. 1999, Jur. p. 197, note Ch. Jamin ; D. 1999, Somm. p. 115, obs. Ph. Delebecque ; Defrénois 1999, p. 374, note D. Mazeaud ; RTDCiv. 1998, p. 506, obs. J. Raynard ; RTDCiv. 1999, p. 394, obs. J. Mestre ; **CABRILLAC (Rémy)**, *Droit des obligations, Op. cit.*, n° 177, p. 129 ; **FAURE-ABBAD (Marianne)**, *Le fait générateur de la responsabilité contractuelle, Op. cit.*, n° 147, p. 119 ; **MEKKI (Mustapha)**, *L'intérêt général et le contrat, Contribution à une étude de la hiérarchie des intérêts en droit privé*, préf. Jacques Ghestin, th. LGDJ 2004, coll. Bdp., t. 411, n° 1256, p. 799.

comportement grave, d'actes illicites impliquant une intention de nuire voire d'un manquement à la bonne foi... caractérisant la relation contractuelle, les tribunaux peuvent la faire cesser[1017]. Par ailleurs, s'assurer de la loyauté dans l'exécution du contrat permet au juge de refuser l'action en résolution s'il s'avère que le créancier ne veut pas exécuter le contrat, mais souhaite s'en défaire au détriment du débiteur. Il ne suffit pas au créancier d'exécuter ses engagements, il doit également s'abstenir de toute fraude ou dol susceptible d'alourdir l'exécution de son cocontractant de ses engagements[1018]. M. Ezzeddine Arfaoui conclut à juste que « l'exécution du contrat n'oblige pas seulement à ce qui a été prévu expressément, mais encore aux exigences de la loi, l'usage et l'équité. En application des dispositions de l'article 243 Code des obligations et des contrats, le tribunal peut contrôler l'exécution du contrat et prononcer la résolution en cas d'inexécution des engagements, si le créancier le souhaite, mais à condition que le créancier soit honnête, c'est-à-dire qu'il s'est abstenu du dol lors de l'exécution du contrat et qu'il a respecté le devoir de collaboration et d'information envers l'autre partie »[1019]. Le créancier ne peut pas prétendre obtenir la résolution lorsqu'il se rend coupable de dol et manque à la bonne foi dans l'exécution du contrat.

Il résulte de ce qui précède que l'exécution forcée n'est pas une condition de la résolution ni l'impossibilité d'exécution. Ce remède envisagé généralement comme une sanction de l'inexécution d'une obligation contractuelle pourrait intervenir pour sanctionner le manquement au devoir de bonne foi, le comportement déloyal d'un contractant en dehors de tout défaut d'exécution d'une obligation contractuelle. Elle pourrait être la sanction adéquate de la défaillance du créancier lorsqu'il ne collabore pas, ne respecte pas l'obligation d'information et entrave l'exécution pour assurer ses intérêts, seul qui compte ainsi, c'est le critère de l'inutilité de la poursuite de la relation contractuelle.

En conclusion

[1017] Voir en ce sens **PICARD (Maurice) et PRUDHOMME (André)**, *De la résolution judiciaire pour inexécution des obligations*, *Op. cit.*, p. 99 et 101.

[1018] **ARFAOUI (Ezzeddine)**, *L'inexécution de l'obligation contractuelle*, *Op. cit.*, p. 676.

[1019] *Ibid.*, Traduction personnelle.

346. Les articles 103, 82, 83, et 243 Code des obligations et des contrats obligent celui qui adopte un comportement déloyal, malveillant, agit par intention de nuire ou encore par manquement à la bonne foi, par indifférence à l'égard de son cocontractant, à réparer le dommage résultant de sa faute. L'abus dans l'exécution du contrat constitue une faute de comportement sanctionnée sous l'égide de la responsabilité soit contractuelle soit délictuelle. C'est la responsabilité délictuelle qui s'applique en l'absence de relation contractuelle entre l'auteur du dommage et la victime ou lorsque le dommage se rapporte à l'exécution du contrat, mais pas de l'inexécution d'une obligation contractuelle. Mais encore, cette faute relève du domaine contractuel en cas de manquement à une obligation contractuelle implicite ou en cas d'inexécution dolosive. L'inexécution d'une obligation contractuelle stricto sensu est sanctionnée par les remèdes à la défaillance contractuelle, mais n'est pas une faute d'abus. Par ailleurs les remèdes contractuels prennent part pour sanctionner soit le manquement à une obligation contractuelle implicite, soit l'inexécution dolosive.

347. L'auteur de la faute d'abus doit réparer le dommage qu'il a causé ce qui peut entraîner soit une réparation en équivalent, soit une réparation en nature. La réparation en équivalent consiste à réparer le préjudice moral et le préjudice matériel. La victime ne peut obtenir réparation du préjudice que si son existence est certaine. La démonstration de l'intention de nuire ou du manquement à la bonne foi, critères de la faute d'abus dans l'exécution du contrat facilitent la preuve du caractère certain du préjudice.

348. Le principe en droit privé c'est la réparation intégrale du préjudice ; l'étendue de la réparation ne dépend pas de la bonne ou de la mauvaise foi du contractant. Tout le dommage, mais rien que le dommage doit être réparé que la faute soit intentionnelle ou non. En droit tunisien des effets juridiques ont été attachés à la faute intentionnelle aussi bien en matière délictuelle (article 107 Code des obligations et des contrats), qu'en matière contractuelle (article 278 Code des obligations et des contrats), toutefois en pratique le degré de gravité de la faute n'a pas d'incidence sur l'étendue de la réparation. Les juges de fond, lors de leurs évaluations du préjudice, devraient donner aux articles 107 et 278 Code des obligations et des contrats une influence décisive sur l'étendue de la réparation et prendre en compte la sanction punitive dans l'évaluation du préjudice.

349. La responsabilité de l'auteur de l'abus peut entraîner non seulement une condamnation pécuniaire, mais aussi une réparation en nature telle que la prononciation de la déchéance de la prérogative du créancier, c'est-à-dire frapper d'inefficacité le droit abusivement exercé, le paralyser et en priver le résultat. La réparation en nature n'est pas toujours possible, mais elle peut être ordonnée par le juge, aussi bien en matière contractuelle qu'en matière délictuelle, si elle est réalisable. Le juge du fond reste libre dans le choix du mode de réparation qui lui paraît le plus opportun dans le cadre de son appréciation souveraine.

350. La bonne foi étant un devoir et non pas une obligation, la sanction de sa violation n'est pas celle de l'inexécution d'une obligation contractuelle, cependant le manquement à une obligation contractuelle implicite telles que les obligations d'information et de collaboration, rattachés par les tribunaux aux effets que la loi, l'usage et l'équité ajoutent au contrat est sanctionné par la responsabilité contractuelle. L'article 243 Code des obligations et des contrats étant un texte général, il donne au juge le pouvoir d'accroître le contenu contractuel, les obligations implicites jugées souhaitables pour la bonne fin du contrat sont sanctionnées par la responsabilité contractuelle, sur le fondement de l'article 243 Code des obligations et des contrats. Toutefois l'ordre contractuel ne peut pas régir le manquement à la bonne foi objet de l'article 243. La source de cette contradiction c'est la généralité des dispositions de l'article 243 Code des obligations et des contrats. Les remèdes contractuels ne sont pas envisageables au cas où la violation d'un devoir contractuel ne s'accompagne pas par l'inexécution d'une obligation contractuelle. Le devoir de bonne foi étant une norme de comportement, il décrit une diligence, il est sanctionné par la responsabilité délictuelle.

351. Il est certain qu'il existe une identité considérable entre la responsabilité contractuelle et la responsabilité délictuelle qui se traduit par l'essor de la responsabilité délictuelle et son importance sociale faisant d'elle le droit commun de la responsabilité. Le rapprochement s'accentue notamment lorsqu'on envisage la question de la démonstration de la faute. En effet, cette dernière n'a pas à être prouvée en cas de violation d'une obligation contractuelle de résultat ou en cas de responsabilité délictuelle sans fautes. Toutefois la victime doit démontrer que le défendeur a eu une conduite incorrecte en cas de violation d'une obligation contractuelle de moyen ou en cas de responsabilité délictuelle fondée sur la faute. L'identité des règles se manifeste encore, en ce qui concerne la date d'évaluation du dommage, la limitation du dommage réparable au dommage direct, la réparation en nature ou par équivalent. Il faut noter pour autant qu'il existe certes des différences entre les deux ordres et les remèdes à l'inexécution d'une obligation contractuelle sont propres à la matière contractuelle, mais l'identité est considérable, à point que la résolution, sanction de l'inexécution peut avoir pour cause un délit.

352. La faute contractuelle ; l'inexécution n'est pas une faute de comportement et non plus une faute d'abus dans l'exécution du contrat. Cependant le manquement au devoir général de ne pas nuire à autrui ou encore au devoir de bonne foi, via le manquement aux obligations implicites, traduit une faute d'abus. Enfin lorsque l'inexécution revêt un caractère dolosif, il y a aussi faute de comportement ; la faute d'abus dans l'exécution du contrat. Il en résulte que les remèdes contractuels ne sont jamais envisageables en cas de manquement à la bonne foi, sanctionnant l'inexécution contractuelle, ils ne sont nullement destinés à sanctionner le comportement du contractant. Le devoir de bonne foi implique un caractère moral et comportemental, exclusif de toute prestation d'ordre économique. Toutefois lorsque le manquement à la bonne foi est fusionné dans l'inexécution contractuelle, le cas de l'inexécution dolosive, ce sont les remèdes contractuels qui sont ainsi applicables. L'inexécution délibérée est une question comportementale, voire une faute d'abus dans l'exécution du contrat qui commande l'application de la responsabilité contractuelle. L'inexécution dolosive implique la mauvaise foi du débiteur, la réparation du préjudice causé par le dol doit être évaluée différemment tel que prévue par l'article 278 Code des obligations et des contrats et le dol sera une cause d'aggravation de responsabilité.

353. Enfin, il est certain que les remèdes contractuels sont propres à la matière contractuelle et ils ne sont pas envisageables en cas de manquement au devoir de bonne foi, critère de la faute d'abus dans l'exécution du contrat et véritable norme de comportement, sauf lorsque l'inexécution revêt un caractère dolosif. Toutefois la résolution sanction de l'inexécution d'une obligation contractuelle pourrait être prononcée pour sanctionner le manquement à un devoir, une norme de comportement telle que la faute d'abus dans l'exécution du contrat si on est bien d'accord que l'exécution forcée n'est pas une condition de la résolution et que cette dernière ne suppose pas nécessairement l'impossibilité d'exécution. La résolution pourrait ainsi sanctionner la défaillance du créancier en cas d'inexécution d'une obligation contractuelle implicite, lorsque le créancier manque à la collaboration, ne fournit pas à son débiteur l'information nécessaire pour l'exécution utile du contrat ou que la poursuite de la relation contractuelle s'avère inutile, ou lorsque le créancier nuit à son débiteur en épuisant par exemple l'exercice de sa prérogative contractuelle à la rigueur. La résolution pourrait ainsi se révéler la sanction adéquate du manquement au devoir de bonne foi, tout en ayant le caractère d'une peine permettant de priver le créancier qui adopte un comportement déloyal de son droit contractuel en dehors de tout défaut d'exécution d'une obligation contractuelle. Il en résulte qu'une faute délictuelle peut justifier la mise en œuvre de la résolution, ainsi l'intention de nuire, le manquement à la bonne foi, critères d'abus peuvent justifier le recours à la résolution pour sanctionner cette faute de comportement au cours de l'exécution du contrat.

CONCLUSION GÉNÉRALE

354. L'intention de nuire est un critère de la faute d'abus très développé en droit musulman et en doctrine française. C'est l'état psychologique de malignité, de méchanceté qui caractérise l'intention de nuire ; il faut que la volonté soit tendue vers un résultat psychologique et non seulement vers un résultat matériel.

La personne à l'origine du dommage est en faute dès lors qu'elle est à l'origine d'un fait illicite, soit qu'elle ait fait un acte qu'elle n'aurait pas du accomplir, soit qu'elle se soit abstenue de faire un acte qu'elle aurait du accomplir.

L'abus dans l'exécution du contrat, c'est l'exercice d'un droit, d'une prérogative contractuelle dans l'intention de nuire à son cocontractant ; c'est la faute du créancier dans l'exercice de son droit. Encore il y a faute d'abus lorsqu'il y a inexécution dolosive. Il faut signaler encore que la faute d'abus engage la responsabilité de son auteur ; il n'est nullement nécessaire que cette faute soit intentionnelle, une faute d'imprudence engage la responsabilité de son auteur.

La faute résulte de la transgression des devoirs et obligations qui s'imposent aux hommes par l'ordre juridique, elle est la constatation d'un écart de conduite c'est-à-dire que l'agent n'a pas eu le comportement que la loi ou le contrat imposent. Sur ce point, il n'y a guère de différence fondamentale entre la faute contractuelle et la faute délictuelle ou quasi-délictuelle.

355. C'est le comportement du contractant qui s'avère abusif indépendamment du droit qu'il exerce, ce sont les circonstances qui l'ont entouré qui doivent être examinées. La malice nécessite une sanction toutes les fois que les comportements des cocontractants ne sont pas conformes aux prescriptions de la morale sociale, sans se soucier même de la légitimité de l'exercice du droit. La morale sociale impose ainsi le respect d'autrui, ce qui justifie que les cocontractants s'entraident pour l'exécution utile du contrat.

Le juge dispose de très larges pouvoirs dans l'appréciation de la norme de conduite méconnue, il cherche à punir la faute commise qu'elle soit de nature délictuelle ou contractuelle. Il peut déduire la faute de tout comportement qui apparaît contraire à l'attitude qu'un homme normalement prudent et diligent aurait pu adopter. Pour cela, ce n'est pas le droit contractuel ou légal qu'il doit envisager, mais plutôt le comportement malicieux et dolosif du contractant, ou encore son indifférence fautive et son manquement à la bonne foi. Il procède ainsi à une appréciation du comportement de l'agent afin de déterminer la réalité de la transgression.

356. La bonne foi en tant que critère d'abus dans l'exécution du contrat revient à adopter le sens de la bonne foi qui se traduit par la simple imprudence, l'indifférence à l'égard d'autrui sans se soucier de ses intentions malicieuses. C'est le sens de la bonne foi que nous optons pour ; c'est une simple faute d'imprudence qui diffère de celle de l'article 103 Code des obligations et des contrats qui requiert l'intention de nuire.

L'article 243 Code des obligations et des contrats ne figure pas parmi les règles d'interprétation, il concerne l'exécution de contrat ; il s'agit d'examiner le comportement des contractants s'il est conforme à l'attitude d'intégrité et d'honnêteté. Ce qui revêt une dimension subjective c'est-à-dire le comportement contractuel est examiné indépendamment des conséquences objectives de la bonne foi, mais encore une dimension objective au sens où les cocontractants sont tenus entre outre de faire en sorte que la finalité des obligations contractuelles soit atteinte et l'exécution fidèle du contrat doit assurer l'accomplissement parfait de son but. Il ne s'agit plus seulement d'exécuter les obligations fidèlement, il y a plus que cela : un devoir de fournir une prestation utile à son contractant qui correspond à l'attente de l'autre partie.

Il ne suffit pas donc de prouver l'absence d'imprudence, mais encore faut-il apporter la preuve de l'utilité de l'exécution ; une exécution selon ce qui a été vraiment souhaité par les parties contractantes. La bonne foi n'est pas seulement considérée du point de vue subjectif, à la suite d'une analyse du comportement bon ou mauvais des parties, elle s'enrichit aussi d'une approche objective dissociée de la prise en compte des intentions.

L'article 243 Code des obligations et des contrats confère au juge la faculté d'apprécier la bonne exécution du contrat et créer des obligations dans l'intention de garantir plus de justice entre les cocontractants lors de l'exécution du contrat. L'article se présente ainsi comme une référence morale pour le juge lui permettant de juger le comportement des parties. Les cocontractants doivent faire tout ce qui est possible pour obtenir une meilleure satisfaction de l'exécution et assurer l'accomplissement parfait du but du contrat.

357. L'abus dans l'exécution du contrat se fonde dans l'exigence de bonne foi consacrée par l'article 243 Code des obligations et des contrats, l'abus en matière contractuelle, en l'absence de fautes contractuelles se fonde dans l'exigence de bonne foi exprimée aux articles 243 et 83 Code des obligations et des contrats.

La distinction du droit de l'inexécution du contrat et du droit du délit est nette, pourtant, nombre de situations ne reçoivent pas encore de réponses unanimes tel est le cas de la responsabilité du débiteur d'une obligation lorsque le dommage ne trouve pas sa source dans une obligation expressément visée par le contrat.

L'abus dans l'exécution du contrat ne peut être apprécié qu'en fonction de la nature de la faute commise par les cocontractants, le fait de considérer que la théorie de l'abus doit donner lieu à une responsabilité délictuelle est en contradiction avec le principe du non-cumul de la responsabilité délictuelle et de la responsabilité contractuelle. L'abus en tant que faute ne relève pas exclusivement de la nature des délits ; il peut revêtir le caractère contractuel tant qu'il est capable de survenir dans l'exécution du contrat et la responsabilité contractuelle est bien capable à insérer dans son système la faute d'abus. Aussi, le domaine de la faute d'abus dans l'exécution du contrat s'étend aux cas de responsabilité délictuelle et il n'y a en ce sens aucune incompatibilité de la mise en œuvre de cet ordre de responsabilité en la présence d'un rapport contractuel si le dommage étant produit entre cocontractants, il est extérieur par sa nature au contrat.

358. Le comportement déloyal du contractant, son intention malveillante, son manquement à la bonne foi au cours de l'exécution du contrat établissent une faute d'abus. Cette faute de comportement suffira pour que les juridictions obligent sur la base des articles 103, 82 Code des obligations et des contrats en cas de faute d'abus caractérisée par l'intention de nuire, ou les articles 83, 243 Code des obligations et des contrats en cas de faute d'abus caractérisée par le manquement à la bonne foi, celui qui la commet à réparer le dommage en résultant.

La bonne foi est un devoir qui décrit un comportement que doivent adopter les contractants au cours de l'exécution du contrat. La transgression de ce devoir est sanctionnée par le régime délictuel. Toutefois la faute résidant en un manquement à une obligation contractuelle implicite, sa sanction est régie par le régime contractuel. La responsabilité contractuelle s'applique également en cas d'inexécution dolosive. L'inexécution délibérée d'une obligation contractuelle est déterminée par la situation contractuelle qui lie le créancier et le débiteur et qui déroge aux relations entre tiers.

359. La jurisprudence tunisienne indemnise tout préjudice qu'il soit moral ou matériel. La réparation du préjudice subi par la victime de l'abus est assurée par l'allocation de dommages et intérêts. Pour ce faire, le juge devrait prendre en considération les articles 107 et 278 Code des obligations et des contrats, réparer le préjudice en prenant en considération la gravité de la faute.

Les juges de fond apprécient souverainement les modalités de réparation, ils ont le choix entre la condamnation à des dommages-intérêts et d'autres mesures de réparation telle que la réparation en nature toutes les fois qu'elle est possible. Ainsi la prononciation de la déchéance de la prérogative du créancier est un type de réparation en nature qui consiste à frapper d'inefficacité le droit ou la prérogative lorsqu'elle est exercée de mauvaise foi ou par intention de nuire.

360. L'article 243 Code des obligations et des contrats a pour mission principale de contribuer à la restauration d'une justice contractuelle et la correction des abus qui surviendront au cours de l'exécution du contrat. Il permet à cet égard au juge de procéder à une évaluation de la conduite des parties, une appréciation de leurs comportements afin d'imposer une sorte de conduite coopérative au cours de l'exécution du contrat, visant à satisfaire les attentes des cocontractants au-delà de la lettre du contrat. Le respect de la volonté des parties est tempéré au profit de la restauration d'un équilibre contractuel ; un équilibre minimum indispensable à l'exécution du contrat pour sauver le débiteur en situation difficile.

361. La théorie de l'abus dans l'exécution du contrat est susceptible de donner au contrat le caractère objectif qui lui manquait en jurisprudence, et ce quoiqu'il soit visé explicitement dans le Code des obligations et des contrats, à travers l'article 243.

Les changements intervenus en droit comparé et dans le domaine de l'exécution du contrat, nous imposent une halte devant des nouveaux concepts tels que la loyauté contractuelle, la fraternité contractuelle, voire l'abus en matière contractuelle, afin de déterminer la notion et les étendues du contrat.

Ainsi la primauté de la loi est à même de donner le juste sens de l'article 243 du Code des obligations et des contrats que nous ne trouvons pas en pratique. Elle fera de la contravention aux dispositions des articles 103 et 243 et ses suites une contravention aux règles de droit entraînant la responsabilité de son auteur.

INDEX ALPHABÉTIQUE

(L'index renvoie aux numéros de paragraphes)

À

B

C

D

E

J

L

M

N

O

P

Q

R

S

T

Z

BIBLIOGRAPHIE GÉNÉRALE

- EN LANGUE FRANCAISE

I - TRAITES ET OUVRAGES GENERAUX

AMELI (François), *Droit civil, Les obligations*, Montchrestien 1997.

AUBRY et RAU, *Droit civil, Les obligations*, tome IV, 6e éd., par E. Bartin, Editions techniques 1942.

AUBRY et RAU, *Cours de droit civil français d'après la méthode de Zachariae*, tome 4, 4e éd., Paris 1871.

AZARD (Pierre), *Traité de la responsabilité civile* d'Henri Lalou, 6e éd., Dalloz 1962.

BAUDRY-LACANTINERIE (Gabriel), *Traité théorique et pratique de droit civil*, supplément par Julien Bonnecasse, tome 3, Recueil Sirey 1926.

BAUDRY-LACANTINERIE (Gabriel) et BARDE (L.), *Traité théorique et pratique de droit civil*, tome 15 (Des obligations, tome 3), 3e éd. Bordeaux 1908.

BEUDANT (Ch. et R.), et LEREBOURS-PIGEONNIERIE (P.), *Cours de droit civil français, Contrats et obligations*, tome VIII, 2e éd., par G. Lagarde, Paris, A. Rousseau 1936.

BONNECASE (Julien), *Supplément du traité théorique et pratique de droit civil* de Baudry-Lacantinerie, tome 3, Sirey 1926.

CABRILLAC (Rémy), *Droit des obligations*, 6e éd., Dalloz 2004.

CABRILLAC (Rémy) et BEN FADHEL (Othman), *Introduction au droit des affaires*, Centre de publication Universitaire, 1re éd. 2006.

CARBONNIER (Jean), *Droit civil*, tome 4, *Les obligations*, 22e éd., PUF 2000, Coll. Thémis.

CARBONNIER (Jean), *Droit civil*, tome 4, *Les obligations*, 21e éd., PUF 1998, coll. Thémis.

CARBONNIER (Jean), *Flexible droit*, 5e éd. 1983.

COLIN (Ambroise) et CAPITANT (Henri), *Cours élémentaire de droit civil français*, tome 2, 4e éd., Dalloz 1924.

DALCQ (Roger), *Traité de la responsabilité civile*, tome 1, *Les causes de la responsabilité*, éd. Larcier 1959.

DELEBECQUE (Philippe) et PANSIER (Frédéric-Jérôme), *Droit des obligations, Contrat et quasi-contrat*, éd. Litec 2000.
DEMOGUE (René), *Traité des obligations en général, I, Sources des obligations*, Paris, Rousseau 1923/1925, tome V, 1925.
DEMOGUE (René), *Traité des obligations en général, II, Effets des obligations*, Paris, Rousseau 1931/1933, tome VI, 1927.
DEMOLOMBE (C.), *Cours de Code Napoléon, Traité des contrats*, éd. A. Durand et L. Hachette, tome II, 4e éd., 1869.
FARJAT (Gérard), *Droit privé de l'économie*, 2. *Théorie des obligations*, 1re éd., PUF 1975.
FLOUR (Jacques) et AUBERT (Jean-Luc), *Les obligations*, V.1 - *L'acte juridique*, 2e éd., Armand Colin 2002.
FLOUR (Jacques) et AUBERT (Jean-Luc), *Les obligations*, Vol. 2, *le fait juridique*, 7e éd., Armand Colin 1997, Coll. U.
FLOUR (Jacques) et AUBERT (Jean-Luc) et SAVAUX (Eric), *Les obligations*, 2. *Le fait juridique*, 10e éd., Armand Colin 2003.
GHESTIN et GOUBEAUX, *Traité de droit civil*, T. I, *Introduction générale*, 2e éd., LGDJ 1983.
GHESTIN (Jacques), *Traité de droit civil, La formation du contrat*, 3e éd., LGDJ 1993.
GHESTIN (Jacques), avec le concours de JAMIN (Christophe) et BALLIAU (Marc), *Les effets du contrat*, 2e éd., LGDJ 1994.
GHESTIN (Jacques), avec le concours de VINEY (Geneviève), JOURDAIN (Patrice), *Traité de droit civil, Les conditions de la responsabilité*, 2e éd., LGDJ Delta 1998.
GRIDEL (J.-P.), *Introduction au droit et au droit français*, Paris, 2e éd., Dalloz 1994.
JEULAND (Emmanuel), *Droit des obligations*, Montchrestien 1999.
JOSSERAND (Louis), *Cours de droit civil français positif*, tome II, Sirey 1930.
JOURDAIN (Patrice), *Les principes de la responsabilité civile*, 3e éd., coll. Connaissances du droit, Dalloz 1996.
JULLIOT de La MORANDIERE (Léon), *Traité de droit civil* d'Ambroise Colin et Henri Capitant, tome 2, Obligations, Dalloz 1959.
LAROMBIERE (Léon), *Théorie et pratique des obligations*, tome 1, Paris 1857.
LARROUMET (Christian), *Droit civil, Le contrat*, tome 3, 3e éd., Economica 1996.
LE TOURNEAU (Philippe), et CADIET (Loïc), *Droit de la responsabilité*, 2e éd., Dalloz 1998, coll. Dalloz Action.
MALAURIE (Philippe) et AYNES (Laurent), *Cours de droit civil*, tome 6, Les obligations, 9e éd., Cujas 1998.
MALAURIE (Philippe), AYNES (Laurent) et STOFFEL-MUNCK (Phillipe), *Droit civil, Les obligations*, 2e éd., Defrénois 2005.
MARCADE, *Explication théorique et pratique du Code Napoléon*, 6e éd., tome 4, Paris 1866.

MARTY (Gabriel) et RAYNAUD (Pierre), *Les obligations*, tome 1, *Les sources, 2e éd., Sirey 1988.*
MARTY (Gabriel) et RAYNAUD (Pierre), *Droit civil*, tome 2, 1er volume, *Les obligations,* Sirey 1962.
MAZEAUD (Henri) et (Léon), *Traité théorique et pratique de la responsabilité civile délictuelle et contractuelle*, tome 1, 2e éd., S. 1934.
MAZEAUD (Henri), (Léon) et TUNC (André), *Traité théorique et pratique de la responsabilité civile délictuelle et contractuelle*, tome 1, 6e éd., Montchrestien 1965.
MAZEAUD (Henri), (Léon), (Jean) et CHABAS (François), *Leçons de droit civil*, tome II, *Les obligations*, 8e éd.
PLANIOL (Marcel), *Traité élémentaire de droit civil*, tome II, 11e éd., LGDJ.
PLANIOL (Marcel), et RIPERT (Georges), *Traité pratique de droit civil français*, tome IV, par P. Esmein, 2e éd., LGDJ 1952.
RIPERT (Georges), et BOULANGER (Jean), *Traité de droit civil d'après le traité de Planiol*, tome 2, *Obligations*, LGDJ 1957.
SAVATIER (René), *Traité de la responsabilité civile en droit français*, tome 1, *Les sources de la responsabilité civile*, 2e éd., LGDJ 1951.
SERIAUX (Alain), *Droit des obligations*, 2e éd., PUF 1998, coll. Droit fondamental.
STARCK (Boris), ROLAND (Henri) et BOYER (Laurent), *Les obligations*, vol. 1, *Responsabilité délictuelle*, 4e éd., Litec ; 5 éd., Litec 1996.
TERRE (François), LEQUETTE (Yves) et SIMLER (Philippe), *Droit civil*, *Les obligations*, 6e éd., Dalloz 1996.
TOULLIER (Charles), (Bonaventure) et (Marie), *Le droit civil français suivant l'ordre du Code*, tome 6, Paris 1812.
VINEY (Geneviève), *Traité de droit civil* sous la dir. de Jacques Ghestin, *Introduction à la responsabilité*, 2e éd., LGDJ 1995.
VOIRIN (Pierre) et GOUBEAUX (Gilles), *Droit civil*, tome 1, 30e éd. LGDJ.
WEILL (Alex) et TERRE (François), *Droit civil, Les obligations*, 4e éd., Dalloz 1986.

II - OUVRAGES SPECIAUX

A. ALDEEB ABU SAHLIEH (Sami A.), *L'abus du droit en droit musulman,* in « Abus de droit et bonne foi », sous la dir. de Widmer et Cottier, éd. Univ. de Fribourg, 1994.
AMIAUD (André), *l'affectio societatis*, Mél. Simonius, Basel 1995.
ARTEIL (DAVID), *L'exécution du contrat par un non-contractant*, Université de Poitiers, Collection de la faculté de droit, LGDJ 2006.
BELLIVER (Florence) et SEFTON-GREEN (Ruth), *Force obligatoire et exécution en nature du contrat en droit français et anglais : bonnes et*

mauvaises surprises du comparatisme, in Etudes offertes à Jacques Ghestin, Le contrat au début du XXIe siècle, LGDJ 2001.

BENABENT (Alain), *La bonne foi dans les relations entre particuliers - dans l'exécution du contrat - Rapport français*, Trx. Asso. Henri Capitant, « La bonne foi », Litec 1994.

BROGGINI (Gerardo), *L'abus de droit et le principe de bonne foi-Aspectschistoriques et comparatifs,* in « Abus de droit et bonne foi », sous la dir. de Widmer et Cottier, éd. Univ. de Fribourg, 1994.

CAID ESSEBSI (AIDA), *Prévention, réparation et responsabilité civile,* in Questions doctrinales de droit civil contemporain, sous la dir. de Mohamed Kamel charfeddine, Latrach édition 2014.

CHARTIER (Yves), *La réparation du préjudice*, Connaissance du droit, Dalloz 1996.

CHAZAL (Jean-Pascal), *Les nouveaux devoirs des contractants. Est-on allé trop loin ?,* in « La nouvelle crise du contrat », Dalloz 2003.

COLLART DUTILLEUL (François), *Quelle place pour le contrat dans l'ordonnancement juridique*, in « La nouvelle crise du contrat », Dalloz 2003.

CORNU (Gérard), *Le problème du cumul de la responsabilité contractuelle et de la responsabilité délictuelle*, Etudes de droit contemporain, Travaux et recherches de l'Institut de droit comparé, T. XXIII, préf. R. Rodière, éd. Cujas 1962.

CORNU (Gérard), *Vocabulaire juridique*, 1re éd., PUF 1987.

COTTIER (Bertil), *Qu'en est-il de « L'abus de droit » dans les pays qui ignorent cette institution ?* in « Abus de droit et bonne foi », sous la dir. de Widmer et Cottier, éd. univ. de Fribourg, 1994.

COUTURIER (G.), *Droit du travail, les relations individuelles de travail*, 3e éd. PUF 1996, coll. Droit fondamental.

DABIN (Jean), *Le droit subjectif*, Dalloz 1952.

DAVID (R.), *Les grands principes du droit français*, 1960.

DELEANU (Ion), *Les repères de la doctrine et de la jurisprudence romaine concernant l'exercice abusif des droits subjectifs*, in « Abus de droit et bonne foi », sous la dir. de Widmer et Cottier, éd. univ. de Fribourg, 1994.

DIEUX (X.), *Le respect dû aux anticipations légitimes d'autrui, Essai sur la genèse d'un principe général de droit*, Bruylant-LGDJ, Bruxelles et Paris 1995.

DOMAT (Jean), *Les loix civiles dans leur ordre naturel, le droit public et legum delectus*, 1re éd. 1689, Paris, Nouvelle édition chez Nicolas Grosselin, 1723.

FATHI (Mahmoud), *La doctrine musulmane de l'abus des droits, étude d'histoire juridique et de droit comparé*, fascicule I des Travaux du Séminaire oriental d'études juridiques et sociales, Paris 1912.

FAURE-ABBAD (Marianne), *Le fait générateur de la responsabilité contractuelle, Contribution à la théorie de l'inexécution du contrat*, préf. Philippe Remy, LGDJ 2003.

GOOD (Roy), *Abus de droit et bonne foi,* sous la dir. de Widmer et Cottier, éd. univ. de Fribourg 1994.

HUWILER (Bruno), *La genèse de l'interdiction de l'abus de droit (art. 2 al. 2 CC)*, in « Abus de droit et bonne foi », sous la dir. de Widmer et Cottier, éd. univ. de Fribourg, 1994.

JAMIN (Christophe), *Quelle nouvelle crise du contrat ? Quelques mots en guise d'introduction*, in « La nouvelle crise du contrat », Dalloz 2003.

JEANNEAU (B.), *Le traitement de l'équité en droit français : Etudes de droit comparé*, Paris 1970.

JERBI (Sami), *La résolution du contrat dans la jurisprudence tunisienne : un hymne en quatre temps, in cinquante ans de jurisprudence civile 1959-2009*, sous la dir. de Mohamed Kamel Charfeddine, Centre de publication universitaire, Tunis 2010.

JOSSERAND (Louis), *De l'abus des droits*, Paris, éd. Arthur Rousseau, 1905.

JOSSERAND (Louis), *L'essor moderne du concept contractuel*, Recueil d'études sur les sources du droit en l'honneur de F. Gény, Volume 2, Paris, Sirey 1935.

JOSSERAND (Louis), *Relativité et abus des droits*, in « Evolutions et actualités, conférences du droit civil », Sirey 1936.

JOSSERAND (Louis), *De l'esprit des droits et de leur relativité, Théorie dite de l'abus des droits*, 2e éd., Dalloz 1939.

LAURENT (François), *Principes de droit civil français*, tome 16, Paris 1857.

LECLERC (Ginette), *Rapports canadiens, Le contrat en général*, Trx Ass. Henri Capitant, « La Bonne foi », Litec 1994.

MALAURIE (Philippe), *Le droit civil français des contrats à la fin du XXe siècle*, Mélanges M. Cabrillac, Litec 1999.

MAZEAUD (Denis), *Loyauté, solidarité, fraternité : la nouvelle devise contractuelle ?* in « L'avenir du droit », Mélanges en hommage à François Terré, Dalloz 1999.

MESTRE (Jacques), *L'évolution du contrat en droit privé français*, in L'évolution contemporaine du droit des contrats, Journées Savatier 1985, éd. PUF 1986.

MESTRE (Jacques), *Réflexions sur l'abus du droit de recouvrer sa créance*, Mél. Pierre Raynaud, Dalloz 1985.

MOULY (C.), *Les causes d'extinction du cautionnement*, Librairies techniques, Paris 1979.

PICOD (Yves), *L'exigence de bonne foi dans l'exécution du contrat*, in le juge et l'exécution du contrat, Colloque I.D.A., Aix- en-Provence, 28 mai 1993, Presses universitaires d'Aix-Marseille.

PONTCHEVSKY (Nicolas), *L'effet de l'obligation*, préf. Alain Ghozi, coll. Droit civil, Economica 1998.

Projet préliminaire de Code civil et commercial tunisien, soumis à la commission de codification des lois tunisiennes. Par SANTILLANA (M.D.), membre de la Commission, Tunis, Imp. Générale 1897.
RIPERT (Georges), *La règle morale dans les obligations civiles*, 4e éd., LDGJ 1949.
ROMAIN (Jean-François), *Théorie critique du principe général de bonne foi en droit privé*, Bruylant Bruxelles 2000.
STOFFEL-MUNCK (Philippe), *Regards sur la théorie de l'imprévision. Vers une souplesse contractuelle en droit privé français contemporain*, préf. Roger Bout, Presses universitaires d'Aix-Marseille 1994.
STROME (M.), *La bonne foi dans la formation du contrat, rapport néerlandais*, in La bonne foi (Journées Louisianaises), Travaux de l'Association Henri Capitant, t. XLIII, Litec 1992.
TALLON (Denis), *Pourquoi parler de faute contractuelle ?*, Ecrits en hommage à Gérard Cornu, PUF 1995.
TUNC (André), *Responsabilité civile et dissuasion des comportements antisociaux*, in « Aspects nouveaux de la pensée juridique », Mél. Marc Ancel, Pédone 1975, tome 1.
VAN OMMESLAGHE (Pierre), *La rigueur contractuelle et ses tempéraments selon la jurisprudence de la Cour de cassation de Belgique*, in Etudes offertes à Jacques Ghestin, Le contrat au début du XXIe siècle, LGDJ 2001.
VAN RYN (J.), *Responsabilité aquilienne et contrats*, Sirey Paris 1933.
VINEY (Geneviève), *La responsabilité contractuelle en question*, in Etudes offertes à Jacques Ghestin, Le contrat au début du XXIe siècle, LGDJ 2001.
WALD (Arnoldo), *La bonne foi dans l'exécution du contrat : Rapport brésilien*, Trx Asso., Henri Capitant, « *La Bonne foi* », Litec 1994.
WIDMER (Pierre), *Bonne foi et abus de droit, Principe ? - Portée ? - Panacée ? Une tentative de synthèse impossible*, in « *Abus de droit et bonne foi* », sous la dir. de Widmer et Cottier, éd. univ. de Fribourg 1994.
YUNG (Walter), *Devoirs généraux et obligations*, in mélanges Schönenberger, Fribourg 1968.

III - THESES ET MEMOIRES

ALBIGES (Christophe), *De l'équité en droit privé*, préf. Rémy Cabrillac, th. LGDJ 2000, coll. Bdp., tome 329.
ALISSE (J.), *L'obligation de renseignement dans les contrats*, th. Paris II, 1975.
BAKOUCHE (David), *L'excès en droit civil*, préf. Michelle Gobert, th. LGDJ 2005, coll. Bdp., tome 432.

BELLAJ (Samara), *La responsabilité contractuelle entre le Code des obligations et des contrats et les principes d'Unidroit*, Mémoire Faculté de droit de Sfax 2006/2007.

BEN AMMOU (Nadhir), *Le pouvoir de contrôle de la Cour de cassation,* th. Faculté de droit et des sciences politiques de Tunis 1996.

BEN AMMOU (Nadhir), *Essai sur l'abus des droits à travers l'article 103 du C.O.C.*, Mémoire Faculté de droit et des sciences politiques et économiques de Tunis 1984.

BEN SLIMA (Houcine), *De l'équilibre du contrat*, th. Faculté de droit et des sciences politiques de Tunis 2007.

BOURRIER (Christophe), *La faiblesse d'une partie au contrat*, Collection thèses de sciences humaines n° 12, Academia Bruylant 2003.

BOYER, *L'obligation de renseignement dans la formation du contrat*, th. Aix-en-Provence 1977.

CARVAL (Suzanne), *La responsabilité civile dans sa fonction de peine privée*, th. LGDJ 1995, coll. Bdp., tome 250, préf. G. Viney.

CASSIN (R.), *De l'exception tirée de l'inexécution dans les rapports synallagmatiques et de ses relations avec le droit de la rétention, la compensation et la résolution*, th. Paris 1914.

CHAFFAI (Mohamed Moncef), *La demeure du débiteur dans l'exécution du contrat en droit civil*, th. Faculté de droit et des sciences politiques et économiques de Tunis 1984.

DARBELLAY (Jean), *Théorie générale de l'illicéité*, th. Fribourg 1955.

DARMAISIN (Stéphane), *Le contrat moral*, préf. Bernard Teyssié, th. LGDJ 2000, coll. Bdp. tome 343.

DEBILY (E.), *L'exécution forcée des obligations contractuelles non pécuniaires*, th. Poitiers, (dacty.), 2002.

DESGORCES (Richard), *La bonne foi dans le droit des contrats : rôle actuel et perspectives*, th. Paris II, 1992.

FABRE-MAGNAN (Muriel), *De l'obligation d'information dans les contrats, Essai d'une théorie*, préf. Jacques Ghestin, th. LGDJ 1992.

FIN-LANGER (Laurence), *L'équilibre contractuel*, préf. Catherine Thibierge, th. LGDJ 2002, coll. Bdp. tome 366.

GOUNOT (Emmanuel), *Le principe de l'autonomie de la volonté en droit privé, contribution à l'étude critique de l'individualisme juridique,* th. Dijon 1912.

HUET (Jérôme), *Responsabilité contractuelle et responsabilité délictuelle, Essai de délimitation entre les deux ordres de responsabilité*, th. Paris II, 1978.

HUGUENEY (Louis), *L'idée de peine privée en droit contemporain*, th. Dijon 1904.

JACQUES (Philippe), *Regards sur l'article 1135 du Code civil*, Nouvelle bibliothèque de thèses, Dalloz 2005.

JALUZOT (Béatrice), *La bonne foi dans les contrats, Etude comparative de droit français, allemand et japonais*, Nouvelle bibliothèque de thèses, Dalloz 2001.

JMEL (Mouez), *Le contrat et la promotion de la bonne foi,* Mémoire Faculté de droit et des sciences politiques de Tunis 1997/1998.

KARIMI (Abbas), *Les clauses abusives et la théorie de l'abus de droit*, préf. Philippe Simler, th. LGDJ 2001, Coll. Bdp., tome 306.

LOKIEC (Pascal), *Contrat et pouvoir. Essai sur des transformations du droit privé des rapports contractuels*, préf. Antoine Lyon-Caen, th. LGDJ 2004, coll. Bdp., tome 408.

MALEVILLE (M.-H.), *Pratique de l'interprétation des contrats, Etude jurisprudentielle*, th. Rouen 1991.

MARKOVITCH (Milivoïlé), *La théorie de l'abus des droits en droit comparé*, th. Lyon 1936.

MARTINE (Edmond-Noël), *L'option entre la responsabilité contractuelle et la responsabilité délictuelle*, th. LGDJ 1957.

MASRON (J.), L'abus *de droit en matière de contrat*, th. Paris, Rousseau 1935.

MEKKI (Mustapha), *L'intérêt général et le contrat, Contribution à une étude de la hiérarchie des intérêts en droit privé*, préf. Jacques Ghestin, th. LGDJ 2004, coll. Bdp., tome 411.

MNIF (Salma), *L'option entre la responsabilité contractuelle et la responsabilité délictuelle, Comparaison des droits français et tunisien*, th. L'Harmattan 2014.

OUELHAZI (Rafik), *Le juge judiciaire et la force obligatoire du contrat,* th. Strasbourg, 1997.

OVERSTAKE (Jean-François), *Essai de classification des contrats spéciaux*, préf. J. Brèthe de la Gressaye, th. LGDJ 1969, coll. Bdp., tome 91.

PICOD (Yves), *Le devoir de loyauté dans l'exécution du contrat*, préf. G. Couturier, th. LGDJ 1989, coll. Bdp. tome 208.

PIROVANO (Antoine), *Faute civile et faute pénale*, préf. P. Bonassies, th. LGDJ 1966, coll. Bdp., tome 70.

PORCHEROT (Ernest), *De l'abus des droits,* th. Dijon, 1901.
PRADEL (Xavier), *Le préjudice dans le droit civil de la responsabilité*, préf. Patrice Jourdain, th. LGDJ 2004, coll. Bdp., tome 415.
PUECH (Marc), *L'illicéité dans la responsabilité civile extra contractuelle*, préf. Alfred Rieg, th. LGDJ 1973, Coll. Bdp., tome 129.
RADULESCO (D.G.), *Abus des droits en matière contractuelle, contribution à l'étude synthétique de l'abus*, th. Paris 1935.
RAJHI (Mounir), De certaines manifestations de l'équité en droit privé tunisien, illustration en droit privé civil et en droit pénal, Mémoire Faculté de droit et des sciences politiques de Tunis 1989/1990.
RIEG (Alfred), *Le rôle de la volonté dans l'acte juridique en droit civil français et allemand*, th. Strasbourg 1961.
ROUJOU De BOUBEE (Marie-Eve), *Essai sur la notion de réparation*, préf. P. Hébraud, th. LGDJ 1974, coll. Bdp., tome 135.
SAKRANI (Raja), *Sources doctrinales du Code des obligations et des contrats tunisien, Etude sur la théorie générale des obligations,* th. Faculté de droit et des sciences politiques de Tunis 2003.
STARCK (Boris), *Essai d'une théorie générale de la responsabilité civile considérée en sa double fonction de garantie et de peine privée*, th. Paris 1947.
STOFFEL-MUNCK (Philippe), *L'abus dans le contrat, essai d'une théorie*, préf. Roger Bout, th. LGDJ 2000, coll. Bdp., tome 337.
VOLANSKY (A.), *Essai d'une définition expressive du droit basée sur l'idée de bonne foi*, th. Paris 1929.
VOUIN (Robert), *La bonne foi : notion et rôle en droit privé français*, th. Bordeaux 1939.
ZARROUK (ALI), *L'implicite et le contenu contractuel, Etude de droit comparé : droit français et droit tunisien,* préf. Philippe Delebecque, avant-pr. Mohamed Kamel Charfeddine, th. L'Harmattan 2012.

IV - ARTICLES ET ETUDES

ARIBI (Imed), *L'article 273 du Code des obligations et des contrats entre l'action en exécution et l'action en résolution*, Actualités juridiques tunisiennes 1998 p. 130 ; Revue tunisienne de droit, p. 1.
BACH (Louis), *Réflexions sur le problème du fondement de la responsabilité civile en droit français*, RTDCiv. 1977, p. 17.

BEN AMMOU (Nadhir), *L'évolution récente de la jurisprudence en matière de responsabilité civile*, RTD 1996, p. 2.

BEN SALEM (Fakher), *La rupture du contrat de travail à durée indéterminée*, Info. juridiques, La revue du droit, n° 6/7 juillet 2006, p. 23.

BRETHE de la GRESSAYE (Jean), *La théorie de la responsabilité en droit pénal et en droit civil*, Revue générale du droit 1928, p. 45.

BRIERE DE L'ISLE (Georges), *La faute dolosive : Tentative de clarification*, D. 1980, chr., 133.

CAPITANT (Henri), *Sur l'abus des droits*, RTDCiv. 1928, p. 365.

CONTE (Philippe), Rep. civ. Dalloz, Voir *Responsabilité du fait personnel, 1992.*

CORNU (Gérard), *L'évolution du droit des contrats en France*, Journées de la Soc. de législ. comp., 1979, RIDCiv. n° spéc., vol. 1, p. 447.

COURTIEU (Guy), *Abus de droit, notion*, J. Cl. civ., art. 1382 à 1386, fasc. 131-1, 1997, p. 1.

COURTIEU (Guy), *Abus de droit et abus de pouvoir,* J. Cl. civ., art. 1382 à 1386, fasc. 131-2, 1997, p. 1.

DE BERSAQUES (André), *L'abus de droit en matière contractuelle*, RCJB 1969, p. 508.

DE JUGLART (Michel), *L'obligation de renseignements dans les contrats*, RTDCiv. 1945, p. 1.

DE LA MASSUE (Hubert), *Responsabilité contractuelle et responsabilité délictuelle sous la notion d'abus de droit*, RTDCiv. 1948, p. 27.

DEMOGUE (René), *Responsabilité délictuelle entre contractants*, RTDCiv. 1923, p. 657.

ESMEIN (Paul), *La faute et sa place dans la responsabilité civile*, RTDCiv. 1949, p. 481.

ESPAGNON (Michel), *Droit à réparation : Rapports entre responsabilités délictuelle et contractuelle, domaine des responsabilités entre contractants*, J. Cl. civ., art. 1146 à 1155, fasc. 16-1, 1992, p. 18.

Existe-t-il un principe de proportionnalité en droit privé ?, colloque Paris V, Petites affiches, 30 septembre 1998, p. 1.

FERRIER (Didier), *Les apports des arrêts d'Assemblée Plénière du 1er décembre 1995 au droit commun des obligations*, RTDCom. 1997, p. 49.

GHESTIN (Jacques), *L'abus dans les contrats*, Gaz. Pal. 1981, 2, doct., p. 379.

GHESTIN (Jacques), *L'utile et le juste dans les contrats*, D. 1982, chron. p. 1.
GUYON (Yves), *La fraternité dans le droit des sociétés*, Rev. Sociétés 1989, p. 439.
HASSLER (Théo), *L'intérêt commun*, RTDCom. 1984, p. 581.
INGBER (Léon), DE SAEDELEER (Isabelle) et RENARD (Alain), *Chronique de jurisprudence belge*, RTDCiv. 1991, p. 848.
JAMBU-MERLIN (R.), *Dol et faute lourde*, D. 1955, chr., p. 89.
JAMIN (Christophe), *L'oubli et la science : Regards partiels sur l'évolution de la doctrine privatiste à la charnière des XIXe et XXe siècles*, RTDCiv. 1994, p. 815.
JAMIN (Christophe), *Révision et intangibilité, ou la double philosophie de l'article 1134,* Droit et patrimoine, mars 1998, p. 46.
JONQUERES (Jean), *Le contrôle des constatations de fait par le juge de cassation,* Journées Soc. Législ. Comparée 1980, RIDC, n° spéc., 1981, p. 117.
JOSSERAND (Louis), *Aperçu général des tendances actuelles de la théorie des contrats*, RTDCiv. 1937, p. 1.
JOSSERAND (Louis), *Le contrat dirigé*, D.H. 1933, p. 89.
JOURDAIN (Patrice), *Responsabilité fondée sur la faute, notion de faute : contenu commun à toutes les fautes*, J. Cl. civ., art. 1382 à 1386, fasc. 120-1, 1995, p. 1.
JOURDAIN (Patrice), *Responsabilité fondée sur la faute, notion de faute : fautes qualifiées*, J. Cl. civ., art. 1382 à 1386, fasc. 120-2, 1995, p. 1.
LEDUC (Fabrice), *Régime de la réparation : modalités de la réparation, règles communes aux responsabilités délictuelle et contractuelle, principes fondamentaux*, J. Cl. civ. art. 1382 à 1386, fasc. 201, 1996, p. 1.
LE TOURNEAU (Philippe), *De l'allégement de l'obligation de renseignement ou de conseil*, Dalloz 1987, chron. p. 101.
LE TOURNEAU (Philippe), *Pour une refonte du droit de la responsabilité civile*, Actualités juridiques tunisiennes, n° 17, n° spécial 2004, p. 191.
LE TOURNEAU (Philippe), *v° Bonne foi*, Rep. civ. Dalloz, 1995.
LEVENEUR (Laurent), *Indétermination du prix, le revirement et sa portée,* Contrats, conc. consom. 1996, chron. p. 1.
LEVENEUR (Laurent), *Le forçage du contrat, que reste-t-il de l'intangibilité du contrat ?*, Actes du colloque de Chambéry du 28 novembre 1997, Droit et patrimoine, mars 1998, p. 69.
LEVY-OULMANN (André), *La bonne foi*, Gaz. Pal. 1937, 2, doctr., p. 38.

LOKSAYER (Fredj), *Le fondement de la responsabilité contractuelle du transporteur dans les transports terrestres internes*, R.J.L., mai 1995, p. 5.

LYON-CAEN (Gérard), *De l'évolution de la notion de bonne foi*, RTDCiv. 1946, p. 75.

MAHFOUDH (Mohamed), *L'obligation d'information du médecin en droit privé tunisien*, R.J.L. décembre 2006, p. 60.

MATHEY (N.), La rupture des relations commerciales établies en période de crise. Difficulté d'application de l'article L. 442-6, I, 5 du Code de commerce en période de crise économique, cont. conc. consomm. 2010, p. 9.

MAZEAUD (Denis), *La réduction des obligations contractuelles*, Droit et patrimoine, mars 1998, p. 58.

MAZEAUD (Denis), *Que reste-t-il de l'intangibilité du contrat*, Droit et patrimoine, mars 1998, p. 58.

MAZEAUD (Henri), *Essai de classification des obligations : obligations contractuelles et extracontractuelles ; obligations déterminées et obligations générales de prudence et diligence*, RTDCiv. 1936, p. 1.

MAZEAUD (Henri), *Responsabilité délictuelle et responsabilité contractuelle,* RTDCiv. 1929, p. 551.

MELLOULI (Slahedinne), *Le juge et l'équité, Réflexions sur le recours à l'équité par le juge en droit privé interne*, RTD 1983, p. 512.

MELLOULI (Slaheddine), *Les troubles anormaux du voisinage entre la loi et la jurisprudence,* RTD 1984, p. 178.

MESTRE (Jacques), *Des limites à l'obligation de renseignement*, RTDCiv. 1986, p. 339.

MESTRE (Jacques), *D'une exigence de bonne foi à un esprit de collaboration*, RTDCiv. 1986, p. 100.

MESTRE (Jacques), *Le juge et les conditions de la résolution*, RTDCiv. 1987, p. 313.

MEZGHANI (Ali), *Note sous trib. prem. inst. Tunis, 30 avril 1981*, RTD 1981, p. 423.

MEZIOU (Kalthoum), *Note sous C. A. Tunis, n° 86249, 25 décembre 1982*, RTD 1984, p. 816.

MICHAELIDES-NOUAROS (G.), *L'évolution récente de la notion de droit subjectif*, RTDCiv. 1966, p. 216.

MORIN (Gaston), *L'abus de droit et les relations du réel et des concepts dans le domaine juridique*, Revue de métaphysique et de morale 1929, p. 268.

MZID (Nouri), *Essai sur la négociation du contrat en droit civil,* RTD 2000, p. 323.

PICARD (Maurice) et PRUDHOMME (André), *De la résolution judiciaire pour inexécution des obligations*, RTDCiv. 1912, p. 61.

PICOD (Yves), *Effet obligatoire des conventions/Exécution de bonne foi des conventions*, J. Cl. civil, art. 1134 et 1135, fasc. 11, 1999, p. 1.

PICOD (Yves), *La clause résolutoire et la règle morale*, JCP G 1990, I, 3447.

PICOD (Yves), *L'obligation de coopération dans l'exécution du contrat*, JCP 1998, I, 33 318.

PIROVANO (Antoine), *La fonction sociale des droits : Réflexions sur le destin des théories de Josserand*, D. 1972, Chr., p. 67.

PIROVANO (Antoine), Rep. civ. Dalloz, v° *Abus de droit*, 2e éd., p. 10.

PLANIOL (Marcel), *Etudes sur la responsabilité civile*, Rev. crit. lég. et jur., 1905, p. 277.

POPESCO RAMNICEANO (René), *Le silence créateur d'obligations et l'abus du droit*, RTDCiv. 1930, p. 999.

REMY (Philippe), *Critique du système français de responsabilité civile*, Droit et cultures 1996, p. 31.

REMY (Philippe), *La responsabilité contractuelle, histoire d'un faux concept*, RTDCiv. 1997, p. 323.

REVEL (Janine) et NGUYEN THANH -BOURGEAIS (Denis), *La responsabilité du fabricant en cas de violation de l'obligation de renseigner le consommateur sur les dangers de la chose vendue*, sous Civ. 1re, 31 janvier 1973, JCP 1975, I, 2679.

ROBLOT (René), *De la faute lourde en droit privé français,* RTDCiv. 1943, p. 1.

RODIERE (René), *Etudes sur la dualité des régimes de responsabilité : 1) La réalité de la distinction entre resposabilité contractuelle et délictuelle,* JCP 1950, I, 861.

RODIERE (René), *Etudes sur la dualité des régimes de responsabilité : 2) La combinaison des responsabilités*, JCP 1950, I, 861.

RODIERE (René), Rep. civ. Dalloz *1954*, v° *Responsabilité.*

ROUAST (André), *Les droits discrétionnaires et les droits contrôlés*, RTDCiv. 1944, p. 1.

SALEILLES (Raymond), *De l'abus de droit*, Bull. Société Etudes Législatives, 1905, p. 339.

SAVATIER (René), *Les contrats de conseil professionnel en droit privé*, Dalloz 1972, chron., p. 137.

SAVAUX (Eric), *La fin de la responsabilité contractuelle ?* RTDCiv. 1999, p. 1.

SIMLER (Philippe), *L'article 1134 du Code civil et la résiliation unilatérale anticipée des contrats à durée déterminée*, JCP 1971, I, 2413.

TALLON (D.), *L'inexécution du contrat, pour une autre présentation*, RTDCiv. 1994, p. 223.

TESTU (François-Xavier.), *Le juge et le contrat d'adhésion*, JCP G 1993 I, 3673.

THIBIERGE-GUELFUCCI (Catherine), *Libres propos sur la transformation du droit des contrats,* RTDCiv. 1997, p. 357.

TUNC (André), v° *Responsabilité contractuelle,* Rep. civ. Dalloz, 1991.

VAN OMMESLAGHE (Pierre), *Examen de jurisprudence (1974 à 1982), Les obligations*, RCJB 1986, p. 130.

VEAUX (Daniel), *Droit à réparation, Rapports entre responsabilités délictuelle et contractuelle, Différences*, J. Cl. civ., art. 1146 à 1155, fasc. 15, 1991.

- EN LANGUE ARABE

I - TRAITES ET OUVRAGES GENERAUX

ABOU SAOUD (Ramadhan), MANSOUR, (Mohamed Houcine), *Introduction à l'étude de droit, La règle juridique, Théorie du droit,* Halabi 2003.

ABOU SAOUD (Ramadhan), *Sources de l'obligation en droit égyptien et libanais,* Maison universitaire 1986.

ABOU SAOUD (Ramadhan), *Théorie générale de l'obligation, Sources de l'obligation,* Maison universitaire 2002.

ADOUI (Jalel Ali), *Les sources de l'obligation, Etude comparative des droits égyptien et libanais,* Maison universitaire 1994.

AHMED (Ibrahim Saïd), *La responsabilité civile, La réparation dans les responsabilités délictuelle et contractuelle,* Maison des livres juridiques 2006.

BEN SLIMA (Houcine), AHMAR (Issam), *Théorie générale de l'obligation, Sources de l'obligation,* Tunis 2009.

CHARFEDDINE (Mohamed Kamel), *Droit civil, Théorie générale, Les personnes,* 1re éd., Imprimerie officielle 2002.

CHARFEDDINE (Mohamed Kamel), *Droit des biens, Cours polycopiés,* Faculté de droit et des sciences politiques de Tunis 1996/1997.

ESSANHOURI (Abderrazek), *Traité de droit civil,* tome 1, 2e éd., Maison arabe 1964.

EZZINE (Mohamed), *Théorie générale des obligations : Le contrat,* 2e éd., Elwafa 1997.

FRAJ ESSADAH (Abdelmonem), *Les sources de l'obligation,* Beyrouth 1981.

FRAJ ESSADAH (Abdelmonem), *Principes de droit,* Maison arabe de l'édition, Beyrouth 1982.

JARIJ (Khalil), *Théorie générale des obligations,* tome 2, Sources des obligations, Sader 2000.

JERBI (Sami), *Conditions de la responsabilité civile en droit tunisien et comparé,* 1re éd., Ettasfir 2011.

KACEM (Mohamed Hassen), *Introduction à l'étude de droit, La règle juridique,* tome 2, Halabi 2006.

KIRA (Hassan), *Introduction au droit,* Elmaaref 1969.

MANSOUR (Amjed Mohamed), *Théorie générale des obligations, Sources des obligations, Etude de droit civil jordanien, égyptien et français,* 1re éd., Maison scientifique de l'édition et Maison de la culture, Amman 2003.

MELKI (Mohamed), *Cours de droit civil,* Imprimerie officielle.

MOHAMED (Khaled Abdelfatteh), *La responsabilité civile,* Maison des livres juridiques, Egypte 2009.

NASSIF (Ilyes), *Encyclopédie des contrats civils et commerciaux,* tome 1, II, Etude comparative 1998.

NASSIF (Ilyes), *Encyclopédie des contrats civils et commerciaux,* tome 1, VII, 1993.

SAAD (Nabil Ibrahim), *Théorie générale de l'obligation,* tome 1, Sources des obligations, Maison nouvelle université 2004.

SOLTAN (Anwar), *Les sources des obligations, Etude comparative des droits égyptien et libanais,* Maison arabe d'édition, Beyrouth 1983.

YAKON (Zohdi), *Traité de droit des obligations et des contrats,* tome V, 1re éd., Librairie moderne, Beyrouth.

II - OUVRAGES SPECIAUX

ABOU HJIR (Majid Mahmoud Saïd), *Théorie de l'abus de droit et théorie de l'imprévision, Etude comparative,* 1re éd., Maison scientifique internationale de l'édition, Amman 2002.

AMJED EZZAHAOUI (Saïd), *Théorie de l'abus en doit de propriété en droit musulman et en droit positif, Etude comparative,* 1re éd., Caire, Maison de l'union arabe de l'édition 1975/1976.

BEN SLIMA (Houcine), *La bonne foi dans l'exécution du contrat à travers l'article 243 C.O.C.,* Cérès 1993.

DRINI (Fathi Abdelkader), *Théorie de l'abus de droit en droit musulman,* 2e éd., Errissala, Beyrouth 1988.

EZZARKA (Mustapha Ahmed), *Théorie de l'abus de droit en droit musulman,* 1re éd., Maison Béchir de l'édition, Amman 1983.

IBRAHIM (Abdelmonem Moussa), *La bonne foi dans les contrats,* Etude comparative, Zine 2006.

KASSAB (Marwen), *La faute contractuelle,* 1re éd. 2000.

III - THESES ET MEMOIRES

AHMADI (Abdallah), *Le juge et la preuve,* 1991.

BELHADJ JRAD (Ahmed), *Le juge civil et l'exécution du contrat,* th. Faculté de droit et des sciences politiques de Tunis 2008/2009.

BEN HASSANA (Ahmed), *La distinction entre obligation de moyen et obligation de résultat en droit civil tunisien,* Mémoire DEA, Faculté de droit et des sciences politiques de Tunis 1999/2000.

BEN MASSOUD (Neila), *L'information dans les contrats,* th. Faculté de droit et des sciences politiques de Tunis 2007/2008.

BOULAABI (Karim), *La bonne foi en matière contractuelle,* th. Faculté de droit et des sciences politiques de Tunis 2007/2008.

GUERJI (Sofien), *Devoir de loyauté dans l'exécution des contrats,* Mémoire DEA, Faculté de droit et des sciences politiques de Tunis 1997/1998.

JERBI (Sami), *L'interprétation du contrat,* Préf. Mohamed Arbi Hachem, 2e éd., C.P.U. 2006.

MILADI (Chokri), *Le rôle de la faute dans la responsabilité contractuelle,* Mémoire DEA, Faculté de droit et des sciences politiques de Tunis 1996/1997.

TRABELSI (Arbia), *L'analyse de l'article 277 C.O.C.*, Mémoire DEA, Faculté de droit et des sciences politiques de Tunis 1998/1999.

IV - ARTICLES ET ETUDES

ABID (Mohamed), *La faute dans la responsabilité du fait personnel à travers le droit tunisien et marocain,* RJL février 1982, p. 14.

ARFAOUI (Ezzeddine), *L'inexécution de l'obligation contractuelle, in cinquante ans de jurisprudence civile 1959-2009,* Sous la direction de Mohamed Kamel Charfeddine, C.P.U. 2010, p. 667.

AYARI (Mohamed Salah), *La responsabilité contractuelle et la responsabilité délictuelle,* RJL février 1961, p. 974.

BEN AMMOU (Nadhir), *Nouvelle philosophie de la résolution à travers l'article 273 C.O.C., Note sous arrêt Cass. n° 35350, 29 février 1996,* RTD, p. 267.

BERNAZ (Mohsen), *Les droits et leurs limites,* R.J.L. novombre 1970, p. 12.

CHAMMAM (Mohamoud), *L'abus de droit entre le droit musulman et le droit positif,* RJL mai 1978, p. 16.

CHARFEDDINE (Mohamed Kamel), *Principes fondamentaux de droit civil,* in Problèmes de droit civil contemporain, Latrach 2014, p. 59.

DHAIFALLAH (Anis), *Le Codes des obligations et des contrats, les constantes et les variables,* RJL octobre 2006, p. 163.

FATNASSI (Ali), *Les dispositions des fiançailles,* RJL mai 1982, p. 13.

HACHEM (Mohamed Arbi), *Note sous Cour d'appel de Tunis n° 4911, 12 juillet 1978,* RJL 1978, II, p. 15.

HAMMOUDA (Mohamed), *L'exécution loyale de l'obligation, in Mouvements du droit contemporain,* Mélanges Professeur Sassi Ben Halima, C.P.U. 2005, p. 1031.

LOUSSAYEF (Mohamed), *La règle de l'abus de droit et son évolution,* RJL mars 1963, p. 1.

REKIK (Noomen), *La réparation pour expiration du contrat, in Problèmes de droit civil contemporain,* Sous la direction de Mohamed Kamel Charfeddine, Latrach 2014, p. 530.

TARCHOUNA (Mongi), *Le concept judicaire de licenciement abusif,* RJL décembre 1993, p. 42.

ZGHAB (Moncef), *Principe de loyauté dans l'exécution du contrat,* R.J.L. décembre 2006, p. 92.

TABLE DES MATIÈRES

Structures éditoriales du groupe L'Harmattan

L'Harmattan Italie
Via degli Artisti, 15
10124 Torino
harmattan.italia@gmail.com

L'Harmattan Hongrie
Kossuth l. u. 14-16.
1053 Budapest
harmattan@harmattan.hu

L'Harmattan Sénégal
10 VDN en face Mermoz
BP 45034 Dakar-Fann
senharmattan@gmail.com

L'Harmattan Cameroun
TSINGA/FECAFOOT
BP 11486 Yaoundé
inkoukam@gmail.com

L'Harmattan Burkina Faso
Achille Somé – tengnule@hotmail.fr

L'Harmattan Guinée
Almamya, rue KA 028 OKB Agency
BP 3470 Conakry
harmattanguinee@yahoo.fr

L'Harmattan RDC
185, avenue Nyangwe
Commune de Lingwala – Kinshasa
matangilamusadila@yahoo.fr

L'Harmattan Congo
67, boulevard Denis-Sassou-N'Guesso
BP 2874 Brazzaville
harmattan.congo@yahoo.fr

L'Harmattan Mali
Sirakoro-Meguetana V31
Bamako
syllaka@yahoo.fr

L'Harmattan Togo
Djidjole – Lomé
Maison Amela
face EPP BATOME
ddamela@aol.com

L'Harmattan Côte d'Ivoire
Résidence Karl – Cité des Arts
Abidjan-Cocody
03 BP 1588 Abidjan
espace_harmattan.ci@hotmail.fr

L'Harmattan Algérie
22, rue Moulay-Mohamed
31000 Oran
info2@harmattan-algerie.com

L'Harmattan Maroc
5, rue Ferrane-Kouicha, Talaâ-Elkbira
Chrableyine, Fès-Médine
30000 Fès
harmattan.maroc@gmail.com

Nos librairies en France

Librairie internationale
16, rue des Écoles – 75005 Paris
librairie.internationale@harmattan.fr
01 40 46 79 11
www.librairieharmattan.com

Lib. sciences humaines & histoire
21, rue des Écoles – 75005 Paris
librairie.sh@harmattan.fr
01 46 34 13 71
www.librairieharmattansh.com

Librairie l'Espace Harmattan
21 bis, rue des Écoles – 75005 Paris
librairie.espace@harmattan.fr
01 43 29 49 42

Lib. Méditerranée & Moyen-Orient
7, rue des Carmes – 75005 Paris
librairie.mediterranee@harmattan.fr
01 43 29 71 15

Librairie Le Lucernaire
53, rue Notre-Dame-des-Champs – 75006 Paris
librairie@lucernaire.fr
01 42 22 67 13

www.ingramcontent.com/pod-product-compliance
Lightning Source LLC
LaVergne TN
LVHW011157061026
849535LV00003B/772
* 9 7 8 2 3 4 3 2 1 2 7 1 5 *